海上搜救综合信息保障技术及应用

牟 林 涂海文 李 琰 著

科学出版社
北京

内 容 简 介

本书结合"十三五"国家重点研发计划项目"海上搜救关键技术研究与示范"研究成果和"十四五"国家重点研发计划项目"海上遇险目标立体搜寻与高清晰观测关键技术"最新进展，系统总结和阐述了全链条化的海上搜救应急综合信息保障关键技术及应用，主要内容涵盖海洋环境数值预报技术、海上遇险目标漂移规律及快速预报、海上遇险目标定位技术、海上遇险目标搜寻技术、海上搜救适航条件评估技术、海上搜救综合信息保障技术集成与应用示范，构建了"气象海况预报→漂移预测→定位搜寻→适航评估→信息集成"的海上搜救综合信息保障全链条技术体系。

本书可供从事海上搜救应急工作的业务人员和科研人员参考，也可供高等院校相关研究领域的研究生和本科生阅读参考。

图书在版编目(CIP)数据

海上搜救综合信息保障技术及应用 / 牟林，涂海文，李琰著. -- 北京：科学出版社，2025.6. -- ISBN 978-7-03-078766-8

Ⅰ.U676.8

中国国家版本馆CIP数据核字第2024U9B870号

责任编辑：周　炜　裴　育　纪四稳 / 责任校对：任苗苗
责任印制：肖　兴 / 封面设计：陈　敬

科学出版社 出版
北京东黄城根北街16号
邮政编码：100717
http://www.sciencep.com

三河市春园印刷有限公司印刷
科学出版社发行　各地新华书店经销

*

2025年6月第 一 版　开本：720×1000 1/16
2025年6月第一次印刷　印张：18 1/4
字数：368 000
定价：228.00元
(如有印装质量问题，我社负责调换)

本书编委会

主　编：牟　林　涂海文　李　琰

副主编：王道胜　夏华永　耿雄飞

编　委：周水华　张培军　杨国杰　文　捷
　　　　刘　力　于　渊　杨　雪　赵　前
　　　　秦　浩　蒋浩宇　牛茜如　廖晓眉
　　　　陈智会　朱　岢　顾　群　王永明

前　　言

随着我国海洋经济的发展和海上活动的日益增多，海上遇险事故频发，严重威胁着人民生命财产安全和经济可持续发展。高效的海上搜救信息保障能够增加海上搜救的效率和成功率，大幅降低人员财产损失，维护我国海上权益，受到党和国家的高度重视。科学技术部"十三五"国家重点研发计划项目"海上搜救关键技术研究与示范"、"十四五"国家重点研发计划项目"海上遇险目标立体搜寻与高清晰观测关键技术"，充分展示了国家对海上搜救技术的重视。

本书内容包括"气象海况预报→漂移预测→定位搜寻→适航评估→信息集成"的海上搜救综合信息保障全链条技术体系，解决了海上救援气象和海况条件快速预报、遇险目标漂移快速预测、遇险目标定位搜寻以及智能搜救综合信息集成相关的瓶颈性技术问题，实现了海上搜救快速响应、高效搜救和协同保障，并在南海海域开展了广泛的业务化应用示范。在技术价值方面，本书将为海上搜救业务部门提供最新技术成果，为我国海上搜救行业提高搜救业务水平提供理论指导和参考。在经济效益方面，本书的成果将有效提高海上搜救的效率，从而直接减少事故船舶和人员的经济损失。在社会效益方面，本书将显著提高我国海上搜救的能力和水平，对维护我国海上安全和国家形象意义重大。

全书共7章，第1章介绍海上搜救技术体系的当前现状及相关瓶颈性关键技术；第2章介绍海洋环境数值预报技术；第3章介绍海上遇险目标漂移规律及快速预报；第4章介绍船载北斗示位标和个人北斗船舶自动识别系统示位标研发关键技术；第5章介绍海上遇险目标搜寻技术；第6章介绍海上搜救适航条件评估技术；第7章为海上搜救综合信息保障技术集成与应用示范。

本书所述皆为"十三五"国家重点研发计划项目"海上搜救关键技术研究与示范"（2017YFC1404700）和"十四五"国家重点研发计划项目"海上遇险目标立体搜寻与高清晰观测关键技术"（2021YFC3101800）的最新研究成果，要特别感谢两个国家重点研发计划项目的全体参与单位和科研人员。

由于作者水平有限，书中难免存在疏漏或不足之处，敬请各位专家和工程技术人员提出宝贵意见。

目 录

前言
第1章 绪论 ·· 1
  1.1 引言 ·· 1
  1.2 关键技术问题 ··· 2
第2章 海洋环境数值预报技术 ·· 4
  2.1 大气数值预报技术 ·· 4
    2.1.1 常规天气数值预报技术 ·· 4
    2.1.2 极端天气数值预报技术 ·· 8
  2.2 海流和海温数值预报技术 ··· 35
    2.2.1 海流数值预报技术 ··· 35
    2.2.2 海温数值预报产品统计释用技术 ·· 39
  2.3 海浪和台风浪数值预报技术 ·· 45
    2.3.1 海浪数值预报技术 ··· 45
    2.3.2 台风浪快速预报技术 ·· 51
第3章 海上遇险目标漂移规律及快速预报 ······································ 58
  3.1 海上搜救综合试验靶场 ·· 58
    3.1.1 高栏岛地波雷达站 ··· 58
    3.1.2 三站地波雷达组网观测 ··· 61
    3.1.3 海上综合"试验靶场" ··· 62
  3.2 针对不同类型海上遇险目标的海上综合试验 ···························· 62
    3.2.1 海上综合试验实施方案 ··· 62
    3.2.2 试验仪器设备技术参数 ··· 63
    3.2.3 试验观测要素及观测方式 ·· 64
    3.2.4 海上综合试验过程 ··· 68
  3.3 海上遇险目标漂移预测模型 ·· 73
    3.3.1 海上遇险目标漂移动力学模型 ·· 73
    3.3.2 基于AP98模型的海上遇险目标漂移模型 ···························· 75
    3.3.3 海上遇险目标漂移轨迹预测模型 ······································· 79
    3.3.4 海上遇险目标搜救范围计算模型 ······································· 81
  3.4 不同类型海上遇险目标漂移动力学模型 ·································· 87

3.4.1　海上遇险目标漂移动力学模型参数率定算法 ················· 87
　　　3.4.2　海上遇险目标漂移动力学模型 ························· 88
　3.5　不同类型海上遇险目标风致漂移作用模型 ····················· 101
　　　3.5.1　海上遇险目标漂移预测模型参数率定算法 ················ 101
　　　3.5.2　海上遇险目标风致漂移系数率定 ······················ 102
　　　3.5.3　海上遇险目标风作用模型 ·························· 103
　3.6　不同类型海上遇险目标漂移轨迹预测模型和搜救范围计算模型 ······· 116
　　　3.6.1　残骸 ·· 116
　　　3.6.2　近海渔船 ···································· 120
　　　3.6.3　垂直姿态落水假人 ······························· 123
　　　3.6.4　水平姿态落水假人 ······························· 127
　　　3.6.5　海上(十人)救生筏 ······························· 131
　　　3.6.6　航空(六人)救生筏 ······························· 135
　　　3.6.7　海上救生艇 ··································· 139
　　　3.6.8　远海渔船 ···································· 143

第4章　海上遇险目标定位技术 ································· 148
　4.1　落水人员无线电示位标研发 ······························ 148
　　　4.1.1　关键技术研究 ································· 148
　　　4.1.2　落水人员示位标研发 ····························· 162
　4.2　北斗船载无线电示位标研发 ······························ 173
　　　4.2.1　船舶姿态采集与判别关键技术研究 ···················· 173
　　　4.2.2　船载示位标研发 ································ 177

第5章　海上遇险目标搜寻技术 ································ 189
　5.1　基于无线电示位标与无人直升机的海上救助搜寻模式 ············· 189
　　　5.1.1　基于岸基无人机的海上搜寻救助体系框架 ················ 189
　　　5.1.2　基于船载无人机的海上搜寻救助体系框架 ················ 192
　5.2　无人直升机搜寻关键技术研究 ···························· 193
　　　5.2.1　无人机搜寻路径研究 ····························· 193
　　　5.2.2　落水人员图像识别技术 ··························· 195

第6章　海上搜救适航条件评估技术 ····························· 204
　6.1　救助船舶适航条件快速评估技术 ··························· 204
　　　6.1.1　代表船型确定 ································· 205
　　　6.1.2　模糊综合评价法 ································ 206
　　　6.1.3　航行救助风险等级划分 ··························· 208
　　　6.1.4　影响因子评价指标体系 ··························· 209
　　　6.1.5　各指标因子影响权重 ····························· 211

	6.1.6	综合评价	214
	6.1.7	救助船舶航行和救助气象海洋环境风险等级定量评估模型	215
	6.1.8	模型集成与产品展现	219

6.2 救援飞机适航条件评估技术 … 220

  6.2.1 低空风场预报技术研究 … 221
  6.2.2 能见度预报技术研究 … 230
  6.2.3 区域中尺度数值模式系统偏差订正 … 235
  6.2.4 低空飞行指数 … 239

第7章 海上搜救综合信息保障技术集成与应用示范 … 241

7.1 海上搜救应急演练与决策指挥保障平台 … 241

  7.1.1 系统总体架构 … 241
  7.1.2 系统功能设计 … 243
  7.1.3 支撑系统设计 … 249
  7.1.4 系统功能 … 257

7.2 平台应用示范 … 269

  7.2.1 典型场景应用 … 269
  7.2.2 应用案例 … 273

参考文献 … 277

第1章 绪 论

1.1 引 言

海上遇险事故在政治、经济和军事等方面给世界各国造成了重大的影响，表现为巨大的人员伤亡和财产损失。我国是世界海洋大国，随着国家"一带一路"倡议、"建设海洋强国"战略的提出和海洋经济快速发展，伴随着海上交通基础设施建设，必然将增加更多的涉海从业人员和涉海活动。近年来，船舶大型化、自动化、高速化发展趋势日益明显，伴随我国水上交通运输的快速发展，发生重大水上交通安全事故的风险也将进一步提高。人们在认识到海洋所带来的重大经济意义的同时，也要注意到，受到天气因素的影响，海上活动涉险的概率也越来越高。当前形势对我国涉海管理部门的建设发展提出了更高的要求。

我国是海运大国，对外贸易中90%以上的货运量依靠海运来完成，特别是加入世界贸易组织（World Trade Organization，WTO）后，我国的海上贸易量逐年增加，随着海运经济的发展和海上活动的日益增多，海上险情逐年增加。我国又是受台风和寒潮灾害影响较为严重的国家之一，台风、寒潮易形成灾害性海洋环境，并导致沿海渔船事故频繁发生。2011~2020年，中国海上搜救中心共组织搜救行动19914次，出动船舶92367艘次，累计搜救超过15万人，挽回财产损失超过730亿元。尤其是2018年"桑吉"轮和"长峰水晶"轮发生碰撞导致燃爆事故，给人民群众生命安全和上海城市影响力带来了较大影响。2022年，全国各级海上搜救中心共组织、协调搜救行动1144次，协调派出搜救船舶7926艘次、飞机174架次；搜救遇险船舶784艘次，搜救遇险人员7101人。2023年，全国各级海上搜救中心共组织、协调搜救行动1468次，协调派出搜救船舶7929艘次、飞机217架次；搜救遇险船舶933艘次，搜救遇险人员9739人。可见，我国的海上安全形势相当严峻。

欧美海洋发达国家海上搜救技术和体系建设相对成熟和完善，美国海岸警卫队、加拿大皇家海军和挪威海上救助局等官方机构均大力支持相关科研单位开展搜救业务全链条技术的研发。例如，美国国家海洋和大气管理局（National Oceanic and Atmospheric Administration，NOAA）实现了气象海洋搜救专业预报业务化以及相关产品信息和搜救指挥系统的无缝对接；英国McMurdo公司完成了海上遇险目标无线电示位标的产业化及应用；欧盟委员会资助的ICARUS（智能动态救援系统)项目，构建以 U-Ranger、ROAZ Ⅱ 等智能搜寻、救援船艇为核心的智能搜救业务体系，通过通信网络与控制中心指挥多装备跨域协同搜救，已成为欧盟海上紧急救援队的业务化装备和模式。同时，欧美国家也实现了海上搜救业务全过程信息化和智能化，相关搜救信息系统已经实现气象、海洋、搜寻、救助、实况和背景信息的多源数据融合，无缝嵌入搜救整个业务流程，为搜救高效实施提供一体化支撑。针对搜救的气象海况条件精细化快速预报、人机智能互补的目标漂移预测、智能定位搜寻与智能救助装备嵌入集成，以及基于大数据的辅助决策，是欧美国家海上搜救技术体系的发展总趋势。

在科学技术部、交通运输部和国家海洋局等相关部委的支持下，我国开展了一系列卓有成效的海上搜救保障技术研究，初步建成国家、省、市三级指挥，海空跨域协同的海上应急搜救体系。例如，中国地质大学完成了海上搜救漂移预测模型的原型建模，并在交通运输部南海救助局和中国海上搜救中心开展了业务化应用；国家海洋局南海预报中心开展了搜救专题预报服务技术研究，预报产品已服务于西沙"9·29"等重大搜救事件；交通运输部水运科学研究院成功研制了初代船舶自动识别系统(automatic identification system，AIS)示位标和北斗(即北斗卫星导航系统)船载应急终端，并实现了产业化；浙江大学研发的无人艇智能救生系统实现了产业化，已列装"北海救111"船；中国交通通信信息中心研发了基于北斗的中国海上搜救信息系统，在交通运输部南海救助局和中国海上搜救中心实现了业务化应用。同时，其他相关科研院所也开展了搜救技术的研究，并取得了一定的成果。

为有效改变目前海上应急搜救体系依靠救援英雄"以命换命"来支撑的危险现状，未来，提升气象、海洋、搜寻、救助跨域联合的智能搜救技术能力，大力开展搜救全链条技术研发，实现搜救跨域合作、快速响应、高效搜救和协同保障，是我国搜救技术领域的发展趋势。

1.2 关键技术问题

本书围绕气象海况与失事目标预测预报技术、船载及个人示位标装置、智能搜救监控技术、搜救和撤离应急演练保障技术，针对我国现行搜救工作中存在的多源信息融合欠佳、跨领域技术不衔接、智能装备技术缺失和集成协同保障技术不足等问题，以海上救援气象海况条件高精度预报、遇险目标漂移快速预测、定位搜寻、智能搜救系统集成监控、搜救指挥决策支持与综合保障协同等关键技术为突破，构建集成气象海况预报、漂移预测、定位搜寻与智能搜救等创新技术成果的全链条、一体化海上搜救应急演练与决策指挥保障平台。该平台已在我国南海开展业务化应用示范，实现了海上搜救快速响应、高效搜救和协同保障，本质

上提高了我国海上搜救技术能力与水平。本书介绍的海上搜救综合信息保障关键技术如下:

(1) 气象海况预报。基于南海海洋气象实时立体观测网,研发海上搜救海洋气象要素精细化格点预报技术,建立海洋气象环境精细化数值预报系统。实现立体观测网-数据处理-数值预报与同化-预报服务,构成完整的数据流与技术流。

(2) 漂移预测。基于南海立体观测和数值再分析数据,结合海上试验,率定不同类型遇险目标风致漂移系数,研发风致漂移作用模型和轨迹预测模型。基于蒙特卡罗方法和凸包算法,研发搜救范围计算模型。实现数值建模-综合试验-参数率定-模型校验改进-业务应用的全链条搜救漂移预测技术研发。

(3) 定位搜寻。研发具备自动释放功能的船载北斗示位标和落水人员生命体征判别功能的个人北斗/AIS示位标,结合星基网络遇险搜救工作模式,制定行业标准,实现产业化。

(4) 适航条件评估。基于搜救适航条件要求,构建海上搜救适航条件快速预报与分发系统;针对搜救平台作业对海洋气象环境因素的具体需求,研发适航条件定量分级预警机制,实现适航条件定量分级预警。

(5) 决策支持。集成气象、海洋、AIS、甚小口径卫星终端站(very small aperture terminal,VSAT)、北斗等多源异构数据,构建海上搜救信息链,研制海上搜救应急演练与决策指挥保障平台,实现恶劣海况下的搜救案例模拟和演习,对气象海况预报、搜救平台适航评估、目标漂移预测、定位搜寻和智能搜救监控等技术进行应用示范。

第2章　海洋环境数值预报技术

气象与海洋环境背景场是海上搜救漂移预测及决策支持系统应用的重要基础环境数据。只有获取准确的海洋、气象预报结果，才能准确预测遇险目标漂移轨迹以及安全高效地制定搜救作业平台的搜救模式和搜救方案，从而提高遇险目标成功获救的概率。因此，围绕搜救所必需的海洋气象环境背景场，针对搜救的气象海况快速预报技术是搜救技术链条中的前端关键技术。

本章基于南海海洋气象观测网和卫星遥感资料，采用数值预报与数据同化技术，以区域海洋模式系统(regional ocean model system，ROMS)、第三代海浪数值(wave watch Ⅲ，WW3)模式以及中国气象局自主研发的全球中期数值预报系统(global/regional assimilation and prediction system，GRAPES)为核心，建立南海海洋气象数值预报系统。基于数值预报结果，利用南海海洋气象观测网的大面长期观测资料，借鉴模型输出统计(model output statistics，MOS)预测原理建立南海数值预报产品统计释用模型。基于地理信息系统(geographic information system，GIS)和OpenGL绘图技术开发主客观快速融合的海洋气象精细化预报交互式智能预报系统，参考搜救现场观测资料，对预报结果进行订正，实现南海多要素精细化格点预报场。

2.1　大气数值预报技术

2.1.1　常规天气数值预报技术

1. 模型简介

以中国气象局自主开发的区域数值预报系统GRAPES_MESO为核心模块，开发建立了华南区域嵌套的热带气象数值预报模型系统，该系统包括华南中尺度数值预报模式(GRAPES_GZ 9km)，覆盖全南海海域，水平方向采用等距的经-纬格点和Arakawa-C格式，分辨率不低于10km；垂直方向采用高度地形追随坐标，取Charney-Philip跳层设置，层顶高度约为35000m。该模式采用半隐式-半拉格朗日差分格式进行数值求解，其中引入了等温大气静力扣除和改进的正定水汽平流方案。在物理过程方面，主要考虑以下模块：微物理过程、长/短波辐射过程、近地面层湍流相似理论、边界层参数化、陆面过程、积云对流以及地形重力波拖曳等。模式侧边界设计为全球预报系统(global forecast system, GFS)、南海台风模式(tropical regional assimilation model for the South China Sea, TRAMS)、全球谱模式 T639 等多重替代方案,以保证业务优化运行期间的边界条件来源稳定。同化模块采用三维变分等压面分析方法,观测资料主要包括模式计算范围内的地面、船舶和探空观测,以及 ATOVS 卫星资料、云导风场、飞机报告和雷达观测等多源观测数据,同时采用简化的背景误差协方差矩阵。

华南中尺度数值预报模式(GRAPES_GZ 9km)起报时次为每天 4 次(世界时间:00/06/12/18 时),其中,00 时和 12 时预报时效为 168h,06 时和 18 时预报时效为 72h,每 6h 间隔输出。模式覆盖范围为 81.6°E～160.8°E,0.8°N～50.5°N,空间分辨率为 0.09°×0.09°。输出的参数要素包括:①地面,包括海平面气压、累计降水量、2m 温度、2m 相对湿度、10m 东西风风速、10m 南北风风速、能见度、总云量;②高空(17 层),包括高度、温度、相对湿度、东西风风速、南北风风速。

2. 大气资料同化方案

一般地,三维变分的目标函数可以定义为

$$J = J_b - J_o \tag{2-1}$$

$$J_b = \frac{1}{2}(x_b - x)^T B^{(-1)}(x_b - x) \tag{2-2}$$

$$J_o = \frac{1}{2}(H(x) - y_o)^T O^{(-1)}(H(x) - y_o) \tag{2-3}$$

式中,x 为模式变量场;x_b 为背景场;B 为背景误差协方差矩阵;O 为观测误差协方差矩阵;y_o 为观测场;$H(x)$ 为观测算子。为了求解未知变量,x 需要对目标函数进行极小化处理。

GRAPES 三维变分同化方案采用具有预调变换的增量分析方法来求解问题,其主要特点是:在标准等压面上进行增量分析;分析网格为经纬度网格;采用非跳点的 Arakawa-C 网格设置水平分析变量;观测算子包括从全球电报系统(global telecommunication system, GTS)获取的常规资料(如 TEMP、SYNOP、SHIP、AIREP、SATOB、SATEM 等),同时包括非常规资料(如 ATOVS 亮温资料、多普勒雷达资料等);模式变量定义为 ϕ、T、U、V、q 或 RH(位势高度、温度、东南风、西北风、比湿或相对湿度),分析变量定义为 ψ、χ、ϕ_u、q 或 RH(流函数、势函数、高度、比湿或相对湿度),控制变量定义为 w,用于求解 B;采用简单的地转平衡关系或线性平衡关系作为质量场和风场的平衡;区域版本用递归滤波、全球版本用谱滤波来表示背景误差协方差的水平相关性;垂直相关用气候平均垂直误差的经验正交函数特征模的投影来表示;应用预条件 $\delta_x = U_w = \sqrt{B}w$ 减少迭代次数，加速极小化的收敛；极小化采用有限记忆算法。

3. 模型 10m 风场预报性能自评估

检测的测站通过初步质量控制后，筛选出包括浮标站、石油平台站、海岛站、沿海指标站和船舶站等分布在广东省海岸线及海南岛周边(包括西沙和南沙)的资料可靠站点，采用 2020 年 1～9 月 GRAPES_GZ 9km 模式输出的风向、风速数据与实况进行对比，计算风速、风向的平均绝对误差和均方根误差。用于进行数据检验的指标主要包括平均误差(mean error，ME)、平均绝对误差(mean absolute error，MAE)、均方根误差(root mean square error，RMSE)、平均相对误差(mean relative error，MRE)，各指标的具体表达式如下。

平均误差：

$$\mathrm{ME} = \frac{1}{N}\sum_{i=1}^{N}(P_i - O_i) \tag{2-4}$$

平均绝对误差：

$$\mathrm{MAE} = \frac{1}{N}\sum_{i=1}^{N}|P_i - O_i| \tag{2-5}$$

均方根误差：

$$\mathrm{RMSE} = \sqrt{\frac{1}{N}\sum_{i=1}^{N}(P_i - O_i)^2} \tag{2-6}$$

平均相对误差：

$$\mathrm{MRE} = \frac{1}{N}\sum_{i=1}^{N}\left|\frac{P_i - O_i}{O_i}\right| \tag{2-7}$$

式中，P_i 为模式预报值；O_i 为观测值；N 为统计样本数。经过误差检验，24h 和 48h 的风速、风向误差(24h 和 48h 有效样本数分别为 7355、7141)见表 2-1。

表 2-1 GRAPES_GZ 9km 模式风速、风向误差

风场参数	24h		48h	
	平均绝对误差	均方根误差	平均绝对误差	均方根误差
风速/(m/s)	1.83	2.47	1.92	2.58
风向/(°)	7.52	22.28	7.96	23.34

风速的均方根误差 24h 为 2.47m/s，48h 为 2.58m/s。检验期内的风速预报比实况总体偏大，误差主要来源于盛行东北季风的冬春季节，模式对该阶段冷空气的路径、强度预报的偏差均是造成广东沿海风速预报的误差来源。而预报-实测散点图(图 2-1)显示，实测样本多数分布在 2.5～5m/s 内，而无论是 24h 还是 48h，

模式对这一区间的风速预报误差较小。随着风速增大,预报-实测的散点趋于分散,说明模式对大风的预报能力略逊。此外,多数样本分布在指示线上方,说明预报较实测普遍偏大,随着风速增大,偏高率也有所增加。

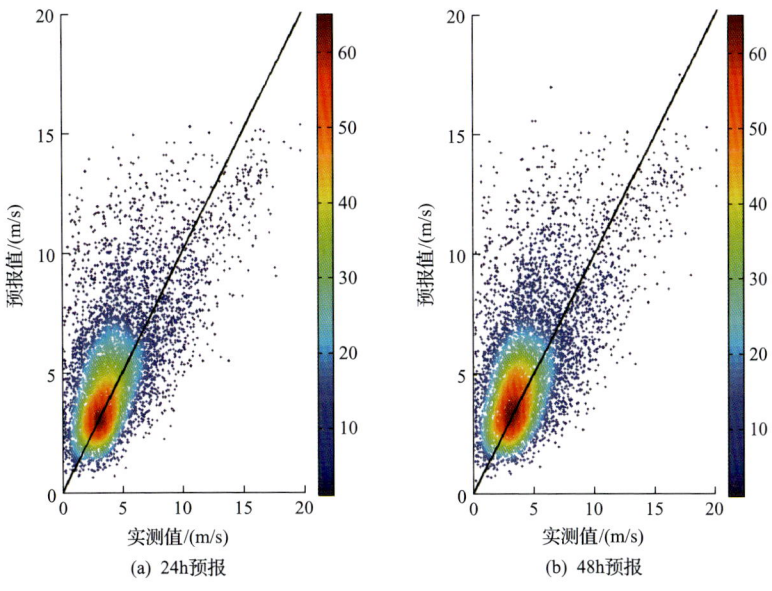

图 2-1　GRAPES_GZ 9km 模式风速预报与实测散点图

风向的均方根误差 24h 为 22.28°,48h 为 23.34°。从预报-实测散点图(图 2-2)来看,广东沿海以东北风、东南风及西南风最为盛行,模式的风向预报偏差较大

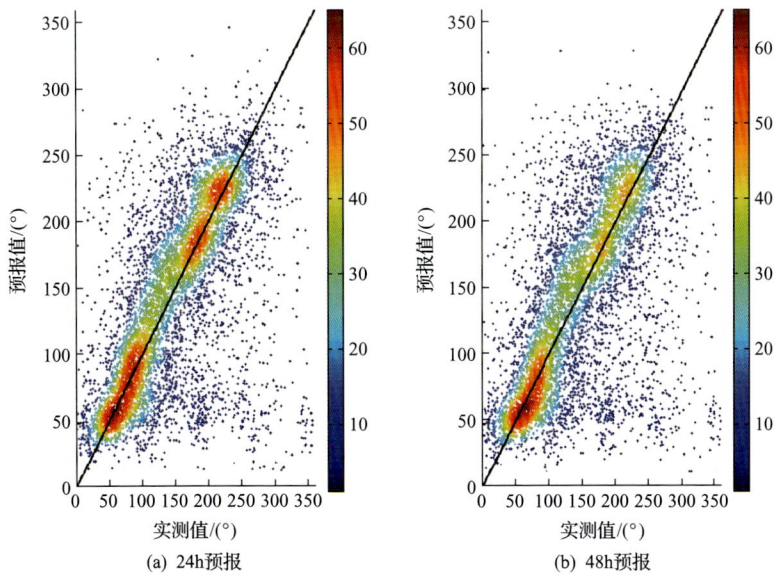

图 2-2　GRAPES_GZ 9km 模式风向预报与实测散点图

并不存在于某一特定季节或某一特定风向,风速大小也与风向预报误差关联性不大,但模式预报的风向普遍比实测风的偏西分量更大,而对于冷空气引发的东北季风,则偏东分量略大。

2.1.2 极端天气数值预报技术

1. 台风集合预报技术

基于欧洲中期天气预报中心(European Centre for Medium-Range Weather Forecasts,ECMWF)预报试验系统、美国国家环境预报中心(National Centers for Environmental Prediction,NCEP)预报试验系统和我国南海台风模式 GRAPES-GZ_EPS 的集合预报资料,利用等权平均、概率预报、趋势变化等方法,研发七种台风路径和强度集合预报产品,囊括了概率预报、集合预报离散度、模式控制预报和确定性预报调整趋势等多种信息。

下面利用 2009~2015 年 ECMWF 的集合预报资料检验分析台风集合预报性能,主要从不同强度的热带气旋、不同强度引导气流的热带气旋、南海热带气旋三方面进行检验分析。

1) 台风集合预报产品

基于集合预报资料研发台风路径、强度的集合预报产品,包括台风路径袭击概率、集合成员路径、确定性预报路径、控制预报路径、台风强度箱线图等多种产品。

(1)所有起报时次路径确定性预报产品。

该产品包含截至模式起报时刻的实况路径、最新时次的模式预报路径和模式所有起报时次的预报路径。利用此产品,不仅可以分析台风的最新预报路径及移向、移速,而且当模式有较明显的调整趋势时,可直观地看到路径预报的调整情况。

(2)所有时次控制预报和所有集合成员的等权平均路径产品。

该产品包含截至模式起报时刻的实况路径、所有起报时次的集合控制路径和所有成员的等权平均路径,并突出显示了最新时次的预报,由此可更清晰地识别集合控制预报和等权平均路径的差异,以及集合预报的调整情况,结合确定性预报的调整,可以为预报业务提供更多的依据。

(3)最新时次所有集合成员预报路径产品。

该产品涵盖了实况路径、最新时次集合预报所有成员的预报路径、最新时次等权平均路径和集合控制路径。通过分析该产品,技术人员可以判断集合预报的离散度,并关注路径可能出现的极端状况,平均路径又可指示所有成员预报的总体趋势。另外,对该产品进行连续多个时次分析,能识别集合预报离散度的变化,从而更好地把握路径预报的趋向。

(4) 最新时次袭击概率产品。

该产品通过设定袭击半径的阈值（假定为 120km），计算未来 120h 内任意点与台风中心预报位置的最小距离，以及小于阈值的概率。概率大于零表示按照最新预报结果，未来 5 天内该区域或格点与台风中心的最小距离可能小于设定的半径阈值，概率值越大可能性越高，从而可判断未来 5 天内台风移动过程中可能受影响的区域及受影响的概率大小；而且对登陆范围的预测也有较大的参考价值。

(5) 强度预报箱线图产品。

该产品包含集合平均和确定性预报的中心最低气压、中心最大风速、强度预报离散度的时间序列，以及各时次实际预报的集合成员数。综合分析产品信息，可得到强度预报的趋势、预报离散度、是否消亡等变化情况。

2) 台风集合预报的检验评估结果

自从集合预报技术投入台风业务使用，其预报能力如何，缺少系统的检验评估，或检验方法侧重于理论研究。因此，针对台风集合预报性能的检验，从路径、强度两方面进行了分析，可以发现路径集合预报总体较准确，但存在移向预报偏向实况左侧、移速预报偏慢、强度预测整体偏弱的不足。随着台风强度增强，集合预报对其移速、移向的预报准确率明显提高；反之，对强度预报的准确率却随台风强度逐渐减小。当受不同强度引导气流影响时，引导气流偏弱，移向预报误差最大；引导气流偏强，移速预报效果较差。在南海台风三类常见的路径中，集合预报对西行、西北行两类的路径预报较准确，西行后北折的路径预报效果较差；西行后北折路径的台风在北折前，移向预报离散度很大，向北转折后路径趋于稳定，误差主要体现在移速预报上。

(1) 路径预报检验。

集合预报对台风路径的预报能力不断提高，在长时效预报中提高的幅度更明显。在台风路径较稳定时，对不同强度的台风路径预报进行对比检验。台风强度不同，往往具有不同的特征，强度较强的台风路径相对较稳定，而强度较弱的路径则比较复杂，因此预报业务中普遍认为，较强的台风路径误差较小，反之，较弱的路径误差较大。图 2-3 给出了多年台风按不同强度级别分类的距离平均绝对误差（根据台风分级标准，将台风分成热带低压(TD)、热带风暴(TS)、强热带风暴(STS)、台风(TY)、强台风(STY)、超强台风(SuperTY)六个等级）。从图中可知有两个明显的特征：各等级台风的距离平均绝对误差都随预报时效增大；台风强度越强，预报误差越小，以 36h 为例，SuperTY 级别的距离平均绝对误差约为 74km，而 TD 的距离平均绝对误差大约是 135km，几乎是 SuperTY 的 2 倍，其余各级别的台风随强度增强而误差减小，该结论也印证了已有研究和实际业务中的认识。

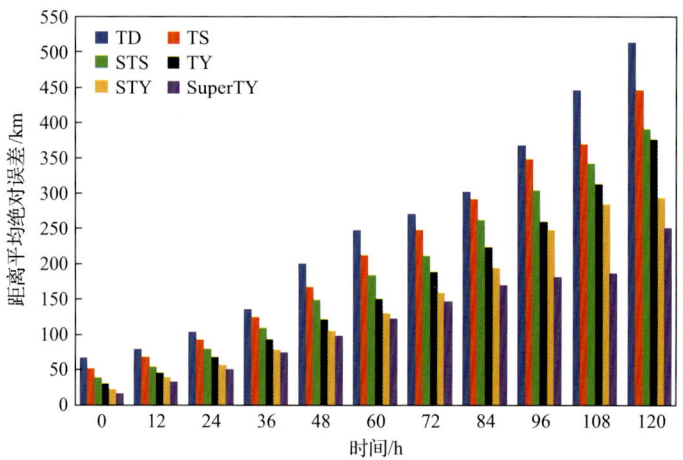

图 2-3　不同强度台风集合平均路径预报的距离平均绝对误差

(2) 移向/移速预报检验。

①不同强度引导气流下的检验分析。

将台风所受的引导气流按强度分成偏强、中等、偏弱三类,分析集合平均预报对不同强度引导气流影响下台风移速、移向的误差(图2-4)。

当引导气流较强或较弱时,60h后集合平均的移速预报误差存在随时效延长缓慢增长的特征,引导气流适中时误差变化不大,基本维持在3～6km/h;当引导气流偏弱时,移速预报小于零的误差比大于零的误差大,说明此时移速预报偏慢的现象较明显;当引导气流偏强或适中时,移速预报偏慢、偏快的误差大致相当,只是引导气流偏强时的误差较大。说明环境平均风速和台风移速相当时,集合平均的移速预报与实况较接近,环境平均风速偏强、偏弱时,移速预报的误差较大,尤其是环境平均风场较弱时,预报偏慢情况较严重。

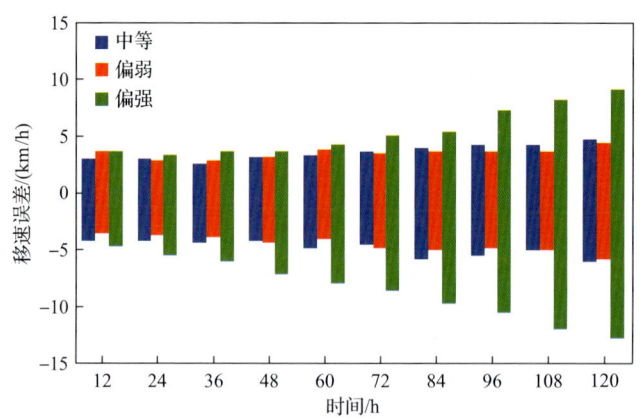

(a) 移速误差(误差大于零表示移速预报偏快,小于零表示移速预报偏慢)

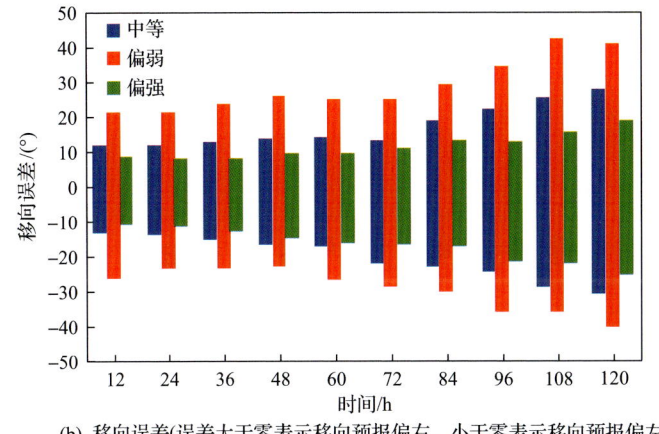

(b) 移向误差(误差大于零表示移向预报偏右,小于零表示移向预报偏左)

图 2-4　不同强度引导气流影响下台风集合平均移速、移向预报的误差

72h 后移向误差存在随时效延长缓慢增大的特征；当引导气流适中时,大于零和小于零的误差最大,而当引导气流较弱时,移向误差大部分时效都较低。由此说明,环境平均风速与台风移速相当时,集合预报对移向预报的偏离程度较高,而环境平均风速较弱时,移向预报的偏离程度较小。

由统计可知,三种引导气流影响下,移速预报偏快和偏慢的误差样本数比值,以及移向预报偏右和偏左的误差样本数比值。当引导气流偏强时,多数样本移速预报偏慢(比值小于 1)、移向预报偏左(比值小于 1),说明移速预报偏慢、移向预报左倾的特征较明显；引导气流偏弱时,移速预报偏快和偏慢的样本数比值约等于 1,移向预报偏右和偏左的样本数比值也约等于 1,说明移速、移向预报没有明显的偏向性,反映了预报的不确定性更大。

②南海台风的检验分析。

南海台风(包括南海发展起来的台风和移入南海的台风)的路径多样,业务上常见的路径可分为西北行、西行、西行后北折三种。对南海台风分类,分别检验移速、移向预报的误差,发现西行后北折路径的台风由于路径比较复杂,移速、移向预报误差都明显偏大。另外,三类台风的移速预报偏慢、移向预报偏左的机会仍更多。

西行后北折路径的台风预报难度及误差最大,有必要进一步分析误差的原因。将台风以转折时刻为界线,分成西行时段和北折时段的预报,得到两个时段的移速、移向预报误差(图 2-5),图中–120～0h 和 0～120h 分别是西行和北折时段预报。结果显示,北折时段的移速误差发散度普遍较大,西行时段的误差发散度较小；相反,移向预报在西行时段的误差发散度明显偏大,北折时段的非常小。说明在台风转折之前,无法准确判断台风未来的移动趋势,集合平均移向预报的不确定性非常大,北折后台风路径较稳定,因此移向预报的不确定度明显减小,而移速预报的发散度有所增加。

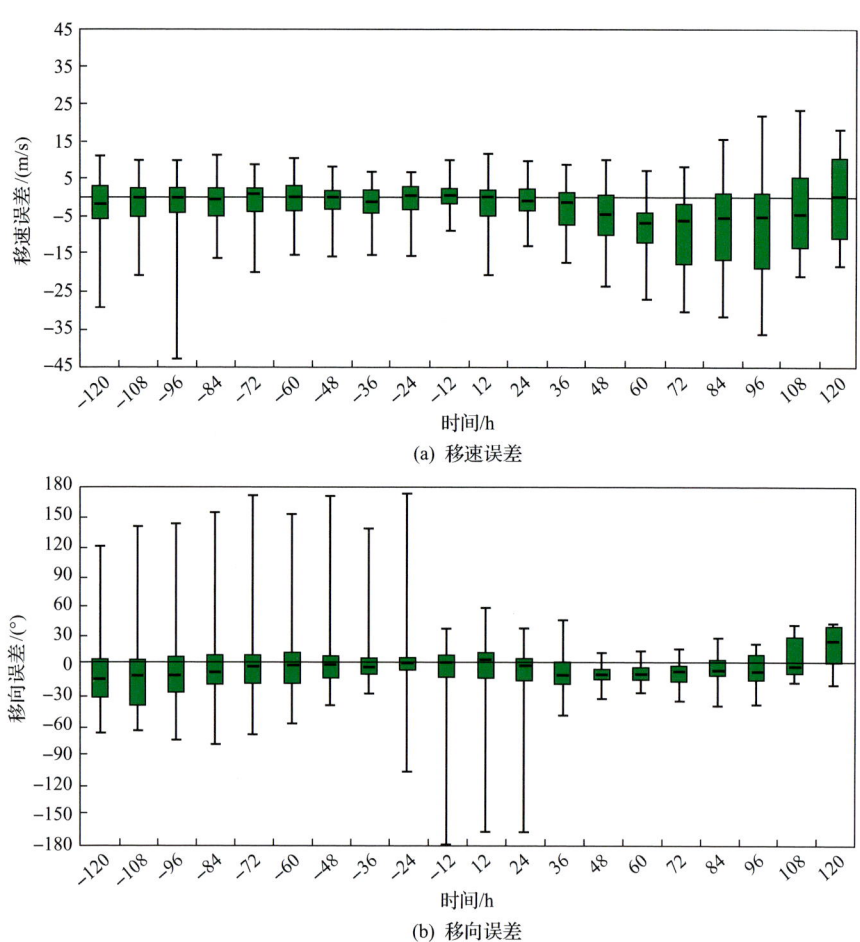

图 2-5　西行后北折路径台风转折前后集合平均移速、移向预报误差的平均值

(3)强度预报检验。

①总体评价。

台风强度的集合平均预报明显偏弱，该现象属于高概率事件。分析 146 个台风中心最低气压集合平均预报的误差，所有时效的气压预报明显偏高，偏高的误差值维持在 15~25hPa，偏低的误差值维持在 5~10hPa，说明对台风的强度预报明显偏弱。在中心最低气压预报偏弱(误差大于零)和偏强(误差小于零)的样本数比值中发现，大于零的样本数远多于小于零的样本数，随着预报时效延长，小于零的样本数比例逐渐增大，但仍比大于零的样本数少。说明在各预报时效中，集合平均对台风的强度预报存在总体偏弱的特征，而且无论从程度还是次数来看，偏弱的概率都明显大于偏强。

第 2 章 海洋环境数值预报技术

②不同强度等级的台风强度检验。

对西北太平洋不同强度台风中心最低气压的集合平均预报进行检验(图 2-6)，发现 STS 及以下级别台风强度预报，大于零和小于零的平均误差值相当，部分时效预报中 TD、TS 小于零的误差值还比大于零的误差值大，当强度增大到 TY 及以上级别时，大于零的误差值明显大于小于零的误差值，而且随台风强度增强，大于零的误差也明显增大。说明 STS 及以下级别台风强度预报偏弱和偏强的平均误差值相当，当强度增大到 TY 及以上级别时，偏弱的误差值大于偏强的误差值，随着强度增强偏弱的误差值明显增大，SuperTY 的预报误差全部偏弱。

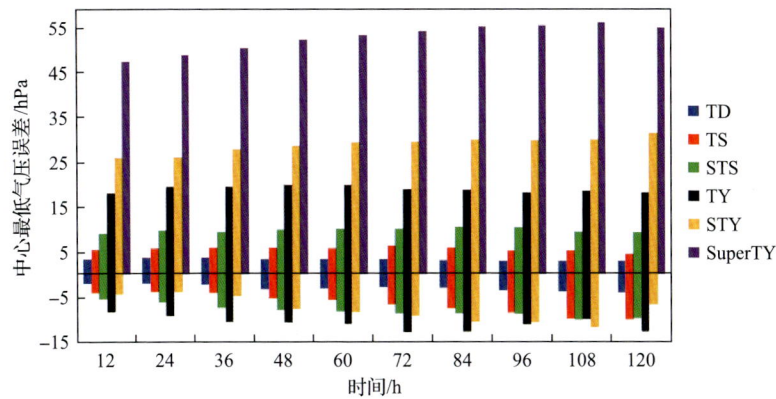

图 2-6 不同强度台风中心最低气压集合平均预报误差的平均值

表 2-2 是对应的中心最低气压预报偏弱和偏强的误差样本数比值。在长时效预报中(96～120h)，STS 及以下级别的台风存在小于零的平均误差样本数所占比例较大的特征，TY 及以上级别的台风强度预报大于零的平均误差样本数所占比例明显大于小于零的误差样本数，且随着强度增强，这种比例升高，当强度达到 SuperTY 时，小于零的平均误差样本数在所有时效中都为零，说明随着台风强度增强，集合平均预报对其强度预报偏弱的次数逐渐增多，对 SuperTY 的预报始终偏弱。

表 2-2 不同强度台风中心最低气压集合平均预报的平均误差样本数比值
(SuperTY 小于零的误差样本数为零，因此直接给出大于零、小于零的样本数)

级别	12h	24h	36h	48h	60h	72h	84h	96h	108h	120h
TD	3.47	2.17	1.50	1.26	1.06	0.94	1.00	0.68	0.61	0.65
TS	2.85	2.34	1.67	1.44	1.34	1.14	1.08	0.91	0.73	0.50
STS	3.89	3.23	2.58	1.93	1.67	1.31	1.05	0.96	0.94	0.81
TY	6.63	5.15	4.83	4.29	4.00	4.48	4.10	3.40	3.07	3.85
STY	18.60	26.86	16.64	16.90	15.70	13.90	13.56	12.88	14.67	11.83
SuperTY	137/0	136/0	136/0	132/0	121/0	106/0	83/0	70/0	49/0	33/0

因此，无论从偏差程度还是次数来看，集合预报对各级台风的强度预测偏弱，随着强度增强预报偏弱的现象变得明显，对 SuperTY 的预报始终偏弱。

2. 强降水预报技术

华南地区和南海海域降水频发，而数值预报模式对降水的刻画并不理想，引进集合预报信息，能大幅改善预报效果。通过对集合预报进行解释应用，可以得到更优的降水预报产品。在评估分析的基础上，研发了三种降水产品算法。

1) 评估分析和分位数产品

将24h降水量级划分为小雨(0.1～9.9mm)、中雨(10.0～24.9mm)、大雨(25.0～49.9mm)、暴雨(50.0～99.9mm)、大暴雨（100.0～249.9mm）与特大暴雨（≥250.0mm）并采用预兆评分(threat score，TS)方式进行评分。TS 具体计算公式为

$$TS_k = \frac{NA_k}{NA_k + NB_k + NC_k} \times 100\% \qquad (2\text{-}8)$$

式中，NA_k 为预报正确的总站(次)数；NB_k 为空报的总站(次)数；NC_k 为漏报的总站(次)数；k 可分别取 1、2、3、4、5，分别代表小雨、中雨、大雨、暴雨、大暴雨(暂未考虑特大暴雨)。

集合预报成员的格点预报插值到自动站，针对站点逐个预报时次，将集合成员按大小排列，分别计算最小值(min)、5%、10%、25%、35%、50%、65%、75%、90%、95%、最大值(max)等分位数产品，并检验上述产品的 TS。除分位数产品，还将计算控制预报成员、集合平均 TS，以比较分位数产品与单个成员或集合平均之间的差异。

2) 降水最优百分位统计量融合产品

(1) 不同季节的统计。

根据降水性质，将全年划分为前汛期(3～6 月)、后汛期(7～10 月)、冬季(1～2 月、11～12 月)三个时间段。评估全年、前汛期、后汛期、冬季不同量级的控制预报与集合预报降水的 TS(图 2-7)。将 TS 最高的分位数定义为最优分位，对应的 TS 定义为集合 TS，分析降水量与 TS 的关系。研究发现，模式预报能力随降水量级增大而减小；对于不同的降水量级，最优分位数也有明显差别，全年降水的小雨、中雨、大雨、暴雨、大暴雨对应的最优分位数分别为 min、50%、75%、95%、max，说明随着降水量级增大，最优分位数有向高值变化的趋势；冬季、前汛期与后汛期降水，也用相同的方法进行统计分析。这表明对于小量级降水，集合预报倾向于做出较实况偏大的预报，对于大量级降水则相反，体现了集合预报在降水量级谱两端存在反向系统性偏差的特征。

在不同时间段，集合预报分位数产品也具有不同的特征。对于冬季降水，小

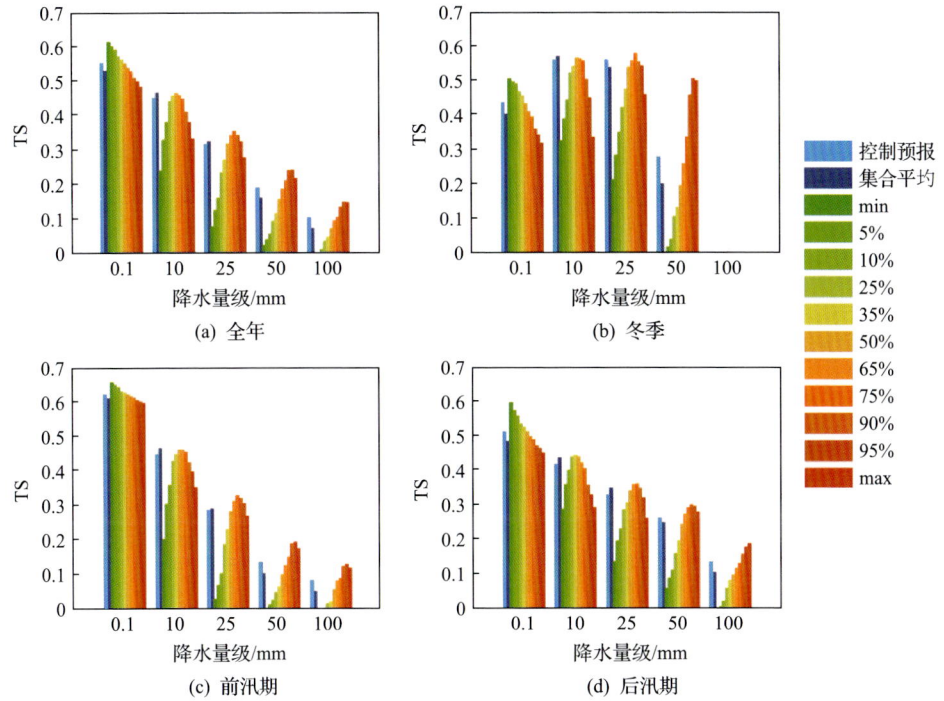

图 2-7 全年、冬季、前汛期与后汛期不同降水量级控制预报与集合预报产品 TS

雨的预报效果较差，集合 TS 为 0.50，低于前汛期和后汛期；冬季中雨和大雨预报效果则相对较好；冬季暴雨预报，集合预报相对于确定性预报有较大幅度的提升，控制预报 TS 是 0.28，集合 TS 是 0.5。对于前汛期降水，由于这一类降水多发生在不稳定层结中，在有明显天气系统配合的情况下，容易出现大范围的降水落区，此时如果模式预报做出同样大范围的降水预报，往往容易获得较高的 TS，小量级降水的集合 TS 高于后汛期和冬季，但随着降水量级增大，前汛期的集合 TS 迅速下降，显著低于冬季和后汛期。对于后汛期降水，集合 TS 随降水量级增大而递减，但对于暴雨及以上的强降水仍有较好的预报效果。

上述结果表明，随着降水量级增大，模式预报能力逐渐减小，但对于不同时期降水，集合预报能力有所区别：对于前汛期的小量级降水预报，集合预报的表现较好，但对于前汛期暴雨或大暴雨则较差；对于冬季降水，集合预报在暴雨预报上具有更明显的优势；后汛期集合预报的预报效果介于前两类降水之间。

(2) 不同预报时效的统计。

实际业务当中，由于预报需求以及数据下发具有延时性的特征，常需要使用预报时效为 36h 甚至更长的模式预报作为支撑，因此有必要对不同预报时效的集合产品进行统计评估。

为表现集合预报相对于确定性预报的改进程度，将控制预报视作模式确定性预报,则集合 TS 与控制预报 TS 的差可定义为集合 TS 增幅。通过对比不同时间段、不同量级集合 TS 与集合 TS 增幅随预报时效的变化,可发现集合预报与控制预报的效果优劣(图 2-8)。研究发现,随着预报时效增加,各量级各时间段集合 TS 均逐渐下降,对于预报业务重点关注的短期预报(<72h),降水量级越大,TS 下降幅度越明显,预报时效为 72h 时,大雨和暴雨集合 TS 已分别低于 0.20 和 0.30;预报时效达到 120h 时,中雨集合 TS 小于 0.40,大雨、暴雨集合 TS 分别为 0.24、0.14;预报时效达到 168h 时,小雨的集合 TS 仍能达到 0.54,大雨和暴雨集合 TS 已小于 0.20,表明对于较长时效的小量级降水预报,集合预报仍有不错的预报能力。对比不同时间段集合 TS:对于冬季降水,各量级降水的集合 TS 预报稳定性较好;对于前汛期降水,小量级降水集合 TS 随预报时效增加下降幅度较小,而大量级降水集合 TS 随预报时效增加,出现大幅下降的特征;对于后汛期降水,预报时效小于 48h 时,各量级降水集合 TS 随预报时效增加下降幅度均较小,预报时效大于 72h,集合 TS 迅速下降。

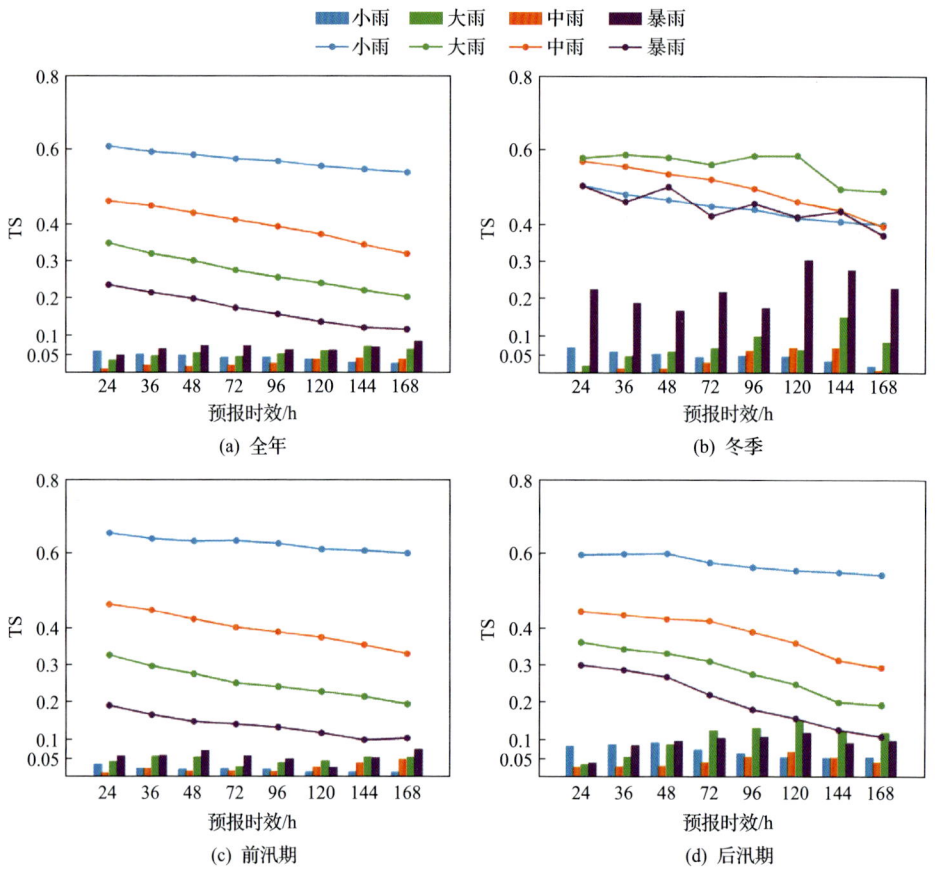

图 2-8　全年、冬季、前汛期、后汛期,不同降水量级不同预报时效的集合 TS 与集合 TS 增幅

集合 TS 增幅可以体现集合预报相对于确定性预报的改进效果。统计可发现，在所有时间段，大雨、暴雨集合 TS 增幅普遍优于小雨和中雨，说明集合预报对于改进大雨或暴雨降水预报能力具有明显效果。这种改进效果主要体现在冬季与后汛期暴雨，集合预报对确定性预报的改进是十分明显的，尤其是对于较长的预报时效。由此可见，虽然随着预报时效增加，确定性预报能力显著下降，但集合预报有助于改善大雨与暴雨的预报效果，尤其是对于冬季和后汛期预报时效较长的预报。

(3) 百分位融合产品的算法。

根据百分位评估结果，开发预报时效为 36h 的 24h 降水百分位融合产品，具体参数分级方法如下：

①若集合最大值大于或等于 100mm，则融合值等于最大值；
②若集合 95%分位数大于或等于 50mm，则融合值等于 95%分位数；
③若集合 75%分位数大于或等于 25mm，则融合值等于 75%分位数；
④若集合中位值大于或等于 10mm，则融合值等于中位值；
⑤若上述条件都不满足，则融合值等于 10%分位数。

上述方法中的①和②可能与统计结果不完全相同，主要考虑到在暴雨和大暴雨的降水量级中，max 分位场与 95%分位场 TS 差异较小，在实际使用中参照百分位场随降水量级增加而增大的标准，因此采取上述百分位参数设置方法。

(4) 集合预报统计量融合释用产品应用效果。

以后汛期台风降水统计量融合释用产品为例（表 2-3），检验其相对于控制预报（确定性预报）的提升幅度。由检验结果可知，集合平均产品与控制预报在各量级降水的 TS 差别不大，但统计量融合产品 TS 较前两者在大雨及以上量级降水预报上有明显的提升，在大雨、暴雨与大暴雨的 TS 评分分别为 0.48、0.32 与 0.17，较控制预报 TS 评分提升幅度分别为 9.1%、18.5%与 6.3%。

表 2-3 近三年台风影响广东降水日控制预报与集合预报在不同降水量级下的 TS

预报产品/评分要素	小雨	中雨	大雨	暴雨	大暴雨
控制预报	0.79	0.56	0.44	0.27	0.16
集合平均	0.79	0.58	0.48	0.27	0.13
统计量融合法	0.79	0.57	0.48	0.32	0.17
较控制预报提升幅度/%	0.0	1.8	9.1	18.5	6.3

3) 频率匹配降水产品

(1) 总体频率统计。

首先计算站点实况观测 24h 降水量概率分布曲线、集合预报在所选范围内所有格点所有成员的预报 24h 降水量概率分布曲线。进行概率分布曲线拟合时,可用百分位数对应的 24h 降水量大致描述其具体概率分布。分别绘制实况和集合预报 24h 降水百分位与 24h 降水量对应散点图(图 2-9),散点所拟合的曲线可代表 24h 降水量的累积分布函数(cumulative distribution function, CDF)曲线。从图中可见,实况与预报的概率分布曲线差异比较大,表现为在降水量级谱两端存在着明显的概率分布差异,如当 24h 降水量为 1mm 时,实况降水与预报降水的百分位数分别为 65%和 31%;当 24h 降水量为 50mm 时,实况降水与预报降水的百分位数分别为 94%和 97%。表明在小量级降水中,预报产品的频率比实况大,而在大量级降水中则相反,这与集合预报在降水量级谱两端存在着反向系统性偏差的特征是相似的。

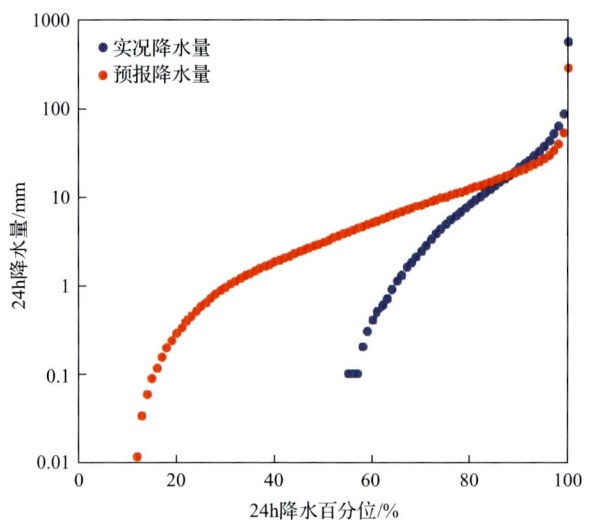

图 2-9 广东暴雨日实况和集合预报 24h 降水百分位与降水量散点分布示意图

(2)格点频率拟合与统计。

不同区域观测 24h 累计降水概率密度不同,因此对逐个格点降水实况进行拟合。单个格点包含观测值样本量较小,因此采用邻域窗口方法,以格点为中心,对 0.375°×0.375°窗口范围内的观测与预报样本进行统计,从而增加样本统计量。拟合函数为 Gamma 分布函数,公式如下:

$$y = f(x|a,b) = \frac{1}{b^a \Gamma(a)} x^{(a-1)} e^{\frac{-x}{b}} \qquad (2\text{-}9)$$

对格点进行 Gamma 分布拟合后的拟合参数 a、b 具有明显的地域分布特征,对于参数 a,在粤北地区为大值区,在沿海地区则为相对小值区,具有明显的纬度分布特征;对于参数 b,大值区主要位于珠江口两侧沿海地区以及广东省中部,与广东省三个暴雨中心对应。

(3) 频率匹配格点产品的算法。

根据频率统计特征，如以订正预报 24h 降水量使其概率分布曲线与实况一致为目标，对集合预报的 50 个成员 24h 预报降水量进行订正。

订正方法如下：对于不同的百分位，实况降水量与预报降水量之间的差值即预报降水量的订正量，但在实际订正中，需首先将预报降水量按照其概率分布，找到其对应的百分位，而其百分位对应的订正量也是固定的，因此建立降水量与订正量之间的函数关系，可得到相关订正函数。

为更好地拟合订正函数，采用二项式公式，并分段对预报量与订正量进行拟合。展示拟合散点和曲线(图 2-10)，以 x 为预报降水量，$f(x)$ 为订正降水量，当预报降水量小于 9.0mm 时，拟合函数为

$$f(x) = 0.0992x^2 - 1.6282x + 0.9913 \quad (2\text{-}10)$$

当预报降水量大于等于 9.0mm 时，拟合函数为

$$f(x) = 0.0003x^2 + 0.9118x - 13.8587 \quad (2\text{-}11)$$

对于两段拟合函数，拟合相关系数平方均大于 0.995，拟合效果较好。

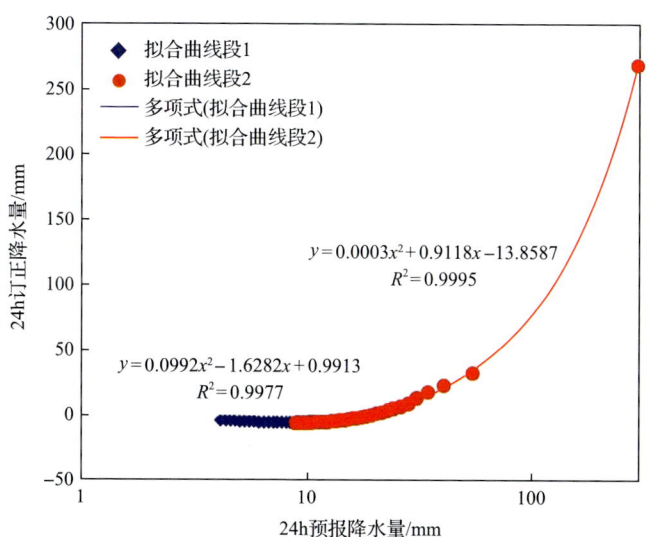

图 2-10　集合预报 24h 预报降水量与订正降水量拟合图

利用上述拟合函数，对于集合预报成员预报降水量进行频率订正，即得到集合预报频率匹配法产品。需注意的是，集合预报频率匹配法产品仍包含集合预报成员的预报结果，在业务使用中，可根据需要继续对集合成员进行处理，得到相关的定量降水预报(quantitative precipitation forecast，QPF)产品。

4)混合法降水产品

混合法主要是将上述两种方法有机结合,以期在两种订正效果基础上再做提高。其本质是将频率匹配的降水产品,用统计量百分位融合的思路进行统计,得到新的百分位参数,从而将两种方法融合得到新的降水预报产品,具体方案如下。

(1)混合效果统计。

经过频率匹配处理后,全年、冬季、前汛期、后汛期不同降水量级的百分位产品 TS 如图 2-11 所示。随着降水量级增大,控制预报 TS、集合平均 TS 和集合 TS 均显著下降,表明模式预报能力随降水量级增大而减小。对于不同降水量级,往往对应不同的分位数,但最优分位差别并不明显,全年降水的小雨、中雨、大雨、暴雨、大暴雨对应的最优分位数分别为 90%、65%、65%、65%、65%。对于冬季、前汛期与后汛期降水,也可以发现类似的特征。这一结果表明,对集合预报原始数据进行频率订正后,一定程度上对集合预报系统降水量级谱两端的系统偏差进行了订正。

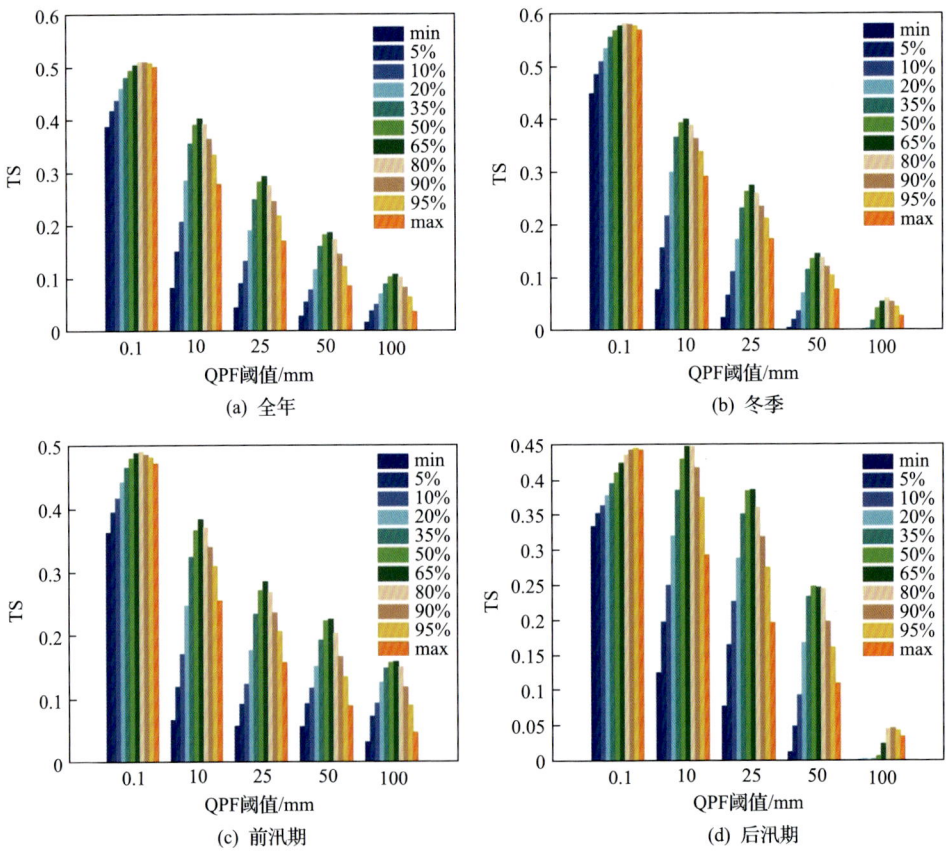

图 2-11 频率匹配产品全年、冬季、前汛期与后汛期不同降水量级控制预报与百分位产品 TS

在不同时间段，集合预报分位数产品也具有不同的特征。对于冬季降水，小雨的预报效果较差，集合 TS 为 0.44，低于前汛期和后汛期；冬季中雨和大雨预报效果则相对较好；对于前汛期降水，小雨的集合 TS 更好，达到 0.57，显著高于后汛期和冬季，但随着降水量级增大，前汛期的集合 TS 迅速下降，对于大雨、暴雨、大暴雨，集合 TS 分别为 0.27、0.15、0.05，对应各量级集合 TS 均显著低于冬季和后汛期；对于后汛期降水，集合 TS 随降水量级增大而递减，但对于暴雨和大暴雨，仍有较好的预报效果。

(2) 混合法降水产品的算法。

根据百分位检验结果，寻找最好的百分位数，开发预报时效为 36h 的 24h 降水百分位融合产品，具体方法如下：

①若集合最大值大于或等于 10mm，则融合值等于 65%分位数；

②若集合最大值小于 10mm，则融合值等于 90%分位数。

上述方法中的统计结果不完全相同，主要考虑到在暴雨和大暴雨的降水量级中，max 分位场与 95%分位场 TS 差异较小，在实际使用中参照百分位场随降水量级增加而增大的标准，因此采取上述百分位参数设置方案。

3. 沿海强对流预报技术

1) 研究方法

(1) 改进的风暴识别与追踪(continuity of tracking radar echo by correlation vectors，COTREC)算法。

基于三维雷达回波拼图资料，识别风暴单体，并对当前时刻的风暴寻找前一时刻相对应的位置，追寻其历史轨迹；同时引入变分技术和中尺度时空滤波技术，将回波矢量中的小尺度异常运动滤除，并减少矢量随时间的摆动，为后续回波的外推预报提供更准确合理的矢量场。

(2) 获取静态分级 $Z\text{-}I$ 关系($Z\text{-}I$ 关系根据 $Z=aI^b$ 指数关系进行雷达估测降水计算，Z 为反射率因子，I 为估算降水强度，a 和 b 为系数)。

研发动态 $Z\text{-}I$ 关系调整法，对降水系统的雷达回波强度进行分级，然后逐级进行统计分析，得到静态分级的 $Z\text{-}I$ 关系，由此计算雷达回波向地面降水的转换效率。在此基础上，利用稠密沿海自动气象站雨量观测资料和雷达初步估测降水，动态频繁建立 $Z\text{-}I$ 关系，实现逐 6min 的滚动更新，以便于实时捕捉不同降水系统在当前时刻的性质，区分雷达回波向降水转换的效率差异，实现更准确的雷达定量估测和预报降水。

(3) 发展光流法技术。

将雷达回波移动视为带有灰度的像素点，再假设像素点的灰度不随时间变化、在给定邻域内灰度只与坐标有关，得到一个约束方程，采用 Horn-Schunck 计算方法得到第二个约束方程,利用变分、迭代法得到方程的解,实现对风暴的移动、发展预测。

(4)对华南区域高分辨模式预报系统进行降水要素客观检验。

首先为了寻找不同类型暴雨间的特征差异,对广东暴雨个例进行整理和归类,在此基础上对过程期间模式00UTC起报的1~12h平均逐时降水预报数据进行分级降水的预兆评分。

(5)对华南区域高分辨模式的降水预报结果进行预报偏差订正。

针对华南区域高分辨模式的降水预报评分结果,识别出模式降水预报落区和强度误差,并寻找误差变化规律。在此基础上发展基于实况的校正技术,利用傅里叶变换对模式降水预报做落区订正,采用韦布尔分布(Weibull distribution)对模式降水预报做强度校正,使模式定量降水预报向定量降水估测产品(真值)逼近。

(6)融合雷达外推与数值预报,延长定量降水预报技术时效。

采用正切动态权重融合法,将雷达外推预报和经过降水落区与强度校正的数值模式预报联合起来。外推预报和数值预报的相对权重随着时间改变需要调整,在较短的预报时间内,外推预报取最大权重,而在较长时给数值预报一个较大权重,实现了两者的融合,最终输出更长时效的定量降水预报产品。基于前期工作研发的海上雷暴追踪和预报及定量降水预报技术产品,研发沿海强对流预警的自动识别方法,实现沿海灾害性天气监测预报及自动预警功能。获取所在沿海责任海区附近的雷暴追踪产品,确定回波的上游地区的警戒区。根据实况观测和预报值进行综合判断并通过设定预警标准阈值,自动识别并生成预警提示信息供预报员参考。

2) 研究结果

(1)COTREC算法个例的应用评估表明:通过对滤波前后COTREC矢量的大小对比统计可知,经过滤波之后COTREC矢量平均较滤波前仅减少0.80%,在外推时对回波移动速度的影响可忽略不计。因此,滤波的处理仅是对回波的移向进行调整,使其更接近实况。

(2)通过分析统计得到的静态分级的 Z-I 关系,得出:静态统计得到的结果反映的是一种平均状态,是不同性质降水系统的综合衡量,难以针对暖区降水、锋面降水或台风降水等不同性质降水系统进行自适应改变,这是造成定量降水预报误差的一个重要来源。需采取动态获取调整 Z-I 关系的方案,增强算法面对不同降水系统的自适应能力。图2-12给出了按照回波强度静态分级后统计出的 Z-I 关系的 a、b 值随回波强度的变化曲线。a 值随回波强度增大而增大,b 值在30~45dBZ(在45dBZ以下)内变化不大,比较平稳,回波强度大于45dBZ则随着回波强度变强也快速增大。不同等级回波取不同的 a、b 值,一定程度描述了回波增强对降水的影响。

(3)对原有的定量降水估算(quantitative precipitation estimation, QPE)产品与应用了动态 Z-I 关系调整算法改进后的定量降水预报产品进行了检验及对比,比

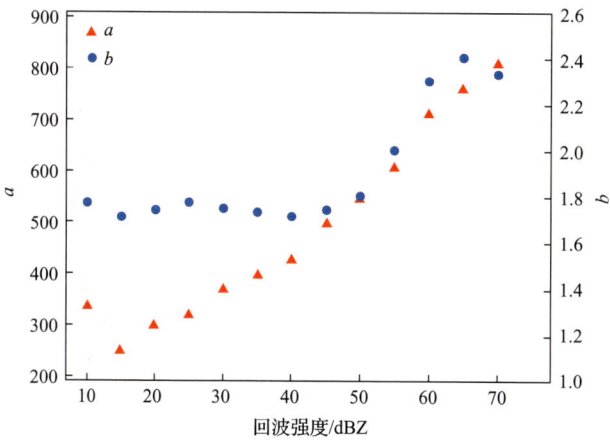

图 2-12 静态分级 Z-I 关系统计的 a、b 随回波强度的变化

较了 5 个指标,包括探测率(POD)、空报率(FAR)、临界成功指数(CSI)、相对误差(BIAS)和均方根误差(RMSE),具体见表 2-4。结果表明:对于所有样本资料,改进后的定量降水估测技术在临界成功指数上对于 5 个不同的雨量等级都有明显的提升,例如,对于业务上重点关注的较强降水(10~20mm/h)和强降水(20~50mm/h),其临界成功指数从原来算法的 0.5989 和 0.7005,改进后分别提升到 0.7051 和 0.75。与此同时,对于所有降水样本资料,偏差得到抑制,相对误差改进前后分别为 1.1908 和 0.9374;对于均方根误差,总体缩小了约 38%,从原来的 2.4594 减小到 1.5223。检验对比表明:采用动态 Z-I 关系和变分法之后,定量降

表 2-4 定量降水估测技术在改进前后的检验对比

量级/(mm/h)	POD		FAR		CSI	
	改进前	改进后	改进前	改进后	改进前	改进后
0~2	0.8924	0.9385	0.1056	0.1081	0.8037	0.8427
2~5	0.7084	0.8763	0.3073	0.1694	0.539	0.7434
5~10	0.7646	0.8496	0.3764	0.196	0.5232	0.7038
10~20	0.8069	0.8207	0.3009	0.1665	0.5989	0.7051
20~50	0.8941	0.7887	0.2362	0.0613	0.7005	0.75

量级/(mm/h)	BIAS		RMSE	
	改进前	改进后	改进前	改进后
0~2				
2~5				
5~10	1.1908	0.9374	2.4594	1.5223
10~20				
20~50				

水估测的精度得到了提升。

对比分析所研发的光流法与COTREC算法的外推预报效果，表明：利用所有11个降水个例进行计算并做整体分析，总体来说，光流法表现较COTREC算法略好。对于所有等级的雷达回波外推预报，光流法的CSI评分都要略高于COTREC算法；同时，对于60min预报时效，光流法的均方根误差平均值也略低，均方根误差减少约5%。

(4) 对华南区域高分辨数值预报系统在典型暴雨过程中的降水预报，进行TS评估，结果如图2-13所示：在第1~4h预报中，大于1mm的降水预报TS均高于0.2，大于5mm的降水预报TS均高于0.1。对大于5mm的预报，该系统的预报偏差接近于1，尤其在前7h的预报(图2-14)说明提高TS的同时，系统没有出现空报偏多或漏报偏多的现象。

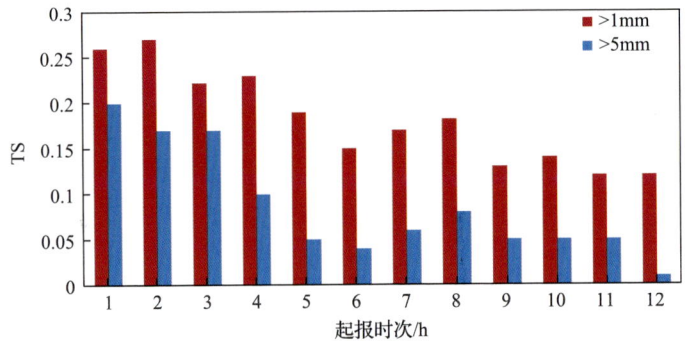

图2-13　华南区域高分辨数值预报系统降水预报TS

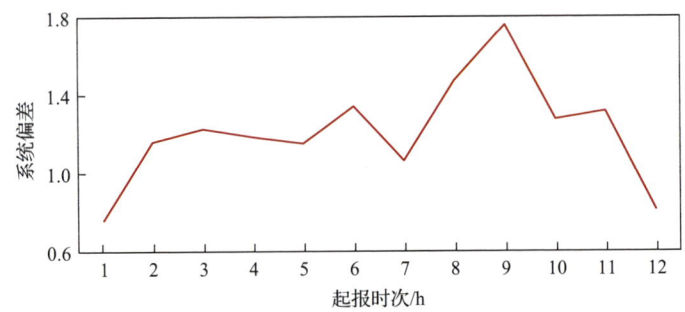

图2-14　华南区域高分辨数值预报系统大于5mm降水预报系统偏差

(5) 对华南区域高分辨数值预报系统的预报结果利用傅里叶变换对模式降水预报做落区订正，采用韦布尔分布对模式降水预报做强度校正。

空域中的平移在频域中只反映相位变化，频域中的幅谱只反映空域中的旋转量，而幅谱经过极坐标变换后对应的旋转量转换成了平移量。在极坐标系下用相位相关可求出旋转角度，最后对图像以该角度做旋转，旋转得到图像与原图再次相位相关就可求出图像间的平移参数。两幅图像的旋转和尺度关系转化为其幅值谱在对数极坐标下的平移关系，此时可通过互功率谱的傅里叶逆变换检测出图像的旋转和尺度关系，进而得到它们的平移关系，由此完成对模式降水落区的订正。

假设模式定量降水预报与定量降水估测场满足韦布尔分布，且定量降水预报和定量降水估测两个场的累积分布函数(实型随机变量的概率分布)相同。每次运行时，通过多样本运算求解两个参数的韦布尔分布。不同降水个例、不同时次，韦布尔函数分布不同，每次强度调整的情况也不一样。分别求出模式与雷达外推的韦布尔分布之后，采用式(2-12)来校正模式的降水强度：

$$\mathrm{DBZ_{modified}} = \mathrm{CDF_{model}^{-1}}(\mathrm{CDF_{radar}}(\mathrm{DBZ_{radar}})) \tag{2-12}$$

式中，DBZ 为降水强度；CDF 为累积分布函数。

(6) 采用正切动态权重法融合雷达外推和数值预报，延长了定量降水预报技术的时效。采用正切动态权重融合法，外推预报和数值预报的相对权重随着时间改变需要调整，在较短的预报时间内，外推预报取最大权重，而在较长的预报时间内给数值预报一个较大权重。模式权重变化采用一个双曲正切线来表示，两个端点根据降水天气类型和预报员天气变化经验给定。

在计算数值模式权重时取经验方程：

$$W_\mathrm{m}(t) = \alpha + \frac{\beta - \alpha}{2} \times (1 + \tan(\gamma(t-3)))，1<t<6 \tag{2-13}$$

式中，α 和 β 分别为第 1h 和第 6h 数值模式的权重，其取值根据预报员的天气变化经验、雷达气候学、对流系统的强弱等确定；γ 为在融合时段中间部分的斜率，通过调节它来确定权重曲线的变化快慢。

通过对模式回波预报场的相位订正和强度订正，采用降尺度方法改进模式预报的精度，进而将雷达外推与模式预报进行融合。融合的方法是先将雷达回波用经过卡尔曼滤波订正后的 COTREC 矢量对当前回波直接外推 6h，然后与模式输出的未来 6h 回波预报场进行加权平均。

前 1h 取雷达外推的比例最大而模式比例很小，此后雷达外推的权重逐渐减小，模式的权重逐渐增大，直至 3h 后完全由模式预报取代，即 3~6h 的预报直接由模式输出(经过相位订正)。基于上面的动态权重融合处理方案，将雷达外推预报和经过降水落区与强度校正的数值模式预报联合起来，形成最终的定量降水预报技术并输出产品。

使用探测率(POD)、空报率(FAR)和临界成功指数(CSI)等对定量降水预报技术进行格点对格点的检验，另外，还按照降水强度进行分级，以评估对不同强度降水的预报能力。实际检验时主要分为五个级别：0~2mm、2~5mm、5~10mm、

10~20mm 和 20~50mm。通过检验时长为 24h 的个例评估分析，对于不同等级的反射率因子外推预报，光流法的 CSI 整体都要高于融合法和模式预报；1h 预报时效，光流法在不同量级降水的 CSI 最高(0.4~0.65)；2h 预报时效，光流法 CSI 下降明显(0.15~0.47)；2h 以上预报时效，三种方法的评分均较低。

表 2-5 给出了融合、光流和模式三种连续雨区(continuous rain area，CRA)方法的逐时降水预报，右侧为检验结果，对应第 1~6h 的预报时效的三种误差。可以看到，模式较好地预报出了雨带位置，但是雨强预报不稳定；光流法的强度误差随着时间临近稳定性减小，但位置误差增大。而融合法的结果为：强度误差不稳定，临近前 3h 强度误差最小，但是临近 1~2h 降水量级严重偏大。

表 2-5 降水过程融合、光流和模式预报对比分析

外推时效	回波区间/mm	POD			FAR			CSI		
		融合法	光流法	GRAPES	融合法	光流法	GRAPES	融合法	光流法	GRAPES
1h	0~2	0.73	0.81	0.40	0.27	0.22	0.75	0.58	0.65	0.18
	2~5	0.38	0.65	0.36	0.51	0.40	0.89	0.27	0.46	0.09
	5~10	0.40	0.60	0.22	0.68	0.46	0.89	0.21	0.40	0.08
	10~20	0.42	0.51	0.20	0.74	0.38	0.88	0.19	0.39	0.08
	20~50	0.47	0.56	0.22	0.80	0.33	0.89	0.16	0.44	0.08
2h	0~2	0.64	0.64	0.39	0.42	0.37	0.69	0.44	0.47	0.21
	2~5	0.32	0.42	0.24	0.62	0.58	0.84	0.21	0.27	0.10
	5~10	0.33	0.35	0.12	0.72	0.68	0.88	0.18	0.19	0.07
	10~20	0.32	0.29	0.14	0.76	0.63	0.83	0.16	0.19	0.08
	20~50	0.39	0.23	0.04	0.83	0.72	0.93	0.14	0.15	0.02
3h	0~2	0.59	0.58	0.38	0.70	0.43	0.71	0.25	0.40	0.20
	2~5	0.33	0.32	0.22	0.71	0.65	0.85	0.18	0.20	0.10
	5~10	0.28	0.22	0.11	0.77	0.74	0.87	0.15	0.14	0.06
	10~20	0.17	0.12	0.03	0.81	0.81	0.91	0.10	0.08	0.03
	20~50	0.14	0.07	0.01	0.89	0.86	0.98	0.07	0.05	0.01
4h	0~2	0.57	0.56	0.37	0.68	0.46	0.70	0.26	0.38	0.20
	2~5	0.29	0.24	0.18	0.77	0.66	0.86	0.15	0.16	0.09
	5~10	0.18	0.13	0.07	0.82	0.79	0.91	0.10	0.09	0.04
	10~20	0.11	0.10	0.04	0.83	0.83	0.89	0.07	0.07	0.03
	20~50	0.03	0.02	0.01	0.95	0.96	0.96	0.02	0.01	0.01

续表

外推时效	回波区间/mm	POD			FAR			CSI		
		融合法	光流法	GRAPES	融合法	光流法	GRAPES	融合法	光流法	GRAPES
5h	0～2	0.58	0.53	0.36	0.64	0.49	0.69	0.28	0.35	0.20
	2～5	0.26	0.19	0.17	0.76	0.65	0.84	0.14	0.14	0.09
	5～10	0.11	0.08	0.07	0.85	0.85	0.88	0.07	0.06	0.05
	10～20	0.05	0.03	0.03	0.91	0.92	0.93	0.03	0.02	0.02
	20～50	0.01	0.00	0.02	0.97	0.98	0.89	0.01	0.00	0.01
6h	0～2	0.57	0.50	0.35	0.61	0.51	0.67	0.30	0.33	0.21
	2～5	0.23	0.13	0.18	0.76	0.70	0.82	0.13	0.10	0.10
	5～10	0.10	0.07	0.06	0.85	0.83	0.91	0.06	0.05	0.04
	10～20	0.04	0.02	0.03	0.88	0.93	0.88	0.03	0.02	0.02
	20～50	0.00	0.00	0.00	1.00	1.00	1.00	0.00	0.00	0.00

(7)基于前期工作研发的海上雷暴追踪和预报及定量降水预报技术产品,研发了沿海强对流预警的自动识别方法,以实现沿海灾害性天气监测预报及自动预警功能。

从数据库中获取站点实况观测、闪电定位、冰雹、组合反射率、QPE、雷暴追踪与外推等产品,按照告警规则进行自动识别,将识别到的预警信号与报警阈值进行对比,及时发现需要启动联防机制的强对流天气预警。如图 2-15 所示,读取所在行政区域附近的雷暴追踪产品,确定回波的上游地区。将回波上游地区防御范围外扩 30km,作为报警提示区域。

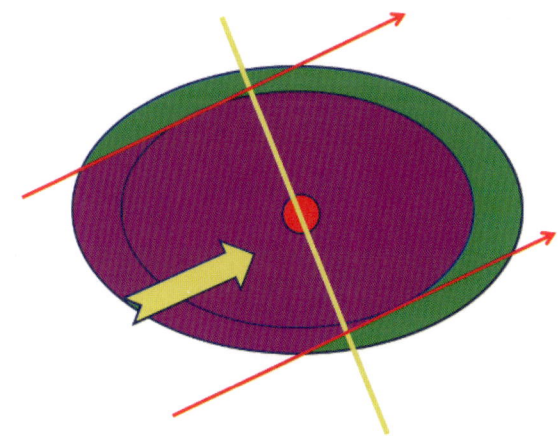

图 2-15 雷达回波上游区域判断示意图

计算预报区域内自动站过去 1h、过去 3h 的累计降水,从定量降水预报产品中插值出每个站点未来 3h 的预报降水，设置不同时段降水的量级阈值，当预报区域内自动站过去 1h、过去 3h、未来 3h 或者 6h 累计降水超过量级阈值的站点数达到设定站数时，则需要对该区域进行暴雨预警。

统计警戒区域内出现大风的自动站，结合闪电数据，判断是否出现雷雨大风天气；利用雷暴追踪产品中雷暴单体的边界地理信息进行外推，生成未来 1h 的雷雨大风预报产品，根据风力阈值设定生成雷雨大风预警提示。

4. 海面风预报技术

1) 冬季强风完全预报（perfect prognostic，PP）法

产生和影响华南海面强风的主要因素是北方冷空气的入侵。普查和统计分析发现：按传统的以河套地区为关键区域划分冷空气入侵路径，东、中、西路冷空气均有可能产生和影响华南海面强风，但不同的路径造成华南海面强风特点也明显不同。一般地，西路冷空气会造成粤西海面首先出现强风，随着冷空气的东移，粤东海面最后出现，但这一路径的冷空气不会产生华南海面的偏东强风；中路冷空气大多会造成华南海面全线同时出现强风，有时中路冷空气也会产生粤中海面的偏东强风；东路冷空气主要造成粤东和粤中海面的强风，少数情况也会产生粤西海面的强风，但粤中海面和粤西海面的偏东强风大多由东路冷空气或冷空气主体东移后产生。另外，众所周知，海面强风能否最终产生，与冷空气的强度有密切的关系，需要说明的是：这时表示冷空气强度的不是温度，而是气压（差）。

影响海面强风的因素除了冷空气，地形也可对海面强风产生影响。普查分析发现影响华南海面强风的地形及其对海面强风的影响如下：①南岭山脉对弱冷空气有阻挡作用，可使冷锋弯曲，小股冷空气以偏东路径南下，粤东海面出现强风；②台湾海峡的狭管效应，使粤东海面风力明显加强，并以东北风向为主；③海面强风测站的局部地形对风向的影响。鉴于此，有必要将地形造成的影响体现在本预报方案的设计中，如找出冷空气可能到达海面的指示信息、不同海面固有的强风风向特征等。

北方冷空气从地面自北向南的移动过程是整个垂直层次上大气运动的结果，高空大气形势对冷空气活动的影响主要体现在它对地面系统的高空引导作用，以及高空冷暖平流作用和高空动力加压作用，从而改变地面天气形势，特别是改变地面气压的分布。根据梯度风的原理，地表面的风向和风速取决于地表面的气压梯度。因此，有理由仅用地面层和气压场所提供的信息制作海面强风预报。北方冷空气以不同的路径入侵，这在很大程度上决定了其对华南海面强风影响的直接性，尤其体现在预报海面北部区域的气压分布上，包括南北向的气压差和东西向气压场的分布，但这种分布在一定程度上也与冷空气前方的气压场的分布和暖空气强度有关。因此，传统划分的冷空气入侵路径与华南海面强风的关系，是一种

前一事件先出现后一事件可能伴随,而且在时间上非同步的相关关系。而 PP 法是利用数值预报未来时刻的模式输出制作同时刻的具体要素预报,直接将上述这种关系利用到方案中是不完全合适的。因此,本书提出一套既包含冷空气路径信息,又反映与海面强风关系更加密切的地面区域气压场分布特征的客观定量分型方案。

确定影响华南海面强风的关键区域,选取若干关键点,这些关键点位置的确定基于两点:既要在这些点取值有其明确的意义和代表性;又要与制作预报时所用的数值预报输出的格点相一致。用 W_i、C_i 和 E_i($i=1,2,3,4$)的地面气压值 P 分别代表海面强风的关键区域的西部、中部和东部的气压分布特征。定义:

$$P_W = \frac{\sum P_{W_i}}{4}, \quad i=1,2,3,4 \tag{2-14}$$

$$P_C = \frac{\sum P_{C_i}}{4}, \quad i=1,2,3,4 \tag{2-15}$$

$$P_E = \frac{\sum P_{E_i}}{4}, \quad i=1,2,3,4 \tag{2-16}$$

式中,P_W、P_C 和 P_E 分别为关键区西部、中部和东部的平均气压。

计算 P_W、P_C 和 P_E 的最大值 P_{max},即 $P_{max} = \max\{P_W, P_C, P_E\}$。若 P_{max} 等于 P_W、P_C 或 P_E,则定义气压场分型为西高型、中高型或东高型。若 P_W、P_C 和 P_E 有其中任意两个值同时为最大值或三个值相等(这种情况极少出现),则定义气压场分型为中高型。经验和分析都发现这种极少出现的气压分布情况(大约占样本的1.5%),其相应的海面强风特点也与中高型的强风特点相似。

按照上述标准进行分型,统计发现造成华南海面强风东高型冷空气占33.4%,中高型冷空气占 42.5%,西高型冷空气占 24.1%。与传统的冷空气入侵路径分型相比,可造成华南海面强风的冷空气,东路型中约有 93%可划分为东高型,有 7%可划分为中高型;中路型中约有 84%可划分为中高型,7%可划分为西高型,9%可划分为东高型;西路型中约有 88%可划分为中高型,12%可划分为西高型。另外,按这种客观的分型进行分析,华南海面强风具有如下明显的特征和规律:①西高型时,华南海面强风主要出现在粤西和粤中海面,并盛行偏北风而无偏东风;除非华东沿海的气压梯度足够大,粤东海面一般无强风,且极少出现八级或八级以上大风。②中高型时,华南海面可全线同时出现偏北强风,也可在粤中海面及与其相邻的任一海面同时出现强风;也是粤中海面和粤西海面出现偏东强风的气压分布型。③东高型时,主要以粤东海面出现东北风和粤中海面出现偏东风为主;其他气压分布有利时粤中海面和粤西海面也可能出现偏北风,极少数情况下粤西海面会出现偏东风。显然这些特征和规律是制作华南海面强风预报很强的信号之一,它揭示了不同海面、不同强风风向甚至可能出现的强风风级的大小与关键区域气压分布的关系。

普查和统计分析均发现,华南海面强风与地面气压场的关系完全符合梯度风原理,即预报海面附近及其北侧地区的南北向气压梯度越大,该海面可能出现的偏北强风的风级越大;预报海面附近及其东(北)侧地区的(准)东西向气压梯度越大,该海面可能出现的偏东强风的风级越大。因此,有理由直接利用预报海面附近的气压梯度来判断有无强风和强风风级的大小,而气压梯度可以用两点之间的气压差代替。

2) 贝叶斯模型平均(Bayesian model averaging,BMA)法

对于某个要素,假如用一种模型拟合的效果较好,而换了另一种模型也有较好的拟合效果,那么此时该用哪种模型?两种模型相差很大。只考虑其中一种显然不妥,因为没有考虑到不确定性。集合预报的每个成员都有一定概率成为最佳预报,BMA法可以看成将这些成为最优预报时的成员融合,从而降低风险,因为它考虑了模型之间、模型自身的不确定性。

BMA法是用于集合预报的后处理方法,本书主要对风场进行后处理订正预报。集合预报中有 K 个成员,即 $f_1, f_2, \cdots, f_K$,BMA 预报由多个成员加权得到,可得

$$p(y|f_1, f_2, \cdots, f_K) = \sum_{k=1}^{K} w_k g_k(y|f_k) \tag{2-17}$$

式中,y 为预报量;$p(y|f_1, f_2, \cdots, f_K)$ 为 BMA 法生成的概率密度函数(probability density function,PDF);w_k 为当 k 成员为最佳预报时的后验概率,为非负数,且 $\sum_{k=1}^{K} w_k = 1$,反映了某个成员预报在某个训练期内对预测的相对贡献能力,即 BMA 的权重,预报精度越高的模型得到的权重越大;$g_k(y|f_k)$ 为当 k 成员的原始预报值 f_k 为集合预报中最佳预报时的条件概率密度函数。多个成员的 PDF 加权得到 BMA 法的 PDF,如图 2-16 所示。

BMA法的预报方差可以表示如下:

$$\mathrm{Var}(y_{st}|f_{1st}, f_{2st}, \cdots, f_{Kst}) = \sum_{k=1}^{K} w_k \left[a_k + b_k f_{kst} - \sum_{i=1}^{K} w_i (a_i + b_i f_{ist}) \right]^2 + \sigma^2 \tag{2-18}$$

预报方差=成员间方差(即集合预报离散度)+成员内的方差。

Gamma 模型:由于风场为不连续要素,Gamma 模型可以较好地描述其分布,因此对于 $g(y)$,有

$$g(y) = \frac{1}{\beta^\alpha \Gamma(\alpha)} y^{\alpha-1} \exp\left(\frac{-y}{\beta}\right) \tag{2-19}$$

式中，α 和 β 分别为形状参数和尺度参数。上述公式在 $y \geqslant 0$ 时成立，若 $y<0$，则 $g(y)=0$。该分布的平均值为 $\mu = \alpha\beta$，方差为 $\sigma^2 = \alpha\beta^2$。

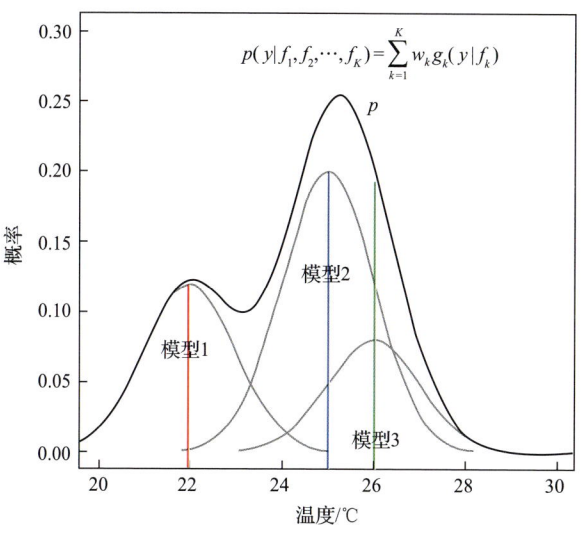

图 2-16　贝叶斯模型拟合示意图

对于每个成员的风速 Gamma 分布的 PDF 分量，有

$$g_k(y|f_k) = \frac{1}{\beta_k^{\alpha_k} \Gamma(\alpha_k)} y^{\alpha_k-1} \exp\left(\frac{-y}{\beta_k}\right) \tag{2-20}$$

参数 μ_k 和 σ_k 定义为

$$\mu_k = b_{0k} + b_{1k} f_k \tag{2-21}$$

$$\sigma_k = c_{0k} + c_{1k} f_k \tag{2-22}$$

为了计算简便，将 σ_k 定义为常数，而 c_{0k} 和 c_{1k} 由 c_0 和 c_1 表示。

训练期设定为一个预报发布前 N 天的滑动窗口，这里 N 可以设定为 20~45 天，每一次滑动，参数也相应改变。

参数估计：对于公式中的 b_{0k} 和 b_{1k}，用线性回归来得到估计，取观测风速为因变量，模式成员预报风速为自变量。

对于 $w_1, w_2, \cdots, w_K, c_0, c_1$ 这些参数，用训练期数据的极大似然估计得到。假定预报误差随时间和空间改变，则在 s 地点、t 时间下，对数似然函数表示为

$$\log l(w_1,w_2,\cdots,w_K;c_0,c_1) = \sum_{s,t} \log p(y_{st}|f_{1st},f_{2st},\cdots,f_{Kst}) \qquad (2\text{-}23)$$

若观测的风速 y_{st} 低于 1kn，则

$$p(y_{st}|f_{1st},f_{2st},\cdots,f_{Kst}) = p(1|f_{1st},f_{2st},\cdots,f_{Kst}) \qquad (2\text{-}24)$$

$$p(a|f_{1st},f_{2st},\cdots,f_{Kst}) = \int_0^a p(y|f_{1st},f_{2st},\cdots,f_{Kst})\mathrm{d}y \qquad (2\text{-}25)$$

对数极大似然函数的求解可用期望最大(expectation maximization，EM)算法或者期望条件最大化(expectation conditional maximization either，ECME)算法，这里用后者，因只能求得解析解，故采用迭代法计算。

首先，对于 E（期望）：

$$\hat{z}_{kst}^{j+1} = \frac{w_k^j p^j(y_{st}|f_{kst})}{\sum_{l=1}^K w_l^j p^j(y_{st}|f_{lst})} \qquad (2\text{-}26)$$

式中，上标 j 表示第 j 次迭代；w_k^j 为 w_k 的第 j 次迭代；$p^j(y_{st}|f_{kst})$ 为由参数 c_0、c_1 估计的第 j 次迭代。

若 y_{st} 非零，则

$$G_k(a|f_{kst}) = \int_0^a g_k(y|f_{kst})\mathrm{d}y \qquad (2\text{-}27)$$

注意：z_{kst} 等于 0 或 1，而 $\hat{z}_{kst}$ 为 0～1 的实数。对于每个 (s,t)，有

$$\sum_{k=1}^K \hat{z}_{kst} = 1 \qquad (2\text{-}28)$$

其次，对于 CM（条件最大化）：

$$w_k^{j+1} = \frac{1}{n}\sum_{s,t} \hat{z}_{kst}^{j+1} \qquad (2\text{-}29)$$

式中，n 为不同 (s,t) 的个数。该方程只有解析解。

利用 BMA 法，采用不同的训练期长度，根据连续分级概率评分(continuous ranked probability score，CRPS)、平均绝对误差、90%预测区间宽度来检验 BMA 模式的性能，确定最终的训练期长度。

风速是不连续的物理量，因此风速概率的逻辑回归模型为非连续模型，该模型为两部分之和，即风速为零(小于 1kn 记录为零)时的概率以及非零时的概率，

计算公式为

$$p(y|f_1,f_2,\cdots,f_K) = \sum_{k=1}^{K} w_k (p(y=0|f_k)I[y=0] + p(y>0|f_k)g_k(y|f_k)I[y>1]) \quad (2\text{-}30)$$

(1) 若风速为零，则采用逻辑模型：

$$\log \frac{p(y=0|f_k)}{p(y>0|f_k)} = a_0 + a_1 f_k + a_2 \delta_k \quad (2\text{-}31)$$

若 $f_k=0$，则指示量 $\delta_k=1$，其他情况 $\delta_k=0$。

(2) 若风速不为零，则用 Gamma 分布函数拟合风速。若拟合效果不太乐观，则可以考虑用风速的立方根或其他形式，通过 Gamma 分布函数进行拟合。

5. 气象要素格点主客观融合订正技术

1) 图形化预报编辑系统

基于 OpenGL 高效图形渲染及矩阵网格运算，针对海洋气象要素预报需求，开发支持标量和矢量编辑、网格和任意点的图形化人机交互编辑技术，融合快速循环同化预报模式、南海海洋气象预报模式以及基于模式预报的海洋气象灾害解释应用产品，实现对海洋气象要素网格预报的主客观融合快速订正。系统包含如下三大主要技术。

(1) 数据交换技术。

海洋预报场编辑、时间序列编辑涉及数据量大，时次长，为了提高编辑订正效率、保证数据安全性，从提高数据网络传输速度、编辑数据本地缓存、数据备份三方面解决。

①网络传输上读取离散站点时间序列时，将本区域编辑站点一次性送到气象预报场数据服务器进行数据检索，数据服务器根据送来站点标识按照顺序一次性返回站点时间序列。为了保证网络传输可靠性，采用网络流序列化和反序列化，数据网络传输任务交给".NET"平台流传输。经过测试，该方式有效提高了网络传输速度。通过将模式、元素、层次、时次组合成检索键，并采用数据字典结构，实现对编辑预报场数据及离散站点时间序列的高效缓存。

②预报场面编辑及时间序列点编辑直接与数据缓存交换数据，数据检索采用数据字典快速检索方式，内存数据交换比每次网络交换或磁盘介质交换具有无可比拟的高性能，数据检索中的数据字典检索也是公认的快速检索方法。

③数据编辑过程定时地保存编辑中间结果，系统发生异常退出时支持从临时文件恢复，保证每一次编辑数据安全，同时也因数据缓存的使用，能快速进行不间断的动画，提升了系统的流畅度。

(2) 图形显示技术。

由于海洋气象要素精细化快速预报系统需要处理大量的天气要素、卫星、雷达及网格场数据，进行色斑图、矢量图等图像的实时渲染处理，需要采用高效的图形处理技术。本书采用 OpenGL 图形显示处理技术进行研发，用于实现基于 GIS 的天气要素、格点场、雷达图、卫星云图等气象资料快速展示，所用的 OpenGL 关键技术包括：

① 采用 OpenGL 开发 GIS 引擎，加速图形绘制。

② 采用 OpenGL VBO 技术实现网格场等值线跟踪及绘制。

③ 采用 OpenGL SHADER 技术实现格点数据插值算法和显示填色，达到很好的效果。

④ 采用 OpenGL FBO 技术提高系统所需的编辑性能，实现编辑时图形局部更新，实现所见即所得功能。

⑤ 将地图信息、几何图形、气象要素、气象格点场的展示以图层分层管理，从而实现地图层、几何图形层、气象数据层的灵活、动态叠加。

(3) 智能工具箱技术。

基于智能工具箱(intelligent tool box，ITB)技术，让海洋气象要素精细化格点预报系统不仅仅是简单的网格数字编辑器，而是变成通过先验知识和公式来扩展后处理功能的扩展模块库。为实现全面支持 C#、VB 等语言的编程、在线编译及运行，系统的开发必须基于组态思想设计，采用组件技术搭建并引入".NET"平台反射技术、代码文档模型(CodeDOM)等主要技术。组件技术的引进，使得海洋气象要素精细化格点预报系统更具模块化，复用性更高，同时组件技术也为海洋气象要素精细化格点预报系统支持 VB、C#等多种计算机语言的二次开发奠定了基础。

通过优化设计思路、梳理数据结构，建立基于海洋气象要素精细化格点预报系统和 C#语言的二次开发环境。智能工具箱底层数据对象层分为数据对象层和操作层。①数据对象层按气象数据特性分为观测资料(离散点)对象、网格数据(NetCDF)对象，通过封装简化获取数据的流程，支持 Oracle 数据库、CIMISS 数据通用接口等；网格数据对象支持 NetCDF 格式。②操作层包括对象运算、数据存储等函数接口。

根据数据对象的特点，智能工具箱支持面向对象语言的运算符重载功能，或以函数形式提供对象间的加减乘除操作，实现便捷的数据运算。通过对数据对象进行分类规划，并配套相应的数据操作接口，显著降低了工具箱的二次开发难度。基于可扩充与开放的框架，未来可根据新的经验公式，以及数据对象操作的需求，不断地扩充和完善函数库。智能工具箱具有导入/导出功能，可对文本格式的代码文件"*.CS"或动态链接库(dynamic link library，DLL)文件进行导出和导入，方便共享和传播。

2) 主要功能

基于上述思路和技术，结合极端天气预报技术形成的格点预报产品，实现了图形化的海洋气象要素网格预报系统的升级改造，可调用包括数值模式、模式释用等多种客观格点预报数据，实现南海广阔海域或定点的气象要素时空变化特征的快速编辑订正。

预报要素包括气温(日最高、最低气温)、10m风速、降水量、日降水量、能见度、相对湿度、云量等，包含主要的海洋气象要素，提供的功能和改进如下。

(1) 网格气象要素数值显示：实现任意时次的网格气象要素数值的二维平面显示，可实时调节显示精度。

(2) 网格气象要素等值线显示：实现任意时次的网格气象要素的二维等值线显示，可实时调节等值线颜色、粗细、起始值、等值线密度、标注间隔。

(3) 网格气象要素色斑图显示：实现任意时次的网格气象要素的二维色斑图显示，可调节透明度。

(4) 网格矢量要素显示：实现任意时次的风向、风力的显示，表现形式为风向杆，可根据地图等级自动调整显示密度。

(5) 气象实况监测显示：实现任意时刻的温度、雨量、风力、能见度等气象监测实况以及雷达拼图的显示。

(6) 海洋气象要素智能化编辑：提供了区域编辑、凹槽凸脊、梯度修改等网格要素的快速编辑功能。

(7) 升级网格预报系统分辨率：针对陆地和近海，空间分辨率提升至 1km×1km，远海海域分辨率为 10km×10km。

(8) 增加海面风场主客观融合产品：利用大风重构技术，将台风主观预报和数值模式风场格点预报进行融合，形成台风风场的主客观融合产品，嵌入海洋气象精细化格点预报系统。

(9) 扩充海洋气象预报工具箱：基于智能工具箱技术，研发平均风-阵风、平均风-浪高工具箱，完善海洋气象要素的格点预报需求。

2.2 海流和海温数值预报技术

2.2.1 海流数值预报技术

1. 模型简介

基于区域海洋模式系统(ROMS)初步建立了南海区域的三维温盐流数值预报模型系统。该模式水平分辨率为(1/30)°，模式范围为–4.5°N～28.4°N，99°E～145°E。采用变网格技术，从边界到南海区域依次加密，保证南海区域分辨率为

(1/30)°×(1/30)°，垂向分为 36 层，在 400m 以浅层次进行加密。模式地形数据为由美国国家地球物理数据中心(National Geophysical Data Center，NGDC)发布的全球海洋地形数据(earth topography global relief model，ETOPO)。模式最小水深和最大水深分别设为 10m 和 6000m。模式的东、南、北三个边界采用开放边界条件，其边界条件由全球简单海洋资料同化分析系统(simple ocean data assimilation，SODA)再分析资料提供。其中，海平面高度采用辐射边界条件；三维温度、盐度和斜压流场则采用辐射加松弛的复合边界条件。模式也考虑了珠江和澜沧江，其径流和河水温度由气候态观测值提供。模式的上边界条件采用 NCEP GFS 数据，并基于 WRF(天气预报模式)的输出结果进行调整。模式起报时次为每天 1 次(世界时：12 时)，预报时效为 78h，每 1h 间隔输出。输出的参数要素包括表层流速 u、v 分量，表层海温、表层盐度和自由表面高度。

2. 模型参数化方案调优

这里主要针对模型的地形平滑参数和斜压梯度力方案进行评估及优选。①采用不同的地形平滑参数，进行真实地形的静态试验，结果如图 2-17 所示。选取最优的地形平均参数，最优参数底层的流速控制在 0.2m/s 以内，其他各层在 0.1m/s 以内。②对不同斜压梯度力方案的优劣进行评估。静态试验下计算不同方案的斜压梯度力分布，其中斜压梯度力最小的方案确定为本书中研发系统的斜压梯度力方案。

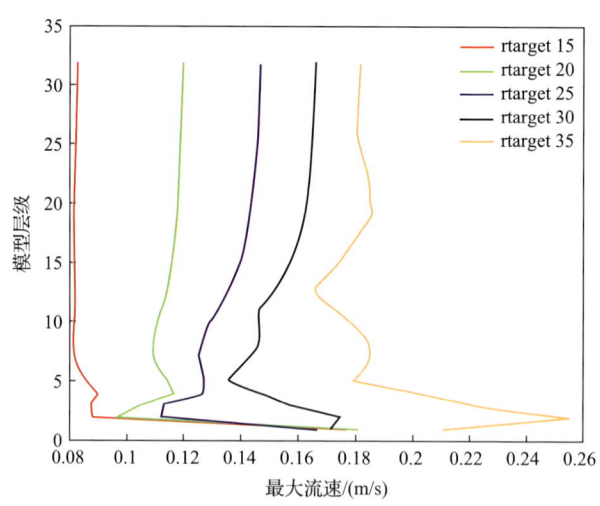

图 2-17　静态试验不同地形平滑参数(rtarget)各层最大流速分布

3. 海流模型预报性能自评估

利用 2016 年 1 月至 2018 年 9 月位于南海区域的海表漂流浮标数据对表层海

流的预报结果开展预报性能评估。该漂流浮标数据来自"全球浮标计划"(global drifter program, GDP),包括漂流浮标的位置、流速及温度信息,标体位于水深15m的位置。质控后的漂流浮标流速数据,共计5097个数据点参与性能评估,轨迹范围为北纬5°~25°。

图 2-18 为表面漂流浮标的预报表层海流对比图,评估结果表明,表层海流24h 预报流速平均绝对误差为 0.21m/s,流向平均绝对误差为 28.84°。

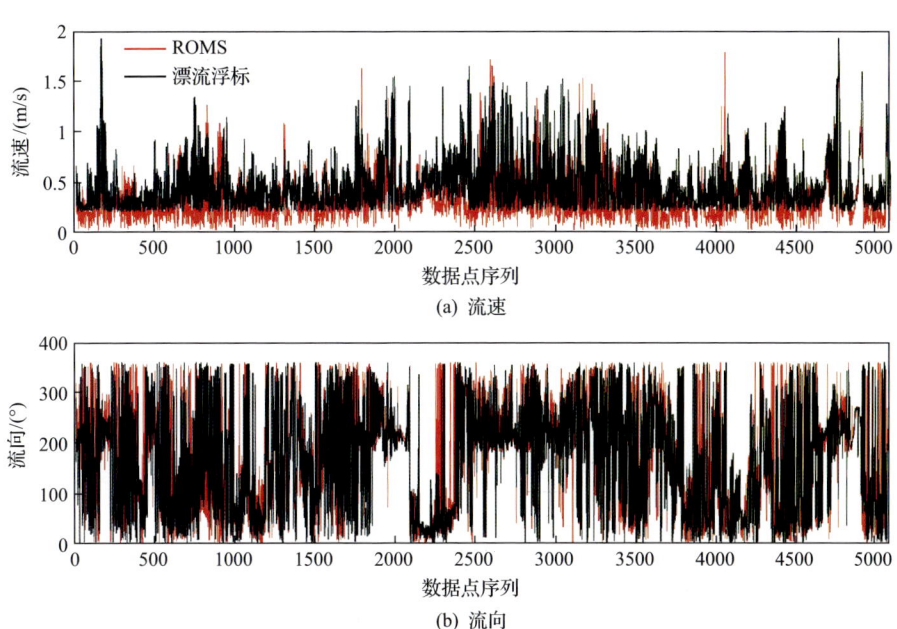

图 2-18 表面漂流浮标的预报表层海流流速和流向对比

4. 海流模块同化试验

本节采用的同化方法为四维变分同化方法(4DVAR)。四维变分同化实际是求解微分方程的反问题,即已知方程的解,求解方程的定解条件(初始条件、边界条件等)。将观测近似为预报模式定解的某种函数,用观测结果反演初始条件。四维变分同化利用过去时间的观测资料,同化后的场是模式的一个预报场。四维变分同化中过去不同时间的观测资料都影响初始时间的控制变量。利用贝叶斯极大似然估计的思想构造代价函数,求使代价函数变分为零的控制变量增量,符合自然规律最普适的最小作用量原理。构造代价函数:

$$J = \frac{1}{2}\delta z^T D^{-1} \delta z + \frac{1}{2}\sum_{i=0}^{n}(y_i - H(z_i))^T R^{-1}(y_i - H(z_i)) \qquad (2\text{-}32)$$

式中，D^{-1}、R^{-1}分别为背景误差和观测误差协方差矩阵的逆；y_i为观测值；$H(z_i)$为观测算子；n为同化时间段内所有的观测个数；δz为模式增量，表达式为

$$\delta z = z - z_b \tag{2-33}$$

式中，z为模式变量；z_b为背景场变量。

四维变分同化采用变分的方法，基于如下贝叶斯估计：

$$P(z|y) = P(y|z)P(z)/P(y) \tag{2-34}$$

令代价函数对增量的偏导数$\partial J/\partial \delta z = 0$得到最大似然估计，$z=z_a$，使得$P(z|y)$取最大值。假设驱动力增量相对于背景控制变量是小量，同化后的预报变量为背景控制变量加同化后的增量。

采用 GFS 预报结果作为具体年份模式的气象驱动力，模拟时间区间为 2016 年至 2018 年，在海流模型运行稳定的基础上，将 2018 年最后模拟结果作为初始场进行同化试验。由于四维变分同化方案计算较为耗时，用于同化检验的时间不长，同化试验时间段为 2019 年 1 月，同化试验的网格、时空分辨率、强迫场和边界均采用与具体年份海流模块模拟试验同样的设置。同化的数据源为 AVISO（archiving validation and interpretation of satellite oceanographic data）的海表高度异常（sea level anomaly，SLA）数据，采用的时空分辨率分别为 1 天和 0.25°×0.25°，如图 2-19 所示。

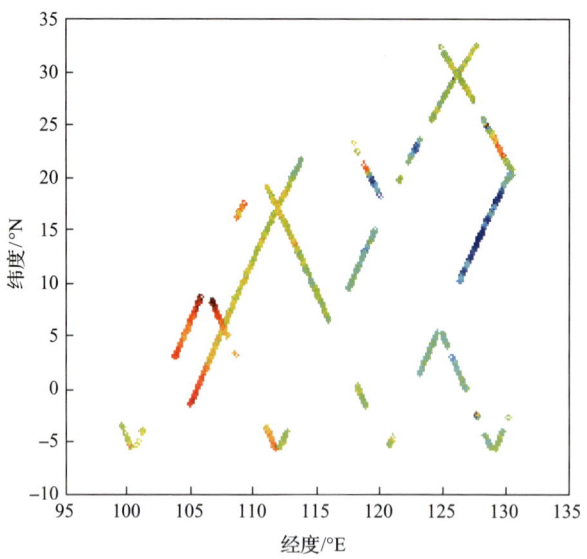

图 2-19　AVISO 沿轨海表高度异常(2019 年 1 月 2 日至 5 日卫星沿运行轨道扫过区域的海表高度分布)

从检验结果来看，同化前后模拟结果与卫星遥感的海表高度异常的差异不显著。同化后，在水深 10m 处，纬向流速增量主要集中在泰国湾、印尼贯穿流区域及印尼西南沿岸，均为正增量，而经向流速增量则主要集中在泰国湾和印尼贯穿流区域，均为正增量。

2.2.2 海温数值预报产品统计释用技术

利用卫星遥感、Argo 浮标、南海海洋观测网等数据，对南海表层海温数值预报产品与观测进行对比分析，通过观测与预报的误差外推等统计方法对数值预报的南海表层海温产品进行订正，开展南海表层海温格点化预报研究，提高南海表层海温定点和大面预报的准确性。

1. 卫星遥感海表温度数据选取及检验

本书采用覆盖面广、精度较高、时空分辨率较高的逐日卫星遥感海表温度数据对数值预报产品进行订正。目前，应用较为广泛的日平均卫星遥感海表温度数据有 NOAA OISST V2 数据、RSS OISST 数据和 MGDSST 数据。

利用南海海洋观测网中的大型浮标站点数据和国家海洋局船测数据对三种卫星遥感数据进行比较。其中，浮标数据选取 MF14005（粤东）、MF13001（粤西）和 MF14003（珠江口外海）2017 年 4 月 1 日至 2018 年 3 月 31 日的海表温度数据。船测数据为 2016 年 5 月在西北太平洋 160°E 的断面调查数据。对不同卫星遥感数据之间的差异进行对比，统计指标包括平均误差（ME）、均方根误差（RMSE）、相关系数（R）。

表 2-6 为 MF13001、MF14005 和 MF14003 浮标位置处 2017 年 4 月 1 日至 2018 年 3 月 31 日不同产品海表温度比较统计结果，图 2-20 为三个浮标站点处不同卫星遥感海表温度数据与浮标海表温度数据差异，由图表可以看出，三种卫星遥感数据在这三个浮标站点处的均方根误差大部分在 1℃ 以内，其中 RSS OISST 与 NOAA OISST V2 海表温度数据的均方根误差约为 0.68℃。三种卫星遥感海表温度数据与三个浮标站点海表温度数据之间差异较大，并且离岸越近差异越大。RSS OISST 海表温度数据与三个浮标数据之间的均方根误差分别为 1.23℃、1.46℃和 0.87℃。

表 2-6 三个浮标站点不同产品海表温度比较统计结果

站点名称	数据产品	比对指标			
		RMSE/℃	R	ME/℃	样本数
MF13001	RSS OISST 与 MGDSST	0.71	0.98	0.55	358
	RSS OISST 与 NOAA OISST V2	0.68	0.98	0.57	365
	NOAA OISST V2 与 MGDSST	0.71	0.98	0.56	358
	RSS OISST 与 QF306	1.23	0.99	1.14	365

续表

站点名称	数据产品	比对指标			
		RMSE/℃	R	ME/℃	样本数
MF14005	RSS OISST 与 MGDSST	0.93	0.98	0.71	358
	RSS OISST 与 NOAA OISST V2	0.59	0.99	0.45	365
	NOAA OISST V2 与 MGDSST	0.98	0.98	0.77	358
	RSS OISST 与 QF307	1.46	0.98	1.21	365
MF14003	RSS OISST 与 MGDSST	0.59	0.97	0.45	358
	RSS OISST 与 NOAA OISST V2	0.57	0.98	0.45	365
	NOAA OISST V2 与 MGDSST	0.7	0.97	0.53	358
	RSS OISST 与 SF301	0.87	0.99	0.88	365

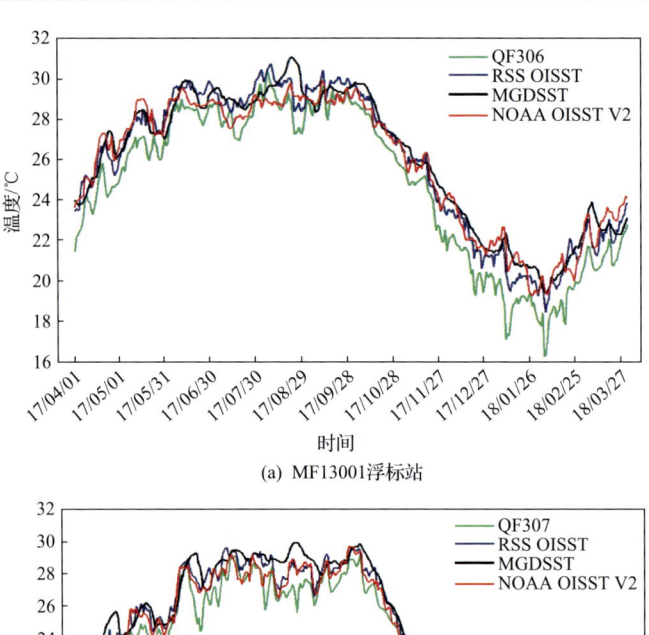

(a) MF13001浮标站

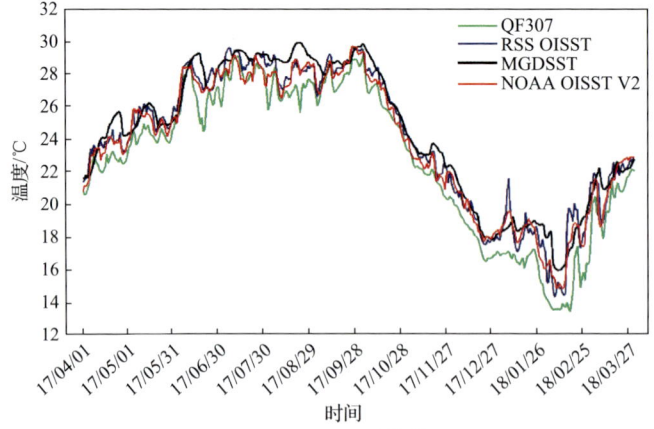

(b) MF14005浮标站

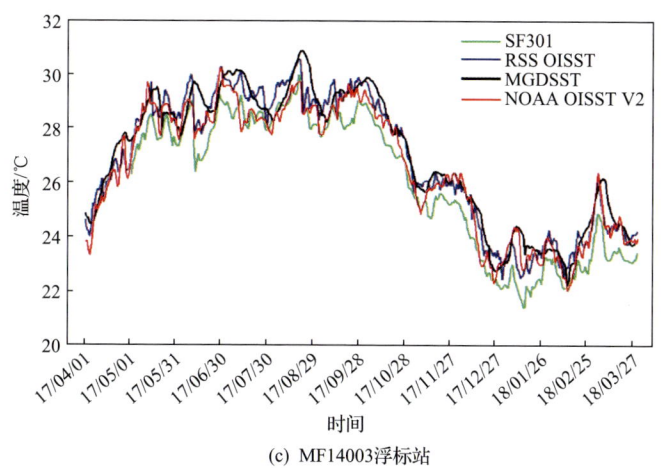

(c) MF14003浮标站

图 2-20　三个浮标站点不同卫星遥感海表温度数据与浮标海表温度数据差异图

为了进一步考察卫星遥感数据之间的差异，利用国家海洋局南海分局 2016 年 5 月在西北太平洋 160°E 的断面调查数据对三种卫星遥感数据进行验证。如图 2-21 所示，三种卫星遥感海表温度数据与 160°E 的断面调查 1m 的海表温度数据几乎吻合。因此，本书利用卫星遥感数据对南海预报的海表温度进行订正释用具有可行性。浮标温度传感器水深位置、微生物附着造成温度偏差、逐时海表温度数据处理方式等可能是造成卫星遥感海表温度数据之间差异较大的原因。

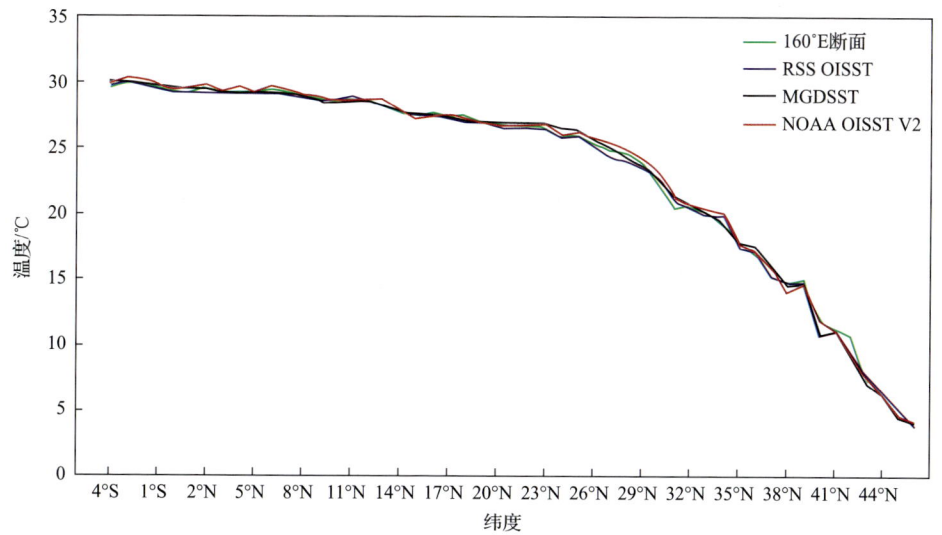

图 2-21　160°E 断面调查数据与不同卫星遥感海表温度数据差异图

由于 RSS OISST 数据空间分辨率为 9km×9km，与其他两种卫星遥感产品相比空间分辨率较高，所以本书利用 RSS OISST 数据对南海预报海表温度进行订正释用。

2. 海表温度数据订正方法

本书采用的误差订正方法具体如下：

ROMS 模式预报的海表温度预报时长为 72h，假设模式起报时间为 2016 年 1 月 1 日，$\overline{T}_{ij}^{f}(t_0)(t_0=1,2,\cdots,24)$ 为网格点 (i,j) 上 24h 预报的日平均海表温度，$T_{ij}^{O}(t_b)$ 为 2016 年 1 月 2 日网格点 (i,j) 上遥感观测海表温度，$E_{ij}(t_b)$ 为 2016 年 1 月 2 日网格点 (i,j) 上遥感观测海表温度与 24h 预报日平均海表温度之间的误差，计算公式如下：

$$E_{ij}(t_b) = T_{ij}^{O}(t_b) - \overline{T}_{ij}^{f}(t_0) \tag{2-35}$$

设 $T_{ij}^{f}(t)$ 为 2016 年 1 月 2 日起报的网格点 (i,j) 上预报的第 t 时海表温度，订正后预报值 $T_{ij}^{f*}(t)$ 的计算公式为

$$T_{ij}^{f*}(t) = T_{ij}^{f}(t) + E_{ij}(t_b), \quad t=1,2,\cdots,72 \tag{2-36}$$

由于卫星遥感的海表温度数据与海温数值预报结果在空间分辨率上存在差异，为便于计算，本书将对预报产品进行空间插值，与卫星遥感海表温度数据空间格点保持一致。

3. 南海定点海表温度订正结果分析

首先利用 RSS OISST 卫星遥感海表温度数据对南海定点海表温度进行预报订正，选取 MF13001、MF14005 和 MF14003 三个浮标站点位置对误差订正方法的订正效果进行验证，时间范围为 2017 年 4 月 1 日至 2018 年 3 月 31 日。首先利用双线性插值方法将 ROMS 模式预报的海表温度插值到站点处，然后利用误差订正方法对三个站点的数值预报结果进行订正。三个浮标站点 24h 和 48h 预报海表温度数据的订正结果如表 2-7 所示。三个站点处订正后的均方根误差均有显著减小，较模式直接输出结果减小率超过 24%。订正后的 24h 和 48h 海表温度均方根误差均在 1℃以内，其中 MF13001 和 MF14003 位置处订正后的 24h 和 48h 海表温度均方根误差均在 0.5℃以内。另外，三个站点处订正后的 24h 和 48h 海表温度相关系数也有所提高。

4. 南海海域海表温度空间格点预报订正

从定点海表温度订正来看，该方法可显著提升海表温度预报的准确性，因此将该方法推广至全南海海域，以卫星观测海表温度为观测值对数值模型预报结

表 2-7 三个浮标站点预报海表温度数据订正前后比较统计结果

站点名称	时效	统计指标							
		RMSE/℃		R		ME/℃		样本数	
		订正前	订正后	订正前	订正后	订正前	订正后	订正前	订正后
MF13001	24h	1.15	0.32	0.98	0.99	1.0	0.25	357	350
	48h	1.17	0.43	0.98	0.99	1.02	0.33	356	349
MF14005	24h	1.39	0.52	0.95	0.99	1.13	0.36	357	350
	48h	1.40	0.78	0.95	0.98	1.14	0.52	356	349
MF14003	24h	0.57	0.32	0.98	0.99	0.46	0.24	357	350
	48h	0.58	0.44	0.97	0.98	0.47	0.32	356	349

果进行订正，并针对冷空气过程、中尺度涡过程及台风过程中海表温度的订正效果进行模型验证。

1) 冷空气过程

2017 年 12 月 1 日至 4 日，受一股较强冷空气持续影响，巴士海峡、南海北部/中部海域有东北风 7~8 级阵风 9 级减弱至 6~7 级，伴有 2.5~5.5m 的大浪到巨浪过程；西南部海域有东北风 6~7 级阵风 8 级减弱至 5~7 级，伴有 2.5~4.0m 的大浪到巨浪过程。

研究表明，在冷空气影响南海期间，南海南部沿岸和台湾西部南部沿岸模式预报的海表温度较卫星遥感观测数据偏高，在南海西部沿岸和中北部海域模式预报海表温度较卫星遥感观测数据偏低。采用误差订正方法对预报海表温度进行订正后，24h 和 48h 预报与卫星遥感观测的海表温度空间差异均显著减小。

2) 中尺度涡过程

本书利用 SSALTO/DUACS 多卫星高度计融合的日平均网格化的海表高度异常数据来识别中尺度涡。如图 2-22 所示，2016 年 6 月 27 日和 28 日在吕宋岛西北部存在一个反气旋涡。

研究表明，在反气旋涡附近，模式预报的海表温度较卫星遥感观测数据偏低。采用误差订正方法对预报海表温度进行订正后，24h 和 48h 预报与卫星遥感观测的海表温度空间差异均显著减小。

3) 台风过程

1702 号台风"苗柏"是 2017 年登陆广东的第一个台风，于 6 月 11 日 14 时获得编号，并于 6 月 12 日 23 时前后在深圳大鹏半岛沿海地区登陆。"苗柏"登陆时由强热带风暴级减弱为热带风暴级。

研究表明，模式预报的海表温度在南海西北部较卫星遥感观测数据偏低，

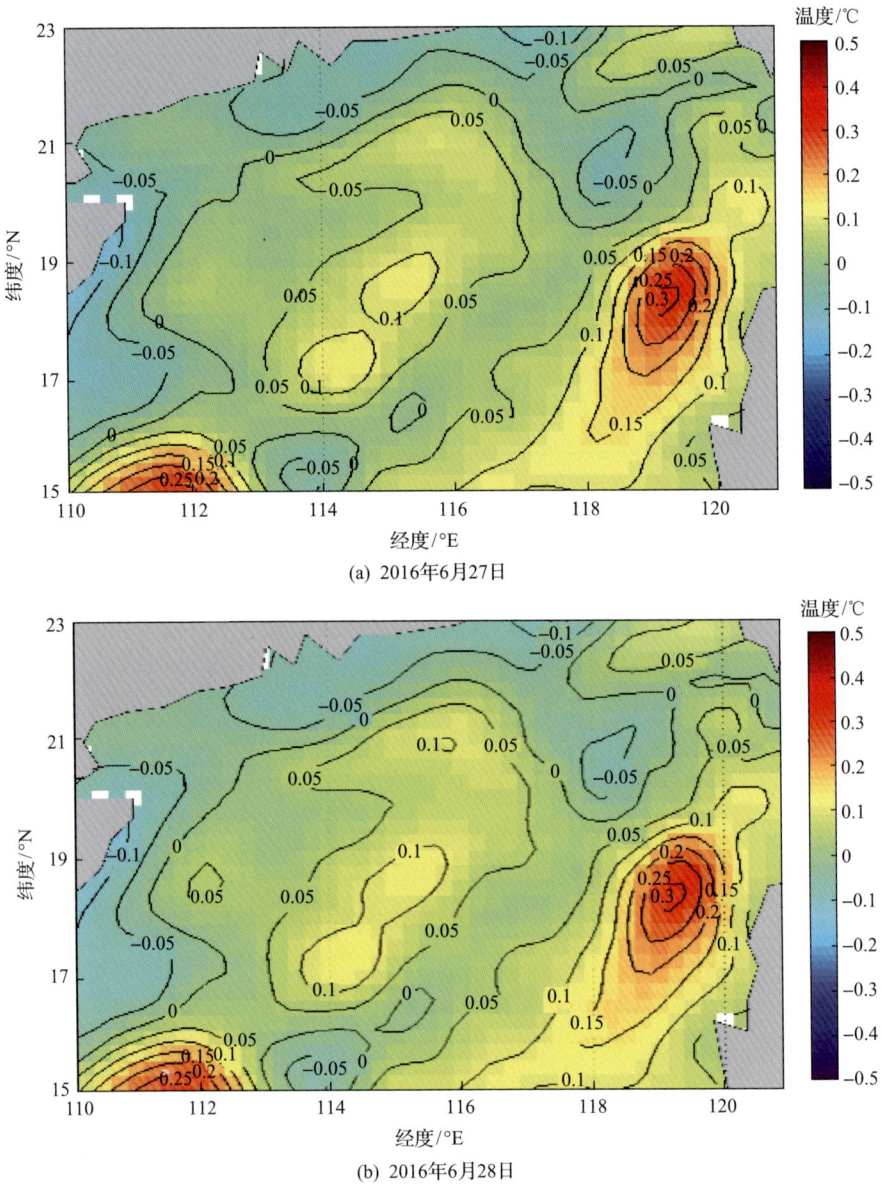

图 2-22 2016 年 6 月 27 日和 28 日 SLA 分布图

在南海南部沿岸较卫星遥感观测数据偏高。采用误差订正方法对预报海表温度进行订正后，24h 和 48h 预报与卫星遥感观测的海表温度空间差异均显著减小。但在台风过境之后，台风移动位置处订正后的海表温度与卫星遥感观测数据差异较大，这可能与台风引起的海表温度变化较快，用前一天预报和观测之差进行预报订正差异较大有关。

2.3 海浪和台风浪数值预报技术

2.3.1 海浪数值预报技术

1. 模型简介

利用 WW3 模式构建了"全球-大洋(东印-南海-西太)-南海"海浪数值预报模型系统,其中大洋(78°E～154°E,10°S～45°N)海浪空间分辨率为(1/10)°×(1/10)°,南海(99°E～123°E,3°N～25.5°N)海浪空间分辨率为(1/30)°×(1/30)°。模型计算地形资料来自 Etopo1 数据,精度为 1′,南海北部海域及岛礁附近利用数字化的海图进行替换或修正。上边界强迫场来源于 NOAA 的 GFS 资料,海浪模式主要考虑的物理过程包括风能输入和耗散,三波、四波非线性相互作用项,底摩擦项,深度引起的破碎项等。其间开展主要物理过程的敏感性试验,最终模式采用的具体物理参数见表 2-8;模式起报时次为每天 1 次(世界时:12 时),预报时效为 78h,每 1h 间隔输出。输出的参数要素包括有效波高、平均周期和平均波向。

表 2-8 海浪模式物理参数化方案

物理参数	方案选择
物理空间传播计算方案及花洒消减效应	PR3(高阶)(Tolman, 2002) GES 方案(swellf=0.03, pro3 wdthcg=5.0, wdthth=3.82)
谱空间传播计算方案	UQ(QUICKEST Schemes 三阶传播方案)(Tolman, 1995)
风能输入计算方案	ST2(Tolman and Chalikov, 1996)
非波相互作用方案	NL1(DIA)(Hasselmann et al., 1985)
白帽耗散计算方案	ST2, STAB2 (Tolman and Chalikov, 1996)
底摩擦计算方案	BT1、FLX2 (Tolman, 1991)
深度受限引起的波浪破碎	DB1、MLIM(Tolman et al., 2005)

2. 最优化插值同化方法在海浪模式中的应用

1) 同化方法简介

基于 WW3 模式,利用最优化插值方法同化卫星高度计波浪资料或常规观测资料,改进南海海域海浪数值模拟结果。最优化插值同化方法是被广泛采用的一种同化方法,其基础是最小二乘分析,其一般形式为

$$X^a - X^b = K(Y^o - HX^b) \qquad (2-37)$$

式中

$$K = P^b H^{\mathrm{T}} (H P^b H^{\mathrm{T}} + R)^{-1} \tag{2-38}$$

海浪同化包括如下步骤。

(1) 观测误差协方差矩阵的生成。

采取国内外同类研究中的做法，在具体计算过程中观测误差协方差取为对角矩阵形式。根据观测数据的对比分析，计算数据的均方根误差，来构建观测误差协方差矩阵。

(2) 背景误差协方差矩阵的生成。

背景误差协方差矩阵 P^b 的估计是同化过程中的难点，在海浪同化研究中用式(2-39)概括波高背景误差协方差的取法(相关长度法确定)：

$$P_{kj} = \sigma_k \sigma_j [1 + (d_{kj}/L)^\alpha] \exp(-\gamma (d_{ij}/L)^\beta) \tag{2-39}$$

式中，d_{kj} 为 k、j 观测点之间的距离；σ_k、σ_j 分别为 k、j 观测点上背景场的有效波高均方差；经验常数 α、β、γ、L 的取法根据国内外学者的研究来确定。

(3) 海浪谱的重构。

在同化过程中，对海浪谱能量进行调整，即按比例调整海浪谱的尺度，具体采用如下公式：

$$N^a(\sigma,\theta) = mN^b(n\sigma,\theta) \tag{2-40}$$

式中，上标 a、b 分别代表同化分析场和模式背景场；m 和 n 分别为海浪谱和频率的调整参数。

2) 同化结果初步分析

选取 9812 号台风"费丝"(Faith)为例初步分析最优化插值同化模拟的精度。台风"费丝"在菲律宾海域发展成为强热带风暴，于 1998 年 12 月 10 日 18 时在菲律宾东部的萨马岛达到台风的强度，"费丝"过菲律宾群岛进入南海后，向西移动，在 12 月 12 日台风达到最大强度，中心最低气压 975hPa，最大风速大约 35m/s，12 月 14 日在越南中部登陆后逐渐减弱消失。模拟范围同"全球-大洋(东印-南海-西太)-南海"海浪数值预报系统，输入风场为 ESE(NASA Earth Science Enterprise)的 CCMP(Cross-Calibrated Multi-Platform)风场资料，同化的波浪数据来源于 TOPEX/Poseidon (T/P)卫星高度计观测；方案 1 为不考虑同化情况，方案 2 为同化 T/P 波高数据，模式模拟时间是 1998 年 12 月 10 日 0 时到 12 月 14 日 6 时，在此期间 T/P 卫星高度计观测到 6 条轨道经过计算区域。

沿高度计轨道(轨道 229)剖面的波高如图 2-23 所示，从结果看，同化效果会改变波浪场的数值和空间分布特征，未同化最大波高值是 4.42m，同化后最大波高值是 5.23m，同化使最大波高值增加。未同化时的大波区域，尤其是 4m 浪圈波高只分布在南海北部，同化后 4m 浪圈扩大到南海中部。未同化的沿轨道剖面的波高和卫星观测的均方根误差为 2.42m,同化后的均方根误差为 0.71m,均方根误差减小了 71%。

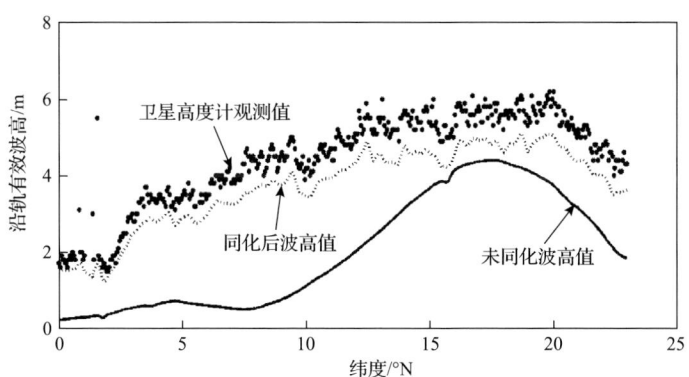

图 2-23　沿轨道 229 断面模式及观测的有效波高的比较(1998 年 12 月 10 日 20 时)

沿高度计轨道(轨道 38)剖面的波高如图 2-24 所示,未同化模式结果和观测值的均方根误差为 1.53m,同化后的均方根误差为 1.42m,尽管同化效果不是很显著,但是同化仍然提高了预报的精度,同化使模拟的准确度提高了 7.2%。

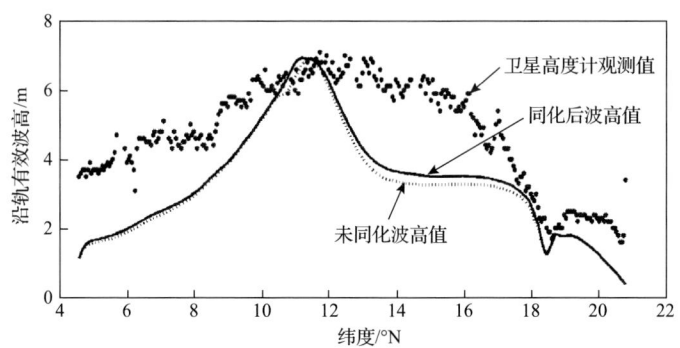

图 2-24　沿轨道 38 断面模式及观测的有效波高的比较(1998 年 12 月 13 日 7 时)

针对模式的适用性,开展了该模型的后报性能自评估工作。采用 CCMP 风场资料作为输入风场,该资料结合了 ADEOS-Ⅱ(advanced earth observing satellite-Ⅱ)、QUIKSCA(quick scaterometer)、TRMM TMI(the tropical rainfall measuring mission's)、AMSR-E(the advanced microwave scanning radiometer for EOS)、SSM/I(special sensor microwave/image)几种资料,利用变分方法,具有很高的空间精度和时间分辨率,其空间分辨率为 0.25°×0.25°,时间分辨率为 6h 一次。利用多个浮标观测资料对 CCMP 风场和模拟的波浪场开展检验。

图 2-25 显示在非台风影响期间 CCMP 风场资料与观测资料吻合良好,在台风影响期间存在显著偏小的现象。误差统计结果显示(表 2-9),CCMP 风速相对

观测资料存在 0.6m/s 的系统性偏差,均方根误差为 1.14m/s,相对误差为 10.36%,风向误差为 16°。

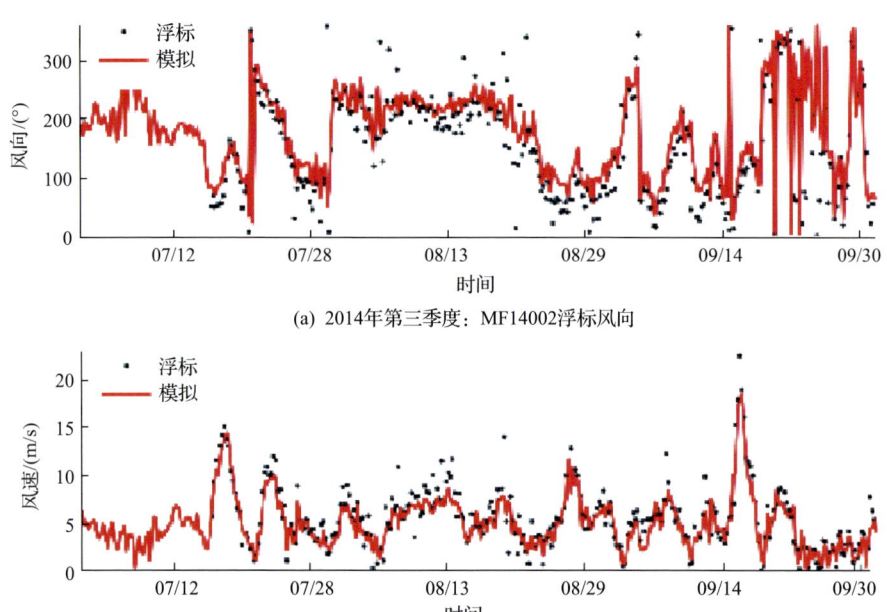

(a) 2014年第三季度:MF14002浮标风向

(b) 2014年第三季度:MF14002浮标风速

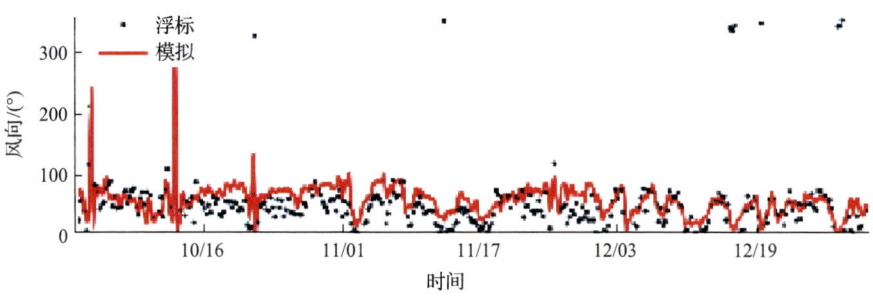

(c) 2014年第四季度:MF14002浮标风向

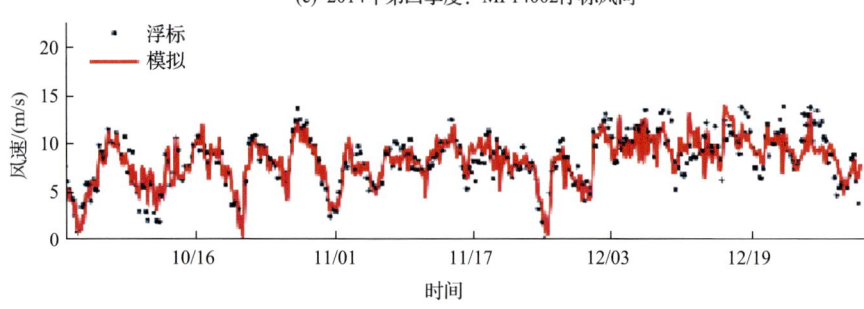

(d) 2014年第四季度:MF14002浮标风速

图 2-25 CCMP 风场风速、风向的检验结果

表 2-9 非台风期风场检验误差统计结果

浮标	风速			风向	样本数
	平均误差/(m/s)	均方根误差/(m/s)	相对误差/%	平均绝对误差/(°)	
MF13001	−0.29	0.81	6.29	10	372
MF14002	−0.38	1.46	14.42	22	586
平均/合计	−0.34	1.14	10.36	16	958

图 2-26 显示在非台风影响期间波高及周期与观测资料吻合良好，在台风影响期间存在显著偏小的现象。全年误差统计结果显示（表 2-10），有效波高均方根误差 0.40m，相对误差 16.96%；平均周期均方根误差 0.75s，相对误差 7.88%。台风期外模拟误差显著大于季风期。

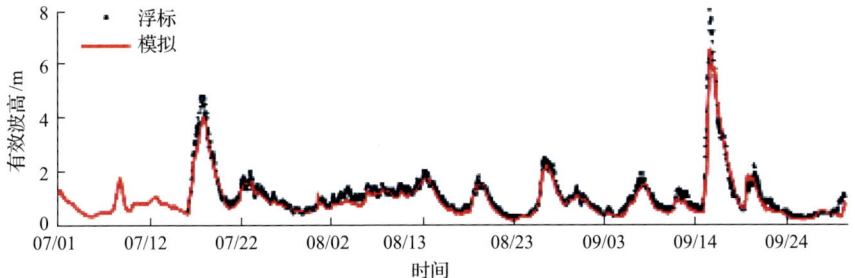

(a) 2014年第三季度：MF14002浮标有效波高

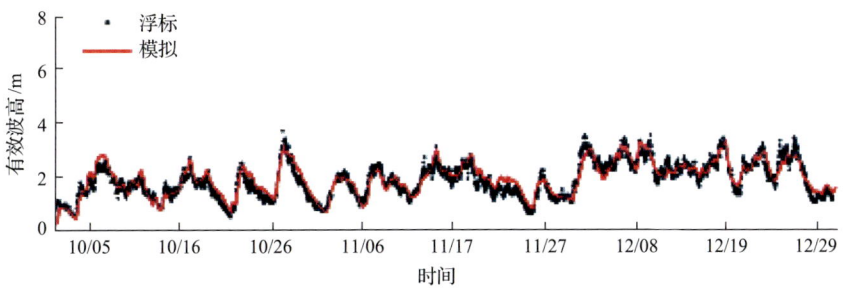

(b) 2014年第四季度：MF14002浮标有效波高

图 2-26 波高后报和观测对比图

表 2-10 非台风期波浪要素预报误差统计结果

浮标	有效波高			平均周期			样本数
	平均误差/m	均方根误差/m	相对误差/%	平均误差/s	均方根误差/s	相对误差/%	
MF14002	−0.01	0.28	11.78	0.50	0.71	6.92	2830
MF14004	−0.10	0.56	26.40	0.68	0.89	10.31	3597
MF13001	0.17	0.36	12.69	0.46	0.64	6.41	3425
平均/合计	0.02	0.40	16.96	0.55	0.75	7.88	9852

进一步分析历史台风大风半径，在大风风圈以及 CCMP 风场特征的基础上，提出了一种改进的普适性台风风场构造方法。以该方法重构的风场为上边界驱动，采用 WW3 模式模拟了南海 28 次台风浪过程，与台风中心最大风速、南海北部 88 个站次的风浪观测资料对比显示，该方法可显著提升风场结构的合理性，采用构造后风场计算得到的台风浪高与观测值吻合良好。图 2-27 为 1311 号台风"尤特"期间观测与模拟过程对比。

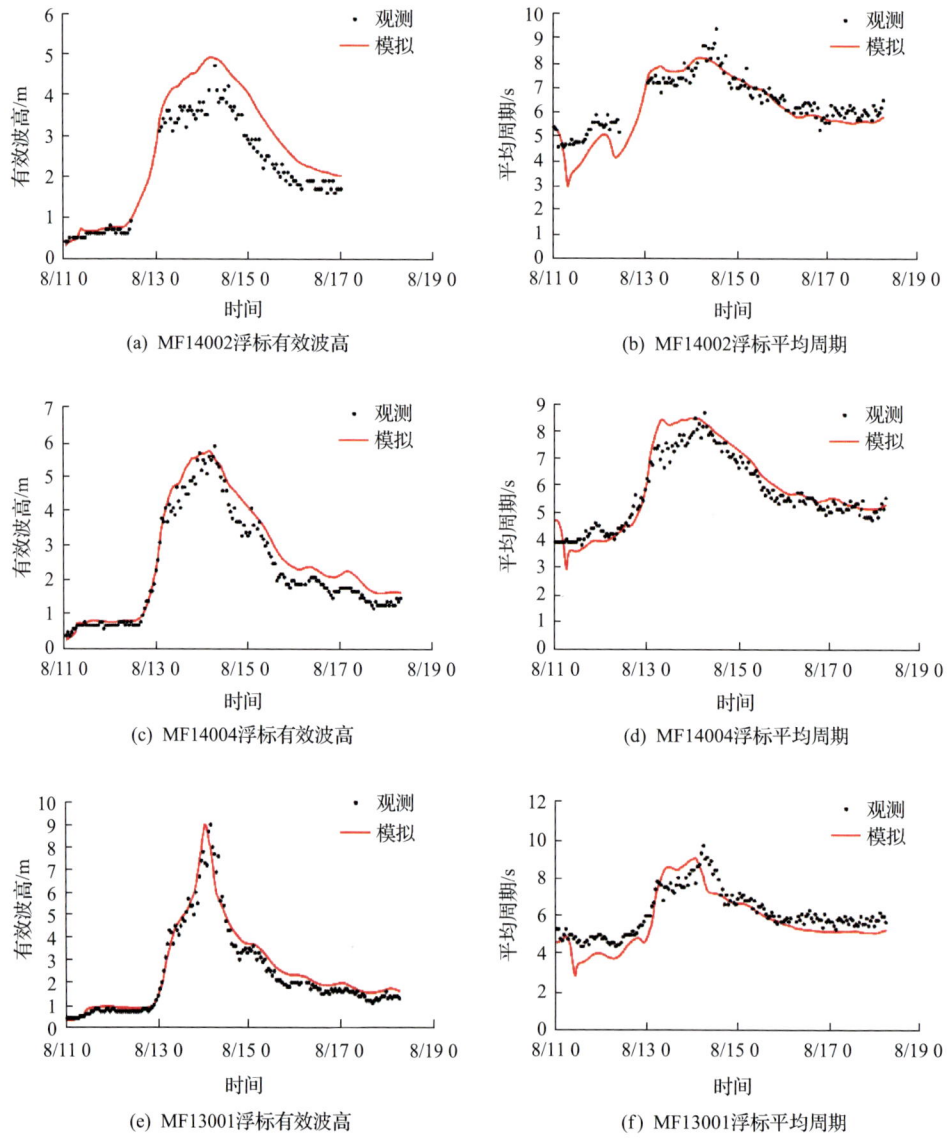

(a) MF14002浮标有效波高　　　　(b) MF14002浮标平均周期

(c) MF14004浮标有效波高　　　　(d) MF14004浮标平均周期

(e) MF13001浮标有效波高　　　　(f) MF13001浮标平均周期

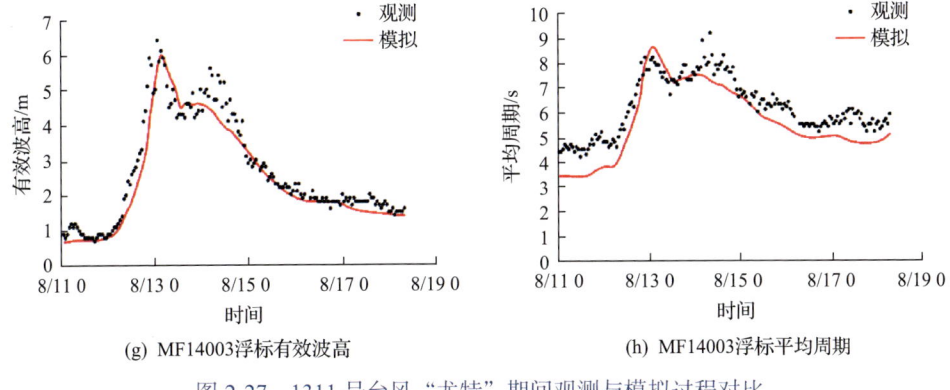

(g) MF14003浮标有效波高   (h) MF14003浮标平均周期

图 2-27　1311 号台风"尤特"期间观测与模拟过程对比

2.3.2　台风浪快速预报技术

本书采用人工神经网络中的反向传播(back propagation，BP)算法，利用南海自 2010 年以来多个站点的波浪观测资料，建立各浮标站点基于台风参数的台风浪神经网络预报模型，并在此基础上尝试训练出一个在南海北部具有普适性的神经网络台风浪预报模型，从而实现南海北部格点化台风浪的快速预报，作为数值预报的有效补充。

1. 数据来源与数据处理

海浪观测资料来自自然资源部南海局 5 个浮标站点 2010～2017 年的逐时有效波高观测记录，浮标站点位置为 MF13001(北纬 21°08′27″、东经 112°38′34″)、MF14002(北纬 22°16′8″、东经 115°31′56″)、MF14003(北纬 20°05′50″、东经 115°14′8″)、MF14004(北纬 21°29′2″、东经 114°05′35″)、MF14005(北纬 22°50′13″、东经 117°16′5″)。热带气旋参数来源于中央气象台(China Meteorological Administration，CMA)热带气旋最佳路径集(下载地址 https://tcdata.typhoon.org.cn/zljsjj.html)，参数包括热带气旋编号、每 6h 一次的热带气旋中心坐标、中心最低气压和近中心最大风速。将收集到的热带气旋参数和波浪观测数据按照如下流程进行处理：

(1)将热带气旋参数通过线性插值转成逐时数据，并基于中心坐标计算热带气旋移动速度。

(2)逐时判断热带气旋中心是否经过设定范围(105°E～130°E、0°N～26°N)，若经过设定范围，则计算浮标与热带气旋中心的直线距离；若直线距离小于 1000km，则计算浮标相对于热带气旋中心的方位角；若该方位热带气旋中心与浮标之间有岛屿阻挡，则取浮标和岛屿之间的距离作为浮标与热带气旋中心的距离。

(3)将热带气旋参数和经步骤(2)计算得到的距离参数与波高数据按照时间进行匹配。根据我国海浪灾害预警发布标准和南海浪高分布特征，多次试算表明，以浪高 2.5m 为阈值可以较大程度地降低数据噪声，并可保留较多的台风浪数据样本。因此，筛选出含有有效波高大于 2.5m 时刻的数据作为构建神经网络模型的数据样本，即形成用于开展神经网络模型训练的数据样本(表 2-11)，包括浮标观测有效波高(H_s)、浮标与热带气旋中心的经向和纬向距离(R_0)、浮标与热带气旋中心的距离和方位(R_1)、热带气旋中心坐标(C_0)、中心最低气压(P_0)、近中心最大风速(W_0)。从样本的组成来看，各浮标均以强热带风暴以上级别的热带气旋过程数据为主，占比在 73%以上，其中占比最高的为超强台风或台风级别的过程。

表 2-11　台风浪资料处理后各站点样本数

		MF14004	MF13001	MF14005	MF14002	MF14003
	观测时长/年	2010~2017	2010~2017	2015~2017	2010~2017	2010~2017
热带气旋数	超强台风	11	10	8	13	11
	强台风	11	8	3	14	9
	台风	4	3	2	5	4
	强热带风暴	7	9	4	11	10
	热带风暴	7	6	5	13	7
	热带低压	4	3	1	2	5
	合计	44	39	23	58	46
	波高阈值/m	2.5	2.5	2.5	2.5	2.5
	样本数	1573	1395	701	1623	1700

2. 研究方法

本研究采用三层前馈型误差反向传播(feed forward back propagation, FFBP)神经网络开展建模，以 MATLAB 的神经网络工具箱有关函数为基础进行代码编程，建立各浮标的神经网络模型。首先调用 mapminmax 函数对数据样本进行归一化处理，然后调用 dividerand 函数将数据样本随机拆分为训练(train)样本、验证(validate)样本和测试(test)样本，最后调用 train 函数开始循环训练，直至训练误差小于设定阈值。训练方法采用的是 Levenberg-Marquardt 算法。为避免过度训练，每组方案进行多次模型训练后，取测试误差最小的单次训练结果为该组的最终结果。每次训练的初始权重值和激活阈值随机生成，采用早期停止策略作为单次训练的终止条件，即在训练过程中当连续 6 个步长的验证误差都大于前一次迭代时，终止训练，取终止前第 6 个步长的训练结果为单次训练结果。

3. 定点浮标训练

本书针对 5 个浮标分别开展建模。以观测的有效波高(H_s)为输出层的期望因子，备选输入因子有浮标与热带气旋中心的经向和纬向距离(R_0)、浮标与热带气旋中心的相对距离与方位(R_1)、热带气旋中心坐标(C_0)、中心最低气压(P_0)、中心最低气压差($1010-P_0$)、近中心最大风速(W_0)和移动速率(V_0)，共 7 个。对这 7 个备选输入因子进行不同组合，共设计了 8 组训练方案(表 2-12)，以误差的平方小于 0.17 为控制指标，当误差小于 0.17 时，结束训练。训练样本、验证样本和测试样本分别取各浮标总样本数的 70%、15%和 15%。通过比较各组方案最终训练结果的误差大小和相关系数来确定最优训练方案，并基于最优训练方案对各浮标的神经网络模型做进一步训练，直至误差难以再减小后终止，至此建模完成。不同组合方案训练结果显示，影响台风浪高快速计算模型训练收敛速率的热带气旋参数依次为近中心最大风速、中心坐标、中心坐标与浮标之间的距离；加入中心坐标可显著提升训练速度，加快收敛；气压的表现形式对模型训练收敛速率和模型优劣影响十分有限；在考虑浮标与热带气旋中心的相对位置时，采用距离和方位的表达形式优于采用经向距离和纬向距离的表达形式，综合来看，以 CASE6 的训练效果最佳。

表 2-12　定点浮标神经网络模型训练方案

训练方案	输入层输入因子							输出层期望值
	C_0	P_0	W_0	R_1	R_0	$1010-P_0$	V_0	H_s
CASE1			√	√				√
CASE2		√	√	√				√
CASE3	√		√	√				√
CASE4	√	√	√	√				√
CASE5	√	√	√		√			√
CASE6	√	√	√	√				√
CASE7	√		√	√		√		√
CASE8	√		√	√		√	√	√

注："√"表示选择了对应的因子，空白表示未选择。

以最佳训练方案(CASE6)对各浮标分别开展进一步训练，直到误差难以再减小后结束训练，并输出训练好的神经网络模型，各浮标训练结果见表 2-13。训练结果显示，除 MF14002 和 MF14004，各浮标的神经网络模型通过训练后均可使得训练输出结果和观测结果的均方根误差小于 0.3m，平均相对误差为 5.78%～7.23%，相关系数大于 0.9，属高度相关。这表明基于热带气旋中心坐标(C_0)、热带气旋中心最低气压(P_0)、近中心最大风速(W_0)、浮标与热带气旋中心之间的相对距离和方位(R_1)建立的神经网络模型可以很好地拟合台风浪高样本数据。模型计算值与观测值的对比如图 2-28 和图 2-29 所示,模型输出结果相较于观测值略有偏小,尤其是在大值情况下表现最为突出。但总体来看,模型计算结果都与观测值吻合良好,说明经过充分训练后的神经网络模型可应用于未参与训练建模时刻的台风浪高计算。

表 2-13 各浮标神经网络模型训练结果

浮标	样本数	偏差的平方/m²	相关系数 R	均方根误差/m	平均相对误差/%	热带气旋数
MF14004	1573	0.109	0.94	0.33	7.23	44
MF13001	1395	0.079	0.96	0.28	6.00	39
MF14005	701	0.072	0.95	0.27	5.89	23
MF14002	1623	0.097	0.92	0.31	6.58	58
MF14003	1700	0.072	0.95	0.27	5.78	46

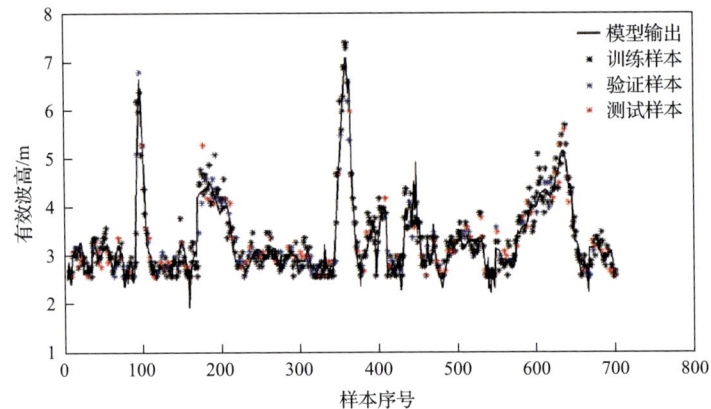

图 2-28 MF14005 模型计算值与观测值对比

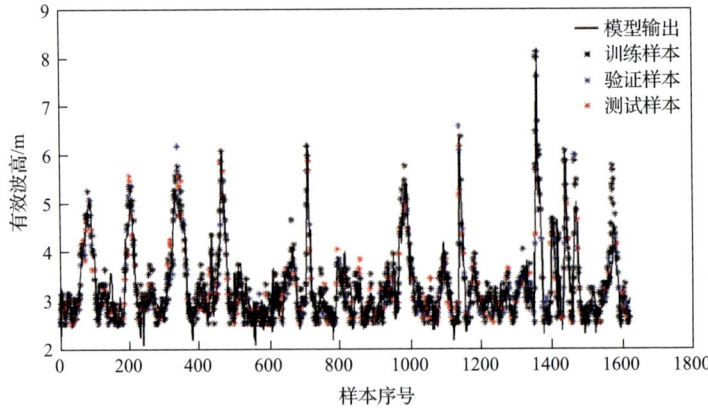

图 2-29 MF14002 模型计算值与观测值对比

为进一步检验神经网络模型在台风浪计算中的应用价值,对训练好的神经网络模型开展独立测试，即用训练好的神经网络模型预报热带气旋过程"山竹"期间的波高，并与观测波高进行对比验证。独立测试结果显示，训练好的模型用于计算新的台风浪过程时，计算速度十分快，计算1个浮标2天的逐时浪高可在1s内完成。独立测试案例"山竹"影响期间，采用训练模型计算得到的有效波高最大值与观测最大值基本吻合(图2-30和表2-14)。5个浮标中，4个浮标的最大有效波高的模型计算值与观测值偏差在−1.0～0.1m，相对误差为−15.63%～4.26%；MF14002浮标的计算值与观测值相差最大，相对误差为−31.07%，这与"山竹"期间的波高显著大于建模数据样本(建模数据样本波高最大值为 8.1m)有关。因

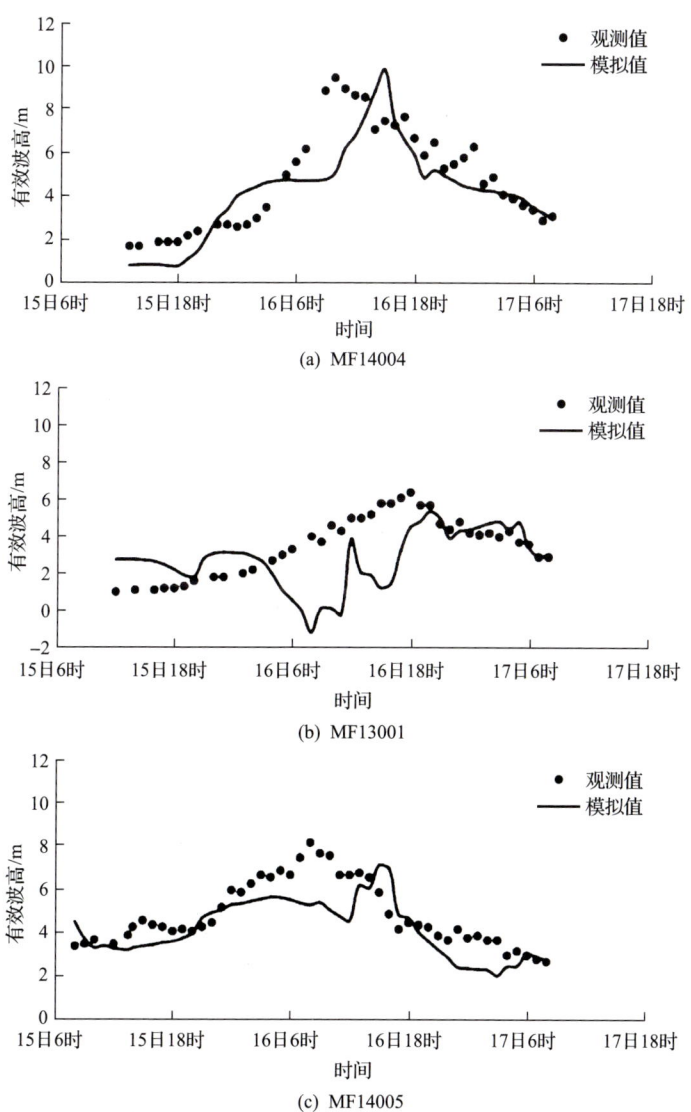

(a) MF14004

(b) MF13001

(c) MF14005

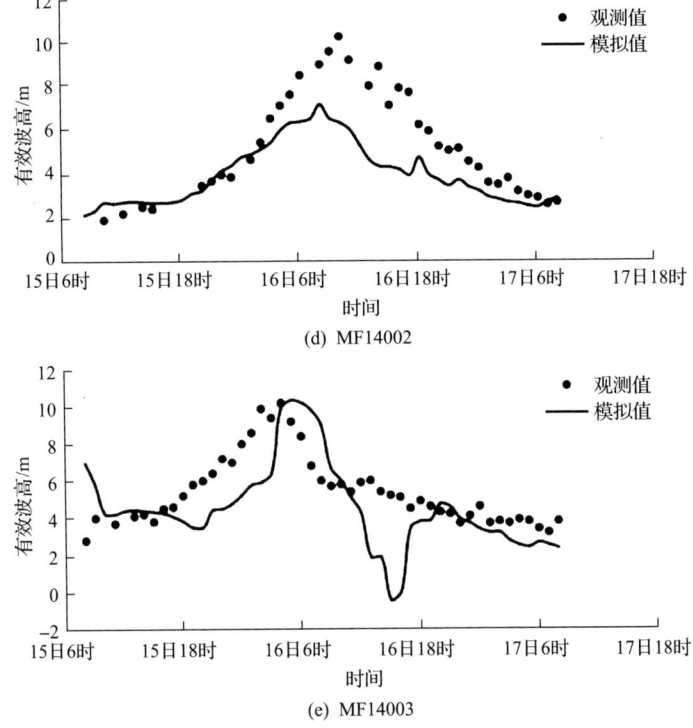

图 2-30　定点神经网络模型预测"山竹"期间(2018 年 9 月)浮标有效波高

表 2-14　"山竹"期间模拟与观测最大有效波高对比

浮标	MF14004	MF13001	MF14005	MF14002	MF14003
观测值/m	9.4	6.4	8.0	10.3	10.2
模拟值/m	9.8	5.4	7.0	7.1	10.3
相对误差/%	4.26	−15.63	−12.50	−31.07	0.98

此,在开展模型应用时,需要预先根据热带气旋的强度和距离来考虑是否会出现波高显著大于建模样本数据的情况。

4. 综合训练

将各浮标的数据汇总成一个序列,以有效波高为目标因子,在定点训练输入因子之外(台风中心坐标、台风中心风力、台风中心气压、浮标与台风中心的有效距离(距离、方位)),另外增加的 5 个因子(浮标与台风中心的距离(距离、方位)、浮标坐标、浮标水深、浮标与台风中心的平均水深、浮标与吕宋海峡参考点的距离),设计了 6 组训练方案,如表 2-15 所示,隐层 40 层,以误差的平方小于 0.17 为控制指标,使用 Levenberg-Marquardt 算法分别对各浮标数据开展训练。

第 2 章 海洋环境数值预报技术

表 2-15 综合神经网络模型训练方案

方案名	台风中心坐标	台风中心风力	浮标与台风中心的有效距离（距离、方位）	台风中心气压	浮标坐标	浮标水深	浮标与台风中心的平均水深	浮标与吕宋海峡参考点的距离	浮标与台风中心的距离（距离、方位）
zo-1	√	√	√	√	√	√			
zo-2	√	√		√					√
zo-3	√	√	√	√					√
zo-4	√	√	√	√			√		
zo-5	√	√	√	√			√	√	
zo-6	√	√	√	√					

注："√"表示选择了对应的因子，空白表示未选择。

通过比较训练后的误差大小、相关系数以及收敛速率三个指标确定最优训练方案。训练方案显示，增加浮标与台风中心的距离、浮标坐标和浮标水深也可显著提升收敛效果，浮标与吕宋海峡参考点的距离、浮标与台风中心的平均水深对训练没有任何帮助，经综合比较后，以 zo-3 组合训练效果最佳。

采用 zo-3 训练方案经充分训练后，模型输出结果和观测结果的均方根误差为 0.38m，平均相对误差为 8.44%，相关系数大于 0.9，属高度相关。基于上述台风参数建立的神经网络模型可以较好地拟合台风浪，但总体来看，对于 6m 以上巨浪，模型结果小于观测值(表 2-16 和图 2-31)。

表 2-16 各浮标神经网络模型误差统计

样本数	偏差的平方/m²	相关系数 R	均方根误差/m	平均相对误差/%
7288	0.144	0.904	0.38	8.44

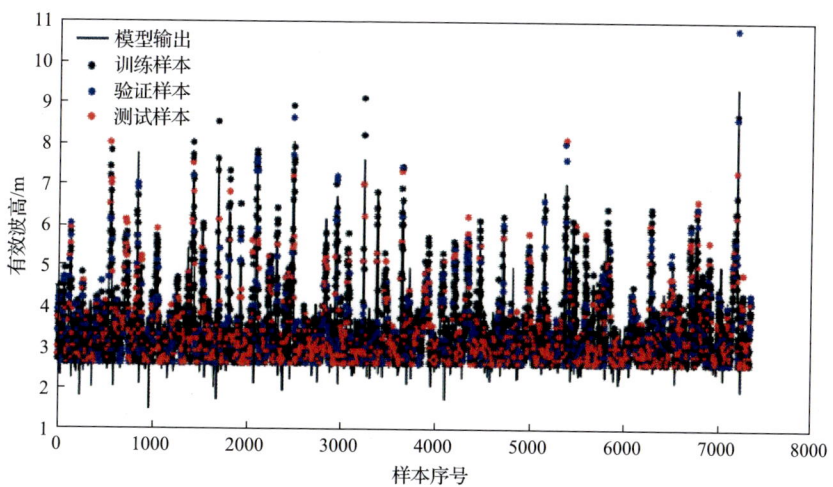

图 2-31 综合训练结果与观测值对比

第3章 海上遇险目标漂移规律及快速预报

海上遇险目标的类型(如人、救生筏、救生艇、船舶等)不同,其漂浮状态不同,会导致其受力、漂流角和漂移速度存在很大差异,进而导致漂移轨迹的不同,因此需要设计高效率的综合试验对不同类型遇险目标的风致漂移系数进行准确的参数率定,这是建立风致漂移作用模型的关键。风致漂移作用模型是建立漂移轨迹预测模型的基础,而漂移轨迹预测模型和搜救范围计算模型模拟出的漂移轨迹及搜救范围正是决定海上搜救成败的关键。因此,不同类型海上遇险目标的风致漂移参数率定、漂移轨迹预测和搜救范围的数值建模技术是漂移预测的关键科学技术。

本章基于南海海洋气象实时立体观测网(主要是地波雷达、浮标、岸基站和平台)构建海上综合"试验靶场",在"靶场"内开展针对不同类型遇险目标的海上综合试验并结合大量搜救历史案例率定不同类型遇险目标风致漂移系数,研发风致漂移作用模型。在风致漂移作用模型的基础上,充分考虑风、海流和波浪的作用,建立漂移轨迹预测模型,该模型具备考虑风、浪、流共同作用模拟遇险目标漂移轨迹的功能。将多维度蒙特卡罗随机统计方法应用在遇险目标漂移轨迹预测中,结合凸包算法研发搜救范围快速计算模型。

3.1 海上搜救综合试验靶场

3.1.1 高栏岛地波雷达站

1. 雷达系统与原理

高栏岛地波雷达系统组成由发射机(1台)、接收机(1台)、接收天线(8根)、发射天线(1根)、馈线电缆、全密封工业计算机终端(1台)、不间断电源(uninterruptible power supply,UPS)管理系统(1套)、空调控制设备(1套)、自动化运控设备(1套)、视频监控设备等组成,主要设备如图3-1和图3-2所示,组成及原理如图3-3所示。

其雷达数据获取信号原理:接收机中的直接数字频率合成(direct digital synthesizer,DDS)模块生成9.305~9.355MHz的一个射频(radio frequency,RF)信号,信号幅值为–2~3dBm,然后通过发射机进行放大,放大后的信号幅值为RFOUT

第 3 章 海上遇险目标漂移规律及快速预报

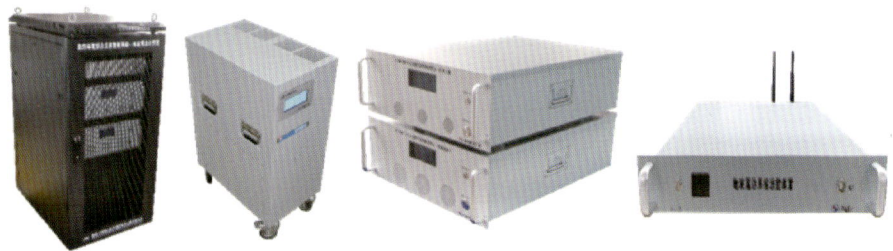

(a) 雷达机柜　　(b) UPS管理系统　　(c) 雷达主机　　(d) 运控终端设备

图 3-1　雷达机柜、UPS 管理系统、雷达主机、运控终端设备图

(a) 发射天线　　　　　　　　　　(b) 接收天线

图 3-2　地波雷达发射天线、接收天线

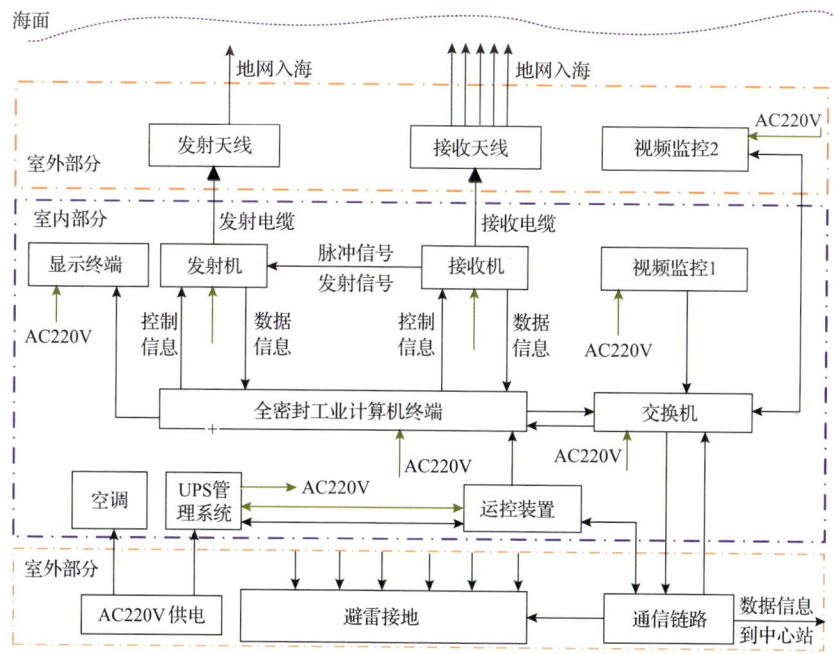

图 3-3　单站雷达系统组成及原理

≤25dBm（峰值），经发射天线向海面发射，发射的电磁波经海面散射以后形成海洋回波，接收天线接收到该海洋回波后，经接收机的接收模块进行滤波、放大、数字化处理，由计算机终端采样软件采样形成原始数据，并进行海态处理软件 MUSIC 算法提取得到海面表面流场的流速与流向参数，经过风浪反演算法处理得到风场的风向和风速、浪场的浪高和浪周期等参数，形成 0 级产品数据。该数据上传到合成站，与另一部或多部雷达的数据进行合成处理，得到两部雷达或多部雷达所监测海域的矢量流场结果数据与风浪场结果数据，整个过程如图 3-4 所示。

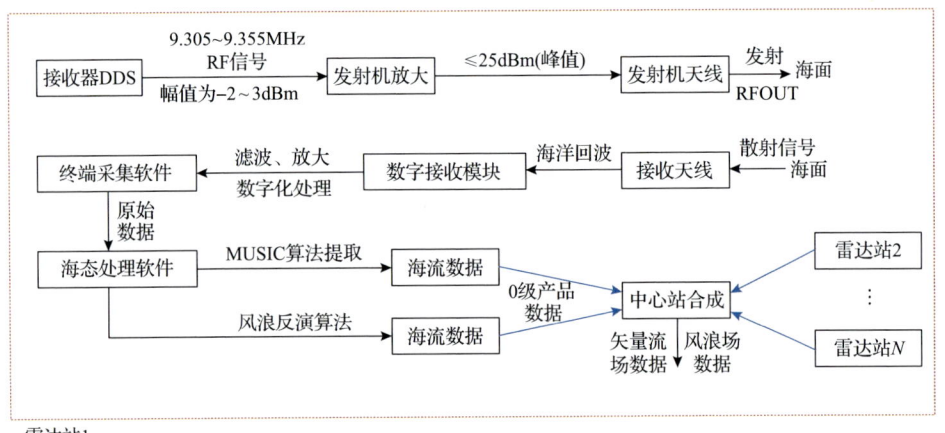

图 3-4　雷达数据获取信号流程

2. 性能及参数设计

高栏岛地波雷达站采用 OSMAR071G 全数字高频地波雷达系统，利用短波（3～30MHz）电磁波信号在海洋表面绕射传播衰减小的特点，以及海洋表面对高频电磁波的一阶散射和二阶散射机制，采用垂直极化天线向海面辐射电波，可以从雷达回波中提取风场、浪场、流场等海况信息，实现对海洋环境大范围、高精度和全天候的实时监测。系统需完成短波信号的产生、放大、发射、接收、采集、解调，从回波信息中提取出单站海态信息，在中心站完成多站数据的合成、输出。辅助系统实现监测信息自动推送、室内温度、湿度监测、空调自动智能控制、计算机智能重启等功能。

系统属于岸基在线式实时远程监测系统，主要由雷达信号主机、雷达发射机、全密封加固计算机及相关软件、UPS、发射天线、接收天线、收发电缆等组成。系统发射机将生成于信号主机的源脉冲调制信号放大约 53dB 后，输出至发射天线，进而辐射到附近海面，海水对短波信号的导电性促使电磁波沿海水向外传输，海浪对该电磁波的反射信号回传至接收天线阵，由信号主机接收并分析回波幅值、相位及信噪比等特性，进而由软件计算并反演出海流的流速、流向、风向、风速、浪高以及浪周期等海况信息，系统组成如图 3-5 所示。

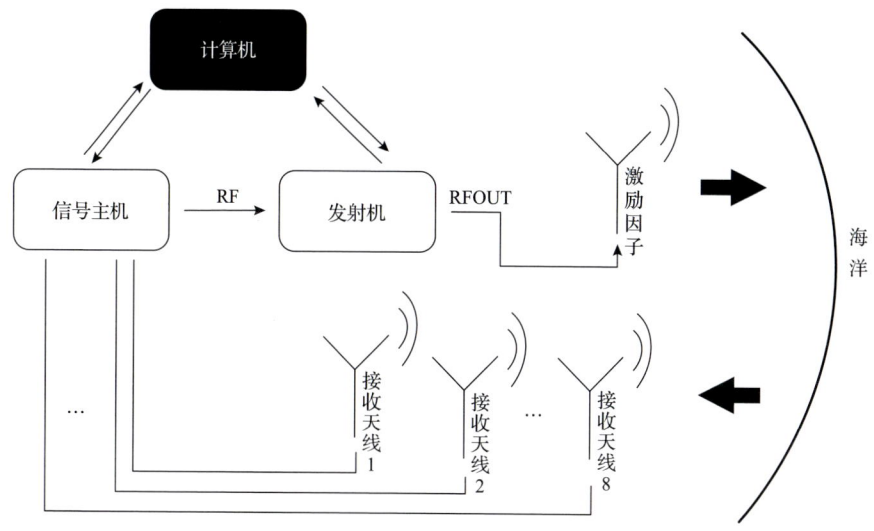

图 3-5　OSMAR071G 全数字高频地波雷达系统组成

3. 建设安装

设备建设及安装调试主要包括基座和地网建设、发射天线和接收天线的安装、方舱进场安装以及室内设备的安装调试。其中，所有室外基座采用钢筋混凝土结构建设，提高室外设施的抗台风能力，电缆过路使用加厚不锈钢管道和混凝土加固，确保电缆安全。地网采用加厚扁钢贴地表铺设，入海地网采用阻力较小的圆钢固定铺设。发射天线由天线本体、避雷针和天线底座组成，在平坦地面组装完成后由吊机完成吊装，最后测试天线驻波特性。接收天线由天线本体、固定底座和路灯组成。方舱由设计人员设计完成后，在工厂实施组装，再由拖车运输至现场完成安装。室内设备在现场闭环测试完成后，加入天线系统调试。单站调试完成后，与附近大万山岛地波雷达站和上川岛地波雷达站做对比验证和调试，同时组网测试。调试完成后，技术人员持续观察系统工作电压、温度等参数是否符合长期工作要求，确保系统长期稳定运行。

3.1.2　三站地波雷达组网观测

高栏岛高频地波雷达站建设完成后，与上川岛地波雷达站(21.6733°N、112.8067°E) (图 3-6)和万山岛地波雷达站(21.9261°N、113.7183°E) (图 3-7)组成同步探测系统。

三站地波雷达共同覆盖海域面积约 20000km^2。实时数据的更新频率为 10min，空间分辨率为 5km×5km。

图 3-6　上川岛地波雷达站

图 3-7　万山岛地波雷达站

3.1.3　海上综合"试验靶场"

基于南海海洋气象实时立体观测网对南海的强大监测能力,以及三站地波雷达观测网,在珠海万山岛、高栏岛和上川岛外海海域构建了面积约 40000km^2 专门用于开展海上搜救综合试验的"试验靶场"。"试验靶场"主要包括地波雷达三部,以及气象雷达、浮标、海上平台和气象海洋站等。

3.2　针对不同类型海上遇险目标的海上综合试验

3.2.1　海上综合试验实施方案

海上综合试验是率定不同类型海上遇险目标风致漂移系数的关键,也是建立不同类型海上遇险目标风致漂移作用模型的关键。因此,在海上搜救综合"试验靶场"内开展针对不同类型遇险目标的海上综合试验,以海洋气象动力要素数据再分析场为背景场,高效率、高性价比地率定不同类型遇险目标的风致漂移系数。

第 3 章 海上遇险目标漂移规律及快速预报

针对残骸、垂直姿态落水假人、水平姿态落水假人、海上（十人）救生筏、航空（六人）救生筏、海上救生艇、近海渔船、远海渔船等八类海上遇险目标开展海上综合试验，所设计的海上综合试验如表 3-1 所示。

表 3-1 不同类型海上遇险目标海上综合试验表

序号	类型	目标在"试验靶场"内存在时间	现场跟踪风浪流监测	可用于风致漂移系数率定样本数
1	残骸	试验为一次性抛弃式试验，目标体在"靶场"范围内可漂移若干天，目标体上放置基于 GPS/北斗双模的定位装置，可分钟级发回漂浮目标体位置信息，结合"靶场"高分辨率风浪流再分析数据或实测数据可高效率大样本容量地进行风致漂移参数率定	每次试验的第一天开展至少 13h 的现场跟踪风浪流监测，以提高风致漂移参数率定精度	以 13h 为样本选取时间窗口，以 6h 为时间间隔滑动选取，增大样本数
2	垂直姿态落水假人			
3	水平姿态落水假人			
4	海上（十人）救生筏			
5	航空（六人）救生筏			
6	海上救生艇			
7	近海渔船	船舶类目标无法进行一次性抛弃式试验，每次在"靶场"实施一定时间的无动力漂浮试验		
8	远海渔船			

注：GPS 指全球定位系统。

3.2.2 试验仪器设备技术参数

海上试验作业按照 GB/T 12763.2—2007《海洋调查规范 第 2 部分：海洋水文观测》和 GB/T 12763.3—2020《海洋调查规范 第 3 部分：海洋气象观测》执行。使用试验仪器设备参数如表 3-2 所示。

表 3-2 试验仪器设备参数

序号	观测项目	设备	测量范围	精度
1	流	Nortek Signature ADCP（蛟龙）	流速范围：±20m/s 流向范围：0°~360°	流速：±1%±0.5cm/s 流向：±2°
2		Aquadopp ADCP 2MHz（小阔龙，单点测流）	流速范围：±10m/s 流向范围：0°~360°	流速：±1%±0.5cm/s 流向：±2°
3		SCL-9 直读式海流计	流速范围：0.03~3.5m/s 流向范围：0°~360°	流速：±2% 流向：±10°
4	风	AIRMAR 220WX 多参数气象仪	风向：0°~360° 风速：0~40m/s	风速：±0.5m/s（0~5m/s 时），±1m/s 或 ±5%（5~40m/s 时） 风向：±5°（风速<5m/s 时），±2°（风速>5m/s 时）

续表

序号	观测项目	设备	测量范围	精度
5	风	风杯式手持风速仪	风速：0～30m/s 启动风速：0.8m/s 风向测量范围：0°～360°	风速：±(0.3±0.03v)m/s； 风向：±0.5 个方位
6	浪	FDW-I 小型波浪观测浮标	波高：0～20m 波向：0°～360° 周期：0～40s	波高：±(0.3±5%)m 波向：±5° 周期：±0.5s
7	坐标	LS-TB300MM 跟踪浮标	—	定位精度：±2.5m
		GNM2A12 定位模块	—	定位精度：±5m 测速精度：±0.1m
8	数据记录		三防笔记本	

注：v 为实际风速。

3.2.3 试验观测要素及观测方式

1. 表层流

1）Nortek Signature ADCP

漂浮悬挂式走航观测：将 500kHz 频率的声学多普勒流速仪(acoustic Doppler current profiler, ADCP)(图 3-8)固定在定制浮标或无人船上(图 3-9)，由表层向下打，每 0.5m 一层，采样时间设定为 60s，每 10min 获取 1 组海流数据。ADCP 配置高精度定位模块，能够实时记录 ADCP 移动速度并自动校正真实流速。测量结束后，回放流速/流向数据，得到各层流速和流向数据，流速单位为 cm/s，流向单位为(°)。

图 3-8　Nortek Signature ADCP(蛟龙)

第3章 海上遇险目标漂移规律及快速预报

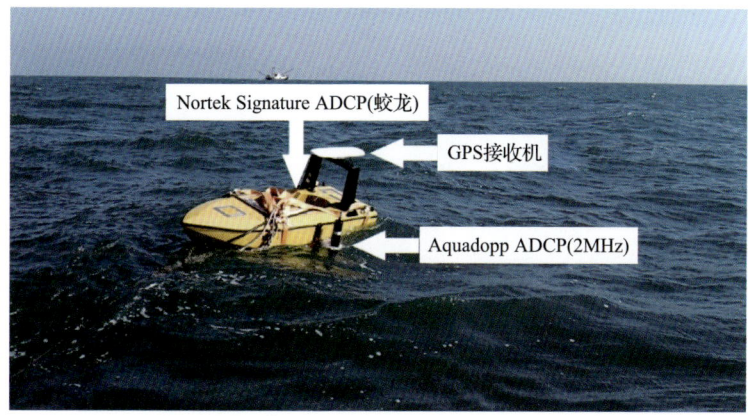

图 3-9　无人船及其挂载的 ADCP、GPS 接收机和 Aquadopp ADCP

2) Aquadopp ADCP

漂浮悬挂式走航观测：将 2MHz 频率的 Aquadopp ADCP(图 3-10)固定在定制浮标上进行单点测流，测流计主要观测 0.5～1m 的表层流速。采样时间设定为 60s，每 10min 获取 1 组海流数据。

图 3-10　Aquadopp ADCP

3) SCL-9 直读式海流计

调查时同步进行海流观测，将直读式海流计(图 3-11)固定在船舷支架上，悬挂于 1m 层，每当船舶抛锚时进行观测，每次观测 3min，记录一组流速与流向数据。

2. 风速风向

1) AIRMAR 220WX 多参数气象仪

AIRMAR 220WX 多参数气象仪(图 3-12)架设在船头最高处迎风观测(图 3-13)，自动记录，每分钟采集 1 组数据，在记录风速仪测量的风速、风向结果的同时，从船载罗盘上记录船头的方向，自动校正得到真风向、真风速。测量结束后，回放风向、风速数据，得到风向、风速数据，风速单位为 m/s，风向单位为(°)。

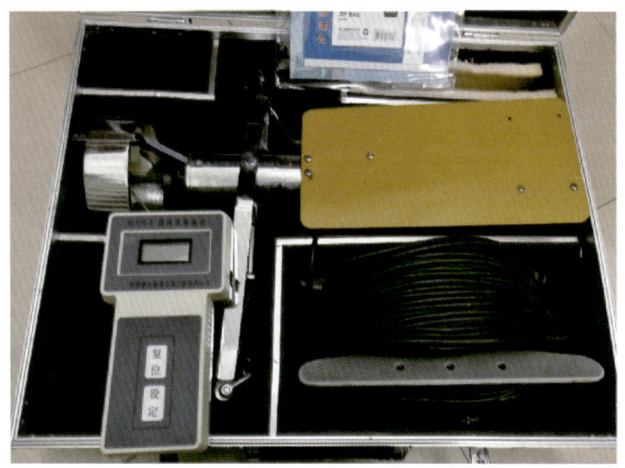

图 3-11　SCL-9 直读式海流计

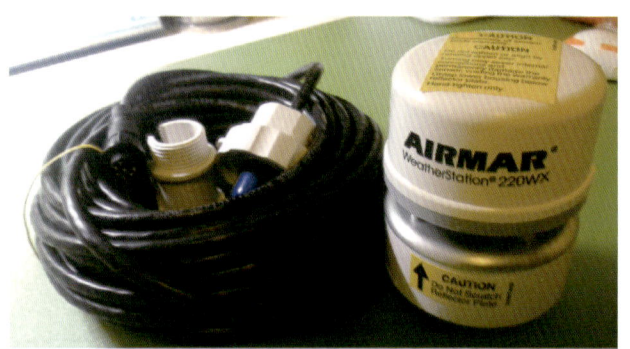

图 3-12　AIRMAR 220WX 多参数气象仪

图 3-13　安装于最高处的 AIRMAR 220WX 多参数气象仪

2)风杯式手持风速仪

调查时同步进行风观测。风杯式手持风速仪(图 3-14)在船头最高处迎风整点观测,每次 1min,记录该整点时刻的风速、风向数据。在记录风速仪测量的风速、风向结果的同时,从船载罗盘上记录船头的方向,作为校正实际风向的参考。

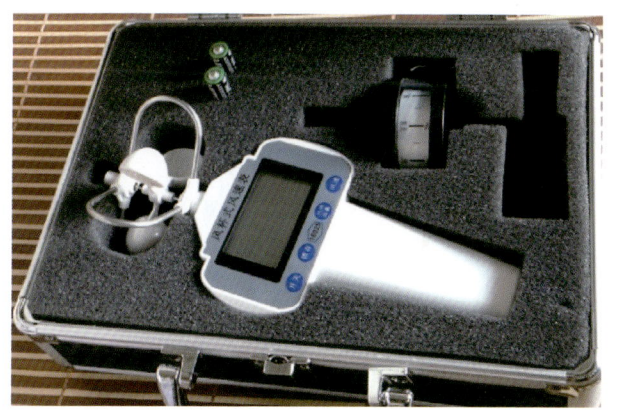

图 3-14　风杯式手持风速仪

3. 波浪

调查时采用 FDW-I 小型波浪观测浮标(图 3-15 和图 3-16)进行自动观测,其测量参数包括波高、周期、波向。FDW-I 小型波浪观测浮标采用重力加速度式,基于微机电系统的微机械陀螺进行测量,工作方式为 GPS 差分方式。

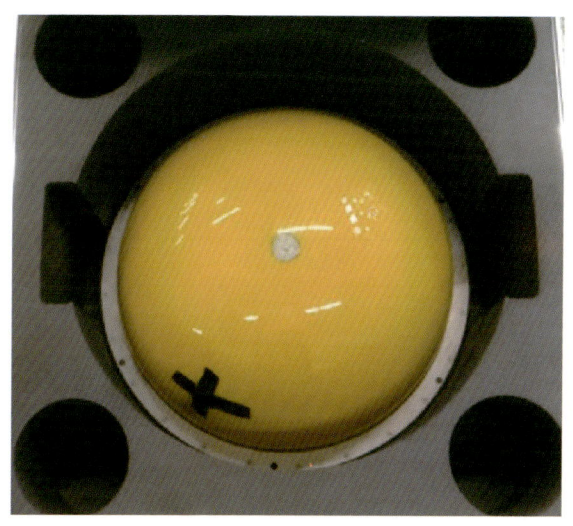

图 3-15　FDW-I 小型波浪观测浮标

图 3-16 与假人绑在一起的 FDW-I 小型波浪观测浮标(左侧)和 LS-TB300MM 跟踪浮标(右侧)

3.2.4 海上综合试验过程

在 2018 年 11 月至 12 月、2019 年 3 月至 4 月、2021 年 4 月,陆续完成了针对残骸、垂直姿态落水假人、水平姿态落水假人、海上(十人)救生筏、海上救生艇、航空(六人)救生筏、近海渔船、远海渔船等八类搜救目标的海上综合试验。海上综合试验区域位于三站地波雷达覆盖区域内,海上试验根据遇险目标类型分为抛弃式试验和非抛弃式试验。跟踪观测的要素包括经纬度、风速、风向、流速、流向、波高、波向、周期。观测数据用于研究海上遇险目标漂移规律,并且可用于高频地波雷达海态反演试验验证。

海上综合试验共分为三个阶段开展。

第一阶段(2018.11.6~2018.12.1):针对残骸、近海渔船、远海渔船的海上综合试验,如表 3-3 所示。

表 3-3 海上综合试验第一阶段信息统计表

类型	试验次数	跟踪观测累计时长/h	总漂移时长/h	13h 样本数
残骸	4	0	557.8	86
近海渔船	9	7×13+2×25	168.4	17
远海渔船	3	2×13+25	52.4	5

第二阶段(2019.3.6~2019.4.3):针对残骸、垂直姿态落水假人、水平姿态落水假人、航空(六人)救生筏、海上(十人)救生筏以及海上救生艇的海上综合试验,如表 3-4 所示。

表 3-4　海上综合试验第二阶段信息统计表

类型	试验次数	跟踪观测累计时长/h	总漂移时长/h	13h 样本数
残骸	3	3×13	898.6	144
垂直姿态落水假人	4	3×13+25	467.4	72
水平姿态落水假人	4	3×13+25	443.0	68
航空(六人)救生筏	3	3×25	1242.8	202
海上(十人)救生筏	3	3×25	1063.9	172
海上救生艇	3	3×25	349.1	53

第三阶段(2021.4.20～2021.4.24)：针对近海渔船、垂直姿态落水假人、水平姿态落水假人的海上综合试验，如表 3-5 所示。

表 3-5　海上综合试验第三阶段信息统计表

类型	试验次数	跟踪观测累计时长/h	总漂移时长/h	13h 样本数
近海渔船	1	1×25	25.1	3
垂直姿态落水假人	1	1×25	26.0	3
水平姿态落水假人	1	1×25	25.7	3

针对近海渔船(图 3-17)的海上综合试验采集无动力船漂移轨迹 10 条，总共跟踪观测累计时长约 166h，近海渔船总漂移时长约 193.5h，得到 13h 样本数约 20 个。

图 3-17　近海渔船

针对远海渔船(图 3-18)的海上综合试验采集无动力远海渔船漂移轨迹 3 条，

跟踪观测累计时长约 51h，远海渔船总漂移时长约 52.4h，得到 13h 样本数约 5 个。

图 3-18　远海渔船

针对残骸(图 3-19)的海上综合试验共进行了 7 次，得到了 7 条漂移轨迹，其中，2018 年获得 4 条漂移轨迹数据、2019 年获得 3 条漂移轨迹数据，总共跟踪观测 3 次，跟踪观测累计时长约 39h，残骸总漂移时长约 1456.4h，得到 13h 样本数约 230 个。

图 3-19　残骸

针对垂直姿态落水假人(图 3-20)进行了 5 次海上综合试验，得到了 5 条漂移轨迹，其中，2019 年获得 4 条漂移轨迹数据、2021 年获得 1 条漂移轨迹数据，跟踪观测累计时长约 89h，垂直姿态落水假人在海上的总漂移时长约 493.4h，得到 13h 样本数约 75 个。

针对水平姿态落水假人(图 3-21)进行了 5 次海上综合试验，得到了 5 条漂移轨迹，其中，2019 年获得 4 条漂移轨迹数据、2021 年获得 1 条漂移轨迹数据，跟踪观测累计时长约 89h，水平姿态落水假人在海上的总漂移时长约 468.7h，得到

图 3-20 垂直姿态落水假人

图 3-21 水平姿态落水假人

13h 样本数约 71 个。

针对航空(六人)救生筏(图 3-22)的海上综合试验进行了 3 次,得到了 3 条漂移轨迹,跟踪观测累计时长约 75h,总漂移时长约 1242.8h,得到 13h 样本数约 202 个。

针对海上(十人)救生筏(图 3-23)的海上综合试验进行了 3 次,得到了 3 条漂移轨迹,跟踪观测累计时长约 75h,总漂移时长约 1063.9h,得到 13h 样本数约 172 个。

图 3-22　航空(六人)救生筏

图 3-23　海上(十人)救生筏

针对海上救生艇的海上综合试验采用一次性抛弃式试验,共购置了 3 条海上救生艇(图 3-24),由试验母船拖曳至试验区域进行投放(图 3-25)。试验共采集了 3 条漂移轨迹,跟踪观测累计时长约 75h,3 条救生艇在海上总漂移时长约 349.1h,得到 13h 样本数约 53 个。

图 3-24 购置的 3 条海上救生艇

图 3-25 海上救生艇

3.3 海上遇险目标漂移预测模型

3.3.1 海上遇险目标漂移动力学模型

海上遇险目标漂移动力学模型从漂移目标运动受力分析出发，给出了海上遇险目标受到风、海流和海浪的作用模型。

根据牛顿第二定律，海上遇险目标的动力学方程如下：

$$F_{\mathrm{w}} + F_{\mathrm{c}} + F_{\mathrm{wa}} + G + F_{\mathrm{b}} = m\frac{\mathrm{d}v_0}{\mathrm{d}t} \tag{3-1}$$

式中，t 为时间；m 为海上遇险目标的质量；v_0 为海上遇险目标运动速度；F_w 为风作用力；F_c 为海流作用力；F_{wa} 为海浪作用力；G 为重力；F_b 为浮力。

当只考虑海上遇险目标在水平方向的运动时，式(3-1)中重力 G 和海水浮力 F_b 两项可以省略。此外，根据众多研究，海上漂移目标会很快达到其稳定速度，因此与长期漂移相比，加速度可以忽略不计，即 $\dfrac{dv_0}{dt}=0$，则式(3-1)可以简化改写为

$$F_w + F_c + F_{wa} = 0 \tag{3-2}$$

1. 风作用力

风作用力 F_w 是指海上遇险目标在海面以上的部分受到的风的拖曳力，与海面风相对于海上遇险目标漂移速度相关，可以由式(3-3)表示：

$$F_w = \frac{1}{2}\rho_a C_a A_a |V_w - V|(V_w - V) \tag{3-3}$$

式中，ρ_a 为大气密度；C_a 为风拖曳系数；A_a 为大气作用于漂移目标在海面以上的受力面积；V_w 为海面风速（一般取海面 10m 高度标准风速）；V 为海上遇险目标漂移速度。

2. 海流作用力

海流作用力是海上遇险目标在海面以下部分受到的海流拖曳力，与海水相对于海上遇险目标的速度有关，也与海上遇险目标淹没在水中的深度有关。根据不同深度海水的流速和受力面积进行计算，海水拖曳力可以写成如下形式：

$$F_c = \frac{1}{2}\rho_w C_w \sum_{k=1}^{n}(A_w(k))|V_c(k) - V|(V_c(k) - V) \tag{3-4}$$

式中，$A_w(k)$ 为漂移目标在第 k 层深度的受力面积，$k=1,2,\cdots,n$；$V_c(k)$ 为第 k 层深度的海水流速；ρ_w 为海水密度；C_w 为海流拖曳系数。当不考虑不同深度海水的流速和受力面积时，式(3-4)可以简化为

$$F_c = \frac{1}{2}\rho_w C_w A_w |V_c - V|(V_c - V) \tag{3-5}$$

3. 海浪作用力

海浪作用力是海上遇险目标受到入射海浪生成的力。当海浪波长明显小于海

上遇险目标尺寸时，海上遇险目标所引起的海浪作用力较为显著，此时需考虑海浪作用力；当海上遇险目标的尺寸小于海浪波长的一半时，可忽略海浪作用力。海浪作用力计算公式如下：

$$F_{wa} = \frac{1}{2}\rho_w C_{wa} g L H^2 V_{wa}/v_{wa} \tag{3-6}$$

式中，g 为重力加速度；C_{wa} 为入射波的辐射系数；L 一般指海上遇险目标的长度；H 为波浪振幅，取值为波高的一半；V_{wa} 为波速；v_{wa} 是波速大小。

假定波动由深水传来，在深水处波浪弥散关系式为 $w^2 = gk$。深水波速大小 v_{wa} 和波长 λ_w 分别为

$$|v_{wa}| = gT/(2\pi) \tag{3-7}$$

$$\lambda_w = gT^2/(2\pi) \tag{3-8}$$

波数 k 的表达式为 $k = (2\pi)^2/(gT^2)$，其中 T 为波动周期。

4. 动力学模型

对于小型目标，忽略波浪作用力后，海上遇险目标的漂移动力学方程可以简化为

$$\frac{1}{2}\rho_a C_a A_a |V_w - V|(V_w - V) + \frac{1}{2}\rho_w C_w A_w |V_c - V|(V_c - V) = 0 \tag{3-9}$$

考虑到具体的搜救目标，其在漂移运动的过程中位于海面以上及以下的面积基本处于稳定状态，因此上述公式中，$\rho_a C_a A_a$ 和 $\rho_w C_w A_w$ 均为常数，取 $\alpha = \sqrt{\rho_a C_a A_a/(\rho_w C_w A_w)}$，式(3-9)可以改写为

$$V = \frac{1}{1+\alpha}V_c + \frac{\alpha}{1+\alpha}V_w \tag{3-10}$$

取 $\lambda = \frac{1}{1+\alpha}$，则式(3-10)可写为 $V = \lambda V_c + (1-\lambda)V_w$。

从式(3-10)中可以看出，通过对海上遇险目标进行受力分析可知，空间尺度不大的海上遇险目标漂移速度是海面风速和表层流速的线性组合。

3.3.2 基于 AP98 模型的海上遇险目标漂移模型

海上遇险目标漂移速度 V 可以看成流致漂移速度、风致漂移速度和浪致漂移速度的矢量和，如式(3-11)所示：

$$V = V_{\text{F-surface-current}} + L + V_{\text{F-wave}} \tag{3-11}$$

式中，$V_{\text{F-surface-current}}$、$L$、$V_{\text{F-wave}}$ 分别为流致漂移速度、风致漂移速度和浪致漂移速度。

1. 流致漂移作用模型

海流的表层部分在水平方向上的运动对海上遇险目标漂移的影响占据了主要部分，因此表面流是海面目标漂移运动的主要动力来源。通常在不考虑其他海洋动力环境的情况下，海面漂移目标的运动被认为与表面流的水平运动同步。海面目标的流致漂移速度可用式(3-12)表示：

$$V_{\text{F-surface-current}} = \lambda_c V_c \tag{3-12}$$

式中，λ_c 为流致漂移系数；V_c 为表层流速，包括埃克曼(Ekman)漂流、斜压运动、潮流和惯性流等。

一般模型对流致漂移的处理较为简单，认为流致漂移速度近似等于海水表层流速，而众多试验也从侧面证明了流致漂移系数 λ_c 近似为 1。

2. 风致漂移作用模型

由于物体水上部分的结构是不对称的，风对物体的作用力可以分解为顺风向和侧风向，侧风向的作用力使物体偏离风向，遇险目标风致漂移作用示意图如图 3-26 所示。由于目标物体初始方向相对风向(风向左侧或右侧)的随机性，物体在侧风向上的受力也是随机的，既可以是风向左侧(−CWL)，也可以是风向右侧(+CWL)

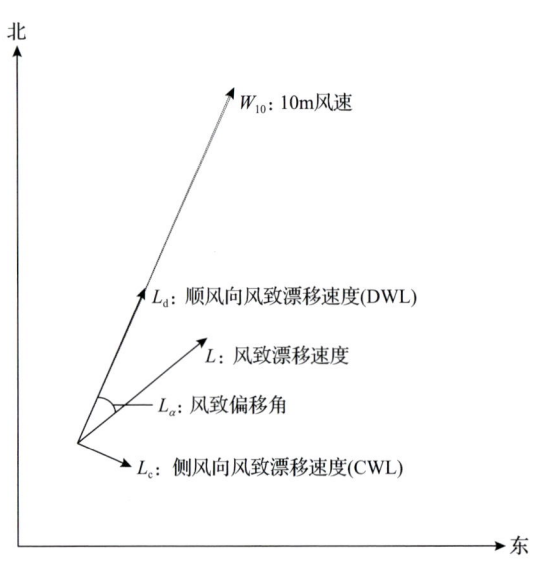

图 3-26 遇险目标风致漂移作用示意图

(图 3-27)。目标物体可能沿不同的漂移轨迹运动,建模时必须充分考虑风致漂移作用的随机不确定性。

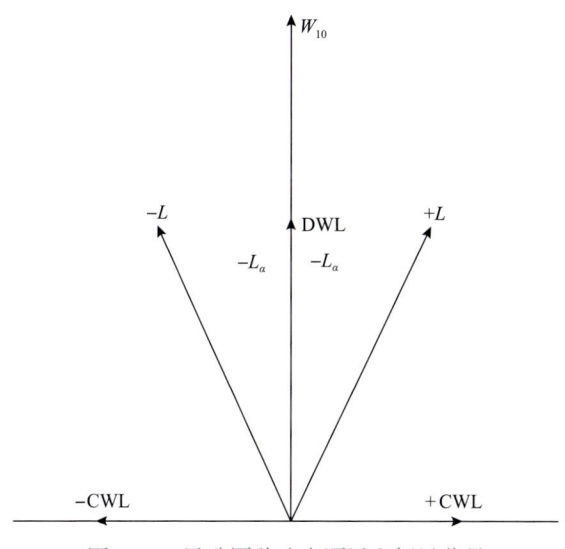

图 3-27　风致漂移速度顺风和侧风分量

基于上述分析和美国海岸警卫队推荐的 LEEWAY 搜救模型,遇险目标顺风向漂移速度与风速拟合关系式为

$$L_d = a_d W_{10\text{mwind}} + (b_d + \varepsilon_d) \tag{3-13}$$

式中,L_d 为顺风向的漂移速度;a_d、b_d 为拟合系数;ε_d 为顺风向随机波动系数;$W_{10\text{mwind}}$ 为水面 10m 高度风速。

考虑到遇险目标侧风向的漂移方向不确定性,针对偏向风向左侧和右侧两种情况,分别构建遇险目标侧风向漂移速度与风速拟合关系式:

$$\begin{cases} L_{c+} = a_{c+} W_{10\text{mwind}} + (b_{c+} + \varepsilon_{c+}) \\ L_{c-} = a_{c-} W_{10\text{mwind}} + (b_{c-} + \varepsilon_{c-}) \end{cases} \tag{3-14}$$

式中,L_c 为侧风向的漂移速度;a_c、b_c 为拟合系数;ε_c 为侧风向随机波动系数;下角标"+"、"-"分别对应侧风向右侧、左侧方向;$W_{10\text{mwind}}$ 为水面 10m 高度风速。

确定顺风向和侧风向两种情况下目标漂移速度与风速的关系后,用于描述风致漂移速度的海上遇险目标风致漂移作用模型(AP98 模型)为

$$L = L_d + L_c \tag{3-15}$$

式中，L 为风致漂移速度；L_d 和 L_c 分别为顺风向和侧风向风致漂移速度。

3. 浪致漂移作用模型

海上遇险目标一直受到海浪的影响，由于海浪具有很大的动量，通过与海上遇险目标之间的相互作用，也将会影响海上遇险目标的漂移运动。海浪对遇险目标漂移运动的影响可以分为两种形式：斯托克斯漂移对遇险目标的影响和波浪直接作用力对遇险目标的影响。

1) 斯托克斯漂移对遇险目标的影响

斯托克斯漂移是由波浪场影响下水质点轨道运动引起的顺浪向漂移。这些质点轨迹的不闭合产生了拉格朗日漂移。这种漂移仅限于靠近海表面的狭窄的一层。众所周知，在浮游物质和海表面物体的对流中，斯托克斯漂移是一个主导因素。

斯托克斯漂移以两种形式作用于水面上的物体：风浪引起的斯托克斯漂移和涌浪引起的斯托克斯漂移。风浪引起的斯托克斯漂移的方向一般与风向一致，而涌浪引起的斯托克斯漂移的方向则不一定与风向一致。由于涌浪方向难以观测并且涌浪成分在多数情况下相对风浪较小(但是在涌浪较大时，它引起的斯托克斯漂移可能是斯托克斯漂移的重要组成成分)，所以一般认为斯托克斯漂移仅由风浪引起，并且作用方向与风向一致。在进行风致漂移系数率定的试验中，除了物体的运动，实测值仅仅是风和近表层流，斯托克斯漂移绝大多数是顺风向的，很难从已经去除周围流，只有风对物体的直接影响的情况中分离出来，因为现场试验中收集的是欧拉海流，拉格朗日影响是不可见的。因此，尽管斯托克斯漂移很容易从业务化波浪模型如第三代海浪数值模式 SWAN(simulating waves nearshore)中获得，但是由于它被假定已经存在于经验风致漂移系数中，故无须再予考虑。

2) 海浪直接作用力对遇险目标的影响

海浪直接作用力导致的漂移与漂移目标的尺寸、波高、波长等相关。Tanizawa 和 Minami 的试验研究表明，由波浪驱动的目标漂移速度大小与波长及目标尺寸相关。Kitakyshu 将浪致漂移速度表述为

$$V_{\text{F-wave}} = \sqrt{\frac{Dg}{B}}\sqrt{\frac{C_W}{C_D}}\frac{H_{1/3}}{1.6\lambda} + \pi^2\sqrt{\frac{g}{k}}\frac{1-e^{-kd}}{kd}\left(\frac{H_{1/3}}{1.6\lambda}\right)^2 \qquad (3\text{-}16)$$

式中，D 为目标尺寸；B 为目标水下的投影面积；C_D 为流体阻力系数；C_W 为波浪漂流力的作用系数；$H_{1/3}$ 为有效波高；d 为目标吃水深度；λ 和 k 分别为波长和波数；g 为重力加速度。

综合来说，在遇险目标的空间尺度远小于海浪波长尺度时，波浪对物体漂移速度的影响可忽略不计，当遇险目标的空间尺度逐渐增大至与海浪波长空间尺度相近时，波浪力对物体漂移速度有较重要的影响。可以认为，遇险目标空间尺度

在几十米的量级以下时,可以忽略波浪作用力。因此,在一般的海上遇险目标中,落水人员、救生筏、小型船只、一般几十吨级渔船,都可近似地忽略波浪影响,而对于大型船舰,则应当考虑波浪影响。

4. 海上遇险目标漂移模型

综上,若同时考虑风、海浪、海流的共同作用,则海上遇险目标漂移模型如下:

$$V = V_{\text{F-surface-current}} + L + V_{\text{F-wave}}$$
$$= \lambda_c V_c + L + \alpha \frac{H_{1/3}}{\lambda} + \beta \left(\frac{H_{1/3}}{\lambda}\right)^2 \tag{3-17}$$

式中,$\alpha = \frac{1}{1.6}\sqrt{\frac{Dg}{B}}\sqrt{\frac{C_W}{C_D}}$;$\beta = \frac{\pi^2}{2.56}\sqrt{\frac{g}{k}}\frac{1-\mathrm{e}^{-kd}}{kd}\alpha$。

3.3.3 海上遇险目标漂移轨迹预测模型

当利用海上遇险目标漂移动力学模型或基于 AP98 模型的海上遇险目标漂移模型确定海上遇险目标漂移速度 V 后,海上遇险目标的漂移轨迹预测模型为

$$s(t) = s(t_0) + \int_{t_0}^{t} V(s(t'), t') \mathrm{d}t' \tag{3-18}$$

式中,s 为海上遇险目标位置;t 为漂移时间;t_0 为漂移初始时刻;V 为海上遇险目标漂移速度。

1. 基于动力学模型的漂移轨迹预测模型

在海上遇险目标漂移动力学模型中,海上遇险目标的漂移速度表示如下:

$$V = \lambda V_c + (1-\lambda) V_w \tag{3-19}$$

对应的漂移轨迹预测模型为

$$s(t) = s(t_0) + \int_{t_0}^{t} V(s(t'), t') \mathrm{d}t'$$
$$= s(t_0) + \int_{t_0}^{t} [\lambda V_c(s(t'), t') + (1-\lambda) V_w(s(t'), t')] \mathrm{d}t' \tag{3-20}$$

2. 基于 AP98 模型的漂移轨迹预测模型

在基于 AP98 模型的海上遇险目标漂移模型中,海上遇险目标的漂移速度表示如下:

$$V = V_{\text{F-surface-current}} + L + V_{\text{F-wave}} \tag{3-21}$$

对应的漂移轨迹预测模型为

$$\begin{aligned}
s(t) &= s(t_0) + \int_{t_0}^{t} V(s(t'),t')\mathrm{d}t' \\
&= s(t_0) + \int_{t_0}^{t} [V_{\text{F-surface-current}}(s(t'),t') + L(s(t'),t') + V_{\text{F-wave}}(s(t'),t')]\mathrm{d}t' \\
&= s(t_0) + \int_{t_0}^{t} [V_c(s(t'),t') + L(s(t'),t') + V_{\text{F-wave}}(s(t'),t')]\mathrm{d}t'
\end{aligned} \tag{3-22}$$

3. 海上遇险目标漂移轨迹预测模型数值求解

为提高轨迹计算精度，在求解海上遇险目标漂移轨迹预测模型时，采用四阶龙格-库塔方法。无论是基于海上遇险目标漂移动力学模型还是基于海上遇险目标漂移模型，海上遇险目标的漂移轨迹预测模型一般形式均为

$$s(t) = s(t_0) + \int_{t_0}^{t} V(s(t'),t')\mathrm{d}t' \tag{3-23}$$

基于四阶龙格-库塔方法的数值求解方案为

$$\begin{cases}
s(t_{n+1}) = s(t_n) + \dfrac{1}{6}(k_1 + 2k_2 + 2k_3 + k_4) \\
k_1 = V(s(t_n),t_n) \times \Delta t \\
k_2 = V(s(t_n) + k_1/2, t_{n+1/2}) \times \Delta t \\
k_3 = V(s(t_n) + k_2/2, t_{n+1/2}) \times \Delta t \\
k_4 = V(s(t_n) + k_3/2, t_{n+1}) \times \Delta t
\end{cases} \tag{3-24}$$

式中，t_n 为数值求解过程中的第 n 个时间步；$s(t_n)$ 为第 n 个时间步时海上遇险目标所在位置；Δt 为时间步长，即 t_{n+1} 和 t_n 之间的时间差。中间时刻的漂移速度采用线性插值的方式获得。

4. 非结构化网格数据映射快速寻址技术

本书中所用海洋数值模型为 FVCOM (finite-volume coastal ocean model)，其重要特点是采用了非结构化网格。非结构化网格以三角形为基础，能精确匹配海岛、岸线，并可对重点区域进行局部加密处理。然而，其缺陷也比较突出，在面对大量非结构化网格时，对其中具体区域的网格点进行寻址，成为一个棘手的问题。传统的方式需要人们对所有的网格点与目标位置之间的距离进行计算，然后寻找出距目标最近的三个网格点，再通过插值算法得到目标位置的地址，这种算法费时费力，时间复杂度较大，难以满足海上遇险目标漂移预测的快速需求。大规模

非结构化网格数据映射快速寻址技术研究可以解决该类问题，该技术能够降低时间复杂度，可快速实现寻址。

非结构化网格数据映射快速寻址技术主要分为如下几个步骤：

首先将整个研究区域划分为若干(n)个规则的正方形区域，针对每个区域，有其唯一的二元坐标(x,y)。将整个区域的所有正方形坐标存储为一个矩阵。

寻址时，输入目标的经纬度E和N，即可通过hash函数求得其所在的方格编号x、y：

$$x = (E - E_b)/\Delta$$
$$y = (N - N_b)/\Delta$$
(3-25)

式中，x、y分别为方格所在横、纵坐标；E、N分别为目标点所在的经、纬度；E_b、N_b分别为方格经、纬度的最小值；Δ为每两个方格之间的距离。

得到方格坐标后，根据方格中三角网格的角点坐标位置自适应建立四叉树（图3-28），接着确定输入坐标所在的树叶节点位置，最后在四叉树中即可快速定位其最近的三个角点坐标，通过插值技术确定目标位置的数值。完成一个方格中的寻址定位后，再次执行hash函数寻找下一个方格。以此类推，在路径的每一个方格中均采用四叉树空间索引，可以将需要所有的三角网格数量大幅减少。

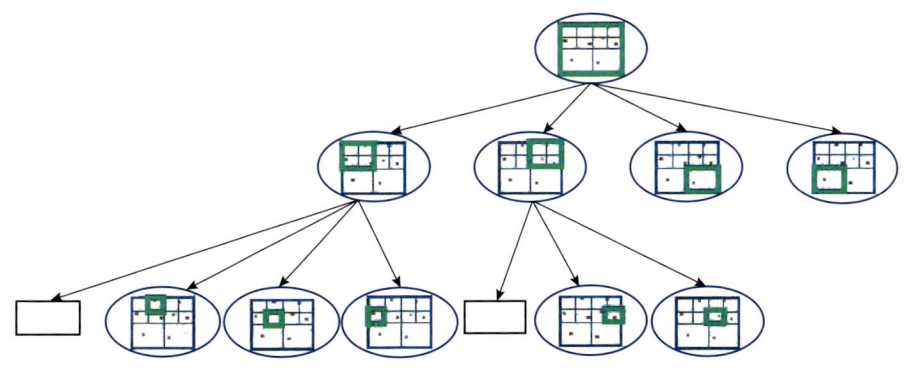

图3-28 四叉树寻址过程示例

在整个示例中，全程需要进行搜索的三角网格数量仅为几百个，相比传统寻址方式中对全部网格进行检索的网格数量，其数量级急剧缩小。

3.3.4 海上遇险目标搜救范围计算模型

1. 基于多维度蒙特卡罗方法的集合轨迹预测

一般来说，基于蒙特卡罗方法的海上遇险目标搜救范围计算模型的计算主要包括：结合海上遇险目标漂移运动特点，基于海洋环境与气象数值预报结果，考虑不同的遇险场景，采用随机粒子仿真法确定目标初始概率分布，随后通过设计海洋环境、气象数据误差扰动以及漂移系数误差扰动对粒子的集合轨迹进行模拟。

随着海上遇险目标搜救范围计算模型研究的深入，模型计算过程中考虑到的不确定因素越来越多，蒙特卡罗集合轨迹预测的方案也越来越全面，本书中构建的一类多维度蒙特卡罗集合轨迹预测模型的流程如图 3-29 所示，具体流程如下所述。

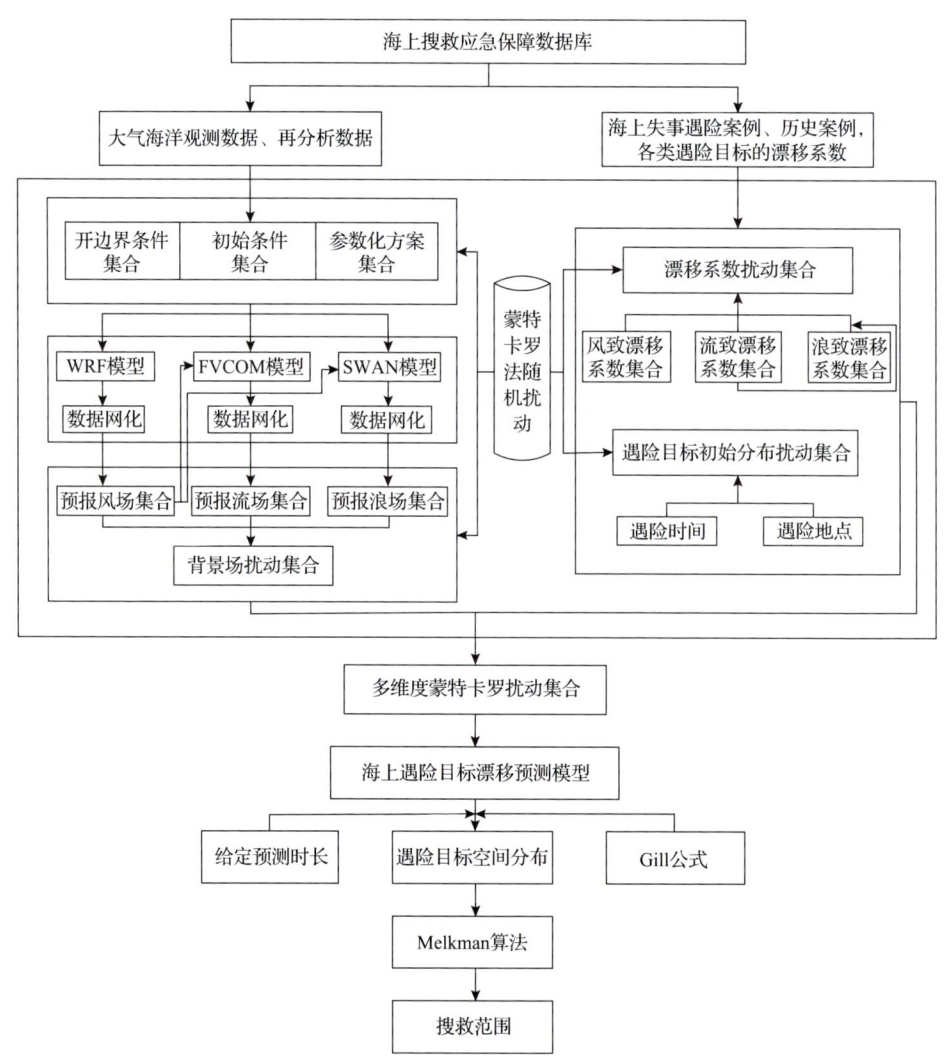

图 3-29　基于多维度蒙特卡罗方法的集合轨迹预测流程图

(1) 建立海上搜救应急保障数据库，存储研究海域大气海洋观测数据、再分析数据以及不同类型海上遇险目标的漂移系数，记录海上失事遇险案例，存储历史案例。

其中，存储的全球大气再分析资料可以包括 num_a 个数据集，如 ERA-interim (ECMWF re-analysis-interim)、NCEP CFSR (climate forecast system reanalysis，气候预测系统再分析) 等，存储的全球海洋再分析资料可以包括 num_o 个数据集，如 SODA 再分析资料、OFES (dataset of ocean general circulation model for the earth simulator) 等；大气海洋观测数据包括地波雷达、天气雷达、大气观测站、海洋观测站、浮标等所得观测信息；不同类型遇险目标的漂移系数包括风致漂移、浪致漂移和流致漂移相关的系数；记录海上失事遇险案例，存储历史案例的信息包括遇险时间、位置、遇险目标类型等。

(2) 建立综合考虑风、浪、流共同作用的海上遇险目标漂移预测模型。充分考虑风、浪、流的共同作用，建立海上遇险目标漂移预测模型。在获取遇险目标初始位置的前提下，给定风场、流场、浪场和漂移参数后，可以计算遇险目标的漂移轨迹。为提高轨迹计算精度与速度，采用四阶龙格-库塔方法对漂移轨迹计算模型进行数值求解。

(3) 对风场、流场、浪场、遇险地点、遇险时间、风致漂移系数、浪致漂移系数、流致漂移系数进行多维度同时扰动，构造集合成员，进行海上遇险目标漂移轨迹集合预测。

具体地，多维度同时扰动采用产生随机向量的方式来进行，设多维随机扰动向量 Model_set = $\{N_{\text{wind}}, N_{\text{wave}}, N_{\text{flow}}, P_{\text{wind}}, P_{\text{wave}}, P_{\text{flow}}, T, \text{Ori}\}$。其中 N_{wind}、N_{wave}、N_{flow} 分别对应于预测模型输入条件中风、浪、流场扰动的随机数，P_{wind}、P_{wave}、P_{flow} 分别为遇险目标风致漂移系数、浪致漂移系数和流致漂移系数扰动的随机向量，T 为遇险时间扰动的随机数，Ori 为遇险位置扰动的随机向量。

进行海上遇险目标漂移集合预测时，将会对上述八个维度进行 M 次扰动，构造 M 个集合成员，进而开展遇险目标漂移预测集合预报。开展 M 次扰动的随机向量集合记作：

$$\begin{aligned}\text{Rand\_Model\_set} &= \left\{\text{Model\_set}^m, m=1,2,\cdots,M\right\} \\ &= \left\{\left\{N_{\text{wind}}^m, N_{\text{wave}}^m, N_{\text{flow}}^m, P_{\text{wind}}^m, P_{\text{wave}}^m, P_{\text{flow}}^m, T^m, \text{Ori}^m\right\}, m=1,2,\cdots,M\right\}\end{aligned} \quad (3\text{-}26)$$

式中，$N_{\text{wind}}^m, N_{\text{wave}}^m, N_{\text{flow}}^m$ 均为 $[1, N]$ 上满足均匀分布的随机整数，分别对应于选择不同的风、海浪和海流预报场来进行漂移预测，N 表示随机整数可能取的最大值。

$$P_{\text{wind}}^m = \left\{a_{\text{d}}^m, b_{\text{d}}^m, a_{\text{c+}}^m, b_{\text{c+}}^m, a_{\text{c-}}^m, b_{\text{c-}}^m, \tau^m\right\}$$

$$P_{\text{wave}}^m = \left\{\alpha_1^m, \alpha_2^m, \alpha_3^m\right\}$$

$$P_{\text{flow}}^m = \left\{\gamma^m\right\}$$

其中，a_d^m、b_d^m、$a_\mathrm{c+}^m$、$b_\mathrm{c+}^m$、$a_\mathrm{c-}^m$、$b_\mathrm{c-}^m$、τ^m、α_1^m、α_2^m、α_3^m、γ^m均为[−1, 1]上服从正态分布的随机数，它们分别对应风致漂移速度、浪致漂移速度和流致漂移速度计算公式中参数的随机扰动，同时取参数的统计标准差作为扰动振幅即可实现对漂移模型系数的扰动。

式(3-26)中，$\mathrm{Ori}^m = \{X^m, Y^m\}$。$T^m$和$X^m$、$Y^m$分别对应于目标遇险时间和遇险位置的扰动，两者的扰动振幅根据失事实际信息进行选择，它们共同决定了漂移轨迹预测模型中的粒子初始分布。常见的三种失事场景对应的三种粒子初始分布的扰动方案为基于基准点的概率分布、基于基准线的概率分布以及基于基准区域的概率分布。此外，还包括对风场、流场、浪场的预报过程，具体过程为分别对大气模式、海流模式、海浪模式的初始条件、开边界条件和重要参数化方案进行多维度同时扰动，开展业务化的在线耦合风浪流集合预报。

综上所述，基于上述随机扰动向量集合

$$\mathrm{Rand\_Model\_set} = \left\{\left\{N_\mathrm{wind}^m, N_\mathrm{wave}^m, N_\mathrm{flow}^m, P_\mathrm{wind}^m, P_\mathrm{wave}^m, P_\mathrm{flow}^m, T^m, \mathrm{Ori}^m\right\}, m=1,2,\cdots,M\right\} \tag{3-27}$$

可以对应M个漂移轨迹预测模型的输入条件，得到M个独立的粒子样本，进而利用漂移轨迹预测模型计算出M个粒子的漂移轨迹和空间分布。

(4)以3.3.3节所述海上遇险目标漂移轨迹预测模型为基础，基于上述流程，即可实现基于多维度蒙特卡罗方法的海上遇险目标漂移轨迹的集合预测，提高模型对遇险目标失事位置、失事时间和风浪流数值预报不确定性的统计意义。

1)目标初始位置的概率分布扰动

漂移物初始位置是漂移轨迹预测准确与否的基础，在海上事故中，往往存在落水时间和落水地点的不确定性，为尽可能真实地根据可获取的信息获得海面漂移物的初始位置，可根据漂移预测的初始时间或时间范围、位置范围生成大量在初始搜索范围内随机分布的漂移质点。

针对常见三种失事场景的三种粒子初始分布的扰动形式如下：

(1)圆形分布。在有明确的初始时间和经纬度位置的情况下，对遇险位置Ori进行扰动，形成粒子初始分布半径，假定搜救目标以给定的遇险时间在上述分布半径内开始漂移。

(2)大圆线形分布。当遇险目标落水时间在某段时间范围内，而落水位置不确定，但可确定落水位置位于某条直线上时，对遇险时间T和遇险位置Ori同时进行扰动，初始搜索范围定义为大圆线形分布。

(3)圆锥形分布。当遇险目标失事前某个时刻的位置已知，遇险时间和位置不确定时，定义遇险位置位于一个圆内，且圆的半径随着遇险时间T的推移而逐渐变大。

对遇险时间 T 和遇险位置 Ori 分别进行扰动,且 Ori 扰动振幅与遇险时间呈正相关。

2) 风浪流预报场扰动

风浪流预报过程中各项不确定性(误差)符合一定概率分布,因此采用的蒙特卡罗随机扰动方法如下:

$$W_n^k = W^k + \alpha_n \lambda_n \tag{3-28}$$

式中,W_n^k 为在变量 W^k 中添加随机扰动量后生成的扰动集合;α_n 为服从一定概率分布(正态分布、均匀分布等)的随机数集合;λ_n 为扰动振幅。

大气模式(海流模式、海浪模式)开边界条件扰动方式是从应急保障数据库中 num_a(num_o)种大气(海洋)再分析数据集中随机选取其中的一种;采用与开边界相同的再分析数据集构造扰动前的初始场,然后在其上叠加正态分布的随机扰动量,实现初始场的扰动;重要参数化方法的扰动是从不同的参数化方案中随机选取一种。因此,需要对 9 个维度进行同时扰动,所需要产生的随机数写作 9 维随机向量:Rand_WWF ={WindI, WindO, WindP, WaveI, WaveO, WaveP, FlowI, FlowO, FlowP}。其中,WindI、WaveI、FlowI 为对应于风场、浪场和流场的初始场扰动的随机数,WindO、WaveO、FlowO 为对应于风场、浪场和流场的开边界扰动的随机数,WindP、WaveP、FlowP 为对应于风场、浪场和流场的参数化方案扰动的随机数。

在线耦合的风浪流集合预报过程中,将会对上述 9 个维度进行 N 次扰动,构造 N 个集合成员,进而开展风浪流的集合预报。开展 N 次扰动的随机向量集合记作 Rand_WWF_Set={Rand_WWF^n, n=1,2,$\cdots$,N}={{WindI^n, WindO^n, WindP^n, WaveI^n, WaveO^n, WaveP^n, FlowI^n, FlowO^n, FlowP^n}, n=1,2,$\cdots$,N}。其中{WindO^n}、{WindP^n}、{WaveO^n}、{WaveP^n}、{FlowO^n}和{FlowP^n}均为[1,n_0]上满足均匀分布的随机整数。对于{WindO^n},n_0 为应急保障数据库中大气再分析数据集的个数 num_a;对于{WindP^n},n_0 为大气模式中参数化方案的个数;{WindI^n}、{WaveI^n}、{FlowI^n}均为[-1, 1]上服从正态分布的随机数,对应于蒙特卡罗随机扰动方法中的随机数;此外,以{WindI^n}为例,蒙特卡罗随机扰动方法中的扰动振幅取作 num_a 个大气初始场的标准差。

以上述 N 个集合成员中的每一个成员作为一次模型输入,利用在线耦合的风浪流预报模型进行 N 次数值预报,生成 N 个风浪流预报场。

3) 漂移系数扰动

在一般海上遇险目标漂移轨迹预测过程中,风致漂移性质最为复杂,风致漂移系数一般需要经过大量现场观测数据回归率定得到,其试验本身存在一定误差。以 AP98 模型为例,风致漂移系数包含 9 个参数,分别用来描述海面目标顺风向、顺风向左侧以及顺风向右侧的风致漂移速度与海面 10m 风速的关系。当现场试验观测数据有限时,顺风向左侧和右侧的风致漂移系数被合并进行率定(左偏和右偏的风致漂移系数被认为相同),此时风致漂移系数减少为 6 个。为了描述风致漂移试验中存在的误差,通常需要对风致漂移系数进行扰动。

为了描述试验中存在的误差所造成的不确定性,需要对漂移预测模型中的模型系数进行扰动。此外,采用蒙特卡罗方法来计算 AP98 模型时,通常会设置 CWL 为正(即风压速度相对于风速右偏)的概率(probability of positive crosswind, POPC)以及转向频率(jibing frequency)。正 CWL 的概率和转向频率来自对试验数据的统计。

2. 基于集合轨迹预测的海上遇险目标搜救范围计算模型

在海上遇险目标漂移预测研究中,对研究者和决策者最有指导意义的往往是所采用的预测模型的目标搜索范围和输出的概率分布。然而,由于单粒子轨迹预测的随机性和偶然性,其参考值和重要性都弱于前者。具体地,基于前面所述漂移轨迹集合预测,根据所预测的多粒子最终轨迹空间分布,利用凸包算法即可计算最佳的搜救范围,结合凸包算法得到的最佳搜救范围包络线和所有粒子的空间分布即可利用核密度分析得到搜救目标的概率密度分布。

1) 凸包算法

基于多维度蒙特卡罗方法的集合轨迹预测结果所得海上遇险目标粒子空间分布,利用凸包算法即可计算最佳的搜救范围。凸包算法的思想主要为:找出所有粒子集合在某一个维度上取得极值的点,接着以顺时针或逆时针方向逐个遍历集合中的所有粒子,当粒子属性满足"左转"趋势时则该粒子为集合中最外围的点。所述粒子属性的"左转"趋势可概括为:设 P_a、P_b、P_c 为粒子集合空间分布上最外围的连续三个粒子,它们必须满足 $P_aP_b \times P_bP_c > 0$。结合双端队列 D 来计算最佳的搜救包络范围,具体实施过程可以表述如下。

(1) 假设漂移轨迹预测模型计算的粒子最终位置的集合坐标为 (x_m, y_m),则首先找出 x 值最小的粒子记作 P_0。

(2) 以逆时针方向遍历集合中所有粒子,利用向量的点积公式计算每一个粒子 P_x 和 P_0 组成的向量 P_0P_x 与 y 轴负方向的夹角。将夹角从小到大排序,得到新的有序集合 $S=P_0, P_1, P_2, \cdots, P_{M-1}$。

(3) 记某一时刻 D 的状态为 $P_tP_{t-1}P_0\cdots P_{b-1}P_b$,对 S 中的每一个点进行遍历:

若是 P_0 则首先将 P_0 入队尾,若是 P_1 则入队尾,若是 P_2 则入队首并且入队尾。当遍历到当前粒子 P_i 时:

若 $P_{b-1}P_bP_i$ 能保持"左转"特性则继续,否则 P_b 出队尾,如此往复,直到 $P_{b-m-1}P_{b-m}P_i$ 能够满足"左转"特性,P_i 入队尾。

若 $P_iP_tP_{t-1}$ 能保持"左转"特性则继续,否则 P_t 出队首,如此往复,直到 $P_iP_{t-n}P_{t-n-1}$ 能够满足"左转"特性,P_i 入队首。

(4)返回 D,则队列 D 即存储了最佳搜救范围包络线的粒子点位坐标。

2)核密度估计

为了评估划定粒子分布 95%置信区域的曲线,可以使用二元核密度估计来计算 N 个模拟位置的二维密度分布。

对于大小为 n 的样本,每个观测是一个 d 维向量,$X_i (i = 1, 2, \cdots, n)$ 核密度估计值定义为

$$\hat{f}_{\text{Ker}}(X) = \frac{1}{nh_1 h_2 \cdots h_d} \sum_{i=1}^{n} \left[\sum_{j=1}^{d} K\left(\frac{x_j - X_{ij}}{h_j}\right) \right] \tag{3-29}$$

式中,X_{ij} 为第 i 组观测中的第 j 个观测值;$K(\cdot)$ 为核函数;h_j 为平滑参数或窗口宽度,h_j 的定义为

$$h_j = \left[\frac{4}{n(d+2)}\right]^{\frac{1}{d+4}} \sigma_j, \quad j = 1, 2, \cdots, d \tag{3-30}$$

式中,σ_j 为第 j 个分量的标准差,密度估计的核函数为高斯函数:

$$K(x) = \frac{1}{\sqrt{2\pi}} \exp\left(\frac{-x^2}{2}\right) \tag{3-31}$$

3.4 不同类型海上遇险目标漂移动力学模型

3.4.1 海上遇险目标漂移动力学模型参数率定算法

如 3.3.1 节所述,对于小型目标,海上遇险目标漂移动力学模型中忽略波浪作用力后,海上遇险目标的漂移动力学方程简化为

$$V = \lambda V_c + (1 - \lambda) V_w \tag{3-32}$$

即空间尺度不大的海上遇险目标漂移速度 V 是海面 10m 风速 V_w 和表层流速 V_c 的线性组合。

上述模型中关键参数 λ 的率定算法如下:

(1)基于研究海域海上综合试验,获取海上遇险目标漂移轨迹数据和同步观测风流数据。考虑到海上遇险目标响应强迫环境具有一定的迟滞性,模型参数率定采用 10min 平均样本,即进行 10min 平均,获取 10min 平均漂移轨迹、风、

流数据。

(2) 基于 10min 平均漂移轨迹数据,可计算得到海上遇险目标漂移速度。

(3) 将海上遇险目标漂移速度、实测海流数据或者海流再分析数据、实测海面 10m 风数据或者海面 10m 风再分析数据分别正交分解到东西方向和南北方向。

(4) 在东西方向和南北方向分别进行线性回归,得到在东西方向和南北方向的系数 λ_x 和 λ_y:

$$\begin{cases} V_x = \lambda_x V_{cx} + (1-\lambda_x)V_{wx} \\ V_y = \lambda_y V_{cy} + (1-\lambda_y)V_{wy} \end{cases} \tag{3-33}$$

(5) 计算得到拟合均方根误差(标准误差)RMSE_x 和 RMSE_y,用于后续的集合轨迹预测和搜救范围计算。

3.4.2 海上遇险目标漂移动力学模型

1. 残骸

按照海上遇险目标漂移动力学模型参数率定算法,基于海上遇险目标漂移轨迹和同步风流跟踪观测结果,对残骸漂移动力学模型参数进行率定。模型参数线性回归结果如图 3-30 所示。可以看出,在所有样本中,东西(X)方向,残骸漂移速度大多数都是负值,最大可达-0.4m/s 左右,对应的海表 10m 风速和海表海水也都是向西流动;南北(Y)方向,残骸漂移速度、海表 10m 风速和海表流速大多数都是向南为主;在两个方向上,残骸漂移速度与海面 10m 风速及海表流速均呈现较强的线性关系,整体拟合效果较好。

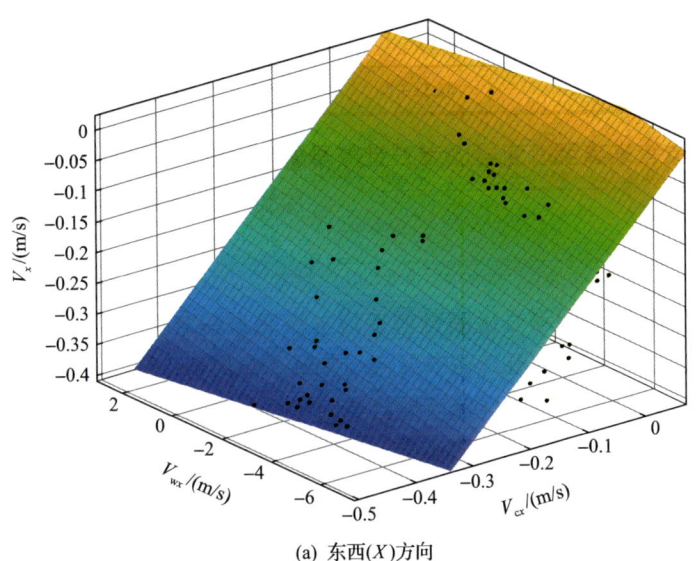

(a) 东西(X)方向

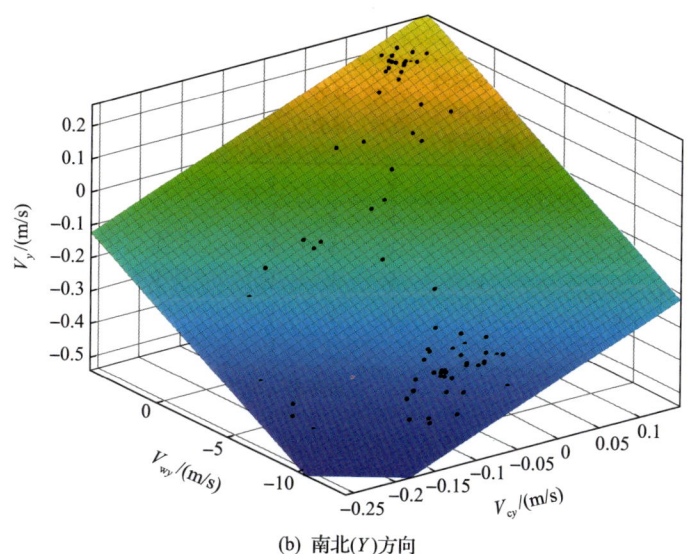

(b) 南北(Y)方向

图 3-30 东西(X)方向和南北(Y)方向残骸漂移速度与海面 10m 风速及海表流速的回归结果

对应的模型参数率定结果如表 3-6 所示。无论东西(X)方向还是南北(Y)方向，海面 10m 风速的影响系数均小于 0.03，海表流速的影响系数均大于 0.97。可见，残骸漂移过程中，海表流速的影响远大于海面 10m 风速，与基于 AP98 模型的海上遇险目标漂移模型一致。南北(Y)方向，RMSE 约为 0.03808，比东西(X)方向的 RMSE 小一半多，说明南北(Y)方向的拟合效果更佳。

表 3-6 残骸漂移动力学模型拟合参数

方向	λ	R^2	RMSE
X	0.9901	0.4225	0.0848
Y	0.9728	0.9743	0.03808

由参数率定结果可知，残骸的漂移动力学模型为

$$\begin{cases} V_x = 0.9901 V_{cx} + 0.0099 V_{wx} \\ V_y = 0.9728 V_{cy} + 0.0272 V_{wy} \end{cases} \quad (3\text{-}34)$$

式中，V_x、V_y 分别为残骸漂移速度在东西方向和南北方向的分量；V_{cx}、V_{cy} 分别为海表流速在东西方向和南北方向的分量；V_{wx}、V_{wy} 分别为风速在东西方向和南北方向的分量。

2. 近海渔船

按照海上遇险目标漂移动力学模型参数率定算法，基于海上遇险目标漂移轨

迹和同步风流跟踪观测结果,对近海渔船漂移动力学模型参数进行率定,模型参数线性回归结果如图 3-31 所示。可以看出,在所有样本中,东西(X)方向,近海渔船漂移速度大多数都是负值,最大可达-1m/s 左右,对应的海表 10m 风速和海表流速也都是向西为主;南北(Y)方向,近海渔船漂移速度、海表 10m 风速和海表流速大多数都是向南为主;在两个方向上,近海渔船漂移速度与海面 10m 风速和海表流速均呈现较强的线性关系,整体拟合效果较好。

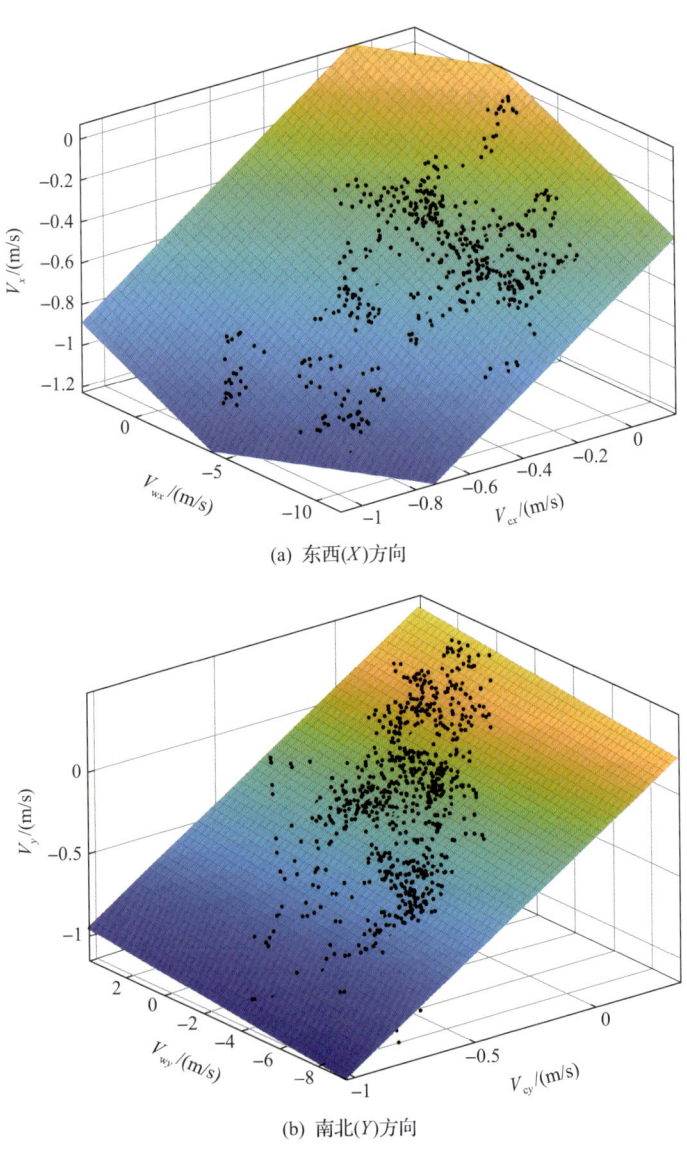

图 3-31　东西(X)方向和南北(Y)方向近海渔船漂移速度与海面 10m 风速及海表流速的回归结果

第 3 章 海上遇险目标漂移规律及快速预报

对应的模型参数率定结果如表 3-7 所示。无论东西(X)方向还是南北(Y)方向，海面 10m 风速的影响系数均小于 0.05，海表流速的影响系数均大于 0.95。可见，近海渔船漂移过程中，海表流速的影响远大于海面 10m 风速，与基于 AP98 模型的海上遇险目标漂移模型一致。东西(X)方向的 RMSE 为 0.1034，南北(Y)方向的 RMSE 为 0.112，说明东西(X)方向的拟合效果比南北(Y)方向的拟合效果稍好。

表 3-7 近海渔船漂移动力学模型拟合参数

方向	λ	R^2	RMSE
X	0.9535	0.761	0.1034
Y	0.986	0.8416	0.112

由参数率定结果可知，近海渔船的漂移动力学模型为

$$\begin{cases} V_x = 0.9535V_{cx} + 0.0465V_{wx} \\ V_y = 0.986V_{cy} + 0.014V_{wy} \end{cases} \tag{3-35}$$

式中，V_x、V_y 分别为近海渔船漂移速度在东西方向和南北方向的分量；V_{cx}、V_{cy} 分别为海表流速在东西方向和南北方向的分量；V_{wx}、V_{wy} 分别为风速在东西方向和南北方向的分量。

3. 垂直姿态落水假人

按照海上遇险目标漂移动力学模型参数率定算法，基于海上遇险目标漂移轨迹和同步风流跟踪观测结果，对垂直姿态落水假人漂移动力学模型参数进行率定，模型参数线性回归结果如图 3-32 所示。可以看出，在所有样本中，东西(X)方向，垂直姿态落水假人漂移速度有正值和负值，最大可达–0.4m/s 左右，对应的海表

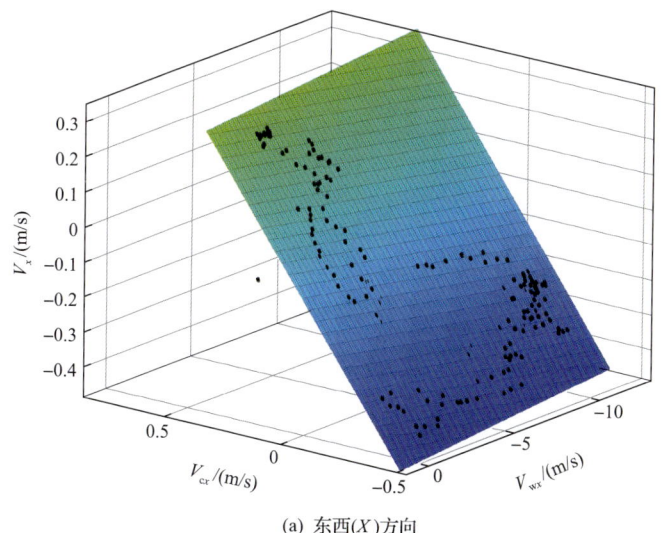

(a) 东西(X)方向

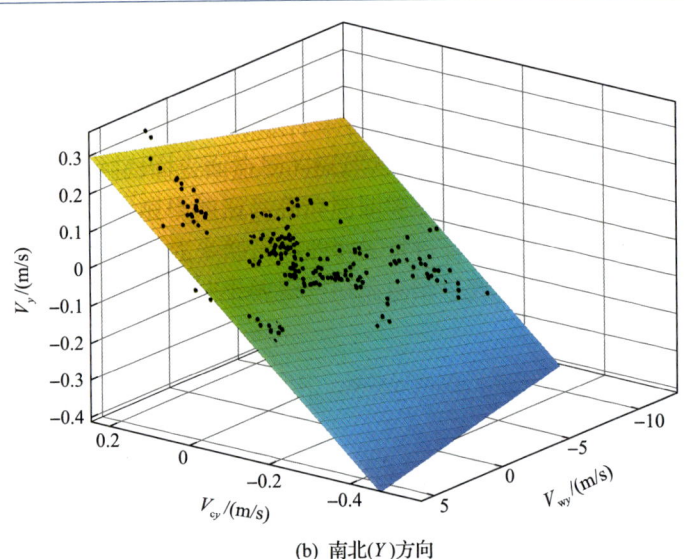

(b) 南北(Y)方向

图 3-32　东西(X)方向和南北(Y)方向垂直姿态落水假人漂移速度与海面 10m 风速及海表流速的回归结果

10m 风速主要是向西，海表海水有向东和向西流动；南北(Y)方向，垂直姿态落水假人漂移速度有正值和负值，最大可达–0.4m/s 左右，海表 10m 风速和海表流速大多数都是向南为主；在两个方向上，垂直姿态落水假人漂移速度与海面 10m 风速和海表流速均呈现较强的线性关系，整体拟合效果较好。

对应的模型参数率定结果如表 3-8 所示。无论东西(X)方向还是南北(Y)方向，海面 10m 风速的影响系数均小于 0.02，海表流速的影响系数均大于 0.98。可见，垂直姿态落水假人漂移过程中，海表流速的影响远大于海面 10m 风速，与基于 AP98 模型的海上遇险目标漂移模型一致。东西(X)方向的 RMSE 为 0.08346，南北(Y)方向的 RMSE 为 0.07863，说明东西(X)方向的拟合效果与南北(Y)方向的拟合效果都很好。

表 3-8　垂直姿态落水假人漂移动力学模型拟合参数

方向	λ	R^2	RMSE
X	0.9896	0.8215	0.08346
Y	0.9902	0.5271	0.07863

由参数率定结果可知，垂直姿态落水假人的漂移动力学模型为

$$\begin{cases} V_x = 0.9896 V_{cx} + 0.0104 V_{wx} \\ V_y = 0.9902 V_{cy} + 0.0098 V_{wy} \end{cases} \tag{3-36}$$

式中，V_x、V_y 分别为垂直姿态落水假人漂移速度在东西方向和南北方向的分量；V_{cx}、V_{cy} 分别为海表流速在东西方向和南北方向的分量；V_{wx}、V_{wy} 分别为风速在东

西方向和南北方向的分量。

4. 水平姿态落水假人

按照海上遇险目标漂移动力学模型参数率定算法，基于海上遇险目标漂移轨迹和同步风流跟踪观测结果，对水平姿态落水假人漂移动力学模型参数进行率定，模型参数线性回归结果如图 3-33 所示。可以看出，在所有样本中，东西(X)方向，

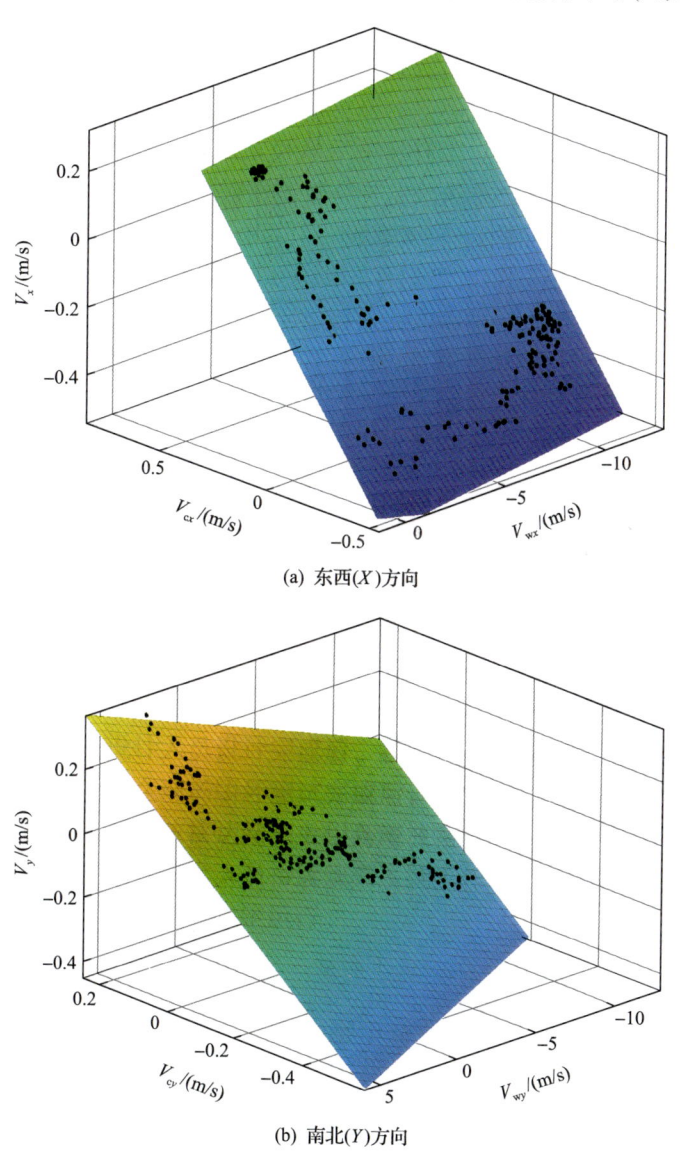

图 3-33　东西(X)方向和南北(Y)方向水平姿态落水假人漂移速度与海面 10m 风速及海表流速的回归结果

水平姿态落水假人漂移速度有正值和负值，最大可达–0.5m/s 左右，对应的海表 10m 风速主要是向西，海表海水有向东和向西流动；南北(Y)方向，水平姿态落水假人漂移速度有正值和负值，最大可达–0.4m/s 左右，海表 10m 风速和海表流速以向南为主；在两个方向上，水平姿态落水假人漂移速度与海面 10m 风速和海表流速均呈现较强的线性关系，整体拟合效果较好。

对应的模型参数率定结果如表 3-9 所示。无论东西(X)方向还是南北(Y)方向，海面 10m 风速的影响系数均小于 0.03，海表流速的影响系数均大于 0.97，可见，水平姿态落水假人漂移过程中，海表流速的影响远大于海面 10m 风速，与基于 AP98 模型的海上遇险目标漂移模型一致。东西(X)方向的 RMSE 为 0.08767，南北(Y)方向的 RMSE 为 0.07662，说明东西(X)方向的拟合效果与南北(Y)方向的拟合效果都很好。

表 3-9 水平姿态落水假人漂移动力学模型拟合参数

方向	λ	R^2	RMSE
X	0.9847	0.8195	0.08767
Y	0.9797	0.7133	0.07662

由参数率定结果可知，水平姿态落水假人的漂移动力学模型为

$$\begin{cases} V_x = 0.9847 V_{cx} + 0.0153 V_{wx} \\ V_y = 0.9797 V_{cy} + 0.0203 V_{wy} \end{cases} \quad (3\text{-}37)$$

式中，V_x、V_y 分别为水平姿态落水假人漂移速度在东西方向和南北方向的分量；V_{cx}、V_{cy} 分别为海表流速在东西方向和南北方向的分量；V_{wx}、V_{wy} 分别为风速在东西方向和南北方向的分量。

5. 海上(十人)救生筏

按照海上遇险目标漂移动力学模型参数率定算法，基于海上遇险目标漂移轨迹和同步风流跟踪观测结果，对海上(十人)救生筏漂移动力学模型参数进行率定，模型参数线性回归结果如图 3-34 所示。可以看出，在所有样本中，东西(X)方向，海上(十人)救生筏漂移速度有正值和负值，最大可达–0.6m/s 左右，对应的海表 10m 风速主要是向西，海表海水主要向东流动；南北(Y)方向，海上(十人)救生筏漂移速度有正值和负值，最大可达 0.4m/s 左右，海表 10m 风速和海表海水在向北方向的速度总体大于向南的速度；在两个方向上，海上(十人)救生筏漂移速度与海面 10m 风速和海表流速均呈现较强的线性关系，整体拟合效果较好。

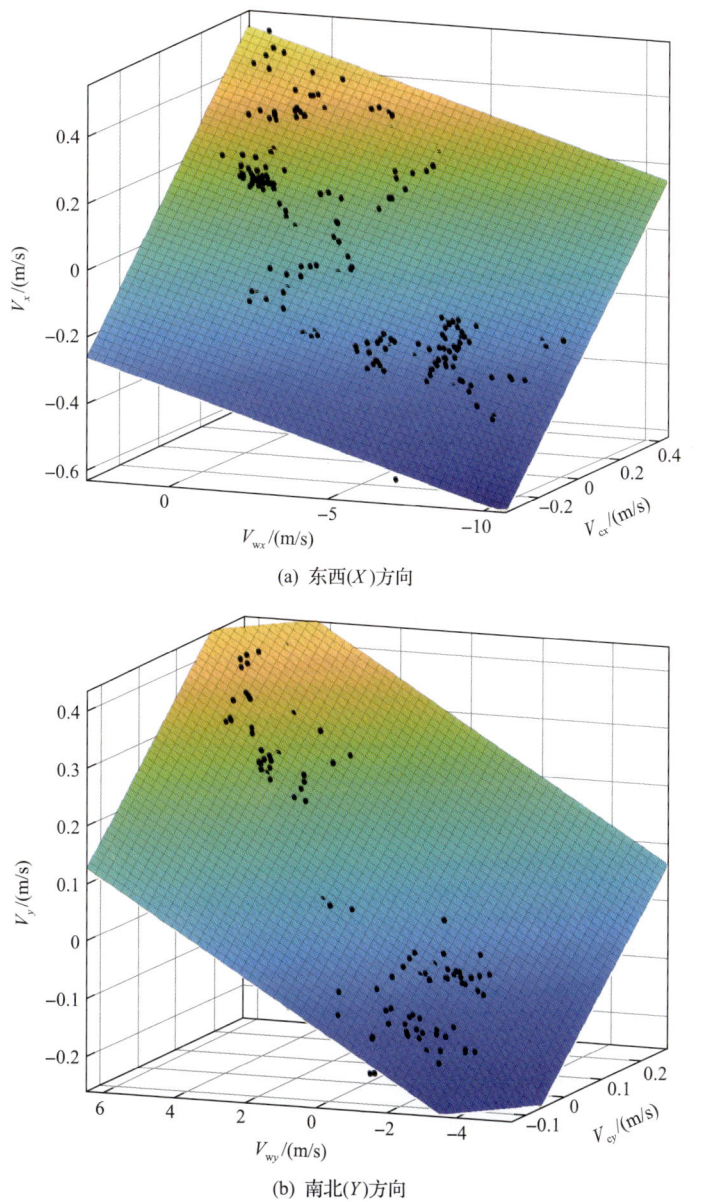

图 3-34 东西(X)方向和南北(Y)方向海上(十人)救生筏漂移速度与海面 10m 风速及海表流速的回归结果

对应的模型参数率定结果如表 3-10 所示。无论东西(X)方向还是南北(Y)方向，海面 10m 风速的影响系数均小于 0.04，海表流速的影响系数均大于 0.96，可见，海上(十人)救生筏漂移过程中，海表流速的影响远大于海面 10m 风速，与基于 AP98 模型的海上遇险目标漂移模型一致。东西(X)方向的 RMSE 为 0.04699，南北(Y)方向的 RMSE 为 0.04875，说明东西(X)方向的拟合效果与南北(Y)方向的拟合效果都很好。

表 3-10 海上(十人)救生筏漂移动力学模型拟合参数

方向	λ	R^2	RMSE
X	0.9721	0.9665	0.04699
Y	0.9616	0.9177	0.04875

由参数率定结果可知，海上(十人)救生筏的漂移动力学模型为

$$\begin{cases} V_x = 0.9721 V_{cx} + 0.0279 V_{wx} \\ V_y = 0.9616 V_{cy} + 0.0384 V_{wy} \end{cases} \tag{3-38}$$

式中，V_x、V_y 分别为海上(十人)救生筏漂移速度在东西方向和南北方向的分量；V_{cx}、V_{cy} 分别为海表流速在东西方向和南北方向的分量；V_{wx}、V_{wy} 分别为风速在东西方向和南北方向的分量。

6. 航空(六人)救生筏

按照海上遇险目标漂移动力学模型参数率定算法，基于海上遇险目标漂移轨迹和同步风流跟踪观测结果，对航空(六人)救生筏漂移动力学模型参数进行率定，模型参数线性回归结果如图 3-35 所示。可以看出，在所有样本中，东西(X)方向，航空(六人)救生筏漂移速度有正值和负值，最大可达–0.6m/s 左右，对应的海表 10m 风速主要是向西，海表海水主要向东流动；南北(Y)方向，航空(六人)救生

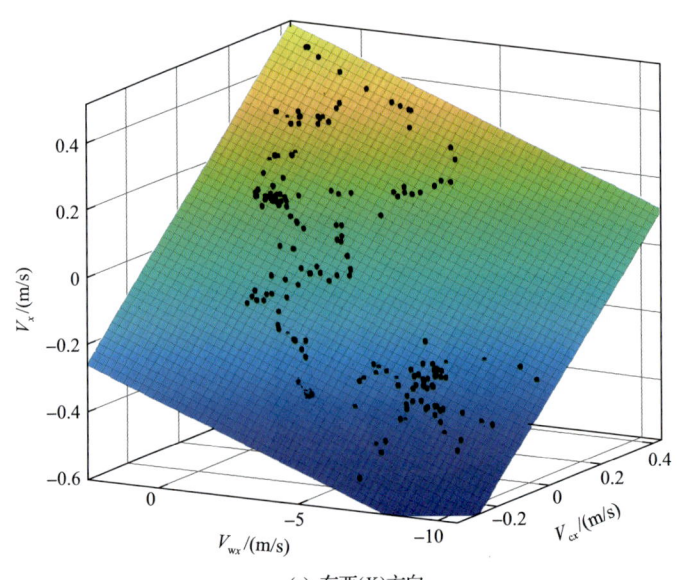

(a) 东西(X)方向

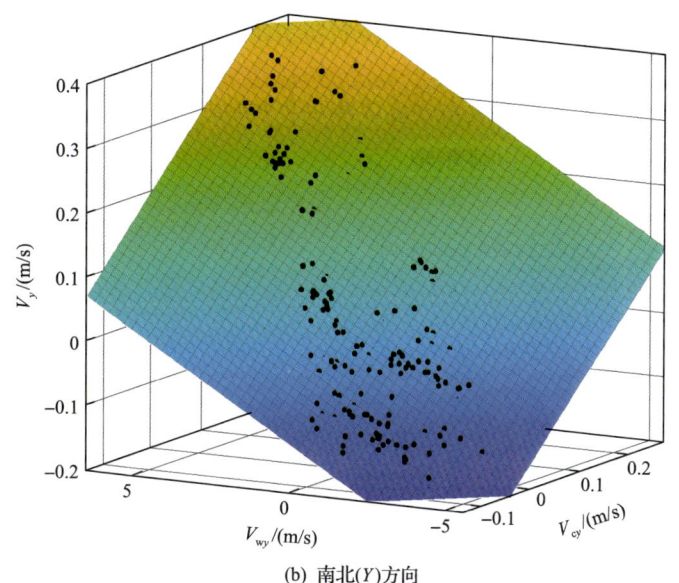

(b) 南北(Y)方向

图 3-35　东西(X)方向和南北(Y)方向航空(六人)救生筏漂移速度与海面 10m 风速及海表流速的回归结果

筏漂移速度有正值和负值,最大可达 0.4m/s 左右,海表 10m 风速和海表流速主要向南,有小部分向北;在两个方向,航空(六人)救生筏漂移速度与海面 10m 风速和海表流速均呈现较强的线性关系,整体拟合效果较好。

对应的模型参数率定结果如表 3-11 所示。无论东西(X)方向还是南北(Y)方向,海面 10m 风速的影响系数均小于 0.04,海表流速的影响系数均大于 0.96,可见,航空(六人)救生筏漂移过程中,海表流速的影响远大于海面 10m 风速,与基于 AP98 模型的海上遇险目标漂移模型一致。东西(X)方向的 RMSE 为 0.03688,南北(Y)方向的 RMSE 为 0.03423,说明东西(X)方向的拟合效果与南北(Y)方向的拟合效果都很好。

表 3-11　航空(六人)救生筏漂移动力学模型拟合参数

方向	λ	R^2	RMSE
X	0.968	0.9804	0.03688
Y	0.9696	0.9459	0.03423

由参数率定结果可知,航空(六人)救生筏的漂移动力学模型为

$$\begin{cases} V_x = 0.968 V_{cx} + 0.032 V_{wx} \\ V_y = 0.9696 V_{cy} + 0.0304 V_{wy} \end{cases} \quad (3\text{-}39)$$

式中,V_x、V_y 分别为航空(六人)救生筏漂移速度在东西方向和南北方向的分量;

V_{cx}、V_{cy} 分别为海表流速在东西方向和南北方向的分量;V_{wx}、V_{wy} 分别为风速在东西方向和南北方向的分量。

7. 海上救生艇

按照海上遇险目标漂移动力学模型参数率定算法,基于海上遇险目标漂移轨迹和同步风流跟踪观测结果,对海上救生艇漂移动力学模型参数进行率定,模型参数线性回归结果如图 3-36 所示。可以看出,在所有样本中,东西(X)方向,海

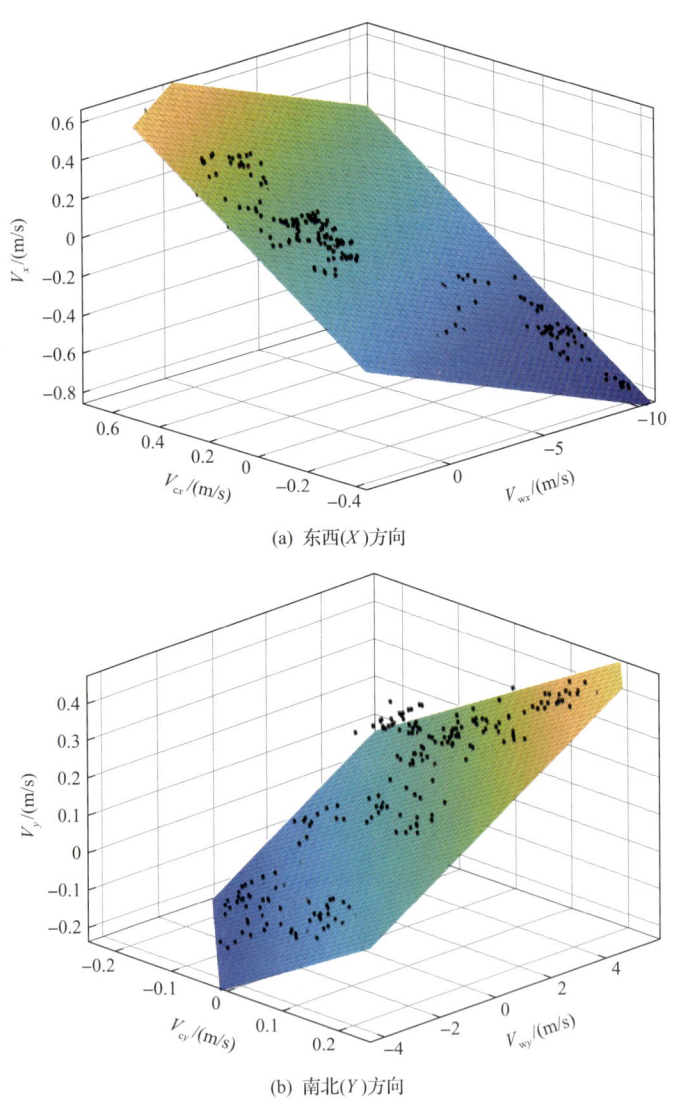

图 3-36 东西(X)方向和南北(Y)方向海上救生艇漂移速度与海面 10m 风速及海表流速的回归结果

上救生艇漂移速度有正值和负值，最大可达–0.8m/s左右，对应的海表10m风速和海表流速主要是向西；南北(Y)方向，海上救生艇漂移速度有正值和负值，最大可达0.4m/s左右，对应海表10m风速和海表流速主要向北；在两个方向上，海上救生艇漂移速度与海面10m风速和海表流速均呈现较强的线性关系，整体拟合效果较好。

对应的模型参数率定结果如表3-12所示。无论东西(X)方向还是南北(Y)方向，海面10m风速的影响系数均小于0.05，海表流速的影响系数均大于0.95。可见，海上救生艇漂移过程中，海表流速的影响远大于海面10m风速，与基于AP98模型的海上遇险目标漂移模型一致。东西(X)方向的RMSE为0.07948，南北(Y)方向的RMSE为0.05407，说明东西(X)方向的拟合效果与南北(Y)方向的拟合效果都很好。

表 3-12 海上救生艇漂移动力学模型拟合参数

方向	λ	R^2	RMSE
X	0.9584	0.9433	0.07948
Y	0.9503	0.8707	0.05407

由参数率定结果可知，海上救生艇的漂移动力学模型为

$$\begin{cases} V_x = 0.9584 V_{cx} + 0.0416 V_{wx} \\ V_y = 0.9503 V_{cy} + 0.0497 V_{wy} \end{cases} \quad (3\text{-}40)$$

式中，V_x、V_y分别为海上救生艇漂移速度在东西方向和南北方向的分量；V_{cx}、V_{cy}分别为海表流速在东西方向和南北方向的分量；V_{wx}、V_{wy}分别为风速在东西方向和南北方向的分量。

8. 远海渔船

按照海上遇险目标漂移动力学模型参数率定算法，基于海上遇险目标漂移轨迹和同步风流跟踪观测结果，对远海渔船漂移动力学模型参数进行率定，模型参数线性回归结果如图3-37所示。可以看出，在所有样本中，东西(X)方向，远海渔船漂移速度为负值，最大可达–1.2m/s左右，对应的海表10m风速和海表流速主要是向西；南北(Y)方向，远海渔船漂移速度为负值，最大可达–0.8m/s左右，对应海表10m风速和海表流速主要向南；在两个方向，远海渔船漂移速度与海面10m风速和海表流速均呈现较强的线性关系，整体拟合效果较好。

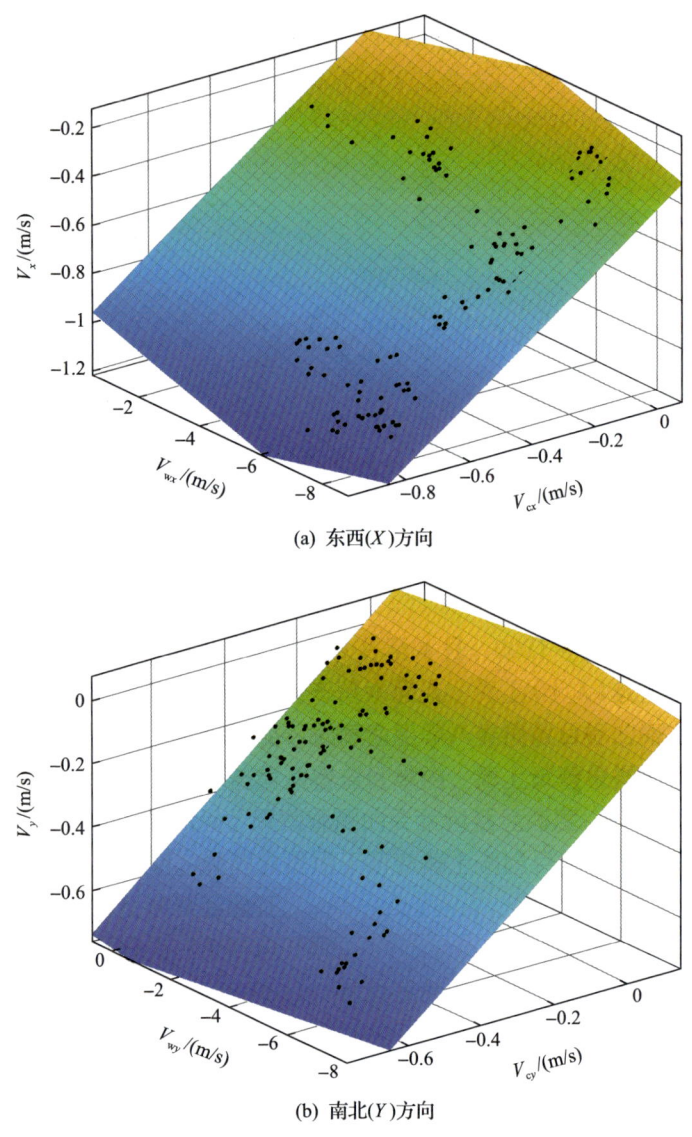

图 3-37 东西(X)方向和南北(Y)方向远海渔船漂移速度与海面 10m 风速及海表流速的回归结果

对应的模型参数率定结果如表 3-13 所示。无论东西(X)方向还是南北(Y)方向，海面 10m 风速的影响系数均小于 0.05，海表流速的影响系数均大于 0.95，可见，远海渔船漂移过程中，海表流速的影响远大于海面 10m 风速，与基于 AP98 模型的海上遇险目标漂移模型一致。东西(X)方向的 RMSE 为 0.07036，南北(Y)方向的 RMSE 为 0.1476，说明东西(X)方向的拟合效果比南北(Y)方向的拟合效果更好。

表 3-13　远海渔船漂移动力学模型拟合参数

方向	λ	R^2	RMSE
X	0.9547	0.9265	0.07036
Y	0.9842	0.2971	0.1476

由参数率定结果可知，远海渔船的漂移动力学模型为

$$\begin{cases} V_x = 0.9547 V_{cx} + 0.0453 V_{wx} \\ V_y = 0.9842 V_{cy} + 0.0158 V_{wy} \end{cases} \quad (3\text{-}41)$$

式中，V_x、V_y 分别为远海渔船漂移速度在东西方向和南北方向的分量；V_{cx}、V_{cy} 分别为海表流速在东西方向和南北方向的分量；V_{wx}、V_{wy} 分别为风速在东西方向和南北方向的分量。

3.5　不同类型海上遇险目标风致漂移作用模型

3.5.1　海上遇险目标漂移预测模型参数率定算法

（1）基于研究海域内多航次、多航段的海上综合试验，以预设时长为样本选取窗口，将每一个航次中的各个航段进行划分，划分的每一段观测数据作为一个数据样本，可得多个观测样本，进而计算每个观测样本中遇险目标漂移速度。

（2）将遇险目标的漂移速度在流向、风向、波浪传播方向的分量与对应的流速、风速、波浪的波陡分别进行相关性分析，按照相关系数的大小排序来确定该次试验中风、浪、流场对遇险目标漂移速度的影响程度。

（3）基于海上遇险目标漂移预测模型和影响程度排序结果，将观测所得遇险目标漂移速度作为风、浪、流中影响程度最大的变量所致漂移速度的近似值，将其对影响程度最大的变量进行矢量回归分析，得到影响程度最大的变量对应的参数率定结果及其所致漂移速度的估计值。

（4）将影响程度最大的变量所致漂移速度的近似值和估计值的差值作为风、浪、流中影响程度排序第二的变量所致漂移速度的近似值，将其对影响程度排序第二的变量进行矢量回归分析，得到影响程度排序第二的变量对应的参数率定结果及其所致漂移速度估计值。

（5）将影响程度排序第二的变量所致漂移速度的近似值和估计值的差值作为风、浪、流中影响程度最小的变量所致漂移速度的近似值，将其对影响程度最小的变量进行矢量回归分析，得到影响程度最小的变量对应的参数率定结果及其所致漂移速度估计值。

(6) 根据多个观测样本中各参数的率定值，生成多样本的模型参数率定结果集，并进行异常值剔除，然后对每个参数求均值，即可获得具有统计意义的漂移预测模型参数的率定结果。

3.5.2 海上遇险目标风致漂移系数率定

在基于 AP98 模型的海上遇险目标漂移模型中，风致漂移作用模型是最关键也是最不确定的部分，其中的风致漂移系数是最为核心的模型参数。一般认为流致漂移速度近似等于海水表层流速，而众多试验也从侧面证明了流致漂移系数 λ_c 近似为 1；此外，对于空间尺度在几十米量级以下的海上遇险目标，可以忽略波浪作用力，即可不考虑浪致漂移模型。此时，3.3.2 节所述基于 AP98 模型的海上遇险目标漂移模型化简为如下形式：

$$V = V_{\text{F-surface-current}} + L = V_c + L \tag{3-42}$$

此时，3.5.1 节所述模型参数率定算法中，影响程度最大的变量显然是海流，次之是风，而海浪的影响可以忽略。因此，海上遇险目标漂移预测模型参数率定算法退化为海上遇险目标风致漂移作用模型参数率定，其算法流程如下：

(1) 基于研究海域海上综合试验，获取海上遇险目标漂移轨迹数据和同步观测风流数据。考虑到海上遇险目标响应强迫环境具有一定迟滞性，模型参数率定采用 10min 平均样本，即进行 10min 平均，获取 10min 平均的漂移轨迹数据。

(2) 基于 10min 平均漂移轨迹数据，可计算得到海上遇险目标漂移速度。

(3) 利用实测海流数据或者海流再分析数据，代入上述简化后的海上遇险目标漂移模型，即可计算出海上遇险目标漂移速度和流速的矢量差，并将其作为风致漂移速度的近似值。

(4) 将风致漂移速度近似值代入风致漂移作用模型中，即可对风致漂移系数进行率定，即

$$\begin{cases} V - V_c = L' \\ L'_d = a'_d W_{10\text{mwind}} + b'_d \\ L'_{c+} = a'_{c+} W_{10\text{mwind}} + b'_{c+} \\ L'_{c-} = a'_{c-} W_{10\text{mwind}} + b'_{c-} \end{cases} \tag{3-43}$$

式中，右上角的"'"代表各个参量的估计值。上述风致漂移系数回归模型为无约束线性回归模型，当各个公式中的 b 取为零时，则称为有约束线性回归模型。

(5) 计算得到拟合均方根误差(标准误差) S_d、S_{c+} 和 S_{c-}，可用于后续集合轨迹预测和搜救范围计算。

3.5.3 海上遇险目标风作用模型

1. 残骸

对于残骸，在进行风致漂移作用模型参数率定前，首先换算 10min 样本区间起止时刻残骸的位置坐标，进而求得残骸的漂移速度，去掉流速对残骸漂移的影响后，得到风压速度 L 和风偏角 L_α。

对 L 进行矢量分解得 DWL 和 CWL 分量，利用最小二乘法，分别对 10m 风速和 DWL、CWL 进行线性拟合，其 95%置信区间为 $\pm 2S_{y/x}$。残骸风致漂移作用模型参数线性回归结果如图 3-38 所示。结果表明：DWL 和 CWL 均与 10m 风速之间存在较好的线性关系。对应的模型参数率定结果如表 3-14 所示。可以看出，在所有样本中，10m 风速均在 1.5~13m/s 的范围内；顺风向风致漂移速度 DWL 范围在 0~0.3m/s，约束性线性回归所得斜率为 2.41%，拟合标准差为 3.09cm/s，而非约束性线性回归所得斜率为 2.09%，截距为 2.94cm/s，拟合标准差为 2.90cm/s，

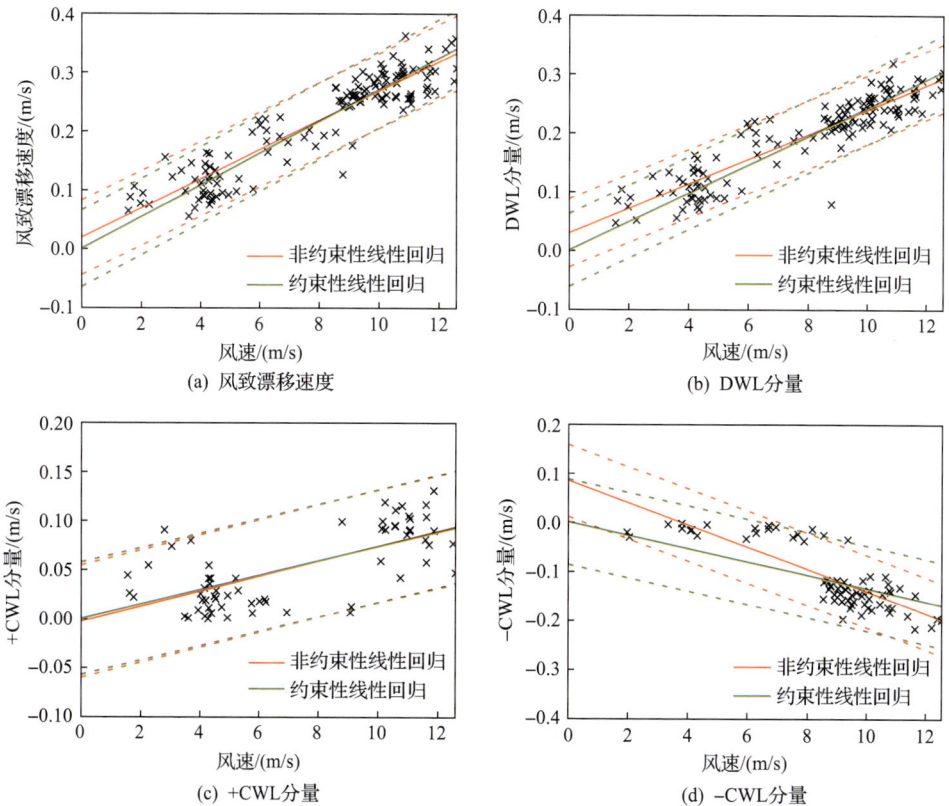

图 3-38　残骸的风致漂移速度、DWL 分量、+CWL 分量和–CWL 分量与 10m 高度的风速线性回归结果（虚线表示 95%置信区间范围）

表 3-14　残骸风致漂移作用模型参数率定结果

项目	约束性线性回归		非约束性线性回归		
	斜率/%	标准差/(cm/s)	斜率/%	截距/(cm/s)	标准差/(cm/s)
L	2.70	3.25	2.49	1.91	3.18
DWL	2.41	3.09	2.09	2.94	2.90
+CWL	0.74	2.87	0.77	−0.28	2.86
−CWL	−1.36	4.34	−2.26	8.45	3.69

非约束性线性回归结果更优；右偏侧风致漂移速度+CWL 范围在−0.03～0.13m/s，约束性线性回归所得斜率为 0.74%，明显小于 DWL 与 10m 风速的拟合斜率，拟合标准差为 2.87cm/s，而非约束性线性回归所得斜率为 0.77%，截距为−0.28cm/s，拟合标准差为 2.86cm/s，非约束性线性回归结果更优；左偏侧风致漂移速度+CWL 范围在−0.25～0.05m/s，约束性线性回归所得斜率为−1.36%，明显小于 DWL 与 10m 风速的拟合斜率，拟合标准差为 4.34cm/s，而非约束性线性回归所得斜率为−2.26%，截距为 8.45cm/s，拟合标准差为 3.69cm/s，非约束性线性回归结果更优。

综上所述，非约束性线性回归结果优于约束性线性回归结果。将非约束性线性回归结果代回风致漂移作用模型，即可得到残骸风致漂移速度与 10m 风速的关系式，所得残骸风致漂移作用模型如下：

$$\begin{cases} L_\mathrm{d} = 2.09\% W_\mathrm{10mwind} + 2.94/100 \\ L_\mathrm{c+} = 0.77\% W_\mathrm{10mwind} - 0.28/100 \\ L_\mathrm{c-} = -2.26\% W_\mathrm{10mwind} + 8.45/100 \end{cases} \quad (3\text{-}44)$$

2. 近海渔船

对于近海渔船，在进行风致漂移作用模型参数率定前，首先换算 10min 样本区间中起止时刻近海渔船的位置坐标，进而求得近海渔船的漂移速度，去掉流速对近海渔船漂移的影响后，得到风压速度 L 和风偏角 L_α。

对 L 进行矢量分解得 DWL 和 CWL 分量，利用最小二乘法，分别对 10m 风速和 DWL、CWL 进行线性拟合，其 95%置信区间为 $\pm 2S_{y/x}$。近海渔船风致漂移作用模型参数线性回归结果如图 3-39 所示。结果表明：DWL 和 CWL 均与 10m 风速之间存在较好的线性关系。对应的模型参数率定结果如表 3-15 所示。可以看出，在所有样本中，10m 风速均在 1～11m/s 的范围内；顺风向风致漂移速度 DWL 范围在 0～0.5m/s，约束性线性回归所得斜率为 3.65%，拟合标准差为 7.31cm/s，而非约束性线性回归所得斜率为 4.19%，截距为−3.57cm/s，拟合标准差为 7.24cm/s，非约束性线性回归结果更优；右偏侧风致漂移速度+CWL 范围在 0～0.3m/s，约束性线性回归所得斜率为 2.30%，明显小于 DWL 与 10m 风速的拟合斜率，拟合标准差为6.42cm/s，而非约束性线性回归所得斜率为2.02%，截距为1.87cm/s，拟合标准差为 6.40cm/s，非约束性线性回归结果更优；左偏侧风致漂移速度−CWL范围在−0.2~0m/s，约束性线性回归所得斜率为−1.00%，明显小于DWL与10m风速的拟合斜率，拟合标准差为4.28cm/s，而非约束性线性回归所得斜率为−0.28%，截距为−4.62cm/s，拟合标准差为 4.09cm/s，非约束性线性回归结果更优。

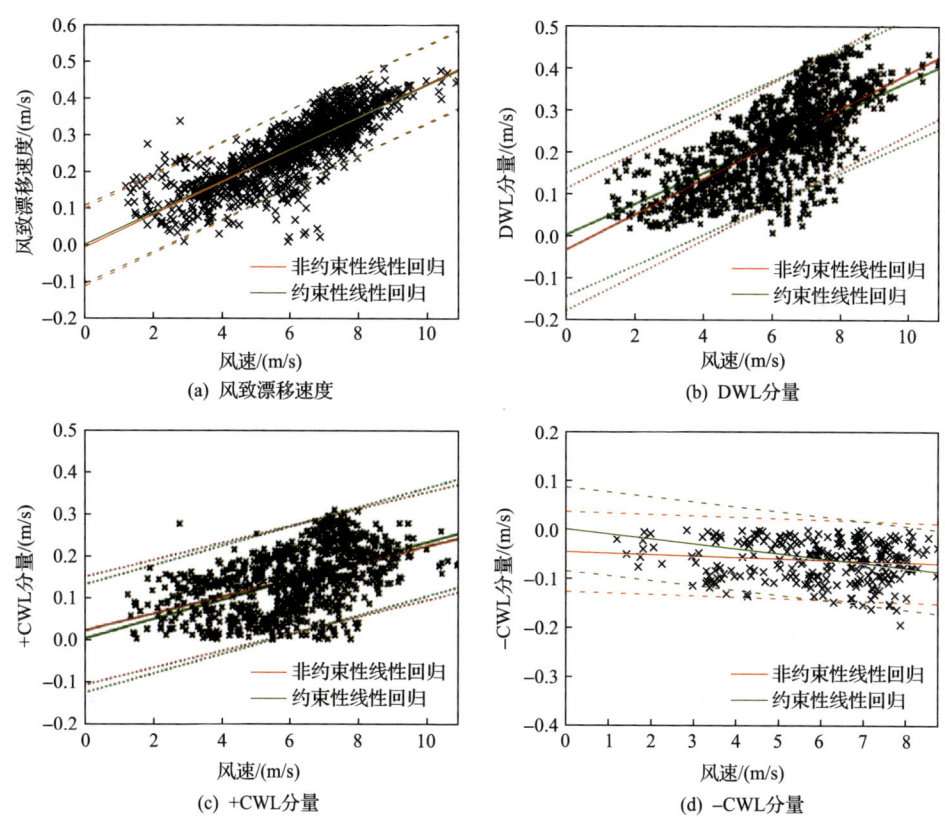

图 3-39　近海渔船的风致漂移速度、DWL 分量、+CWL 分量和−CWL 分量与 10m 高度的风速线性回归结果（虚线表示 95%置信区间范围）

表 3-15　近海渔船风致漂移作用模型参数率定结果

项目	约束性线性回归		非约束性线性回归		
	斜率/%	标准差/(cm/s)	斜率/%	截距/(cm/s)	标准差/(cm/s)
L	4.37	5.28	4.50	−0.83	5.27
DWL	3.65	7.31	4.19	−3.57	7.24
+CWL	2.30	6.42	2.02	1.87	6.40
−CWL	−1.00	4.28	−0.28	−4.62	4.09

综上所述，非约束性线性回归结果优于约束性线性回归结果。将非约束性线

性回归结果代回风致漂移作用模型，即可得到近海渔船风致漂移速度与 10m 风速的关系式，所得近海渔船风致漂移作用模型如下：

$$\begin{cases} L_d = 4.19\%W_{10mwind} - 3.57/100 \\ L_{c+} = 2.02\%W_{10mwind} + 1.87/100 \\ L_{c-} = -0.28\%W_{10mwind} - 4.62/100 \end{cases} \quad (3\text{-}45)$$

3. 垂直姿态落水假人

对于垂直姿态落水假人，在进行风致漂移作用模型参数率定前，首先换算 10min 样本区间起止时刻垂直姿态落水假人的位置坐标，进而求得垂直姿态落水假人的漂移速度，去掉流速对垂直姿态落水假人漂移的影响后，得到风压速度 L 和风偏角 L_α。

对 L 进行矢量分解得到 DWL 和 CWL 分量，利用最小二乘法，分别对 10m 风速和 DWL、CWL 进行线性拟合，其 95%置信区间为 $\pm 2S_{y/x}$。垂直姿态落水假人风致漂移作用模型参数线性回归结果如图 3-40 所示。结果表明：DWL 和 CWL 均与 10m 风速之间存在较好的线性关系。对应的模型参数率定结果如表 3-16 所示。可以看出，在所有样本中，10m 风速均在 2.2～12.8m/s 的范围内；顺风向风致漂移速度 DWL 范围在 0～0.35m/s，约束性线性回归所得斜率为 1.27%，拟合标准差为 7.42cm/s，而非约束性线性回归所得斜率为 0.43%，截距为 7.85cm/s，拟合标准差为 7.18cm/s，非约束性线性回归结果更优；右偏侧风致漂移速度+CWL 范围在 0～0.15m/s，约束性线性回归所得斜率为 0.51%，明显小于 DWL 与 10m 风速的拟合斜率，拟合标准差为 5.65cm/s，而非约束性线性回归所得斜率为 0.13%，截距为 3.64cm/s，拟合标准差为 5.60cm/s，非约束性线性回归结果更优；左偏侧风致漂移速度–CWL 范围在–0.1～0m/s，约束性线性回归所得斜率为–0.44%，明显小于 DWL 与 10m 风速的拟合斜率，拟合标准差为 2.20cm/s，而非约束性线性回归所得斜率为 –0.57%，截距为 1.16cm/s，拟合标准差为 2.17cm/s，非约束性线性回归结果更优。

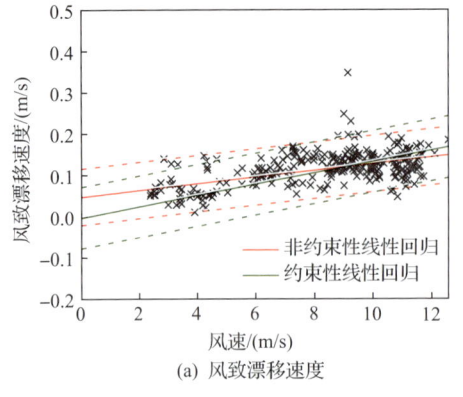

(a) 风致漂移速度

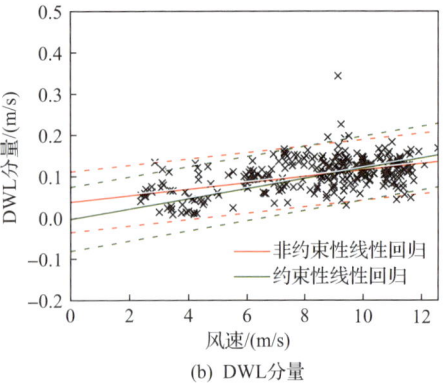

(b) DWL 分量

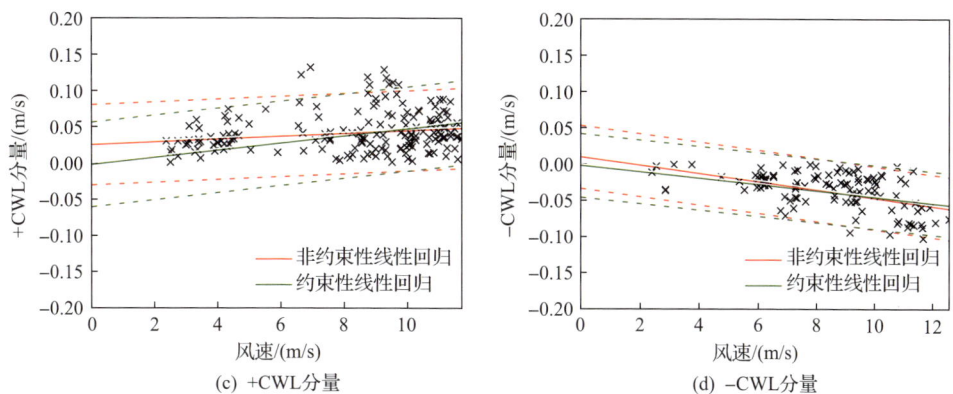

图 3-40 垂直姿态落水假人的风致漂移速度、DWL 分量、+CWL 分量和–CWL 分量与 10m 高度的风速线性回归结果(虚线表示 95%置信区间范围)

表 3-16 垂直姿态落水假人风致漂移作用模型参数率定结果

项目	约束性线性回归		非约束性线性回归		
	斜率/%	标准差/(cm/s)	斜率/%	截距/(cm/s)	标准差/(cm/s)
L	1.40	8.15	0.50	8.37	7.90
DWL	1.27	7.42	0.43	7.85	7.18
+CWL	0.51	5.65	0.13	3.64	5.60
–CWL	–0.44	2.20	–0.57	1.16	2.17

综上所述,非约束性线性回归结果优于约束性线性回归结果。将非约束性线性回归结果代回风致漂移作用模型,即可得到垂直姿态落水假人风致漂移速度与 10m 风速的关系式,所得垂直姿态落水假人风致漂移作用模型如下:

$$\begin{cases} L_\mathrm{d} = 0.43\% W_\mathrm{10mwind} + 7.85/100 \\ L_\mathrm{c+} = 0.13\% W_\mathrm{10mwind} + 3.64/100 \\ L_\mathrm{c-} = -0.57\% W_\mathrm{10mwind} + 1.16/100 \end{cases} \quad (3\text{-}46)$$

4. 水平姿态落水假人

对于水平姿态落水假人,在进行风致漂移作用模型参数率定前,首先换算 10min 样本区间中起止时刻水平姿态落水假人的位置坐标,进而求得水平姿态落水假人的漂移速度,去掉流速对水平姿态落水假人漂移的影响后,得到风压速度 L 和风偏角 L_α。

对 L 进行矢量分解得 DWL 和 CWL 分量,利用最小二乘法,分别对 10m 风速和 DWL、CWL 进行线性拟合,其 95%置信区间为 ±2$S_{y/x}$。水平姿态落水假人风致漂移作用模型参数线性回归结果如图 3-41 所示。结果表明:DWL 和 CWL 均与 10m 风速之间存在较好的线性关系。对应的模型参数率定结果如表 3-17 所示。可以看出,在所有样本中,10m 风速均在 2.2~12.8m/s 的范围内;顺风向风致漂移速度 DWL 范围在 0.01~0.38m/s,约束性线性回归所得斜率为 1.83%,拟合标准差为 8.60cm/s,而非约束性线性回归所得斜率为 0.62%,截距为 11.06cm/s,拟合标准差为 7.98cm/s,非约束性线性回归结果更优;右偏侧风致漂移速度+CWL 范围在 0~0.14m/s,约束性线性回归所得斜率为 0.37%,明显小于 DWL 与 10m 风速的拟合斜率,拟合标准差为 5.13cm/s,而非约束性线性回归所得斜率为 0.06%,截距为 2.80cm/s,拟合标准差为 5.04cm/s,非约束性线性回归结果更优;左偏侧风致漂移速度-CWL 范围在-0.14~0m/s,约束性线性回归所得斜率为-0.46%,明显小于 DWL 与 10m 风速的拟合斜率,拟合标准差为 3.38cm/s,而非约束性线性回归所得斜率为-0.18%,截距为-2.60cm/s,拟合标准差为 3.33cm/s,非约束性线性回归结果更优。

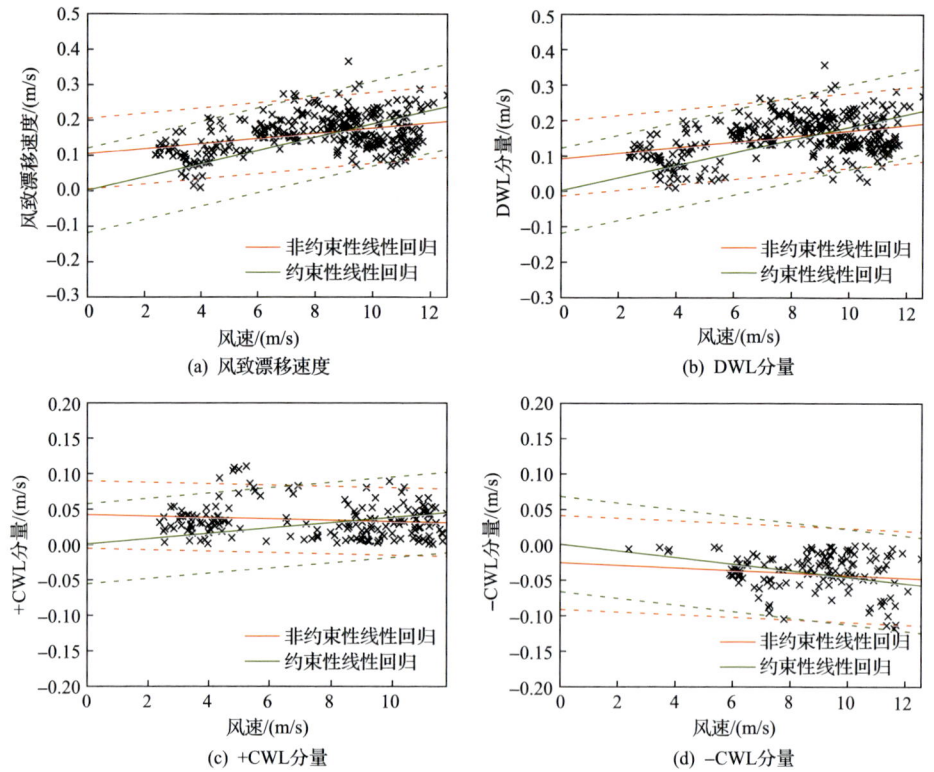

图 3-41 水平姿态落水假人的风致漂移速度、DWL 分量、+CWL 分量和-CWL 分量与 10m 高度的风速线性回归结果(虚线表示 95%置信区间范围)

第 3 章　海上遇险目标漂移规律及快速预报

表 3-17　水平姿态落水假人风致漂移作用模型参数率定结果

项目	约束性线性回归		非约束性线性回归		
	斜率/%	标准差/(cm/s)	斜率/%	截距/(cm/s)	标准差/(cm/s)
L	1.90	9.12	0.69	11.02	8.54
DWL	1.83	8.60	0.62	11.06	7.98
+CWL	0.37	5.13	0.06	2.80	5.04
−CWL	−0.46	3.38	−0.18	−2.60	3.33

综上所述，非约束性线性回归结果优于约束性线性回归结果。将非约束性线性回归结果代回风致漂移作用模型，即可得到水平姿态落水假人风致漂移速度与 10m 风速的关系式，所得水平姿态落水假人风致漂移作用模型如下：

$$\begin{cases} L_d = 0.62\% W_{10\mathrm{mwind}} + 11.06/100 \\ L_{c+} = 0.06\% W_{10\mathrm{mwind}} + 2.80/100 \\ L_{c-} = -0.18\% W_{10\mathrm{mwind}} - 2.60/100 \end{cases} \qquad (3\text{-}47)$$

5. 海上(十人)救生筏

对于海上(十人)救生筏，在进行风致漂移作用模型参数率定前，首先换算 10min 样本区间中起止时刻海上(十人)救生筏的位置坐标，进而求得海上(十人)救生筏的漂移速度，去掉流速对海上(十人)救生筏漂移的影响后，得到风压速度 L 和风偏角 L_α。

对 L 进行矢量分解得 DWL 和 CWL 分量，利用最小二乘法，分别对 10m 风速和 DWL、CWL 进行线性拟合，其 95%置信区间为 $\pm 2S_{y/x}$。海上(十人)救生筏风致漂移作用模型参数线性回归结果如图 3-42 所示。结果表明：DWL 和 CWL 均与 10m 风速之间存在较好的线性关系。对应的模型参数率定结果如表 3-18 所示。可以看出，在所有样本中，10m 风速均在 0.2~10.2m/s 的范围内；顺风向风致漂移速度 DWL 范围在 0.01~0.34m/s，约束性线性回归所得斜率为 2.94%，拟合标准差为 4.49cm/s，而非约束性线性回归所得斜率为 2.82%，截距为 0.73cm/s，拟合标准差为 4.48cm/s，非约束性线性回归结果更优；右偏侧风致漂移速度+CWL 范围在 0~0.13m/s，约束性线性回归所得斜率为 0.70%，明显小于 DWL 与 10m 风速的拟合斜率，拟合标准差为 2.52cm/s，而非约束性线性回归所得斜率为 0.31%，截距为 1.74cm/s，拟合标准差为 2.45cm/s，非约束性线性回归结果更优；左偏侧风致漂移速度−CWL 范围在−0.12~0m/s，约束性线性回归所得斜率为−0.84%，明显小于 DWL 与 10m 风速的拟合斜率，拟合标准差为 2.40cm/s，而非约束性线性回归所得斜率为–0.92%，截距为 0.58cm/s，拟合标准差为 2.45cm/s，约束性线性回归结果稍优。

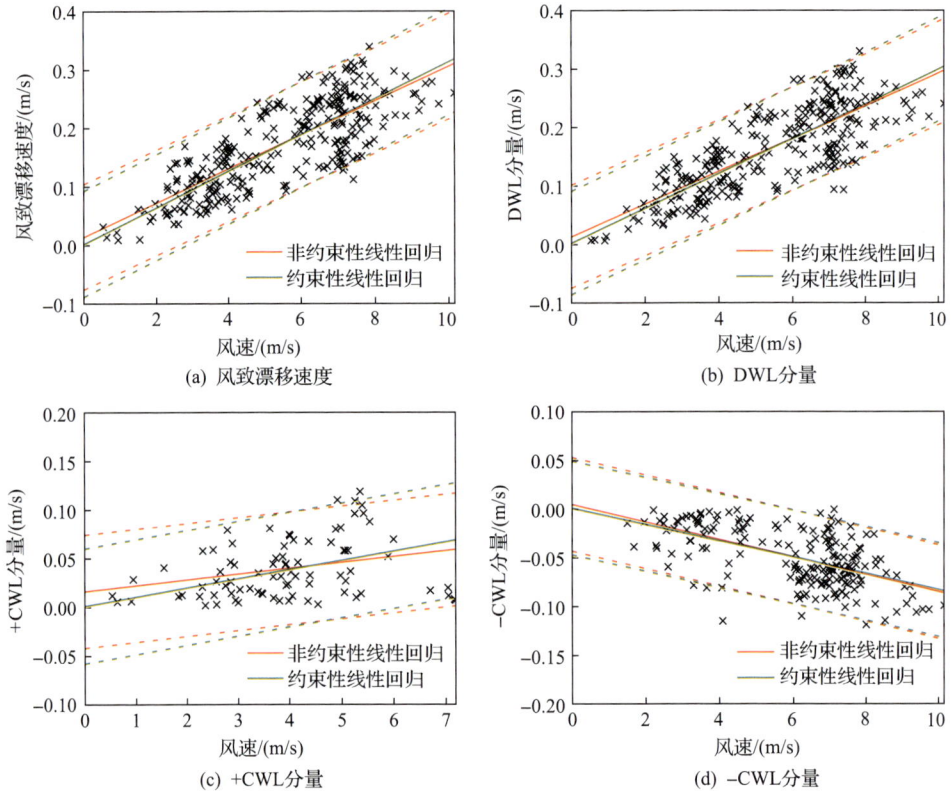

图 3-42　海上（十人）救生筏的风致漂移速度、DWL 分量、+CWL 分量和–CWL 分量与 10m 高度的风速线性回归结果（虚线表示 95%置信区间范围）

表 3-18　海上（十人）救生筏风致漂移作用模型参数率定结果

项目	约束性线性回归		非约束性线性回归		
	斜率/%	标准差/(cm/s)	斜率/%	截距/(cm/s)	标准差/(cm/s)
L	3.04	4.40	2.98	0.39	4.40
DWL	2.94	4.49	2.82	0.73	4.48
+CWL	0.70	2.52	0.31	1.74	2.45
–CWL	–0.84	2.40	–0.92	0.58	2.45

综上所述，非约束性线性回归结果优于约束性线性回归结果。将非约束性线性回归结果代回风致漂移作用模型，即可得到海上（十人）救生筏风致漂移速度与 10m 风速的关系式，所得海上（十人）救生筏风致漂移作用模型如下：

$$\begin{cases} L_\text{d} = 2.82\%W_\text{10mwind} + 0.73/100 \\ L_\text{c+} = 0.31\%W_\text{10mwind} + 1.74/100 \\ L_\text{c-} = -0.92\%W_\text{10mwind} + 0.58/100 \end{cases} \quad (3\text{-}48)$$

6. 航空(六人)救生筏

对于航空(六人)救生筏，在进行风致漂移作用模型参数率定前，首先换算10min 样本区间中起止时刻航空(六人)救生筏的位置坐标，进而求得航空(六人)救生筏的漂移速度，去掉流速对航空(六人)救生筏漂移的影响后，得到风压速度 L 和风偏角 L_α。

对 L 进行矢量分解得 DWL 和 CWL 分量，利用最小二乘法，分别对 10m 风速和 DWL、CWL 进行线性拟合，其 95%置信区间为 $\pm 2S_{y/x}$。航空(六人)救生筏风致漂移作用模型参数线性回归结果如图 3-43 所示。结果表明：DWL 和 CWL 均与 10m 风速之间存在较好的线性关系。对应的模型参数率定结果如表 3-19 所示。可以看出，在所有样本中，10m 风速均在 0.2~10.2m/s 的范围内；顺风向风致漂移速度 DWL 范围在 0.01~0.35m/s，约束性线性回归所得斜率为 3.15%，拟合标准差为 3.75cm/s，而非约束性线性回归所得斜率为 3.65%，截距为–3.18cm/s，拟合标准差为 3.60cm/s，非约束性线性回归结果更优；右偏侧风致漂移速度+CWL 范围在 0~0.09m/s，约束性线性回归所得斜率为 0.27%，明显小于 DWL 与 10m 风速的拟合斜率，拟合标准差为 1.68cm/s，而非约束性线性回归所得斜率为–0.13%，截距为 2.59cm/s，拟合标准差为 1.47cm/s，非约束性线性回归结果更优；左偏侧风致漂移速度–CWL 范围在–0.09~0m/s，约束性线性回归所得斜率为–0.25%，明显小于 DWL 与 10m 风速的拟合斜率，拟合标准差为 1.79cm/s，而非约束性线性回归所得斜率为 0.19%，截距为–2.81cm/s，拟合标准差为 1.49cm/s，非约束性线性回归结果更优。

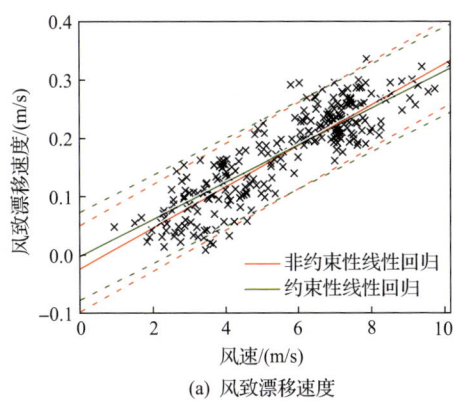

(a) 风致漂移速度

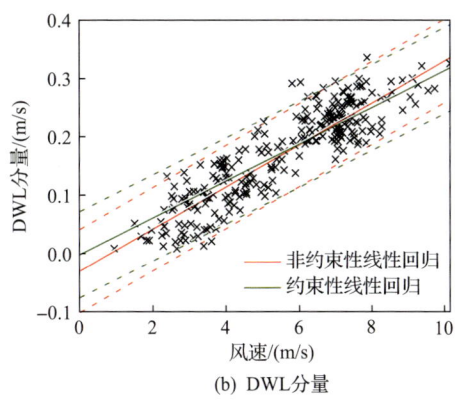

(b) DWL分量

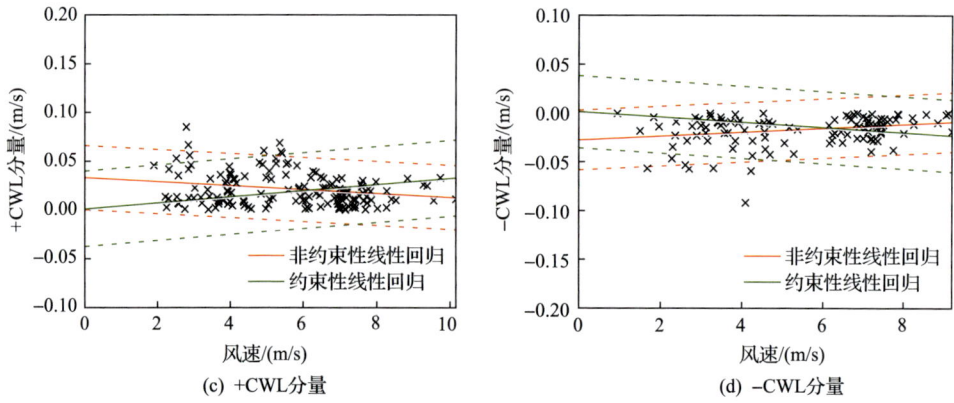

图 3-43 航空(六人)救生筏的风致漂移速度、DWL 分量、+CWL 分量和−CWL 分量与 10m 高度的风速线性回归结果(虚线表示 95%置信区间范围)

表 3-19 航空(六人)救生筏风致漂移作用模型参数率定结果

项目	约束性线性回归		非约束性线性回归		
	斜率/%	标准差/(cm/s)	斜率/%	截距/(cm/s)	标准差/(cm/s)
L	3.15	3.76	3.53	−2.38	3.68
DWL	3.15	3.75	3.65	−3.18	3.60
+CWL	0.27	1.68	−0.13	2.59	1.47
−CWL	−0.25	1.79	0.19	−2.81	1.49

综上所述,非约束性线性回归结果优于约束性线性回归结果。将非约束性线性回归结果代回风致漂移作用模型,即可得到航空(六人)救生筏风致漂移速度与 10m 风速的关系式,所得航空(六人)救生筏风致漂移作用模型如下:

$$\begin{cases} L_\text{d} = 3.65\% W_\text{10mwind} - 3.18/100 \\ L_\text{c+} = -0.13\% W_\text{10mwind} + 2.59/100 \\ L_\text{c-} = 0.19\% W_\text{10mwind} - 2.81/100 \end{cases} \quad (3\text{-}49)$$

7. 海上救生艇

对于海上救生艇,在进行风致漂移作用模型参数率定前,首先换算 10min 样本区间起止时刻海上救生艇的位置坐标,进而求得海上救生艇的漂移速度,去掉流速对海上救生艇漂移的影响后,得到风压速度 L 和风偏角 L_α。

对 L 进行矢量分解得 DWL 和 CWL 分量,利用最小二乘法,分别对 10m 风速和 DWL、CWL 进行线性拟合,其 95%置信区间为 $\pm 2S_{y/x}$。海上救生艇风致漂移作用模型参数线性回归结果如图 3-44 所示。结果表明：DWL 和 CWL 均与 10m 风速之间存在较好的线性关系。对应的模型参数率定结果如表 3-20 所示。可以看出，在所有样本中，10m 风速均在 0.2～10.2m/s 的范围内；顺风向风致漂移速度 DWL 范围在 0.04～0.39m/s，约束性线性回归所得斜率为 4.32%，拟合标准差为 5.64cm/s，而非约束性线性回归所得斜率为 3.14%，截距为 7.11cm/s，拟合标准差为 4.71cm/s，非约束性线性回归结果更优；右偏侧风致漂移速度+CWL 范围在 0～0.25m/s，约束性线性回归所得斜率为 1.15%，明显小于 DWL 与 10m 风速的拟合斜率，拟合标准差为 6.95cm/s，而非约束性线性回归所得斜率为–0.99%，截距为 11.22cm/s，拟合标准差为 5.03cm/s，非约束性线性回归结果更优；左偏侧风致漂移速度–CWL 范围在–0.18～0m/s，约束性线性回归所得斜率为–0.89%，明显小于 DWL 与 10m 风速的拟合斜率，拟合标准差为 4.86cm/s，而非约束性线性回归所得斜率为 0.34%，截距为–8.11cm/s，拟合标准差为 3.43cm/s，非约束性线性回归结果更优。

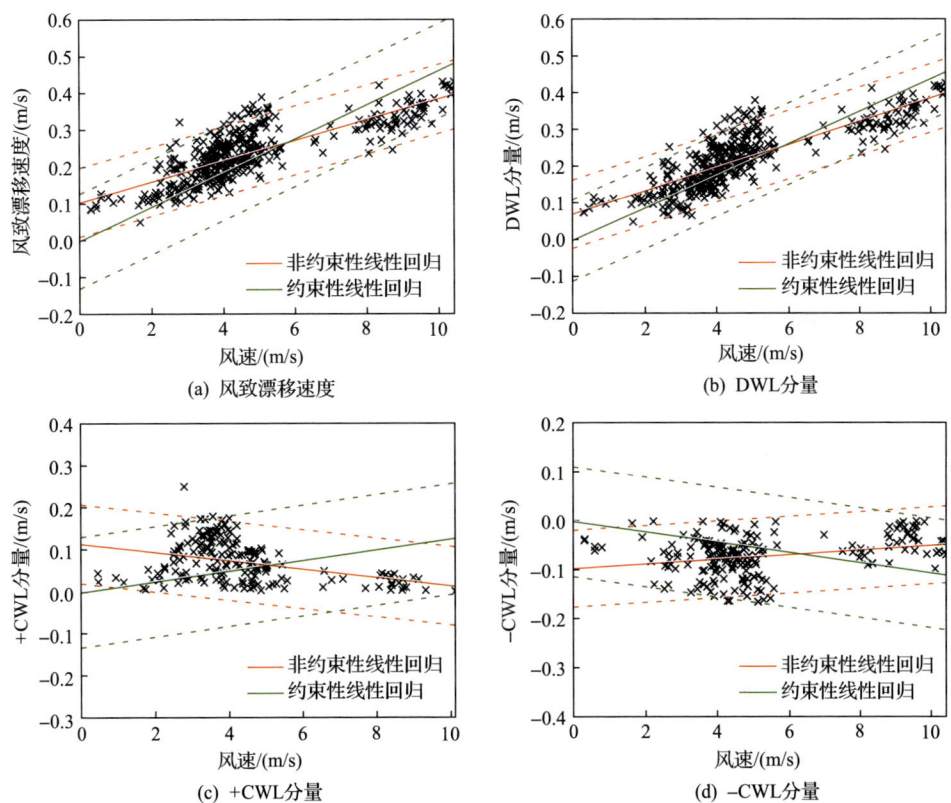

图 3-44　海上救生艇的风致漂移速度、DWL 分量、+CWL 分量和–CWL 分量与 10m 高度的风速线性回归结果（虚线表示 95%置信区间范围）

表 3-20 海上救生艇风致漂移作用模型参数率定结果

项目	约束性线性回归		非约束性线性回归		
	斜率/%	标准差/(cm/s)	斜率/%	截距/(cm/s)	标准差/(cm/s)
L	4.51	6.51	2.71	10.81	4.48
DWL	4.32	5.64	3.14	7.11	4.71
+CWL	1.15	6.95	−0.99	11.22	5.03
−CWL	−0.89	4.86	0.34	−8.11	3.43

综上所述，非约束性线性回归结果优于约束性线性回归结果。将非约束性线性回归结果代回风致漂移作用模型，即可得到海上救生艇风致漂移速度与 10m 风速的关系式，所得海上救生艇风致漂移作用模型如下：

$$\begin{cases} L_d = 3.14\% W_{10\text{mwind}} + 7.11/100 \\ L_{c+} = -0.99\% W_{10\text{mwind}} + 11.22/100 \\ L_{c-} = 0.34\% W_{10\text{mwind}} - 8.11/100 \end{cases} \quad (3\text{-}50)$$

8. 远海渔船

对于远海渔船，在进行风致漂移作用模型参数率定前，首先换算 10min 样本区间中起止时刻远海渔船的位置坐标，进而求得远海渔船的漂移速度，去掉流速对远海渔船漂移的影响后，得到风压速度 L 和风偏角 L_α。

对 L 进行矢量分解得 DWL 和 CWL 分量，利用最小二乘法，分别对 10m 风速和 DWL、CWL 进行线性拟合，其 95%置信区间为 $\pm 2S_{y/x}$。远海渔船风致漂移作用模型参数线性回归结果如图 3-45 所示。结果表明：DWL 和 CWL 均与 10m 风速之间存在较好的线性关系。对应的模型参数率定结果如表 3-21 所示。可以看出，在所有样本中，10m 风速均在 2.8~8.8m/s 的范围内；顺风向风致漂移速度 DWL 范围在 0~0.45m/s，约束性线性回归所得斜率为 3.86%，拟合标准差为 8.87cm/s，而非约束性线性回归所得斜率为 3.57%，截距为 2.02cm/s，拟合标准差为 8.86cm/s，非约束性线性回归结果更优；右偏侧风致漂移速度+CWL 范围在 0~0.32m/s，约束性线性回归所得斜率为 2.25%，明显小于 DWL 与 10m 风速的拟合斜率，拟合标准差为 7.60cm/s，而非约束性线性回归所得斜率为 4.92%，截距为–18.05cm/s，拟合标准差为 6.68cm/s，非约束性线性回归结果更优；左偏侧风致漂移速度–CWL 范围在–0.18~0m/s，约束性线性回归所得斜率为–0.78%，明显小于 DWL 与 10m 风速的拟合斜率，拟合标准差为 3.54cm/s，而非约束性线性回归所得斜率为–0.19%，截距为–4.14cm/s，拟合标准差为 3.44cm/s，非约束性线性回归结果更优。

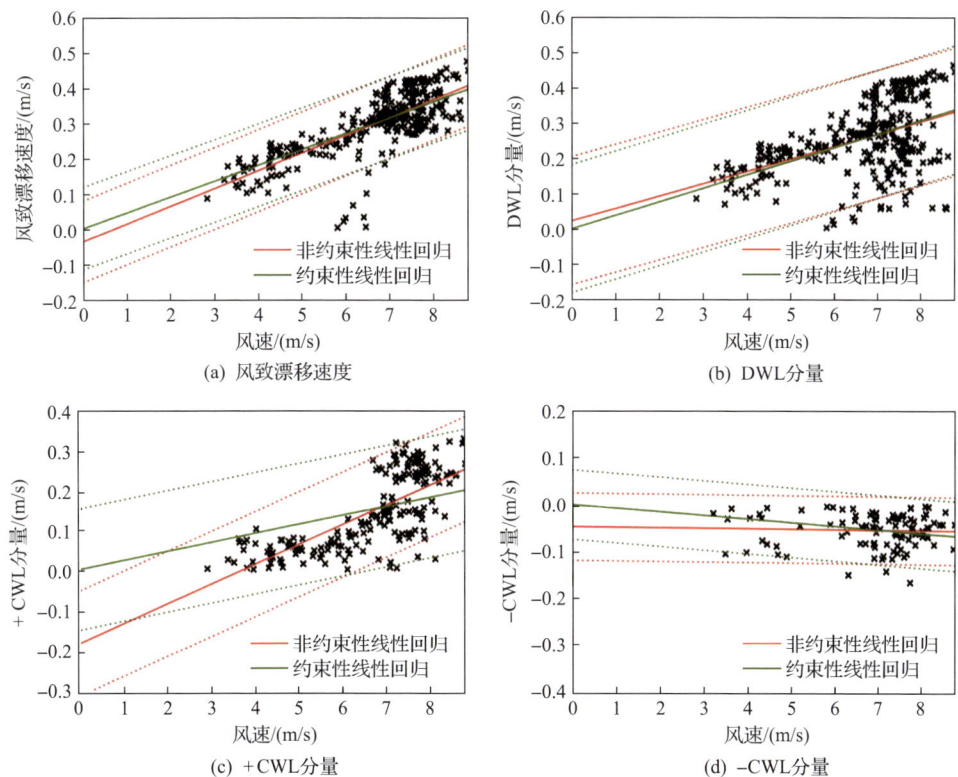

图 3-45 远海渔船的风致漂移速度、DWL 分量、+CWL 分量和–CWL 分量与 10m 高度的风速线性回归结果（虚线表示 95%置信区间范围）

表 3-21 远海渔船风致漂移作用模型参数率定结果

项目	约束性线性回归		非约束性线性回归		
	斜率/%	标准差/(cm/s)	斜率/%	截距/(cm/s)	标准差/(cm/s)
L	4.51	5.64	5.02	−3.56	5.60
DWL	3.86	8.87	3.57	2.02	8.86
+CWL	2.25	7.60	4.92	−18.05	6.68
−CWL	−0.78	3.54	−0.19	−4.14	3.44

综上所述，非约束性线性回归结果优于约束性线性回归结果。将非约束性线性回归结果代回风致漂移作用模型，即可得到远海渔船风致漂移速度与 10m 风速的关系式，所得远海渔船风致漂移作用模型如下：

$$\begin{cases} L_\mathrm{d} = 3.57\%W_\mathrm{10mwind} + 2.02/100 \\ L_\mathrm{c+} = 4.92\%W_\mathrm{10mwind} - 18.05/100 \\ L_\mathrm{c-} = -0.19\%W_\mathrm{10mwind} - 4.14/100 \end{cases} \quad (3\text{-}51)$$

3.6 不同类型海上遇险目标漂移轨迹预测模型和搜救范围计算模型

基于上述已率定的各类海上遇险目标漂移动力学模型和海上遇险目标风致漂移作用模型，代入海上遇险目标漂移轨迹预测模型和搜救范围计算模型后，即可得到各类海上遇险目标漂移轨迹预测模型和搜救范围计算模型。

3.6.1 残骸

1. 残骸漂移轨迹预测模型和结果

由参数率定结果可知，残骸的漂移动力学模型为

$$\begin{cases} V_x = 0.9901 V_{cx} + 0.0099 V_{wx} \\ V_y = 0.9728 V_{cy} + 0.0272 V_{wy} \end{cases} \tag{3-52}$$

式中，V_x、V_y 分别为残骸漂移速度在东西方向和南北方向的分量；V_{cx}、V_{cy} 分别为海表流速在东西方向和南北方向的分量；V_{wx}、V_{wy} 分别为风速在东西方向和南北方向的分量。

代入基于海上遇险目标漂移动力学模型的漂移轨迹预测模型后，可得残骸漂移轨迹预测模型为

$$\begin{cases} s_x(t) = s_x(t_0) + \int_{t_0}^{t} \left(0.9901 V_{cx}(s(t'),t') + 0.0099 V_{wx}(s(t'),t') \right) \mathrm{d}t' \\ s_y(t) = s_y(t_0) + \int_{t_0}^{t} \left(0.9728 V_{cy}(s(t'),t') + 0.0272 V_{wy}(s(t'),t') \right) \mathrm{d}t' \end{cases} \tag{3-53}$$

式中，s_x、s_y 分别为残骸漂移位移在东西方向和南北方向的分量。

由参数率定结果可知，残骸的基于 AP98 模型的漂移轨迹预测模型为

$$\begin{aligned} s(t) &= s(t_0) + \int_{t_0}^{t} V(s(t'),t') \mathrm{d}t' \\ &= s(t_0) + \int_{t_0}^{t} \left(V_c(s(t'),t') + L(s(t'),t') \right) \mathrm{d}t' \end{aligned} \tag{3-54}$$

其中

$$\begin{cases} L_d = 2.09\% W_{10\mathrm{mwind}} + 2.94/100 \\ L_{c+} = 0.77\% W_{10\mathrm{mwind}} - 0.28/100 \\ L_{c-} = -2.26\% W_{10\mathrm{mwind}} + 8.45/100 \end{cases} \tag{3-55}$$

采用上述两个残骸漂移轨迹预测模型分别对两个独立样本的漂移轨迹试验进行了模拟预测，分别如图 3-46 和图 3-47 所示。从两图中可以看出，针对第一个样本的漂移轨迹(图 3-46)，基于残骸漂移 AP98 模型的轨迹预测结果与实测漂移轨迹吻合较好，明显优于基于残骸漂移动力学模型的轨迹预测结果；而针对第二个样本的漂移轨迹观测数据(图 3-47)，两个模型的漂移轨迹预测结果较为接近，均与实测轨迹有一定的差距，但漂移轨迹趋势基本吻合。

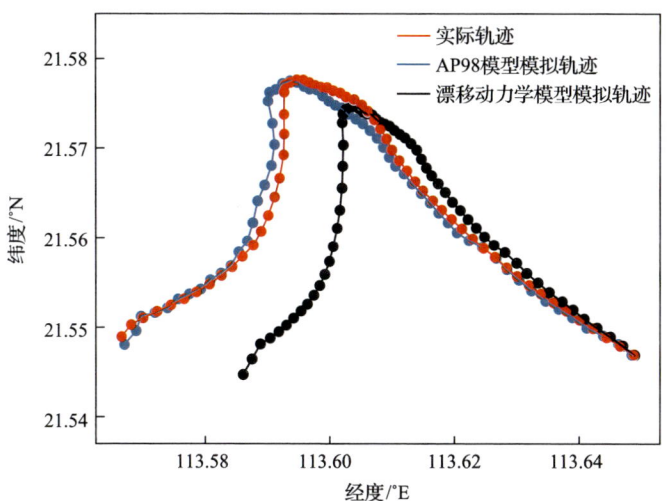

图 3-46　残骸海上试验数据中一个样本(Case1)的漂移轨迹、基于残骸漂移动力学模型的漂移轨迹模拟预测结果和基于残骸漂移 AP98 模型的漂移轨迹预测结果
(点为实际轨迹点，实线为拟合结果，下同)

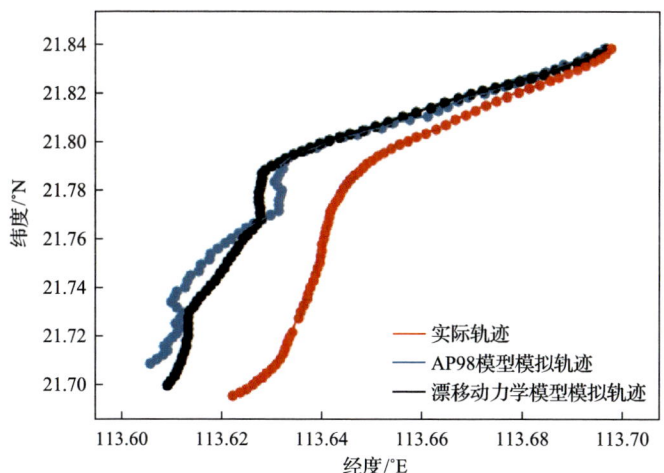

图 3-47　残骸海上试验数据中一个样本(Case2)的漂移轨迹、基于残骸漂移动力学模型的漂移轨迹模拟预测结果和基于残骸漂移 AP98 模型的漂移轨迹预测结果

2. 残骸搜救范围计算模型和结果

在海上遇险目标搜救范围计算模型中，暂不考虑海洋环境、气象数据误差扰动及落水时间和地点不确定性的影响，重点考虑漂移系数不确定性对粒子集合轨迹和搜救范围的影响。

在残骸漂移动力学模型中对东西(X)方向和南北(Y)方向的拟合结果分别进行扰动，如下：

$$\begin{cases} V_x = 0.9901 V_{cx} + 0.0099 V_{wx} + \text{RMSE}_x \times \text{norm}_x \\ V_y = 0.9728 V_{cy} + 0.0272 V_{wy} + \text{RMSE}_y \times \text{norm}_y \end{cases} \quad (3\text{-}56)$$

式中，RMSE_x 和 RMSE_y 分别为东西(X)方向和南北(Y)方向的拟合标准误差；norm_x 和 norm_y 分别为针对东西(X)方向和南北(Y)方向的符合正态分布 $N(0,1)$ 的随机数。取 1000 个粒子，进行 1000 次随机扰动模拟。

在残骸漂移 AP98 模型中对顺风向和侧风向的拟合结果分别进行扰动，如下：

$$\begin{cases} L_d = 2.09\% W_{10\text{mwind}} + 2.94/100 + S_d \times \text{norm}_d \\ L_{c+} = 0.77\% W_{10\text{mwind}} - 0.28/100 + S_{c+} \times \text{norm}_{c+} \\ L_{c-} = -2.26\% W_{10\text{mwind}} + 8.45/100 + S_{c-} \times \text{norm}_{c-} \end{cases} \quad (3\text{-}57)$$

式中，S_d、S_{c+} 和 S_{c-} 分别为 DWL、+CWL、-CWL 方向的拟合标准误差；norm_d、norm_{c+} 和 norm_{c-} 分别为针对 DWL、+CWL、-CWL 方向的符合正态分布 $N(0,1)$ 的随机数。实际计算时，侧风向风致漂移选择+CWL 还是-CWL 其实是随机的，本节风致漂移右偏概率(POPC)和转向频率由残骸漂移实际观测数据得到：POPC 为 47.4%，转向频率为 3.6%。取 1000 个粒子，其中 474 个粒子受到风致漂移右偏的影响，而剩余 526 个粒子受到风致漂移左偏的影响，而在每个粒子模拟过程中，均有 3.6%的概率发生风压翻转，共进行 1000 次随机扰动模拟。

采用上述两个集合轨迹和搜救范围计算模型对两个独立样本的漂移轨迹和范围进行了模拟预测，如图 3-48 和图 3-49 所示，模拟粒子的平均位置分布与真实轨迹的每小时距离偏差如表 3-22 所示。可以看出，由于风致漂移在侧风向上的左右偏离，基于残骸漂移 AP98 模型的漂移轨迹集合预测结果更加分散，而对应的搜救范围面积更大，在两个样本中均覆盖了真实轨迹；而基于残骸漂移动力学模型的漂移轨迹集合预测结果相对更加集中，但整体的平均位置与真实轨迹的偏差更小，均不超过 2km。

第 3 章　海上遇险目标漂移规律及快速预报

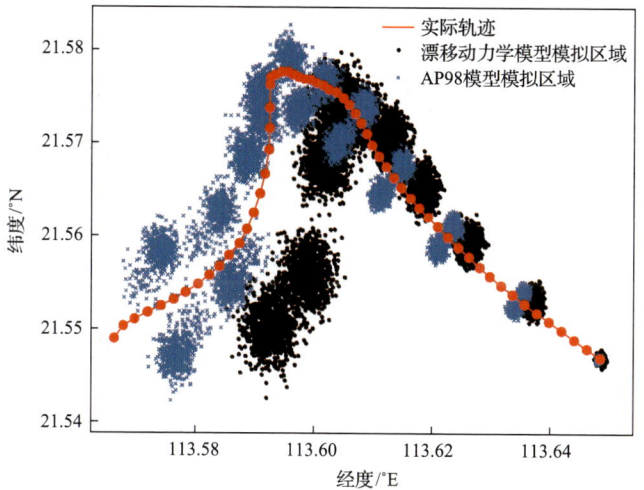

图 3-48　残骸海上试验数据中一个样本(Case1)的漂移轨迹、基于残骸漂移动力学模型的漂移轨迹集合预测结果及搜救范围、基于残骸漂移 AP98 模型的漂移轨迹集合预测结果及搜救范围

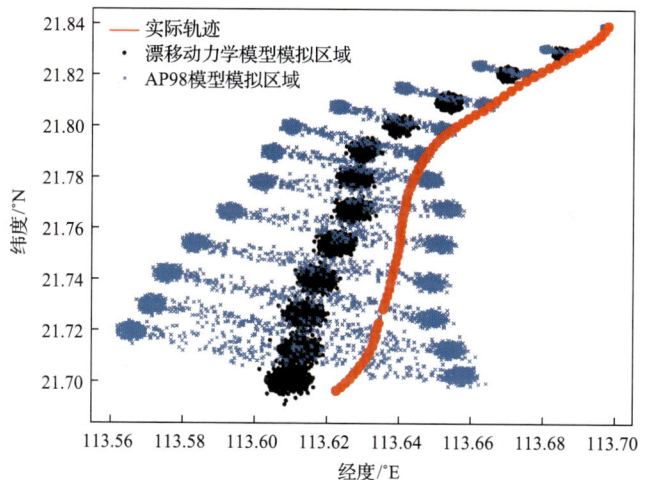

图 3-49　残骸海上试验数据中一个样本(Case2)的漂移轨迹、基于残骸漂移动力学模型的漂移轨迹集合预测结果及搜救范围、基于残骸漂移 AP98 模型的漂移轨迹集合预测结果及搜救范围

表 3-22　残骸搜救范围计算结果中平均位置与真实轨迹每小时的距离偏差

(单位：km)

样本	模型	1h	2h	3h	4h	5h	6h	7h	8h	9h	10h	11h	12h
Case1	AP98	0.26	0.37	0.50	0.48	0.43	0.38	0.42	0.46	0.63	0.72	0.26	0.37
	动力学	0.23	0.17	0.20	0.28	0.45	0.68	0.83	1.19	1.22	1.57	0.23	0.17
Case2	AP98	0.26	0.71	1.04	1.47	1.83	2.11	2.15	2.44	2.76	3.13	3.61	3.95
	动力学	0.27	0.72	0.99	1.39	1.65	1.89	1.69	1.50	1.86	2.13	2.20	1.93

3.6.2 近海渔船

1. 近海渔船漂移轨迹预测模型和结果

由参数率定结果可知,近海渔船的漂移动力学模型为

$$\begin{cases} V_x = 0.9535V_{cx} + 0.0465V_{wx} \\ V_y = 0.986V_{cy} + 0.014V_{wy} \end{cases} \quad (3\text{-}58)$$

式中,V_x、V_y 分别为近海渔船漂移速度在东西方向和南北方向的分量;V_{cx}、V_{cy} 分别为海表流速在东西方向和南北方向的分量;V_{wx}、V_{wy} 分别为风速在东西方向和南北方向的分量。

代入基于海上遇险目标漂移动力学模型的漂移轨迹预测模型后,可得近海渔船漂移轨迹预测模型为

$$\begin{cases} s_x(t) = s_x(t_0) + \int_{t_0}^{t} \big(0.9535V_{cx}(s(t'),t') + 0.0465V_{wx}(s(t'),t')\big)\mathrm{d}t' \\ s_y(t) = s_y(t_0) + \int_{t_0}^{t} \big(0.986V_{cy}(s(t'),t') + 0.014V_{wy}(s(t'),t')\big)\mathrm{d}t' \end{cases} \quad (3\text{-}59)$$

式中,s_x、s_y 分别为近海渔船漂移位移在东西方向和南北方向的分量。

由参数率定结果可知,近海渔船的基于 AP98 模型的漂移轨迹预测模型为

$$\begin{aligned} s(t) &= s(t_0) + \int_{t_0}^{t} V(s(t'),t')\mathrm{d}t' \\ &= s(t_0) + \int_{t_0}^{t} \big(V_c(s(t'),t') + L(s(t'),t')\big)\mathrm{d}t' \end{aligned} \quad (3\text{-}60)$$

其中

$$\begin{cases} L_d = 4.19\%W_{10\text{mwind}} - 3.57/100 \\ L_{c+} = 2.02\%W_{10\text{mwind}} + 1.87/100 \\ L_{c-} = -0.28\%W_{10\text{mwind}} - 4.62/100 \end{cases} \quad (3\text{-}61)$$

采用上述两个近海渔船漂移轨迹预测模型分别对两个独立样本的漂移轨迹试验进行了模拟预测,分别如图 3-50 和图 3-51 所示。从两图中可以看出,针对第一个样本的漂移轨迹(图 3-50),基于近海渔船漂移 AP98 模型的轨迹预测结果与实测漂移轨迹吻合较好,明显优于基于近海渔船漂移动力学模型的轨迹预测结果;针对第二个样本的漂移轨迹观测数据(图 3-51),同样,基于近海渔船漂移 AP98 模型的轨迹预测结果与实测漂移轨迹吻合较好,明显优于基于近海渔船漂移动力

学模型的轨迹预测结果。

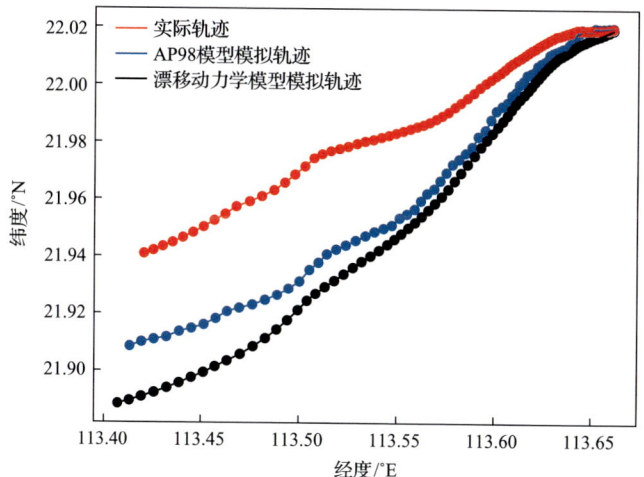

图 3-50　近海渔船海上试验数据中一个样本(Case1)的漂移轨迹、基于近海渔船漂移动力学模型的漂移轨迹模拟预测结果和基于近海渔船漂移 AP98 模型的漂移轨迹预测结果

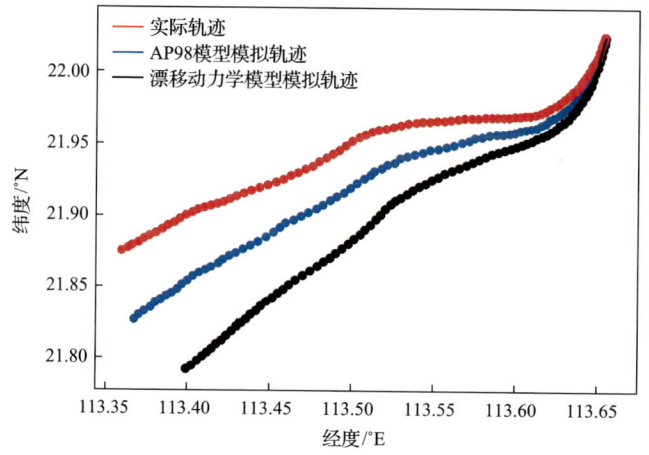

图 3-51　近海渔船海上试验数据中一个样本(Case2)的漂移轨迹、基于近海渔船漂移动力学模型的漂移轨迹模拟预测结果和基于近海渔船漂移 AP98 模型的漂移轨迹预测结果

2. 近海渔船搜救范围计算模型和结果

按照 3.3.4 节中第一部分所述海上遇险目标搜救范围计算模型,暂不考虑海洋环境、气象数据误差扰动及落水时间和地点不确定性的影响,重点考虑漂移系数不确定性对粒子集合轨迹和搜救范围的影响。

在近海渔船漂移动力学模型中对东西(X)方向和南北(Y)方向的拟合结果分别进行扰动,如下:

$$\begin{cases} V_x = 0.9535V_{cx} + 0.0465V_{wx} + \mathrm{RMSE}_x \times \mathrm{norm}_x \\ V_y = 0.986V_{cy} + 0.014V_{wy} + \mathrm{RMSE}_y \times \mathrm{norm}_y \end{cases} \tag{3-62}$$

式中,RMSE_x和RMSE_y分别为东西(X)方向和南北(Y)方向的拟合标准误差;norm_x和 norm_y 分别为针对东西(X)方向和南北(Y)方向的符合正态分布 $N(0,1)$ 的随机数。取 1000 个粒子,进行 1000 次随机扰动模拟。

在近海渔船漂移 AP98 模型中对顺风向和侧风向的拟合结果分别进行扰动,如下:

$$\begin{cases} L_d = 4.19\%W_{10\mathrm{mwind}} - 3.57/100 + S_d \times \mathrm{norm}_d \\ L_{c+} = 2.02\%W_{10\mathrm{mwind}} + 1.87/100 + S_{c+} \times \mathrm{norm}_{c+} \\ L_{c-} = -0.28\%W_{10\mathrm{mwind}} - 4.62/100 + S_{c-} \times \mathrm{norm}_{c-} \end{cases} \tag{3-63}$$

式中,S_d、S_{c+}和S_{c-}分别为 DWL、+CWL、-CWL 方向的拟合标准误差;norm_d、norm_{c+}和norm_{c-}分别为针对 DWL、+CWL、-CWL 方向的符合正态分布$N(0,1)$的随机数。实际计算时,侧风向风致漂移选择+CWL 还是-CWL 其实是随机的,本节风致漂移右偏概率(POPC)和转向频率由近海渔船漂移实际观测数据得到:POPC 为 77.0%,转向频率为 3.1%。取 1000 个粒子,其中 770 个粒子受到风致漂移右偏的影响,剩余 230 个粒子受到风致漂移左偏的影响,而在每个粒子模拟过程中,均有 3.1%的概率发生风压翻转,共进行 1000 次随机扰动模拟。

采用上述两个集合轨迹和搜救范围计算模型对两个独立样本的漂移轨迹和范围进行了模拟预测,如图 3-52 和图 3-53 所示,模拟粒子的平均位置分布与真实轨

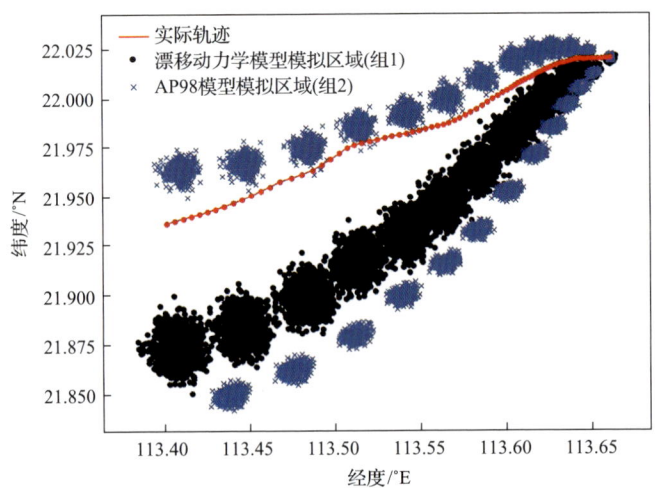

图 3-52 近海渔船海上试验数据中一个样本(Case1)的漂移轨迹、基于近海渔船漂移动力学模型的漂移轨迹集合预测结果及搜救范围、基于近海渔船漂移 AP98 模型的漂移轨迹集合预测结果及搜救范围

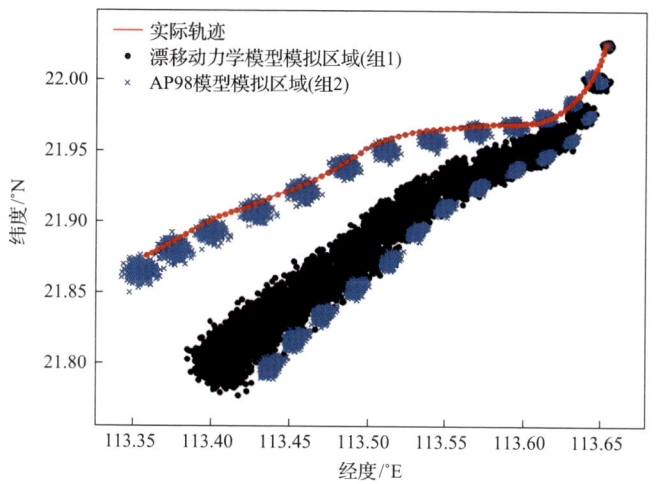

图 3-53　近海渔船海上试验数据中一个样本(Case2)的漂移轨迹、基于近海渔船漂移动力学模型的漂移轨迹集合预测结果及搜救范围、基于近海渔船漂移 AP98 模型的漂移轨迹集合预测结果及搜救范围

迹的每小时距离偏差如表 3-23 所示。可以看出，由于风致漂移在侧风向的左右偏离，基于近海渔船漂移 AP98 模型的漂移轨迹集合预测结果更加分散，而对应的搜救范围面积更大，在两个样本中均覆盖了真实轨迹；而基于近海渔船漂移动力学模型的漂移轨迹集合预测结果相对更加集中。

表 3-23　近海渔船搜救范围计算结果中平均位置与真实轨迹每小时的距离偏差

（单位：km）

样本	模型	1h	2h	3h	4h	5h	6h	7h	8h	9h	10h	11h	12h
Case1	AP98	0.24	0.53	0.91	1.30	1.68	2.04	2.30	2.58	2.87	3.33	3.80	4.21
	动力学	0.26	0.72	1.22	1.70	2.24	2.88	3.84	4.77	5.89	6.97	7.91	8.10
Case2	AP98	0.35	0.73	1.04	1.11	1.36	1.86	2.25	3.30	3.85	4.16	4.52	5.04
	动力学	0.41	0.99	1.51	1.76	2.28	3.11	4.16	5.37	6.43	6.96	7.55	8.48

3.6.3　垂直姿态落水假人

1. 垂直姿态落水假人漂移轨迹预测模型和结果

由参数率定结果可知，垂直姿态落水假人的漂移动力学模型为

$$\begin{cases} V_x = 0.9896 V_{cx} + 0.0104 V_{wx} \\ V_y = 0.9902 V_{cy} + 0.0098 V_{wy} \end{cases} \tag{3-64}$$

式中，V_x、V_y 分别为垂直姿态落水假人漂移速度在东西方向和南北方向的分量；V_{cx}、V_{cy} 分别为海表流速在东西方向和南北方向的分量；V_{wx}、V_{wy} 分别为风速在东西方向和南北方向的分量。

代入基于海上遇险目标漂移动力学模型的漂移轨迹预测模型后，可得垂直姿态落水假人漂移轨迹预测模型为

$$\begin{cases} s_x(t) = s_x(t_0) + \int_{t_0}^{t} \left(0.9896 V_{cx}(s(t'),t') + 0.0104 V_{wx}(s(t'),t')\right) dt' \\ s_y(t) = s_y(t_0) + \int_{t_0}^{t} \left(0.9902 V_{cy}(s(t'),t') + 0.0098 V_{wy}(s(t'),t')\right) dt' \end{cases} \quad (3\text{-}65)$$

式中，s_x、s_y 分别为垂直姿态落水假人漂移位移在东西方向和南北方向的分量。

由参数率定结果可知，垂直姿态落水假人的基于 AP98 模型的漂移轨迹预测模型为

$$\begin{aligned} s(t) &= s(t_0) + \int_{t_0}^{t} V(s(t'),t') dt' \\ &= s(t_0) + \int_{t_0}^{t} \left(V_c(s(t'),t') + L(s(t'),t')\right) dt' \end{aligned} \quad (3\text{-}66)$$

其中

$$\begin{cases} L_d = 0.43\% W_{10\text{mwind}} + 7.85/100 \\ L_{c+} = 0.13\% W_{10\text{mwind}} + 3.64/100 \\ L_{c-} = -0.57\% W_{10\text{mwind}} + 1.16/100 \end{cases} \quad (3\text{-}67)$$

采用上述两个垂直姿态落水假人漂移轨迹预测模型分别对两个独立样本的漂移轨迹试验进行了模拟预测，分别如图 3-54 和图 3-55 所示。从两个图中可以看出，针对第一个样本的漂移轨迹(图 3-54)，基于垂直姿态落水假人漂移 AP98 模型的轨迹预测结果与实测漂移轨迹吻合较好，明显优于基于垂直姿态落水假人漂移动力学模型的轨迹预测结果；而针对第二个样本的漂移轨迹观测数据(图 3-55)，两个模型的漂移轨迹预测结果较为接近，均与实测轨迹有一定的差距，但漂移轨迹趋势基本吻合。

2. 垂直姿态落水假人搜救范围计算模型和结果

按照 3.3.4 节中第一部分所述海上遇险目标搜救范围计算模型，暂不考虑海洋环境、气象数据误差扰动及落水时间和地点不确定性的影响，重点考虑漂移系数不确定性对粒子的集合轨迹和搜救范围的影响。

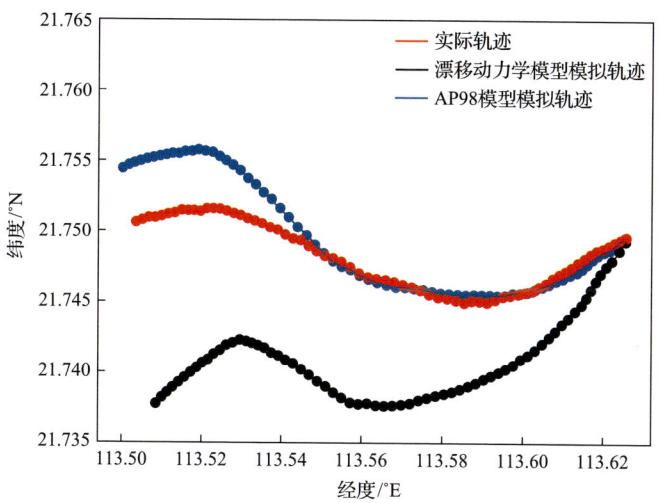

图 3-54　垂直姿态落水假人海上试验数据中一个样本(Case1)的漂移轨迹、基于垂直姿态落水假人漂移动力学模型的漂移轨迹模拟预测结果和基于垂直姿态落水假人漂移 AP98 模型的漂移轨迹预测结果

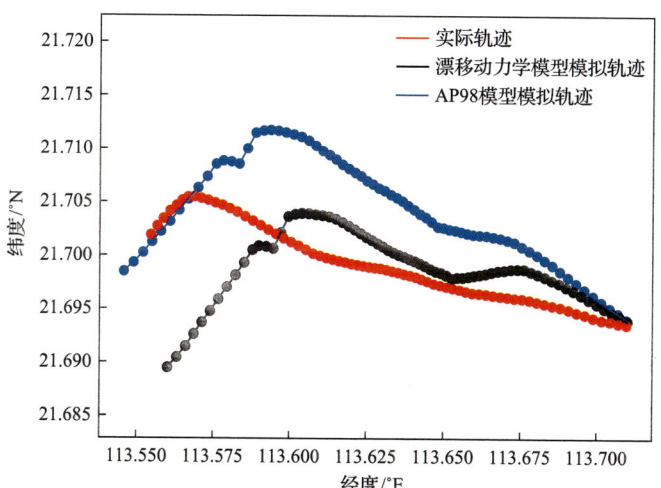

图 3-55　垂直姿态落水假人海上试验数据中一个样本(Case2)的漂移轨迹、基于垂直姿态落水假人漂移动力学模型的漂移轨迹模拟预测结果和基于垂直姿态落水假人漂移 AP98 模型的漂移轨迹预测结果

在垂直姿态落水假人漂移动力学模型中对东西(X)方向和南北(Y)方向的拟合结果分别进行扰动,如下:

$$\begin{cases} V_x = 0.9896 V_{cx} + 0.0104 V_{wx} + \text{RMSE}_x \times \text{norm}_x \\ V_y = 0.9902 V_{cy} + 0.0098 V_{wy} + \text{RMSE}_y \times \text{norm}_y \end{cases} \quad (3\text{-}68)$$

式中，RMSE_x 和 RMSE_y 分别为东西（X）方向和南北（Y）方向的拟合标准误差；norm_x 和 norm_y 分别为针对东西（X）方向和南北（Y）方向的符合正态分布 $N(0,1)$ 的随机数。取 1000 个粒子，进行 1000 次随机扰动模拟。

在垂直姿态落水假人漂移 AP98 模型中对顺风向和侧风向的拟合结果分别进行扰动，如下：

$$\begin{cases} L_\text{d} = 0.43\%W_\text{10mwind} + 7.85/100 + S_\text{d} \times \text{norm}_\text{d} \\ L_\text{c+} = 0.13\%W_\text{10mwind} + 3.64/100 + S_\text{c+} \times \text{norm}_\text{c+} \\ L_\text{c-} = -0.57\%W_\text{10mwind} + 1.16/100 + S_\text{c-} \times \text{norm}_\text{c-} \end{cases} \quad (3\text{-}69)$$

式中，S_d、$S_\text{c+}$ 和 $S_\text{c-}$ 分别为 DWL、+CWL、-CWL 方向的拟合标准误差；norm_d、$\text{norm}_\text{c+}$ 和 $\text{norm}_\text{c-}$ 分别为针对 DWL、+CWL、-CWL 方向的符合正态分布 $N(0,1)$ 的随机数。实际计算时，侧风向风致漂移选择+CWL 还是-CWL 其实是随机的，本节风致漂移右偏概率（POPC）和转向频率由垂直姿态落水假人漂移实际观测数据得到：POPC 为 61.1%，转向频率为 7.1%。取 1000 个粒子，其中 611 个粒子受到风致漂移右偏的影响，剩余 389 个粒子受到风致漂移左偏的影响，而在每个粒子模拟过程中，均有 7.1%的概率发生风压翻转，共进行 1000 次随机扰动模拟。

采用上述两个集合轨迹和搜救范围计算模型对两个独立样本的漂移轨迹和范围进行了模拟预测，如图 3-56 和图 3-57 所示，模拟粒子的平均位置分布与真实轨迹的每小时距离偏差如表 3-24 所示。可以看出，由于风致漂移在侧风向的左右偏离，基于垂直姿态落水假人漂移 AP98 模型的漂移轨迹集合预测结果更加分散，

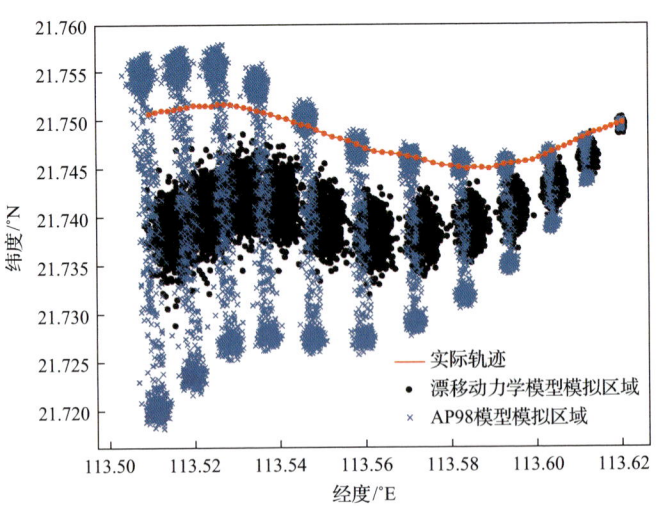

图 3-56　垂直姿态落水假人海上试验数据中一个样本（Case1）的漂移轨迹、基于垂直姿态落水假人漂移动力学模型的漂移轨迹集合预测结果及搜救范围、基于垂直姿态落水假人漂移 AP98 模型的漂移轨迹集合预测结果及搜救范围

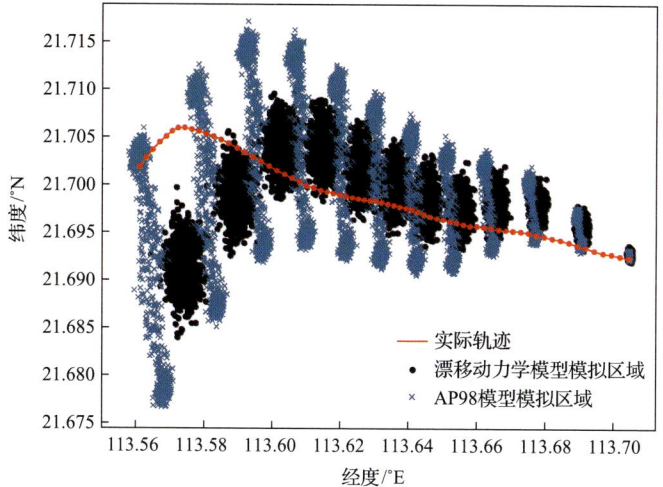

图 3-57 垂直姿态落水假人海上试验数据中一个样本(Case2)的漂移轨迹、基于垂直姿态落水假人漂移动力学模型的漂移轨迹集合预测结果及搜救范围、基于垂直姿态落水假人漂移 AP98 模型的漂移轨迹集合预测结果及搜救范围

表 3-24 垂直姿态落水假人搜救范围计算结果中平均位置与真实轨迹每小时的距离偏差

(单位: km)

样本	模型	1h	2h	3h	4h	5h	6h	7h	8h	9h	10h	11h	12h
Case1	AP98	0.18	0.37	0.50	0.65	0.77	0.93	1.07	1.18	1.30	1.40	1.54	1.65
	动力学	0.17	0.35	0.48	0.59	0.70	0.89	1.01	1.04	1.01	1.06	1.27	1.47
Case2	AP98	0.26	0.34	0.42	0.52	0.59	0.69	0.80	0.91	1.01	1.03	1.09	1.70
	动力学	0.25	0.27	0.35	0.36	0.36	0.48	0.60	0.74	0.84	0.89	1.16	1.63

而对应的搜救范围面积更大,在两个样本中均覆盖了真实轨迹;而基于垂直姿态落水假人漂移动力学模型的漂移轨迹集合预测结果相对更加集中,但整体的平均位置与真实轨迹的偏差更小,均不超过 2km。

3.6.4 水平姿态落水假人

1. 水平姿态落水假人漂移轨迹预测模型和结果

由参数率定结果可知,水平姿态落水假人的漂移动力学模型为

$$\begin{cases} V_x = 0.9847 V_{cx} + 0.0153 V_{wx} \\ V_y = 0.9797 V_{cy} + 0.0203 V_{wy} \end{cases} \quad (3\text{-}70)$$

式中,V_x、V_y 分别为水平姿态落水假人漂移速度在东西方向和南北方向的分量;V_{cx}、V_{cy} 分别为海表流速在东西方向和南北方向的分量;V_{wx}、V_{wy} 分别为风速在东西方向和南北方向的分量。

代入基于海上遇险目标漂移动力学模型的漂移轨迹预测模型后，可得水平姿态落水假人漂移轨迹预测模型为

$$\begin{cases} s_x(t) = s_x(t_0) + \int_{t_0}^{t} \left(0.9847 V_{cx}(s(t'),t') + 0.0153 V_{wx}(s(t'),t')\right) dt' \\ s_y(t) = s_y(t_0) + \int_{t_0}^{t} \left(0.9797 V_{cy}(s(t'),t') + 0.0203 V_{wy}(s(t'),t')\right) dt' \end{cases} \quad (3-71)$$

式中，s_x、s_y 分别为水平姿态落水假人漂移位移在东西方向和南北方向的分量。

由参数率定结果可知，水平姿态落水假人的基于 AP98 模型的漂移轨迹预测模型为

$$\begin{aligned} s(t) &= s(t_0) + \int_{t_0}^{t} V(s(t'),t') dt' \\ &= s(t_0) + \int_{t_0}^{t} \left(V_c(s(t'),t') + L(s(t'),t')\right) dt' \end{aligned} \quad (3-72)$$

其中

$$\begin{cases} L_d = 0.62\% W_{10\text{mwind}} + 11.06/100 \\ L_{c+} = 0.06\% W_{10\text{mwind}} + 2.80/100 \\ L_{c-} = -0.18\% W_{10\text{mwind}} - 2.60/100 \end{cases} \quad (3-73)$$

采用上述两个水平姿态落水假人漂移轨迹预测模型分别对两个独立样本的漂移轨迹试验进行了模拟预测，分别如图 3-58 和图 3-59 所示。从两图中可以看出，

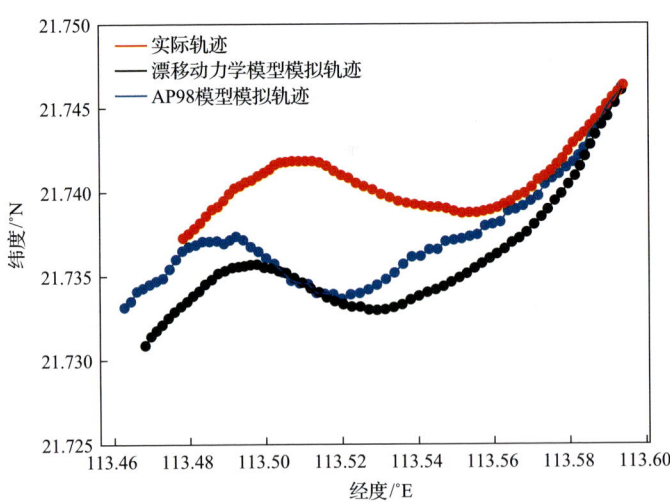

图 3-58　水平姿态落水假人海上试验数据中一个样本(Case1)的漂移轨迹、基于水平姿态落水假人漂移动力学模型的漂移轨迹模拟预测结果和基于水平姿态落水假人漂移 AP98 模型的漂移轨迹预测结果

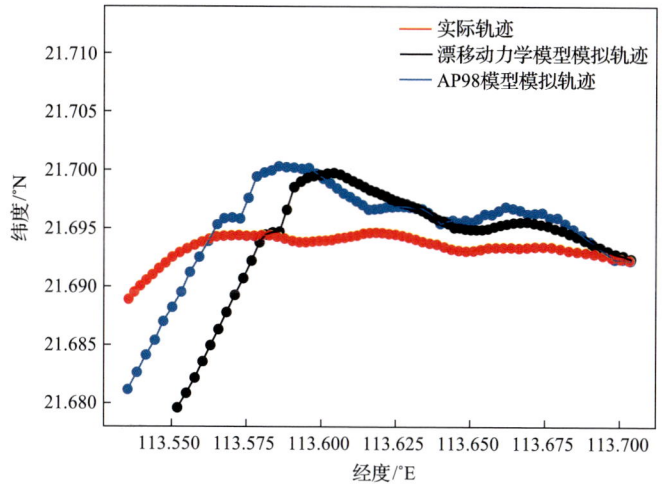

图 3-59　水平姿态落水假人海上试验数据中一个样本(Case2)的漂移轨迹、基于水平姿态落水假人漂移动力学模型的漂移轨迹模拟预测结果和基于水平姿态落水假人漂移 AP98 模型的漂移轨迹预测结果

针对第一个样本的漂移轨迹(图 3-58)，基于水平姿态落水假人漂移 AP98 模型的轨迹预测结果与实测漂移轨迹吻合较好，明显优于基于水平姿态落水假人漂移动力学模型的轨迹预测结果；而针对第二个样本的漂移轨迹观测数据(图 3-59)，基于水平姿态落水假人漂移动力学模型的轨迹预测结果与实测漂移轨迹吻合较好，基于水平姿态落水假人漂移 AP98 模型的轨迹预测结果与实测轨迹有一定的差距，但漂移轨迹趋势基本吻合。

2. 水平姿态落水假人搜救范围计算模型和结果

按照 3.3.4 节中第一部分所述海上遇险目标搜救范围计算模型，暂不考虑海洋环境、气象数据误差扰动及落水时间和地点不确定性的影响，重点考虑漂移系数不确定性对粒子的集合轨迹和搜救范围的影响。

在水平姿态落水假人漂移动力学模型中对东西(X)方向和南北(Y)方向的拟合结果分别进行扰动，如下：

$$\begin{cases} V_x = 0.9847 V_{cx} + 0.0153 V_{wx} + \text{RMSE}_x \times \text{norm}_x \\ V_y = 0.9797 V_{cy} + 0.0203 V_{wy} + \text{RMSE}_y \times \text{norm}_y \end{cases} \quad (3\text{-}74)$$

式中，RMSE_x 和 RMSE_y 分别为东西(X)方向和南北(Y)方向的拟合标准误差；norm_x 和 norm_y 分别为针对东西(X)方向和南北(Y)方向的符合正态分布 $N(0,1)$ 的随机数。取 1000 个粒子，进行 1000 次随机扰动模拟。

在水平姿态落水假人漂移 AP98 模型中对顺风向和侧风向的拟合结果分别进行扰动，如下：

$$\begin{cases} L_d = 0.62\%W_{10\text{mwind}} + 11.06/100 + S_d \times \text{norm}_d \\ L_{c+} = 0.06\%W_{10\text{mwind}} + 2.80/100 + S_{c+} \times \text{norm}_{c+} \\ L_{c-} = -0.18\%W_{10\text{mwind}} - 2.60/100 + S_{c-} \times \text{norm}_{c-} \end{cases} \quad (3\text{-}75)$$

式中，S_d、S_{c+} 和 S_{c-} 分别为 DWL、+CWL、–CWL 方向的拟合标准误差；norm_d、norm_{c+} 和 norm_{c-} 分别为针对 DWL、+CWL、–CWL 方向的符合正态分布 $N(0,1)$ 的随机数。实际计算时，侧风向风致漂移选择+CWL 还是–CWL 其实是随机的，本节风致漂移右偏概率(POPC)和转向频率由水平姿态落水假人漂移实际观测数据得到：POPC 为 55.6%，转向频率为 5.3%。取 1000 个粒子，其中 556 个粒子受到风致漂移右偏的影响，剩余 444 个粒子受到风致漂移左偏的影响，而在每个粒子模拟过程中，均有 5.3%的概率发生风压翻转，共进行 1000 次随机扰动模拟。

采用上述两个集合轨迹和搜救范围计算模型对两个独立样本的漂移轨迹和范围进行了模拟预测，如图 3-60 和图 3-61 所示，模拟粒子的平均位置分布与真实轨迹的每小时距离偏差如表 3-25 所示。可以看出，由于风致漂移在侧风向的左右偏离，基于水平姿态落水假人漂移 AP98 模型的漂移轨迹集合预测结果更加分散，而对应的搜救范围面积更大，在两个样本中均覆盖了真实轨迹；而基于水平姿态

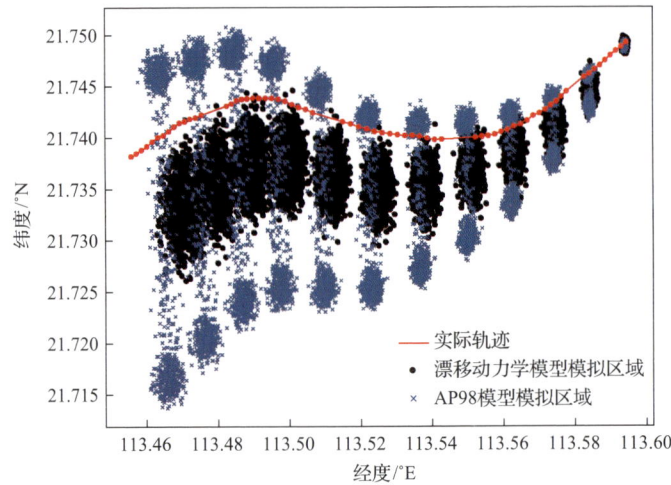

图 3-60 水平姿态落水假人海上试验数据中一个样本(Case1)的漂移轨迹、基于水平姿态落水假人漂移动力学模型的漂移轨迹集合预测结果及搜救范围、基于水平姿态落水假人漂移 AP98 模型的漂移轨迹集合预测结果及搜救范围

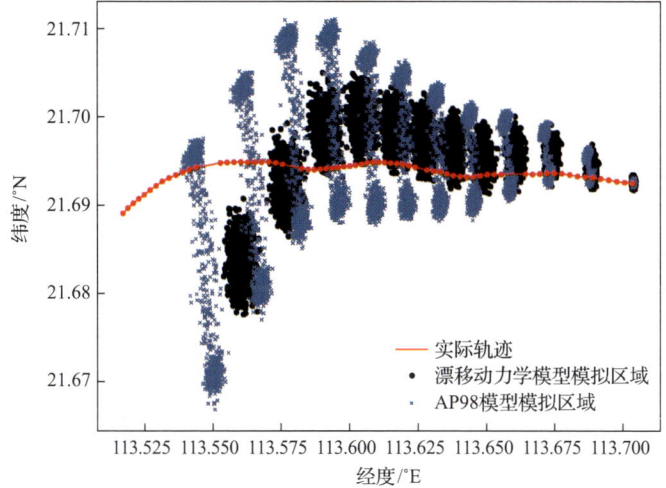

图3-61 水平姿态落水假人海上试验数据中一个样本(Case2)的漂移轨迹、基于水平姿态落水假人漂移动力学模型的漂移轨迹集合预测结果及搜救范围、基于水平姿态落水假人漂移AP98模型的漂移轨迹集合预测结果及搜救范围

表3-25 水平姿态落水假人搜救范围计算结果中平均位置与真实轨迹每小时的距离偏差

(单位:km)

样本	模型	1h	2h	3h	4h	5h	6h	7h	8h	9h	10h	11h	12h
Case1	AP98	0.21	0.42	0.34	0.55	0.75	0.71	0.81	1.21	1.17	1.46	1.47	1.51
	动力学	0.21	0.38	0.26	0.35	0.48	0.65	0.72	1.22	1.10	1.42	1.38	1.34
Case2	AP98	0.28	0.26	0.35	0.49	0.64	0.84	1.01	1.18	1.31	1.37	1.31	1.28
	动力学	0.27	0.16	0.30	0.47	0.74	1.07	1.35	1.62	1.81	1.96	1.98	1.92

落水假人漂移动力学模型的漂移轨迹集合预测结果相对更加集中,但整体的平均位置与真实轨迹的偏差更小,均不超过2km。

3.6.5 海上(十人)救生筏

1. 海上(十人)救生筏漂移轨迹预测模型和结果

由参数率定结果可知,海上(十人)救生筏的漂移动力学模型为

$$\begin{cases} V_x = 0.9721 V_{cx} + 0.0279 V_{wx} \\ V_y = 0.9616 V_{cy} + 0.0384 V_{wy} \end{cases} \quad (3-76)$$

式中,V_x、V_y分别为海上(十人)救生筏漂移速度在东西方向和南北方向的分量;V_{cx}、V_{cy}分别为海表流速在东西方向和南北方向的分量;V_{wx}、V_{wy}分别为风速在东西方向和南北方向的分量。

代入基于海上遇险目标漂移动力学模型的漂移轨迹预测模型后,可得海上(十人)救生筏漂移轨迹预测模型为

$$\begin{cases} s_x(t) = s_x(t_0) + \int_{t_0}^{t} \left(0.9721 V_{cx}(s(t'),t') + 0.0279 V_{wx}(s(t'),t') \right) dt' \\ s_y(t) = s_y(t_0) + \int_{t_0}^{t} \left(0.9616 V_{cy}(s(t'),t') + 0.0384 V_{wy}(s(t'),t') \right) dt' \end{cases} \quad (3\text{-}77)$$

式中,s_x、s_y 分别为海上(十人)救生筏漂移位移在东西方向和南北方向的分量。

由参数率定结果可知,海上(十人)救生筏的基于 AP98 模型的漂移轨迹预测模型为

$$\begin{aligned} s(t) &= s(t_0) + \int_{t_0}^{t} V(s(t'),t') dt' \\ &= s(t_0) + \int_{t_0}^{t} \left(V_c(s(t'),t') + L(s(t'),t') \right) dt' \end{aligned} \quad (3\text{-}78)$$

其中

$$\begin{cases} L_d = 2.82\% W_{10\text{mwind}} + 0.73/100 \\ L_{c+} = 0.31\% W_{10\text{mwind}} + 1.74/100 \\ L_{c-} = -0.92\% W_{10\text{mwind}} + 0.58/100 \end{cases} \quad (3\text{-}79)$$

采用上述两个海上(十人)救生筏漂移轨迹预测模型分别对两个独立样本的漂移轨迹试验进行模拟预测,分别如图 3-62 和图 3-63 所示。从两图中可以看出,

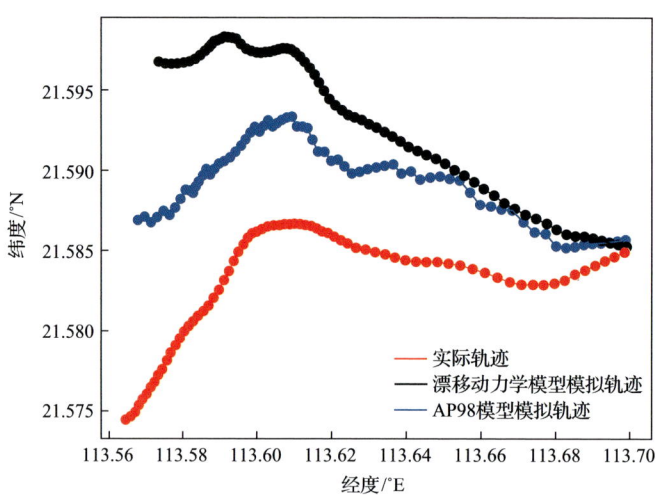

图 3-62 海上(十人)救生筏海上试验数据中一个样本(Case1)的漂移轨迹、基于海上(十人)救生筏漂移动力学模型的漂移轨迹模拟预测结果和基于海上(十人)救生筏漂移 AP98 模型的漂移轨迹预测结果

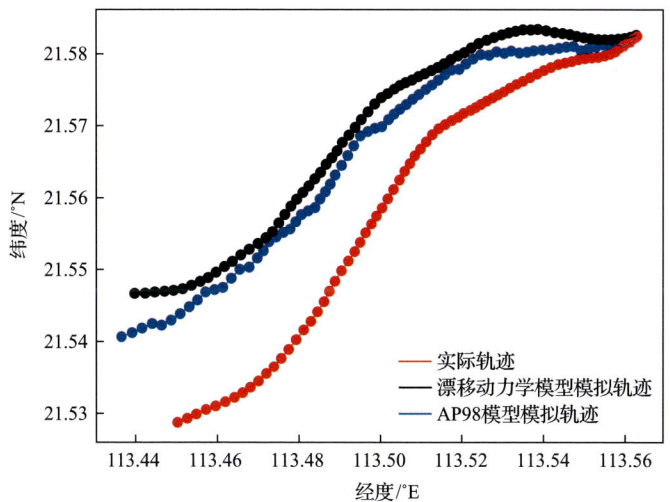

图 3-63 海上(十人)救生筏海上试验数据中一个样本(Case2)的漂移轨迹、基于海上(十人)救生筏漂移动力学模型的漂移轨迹模拟预测结果和基于海上(十人)救生筏漂移 AP98 模型的漂移轨迹预测结果

针对第一个样本的漂移轨迹(图 3-62),基于海上(十人)救生筏漂移 AP98 模型的轨迹预测结果与实测漂移轨迹吻合较好,明显优于基于海上(十人)救生筏漂移动力学模型的轨迹预测结果;而针对第二个样本的漂移轨迹观测数据(图 3-63),同样,基于海上(十人)救生筏漂移 AP98 模型的轨迹预测结果与实测漂移轨迹吻合较好,明显优于基于海上(十人)救生筏漂移动力学模型的轨迹预测结果。

2. 海上(十人)救生筏搜救范围计算模型和结果

按照 3.3.4 节中第一部分所述海上遇险目标搜救范围计算模型,暂不考虑海洋环境、气象数据误差扰动及落水时间和地点不确定性的影响,重点考虑漂移系数不确定性对粒子集合轨迹和搜救范围的影响。

在海上(十人)救生筏漂移动力学模型中对东西(X)方向和南北(Y)方向的拟合结果分别进行扰动,如下:

$$\begin{cases} V_x = 0.9721V_{cx} + 0.0279V_{wx} + \text{RMSE}_x \times \text{norm}_x \\ V_y = 0.9616V_{cy} + 0.0384V_{wy} + \text{RMSE}_y \times \text{norm}_y \end{cases} \quad (3\text{-}80)$$

式中,RMSE_x 和 RMSE_y 分别为东西(X)方向和南北(Y)方向的拟合标准误差;norm_x 和 norm_y 分别为针对东西(X)方向和南北(Y)方向的符合正态分布 $N(0,1)$ 的随机数。取 1000 个粒子,进行 1000 次随机扰动模拟。

在海上(十人)救生筏漂移 AP98 模型中对顺风向和侧风向的拟合结果分别进

行扰动，如下：

$$\begin{cases} L_\mathrm{d} = 2.82\%W_\mathrm{10mwind} + 0.73/100 + S_\mathrm{d} \times \mathrm{norm}_\mathrm{d} \\ L_\mathrm{c+} = 0.31\%W_\mathrm{10mwind} + 1.74/100 + S_\mathrm{c+} \times \mathrm{norm}_\mathrm{c+} \\ L_\mathrm{c-} = -0.92\%W_\mathrm{10mwind} + 0.58/100 + S_\mathrm{c-} \times \mathrm{norm}_\mathrm{c-} \end{cases} \quad (3\text{-}81)$$

式中，S_d、$S_\mathrm{c+}$和$S_\mathrm{c-}$分别为 DWL、+CWL、−CWL 方向的拟合标准误差；norm_d、$\mathrm{norm}_\mathrm{c+}$和$\mathrm{norm}_\mathrm{c-}$分别为针对 DWL、+CWL、−CWL 方向的符合正态分布 $N(0,1)$ 的随机数。实际计算时，侧风向风致漂移选择+CWL 还是−CWL 其实是随机的，本节风致漂移右偏概率 (POPC) 和转向频率由海上 (十人) 救生筏漂移实际观测数据得到：POPC 为 31.4%，转向频率为 4%。取 1000 个粒子，其中 314 个粒子受到风致漂移右偏的影响，剩余 686 个粒子受到风致漂移左偏的影响，而在每个粒子模拟过程中，均有 4%的概率发生风压翻转，共进行 1000 次随机扰动模拟。

采用上述两个集合轨迹和搜救范围计算模型对两个独立样本的漂移轨迹和范围进行了模拟预测，如图 3-64 和图 3-65 所示，模拟粒子的平均位置分布与真实轨迹的每小时距离偏差如表 3-26 所示。可以看出，由于风致漂移在侧风向的左右偏离，基于海上 (十人) 救生筏漂移 AP98 模型的漂移轨迹集合预测结果更加分散，而对应的搜救范围面积更大，在两个样本中均覆盖了真实轨迹；而基于海上 (十人) 救生筏漂移动力学模型的漂移轨迹集合预测结果相对更加集中，但整体的平均位置与真实轨迹的偏差更小，均不超过 3km。

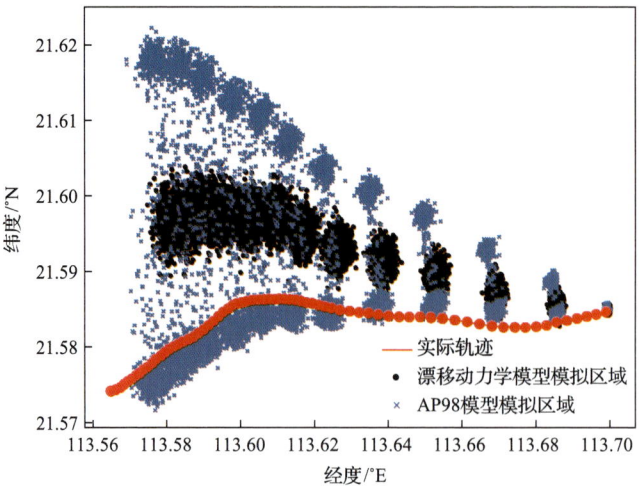

图 3-64 海上 (十人) 救生筏海上试验数据中一个样本 (Case1) 的漂移轨迹、基于海上 (十人) 救生筏漂移动力学模型的漂移轨迹集合预测结果及搜救范围、基于海上 (十人) 救生筏漂移 AP98 模型的漂移轨迹集合预测结果及搜救范围

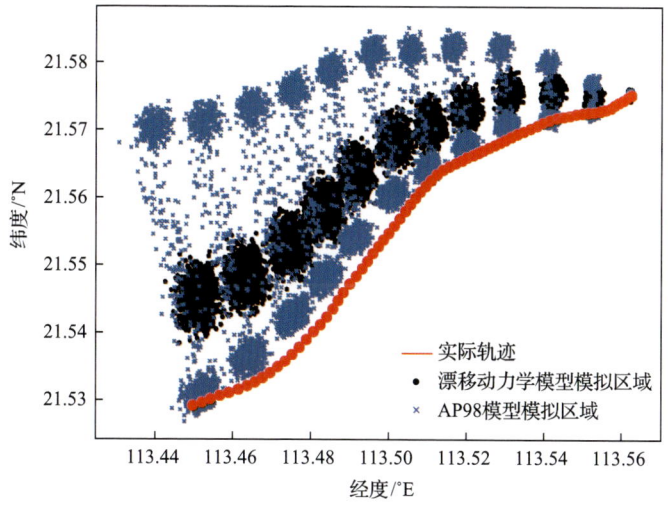

图 3-65 海上(十人)救生筏海上试验数据中一个样本(Case2)的漂移轨迹、基于海上(十人)救生筏漂移动力学模型的漂移轨迹集合预测结果及搜救范围、基于海上(十人)救生筏漂移 AP98 模型的漂移轨迹集合预测结果及搜救范围

表 3-26 海上(十人)救生筏搜救范围计算结果中平均位置与真实轨迹每小时的距离偏差

(单位：km)

样本	模型	1h	2h	3h	4h	5h	6h	7h	8h	9h	10h	11h	12h
Case1	AP98	0.22	0.30	0.55	0.78	0.96	1.00	1.04	1.21	1.39	1.58	1.80	1.91
	动力学	0.22	0.27	0.53	0.79	1.04	1.09	1.19	1.49	1.70	2.10	2.36	2.50
Case2	AP98	0.15	0.55	0.83	1.06	1.25	1.44	1.55	1.79	1.90	2.00	2.24	2.44
	动力学	0.14	0.48	0.72	0.93	1.05	1.15	1.20	1.38	1.46	1.58	1.82	1.98

3.6.6 航空(六人)救生筏

1. 航空(六人)救生筏漂移轨迹预测模型和结果

由参数率定结果可知，航空(六人)救生筏的漂移动力学模型为

$$\begin{cases} V_x = 0.968 V_{cx} + 0.032 V_{wx} \\ V_y = 0.9696 V_{cy} + 0.0304 V_{wy} \end{cases} \quad (3\text{-}82)$$

式中，V_x、V_y 分别为航空(六人)救生筏漂移速度在东西方向和南北方向的分量；V_{cx}、V_{cy} 分别为海表流速在东西方向和南北方向的分量；V_{wx}、V_{wy} 分别为风速在东西方向和南北方向的分量。

代入基于海上遇险目标漂移动力学模型的漂移轨迹预测模型后，可得航空(六人)救生筏漂移轨迹预测模型为

$$\begin{cases} s_x(t) = s_x(t_0) + \int_{t_0}^{t} \left(0.968 V_{cx}(s(t'),t') + 0.032 V_{wx}(s(t'),t')\right) dt' \\ s_y(t) = s_y(t_0) + \int_{t_0}^{t} \left(0.9696 V_{cy}(s(t'),t') + 0.0304 V_{wy}(s(t'),t')\right) dt' \end{cases} \quad (3\text{-}83)$$

式中，s_x、s_y 分别为航空(六人)救生筏漂移位移在东西方向和南北方向的分量。

由参数率定结果可知，航空(六人)救生筏的基于 AP98 模型的漂移轨迹预测模型为

$$\begin{aligned} s(t) &= s(t_0) + \int_{t_0}^{t} V(s(t'),t') dt' \\ &= s(t_0) + \int_{t_0}^{t} \left(V_c(s(t'),t') + L(s(t'),t')\right) dt' \end{aligned} \quad (3\text{-}84)$$

其中

$$\begin{cases} L_d = 3.65\% W_{10\text{mwind}} - 3.18/100 \\ L_{c+} = -0.13\% W_{10\text{mwind}} + 2.59/100 \\ L_{c-} = 0.19\% W_{10\text{mwind}} - 2.81/100 \end{cases} \quad (3\text{-}85)$$

采用上述两个航空(六人)救生筏漂移轨迹预测模型分别对两个独立样本的漂移轨迹试验进行模拟预测，分别如图 3-66 和图 3-67 所示。从两图中可以看出，

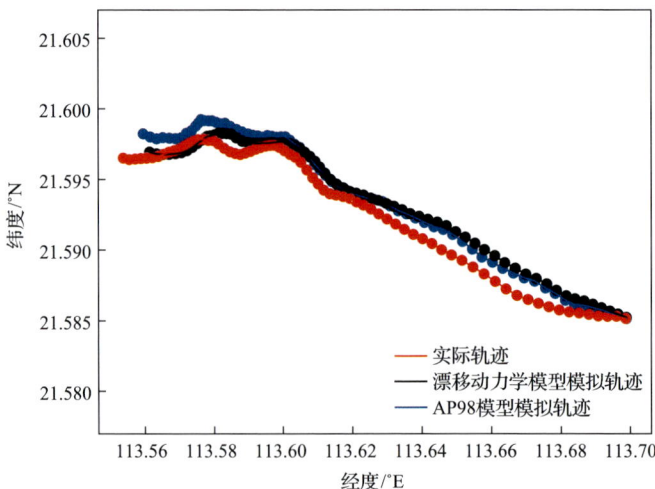

图 3-66　航空(六人)救生筏海上试验数据中一个样本(Case1)的漂移轨迹、基于航空(六人)救生筏漂移动力学模型的漂移轨迹模拟预测结果和基于航空(六人)救生筏漂移 AP98 模型的漂移轨迹预测结果

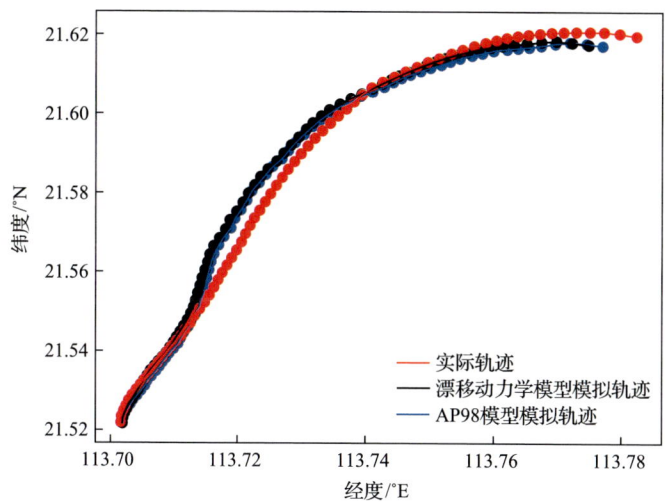

图 3-67　航空(六人)救生筏海上试验数据中一个样本(Case2)的漂移轨迹、基于航空(六人)救生筏漂移动力学模型的漂移轨迹模拟预测结果和基于航空(六人)救生筏漂移 AP98 模型的漂移轨迹预测结果

针对第一个样本的漂移轨迹(图 3-66),基于航空(六人)救生筏漂移 AP98 模型的轨迹预测结果和基于航空(六人)救生筏漂移动力学模型的轨迹预测结果与实测漂移轨迹都吻合较好;而针对第二个样本的漂移轨迹观测数据(图 3-67),同样,基于航空(六人)救生筏漂移的两个模型的轨迹预测结果与实测漂移轨迹都吻合较好。

2. 航空(六人)救生筏搜救范围计算模型和结果

按照 3.3.4 节中第一部分所述海上遇险目标搜救范围计算模型,暂不考虑海洋环境、气象数据误差扰动及落水时间和地点不确定性的影响,重点考虑漂移系数不确定性对粒子的集合轨迹和搜救范围的影响。

在航空(六人)救生筏漂移动力学模型中对东西(X)方向和南北(Y)方向的拟合结果分别进行扰动,如下:

$$\begin{cases} V_x = 0.968 V_{cx} + 0.032 V_{wx} + \text{RMSE}_x \times \text{norm}_x \\ V_y = 0.9696 V_{cy} + 0.0304 V_{wy} + \text{RMSE}_y \times \text{norm}_y \end{cases} \quad (3\text{-}86)$$

式中,RMSE_x 和 RMSE_y 分别为东西(X)方向和南北(Y)方向的拟合标准误差;norm_x 和 norm_y 分别为针对东西(X)方向和南北(Y)方向的符合正态分布 $N(0,1)$ 的随机数。取 1000 个粒子,进行 1000 次随机扰动模拟。

在航空(六人)救生筏漂移 AP98 模型中对顺风向和侧风向的拟合结果分别进行扰动,如下:

$$\begin{cases} L_\text{d} = 3.65\%W_{10\text{mwind}} - 3.18/100 + S_\text{d} \times \text{norm}_\text{d} \\ L_{\text{c}+} = -0.13\%W_{10\text{mwind}} + 2.59/100 + S_{\text{c}+} \times \text{norm}_{\text{c}+} \\ L_{\text{c}-} = 0.19\%W_{10\text{mwind}} - 2.81/100 + S_{\text{c}-} \times \text{norm}_{\text{c}-} \end{cases} \quad (3\text{-}87)$$

式中，S_d、$S_{\text{c}+}$ 和 S_c 分别为 DWL、+CWL、–CWL 方向的拟合标准误差；norm_d、$\text{norm}_{\text{c}+}$ 和 $\text{norm}_{\text{c}-}$ 分别为针对 DWL、+CWL、–CWL 方向的符合正态分布 $N(0,1)$ 的随机数。实际计算时，侧风向风致漂移选择+CWL 还是–CWL 其实是随机的，本节风致漂移右偏概率(POPC)和转向频率由海上(六人)救生筏漂移实际观测数据得到：POPC 为 61.0%，转向频率为 2%。取 1000 个粒子，其中 610 个粒子受到风致漂移右偏的影响，剩余 390 个粒子受到风致漂移左偏的影响，而在每个粒子模拟过程中，均有 2%的概率发生风压翻转，共进行 1000 次随机扰动模拟。

采用上述两个集合轨迹和搜救范围计算模型对两个独立样本的漂移轨迹和范围进行模拟预测，如图 3-68 和图 3-69 所示，模拟粒子的平均位置分布与真实轨迹的每小时距离偏差如表 3-27 所示。可以看出，由于风致漂移在侧风向上的左右偏离，基于航空(六人)救生筏漂移 AP98 模型的漂移轨迹集合预测结果更加分散，而对应的搜救范围面积更大，在两个样本中均覆盖了真实轨迹；而基于航空(六人)救生筏漂移动力学模型的漂移轨迹集合预测结果相对更加集中，但整体的平均位置与真实轨迹的偏差更小，均不超过 2km。

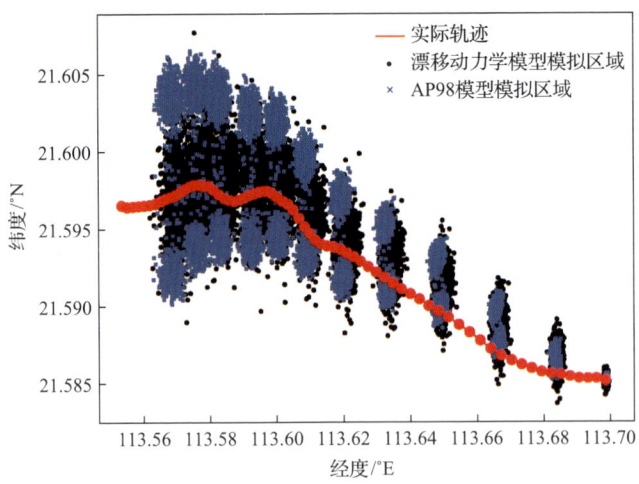

图 3-68 航空(六人)救生筏海上试验数据中一个样本(Case1)的漂移轨迹、基于航空(六人)救生筏漂移动力学模型的漂移轨迹集合预测结果及搜救范围、基于航空(六人)救生筏漂移 AP98 模型的漂移轨迹集合预测结果及搜救范围

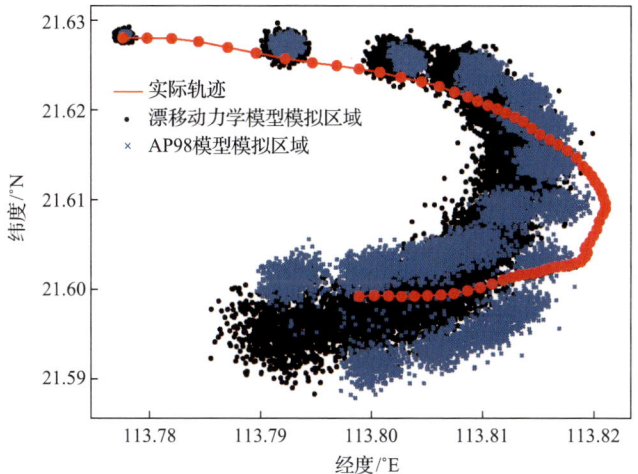

图 3-69 航空(六人)救生筏海上试验数据中一个样本(Case2)的漂移轨迹、基于航空(六人)救生筏漂移动力学模型的漂移轨迹集合预测结果及搜救范围、基于航空(六人)救生筏漂移 AP98 模型的漂移轨迹集合预测结果及搜救范围

表 3-27 航空(六人)救生筏搜救范围计算结果中平均位置与真实轨迹每小时的距离偏差

(单位：km)

样本	模型	1h	2h	3h	4h	5h	6h	7h	8h	9h	10h	11h	12h
Case1	AP98	0.24	0.21	0.30	0.28	0.31	0.34	0.41	0.48	0.56	0.59	0.71	0.83
	动力学	0.24	0.18	0.24	0.27	0.29	0.27	0.31	0.41	0.46	0.48	0.62	0.75
Case2	AP98	0.22	0.30	0.24	0.42	0.43	0.55	0.66	0.75	0.95	1.08	1.24	1.28
	动力学	0.21	0.30	0.27	0.51	0.57	0.74	0.89	1.00	1.22	1.36	1.52	1.55

3.6.7 海上救生艇

1. 海上救生艇漂移轨迹预测模型和结果

由参数率定结果可知，海上救生艇的漂移动力学模型为

$$\begin{cases} V_x = 0.9584 V_{cx} + 0.0416 V_{wx} \\ V_y = 0.9503 V_{cy} + 0.0497 V_{wy} \end{cases} \quad (3-88)$$

式中，V_x、V_y 分别为海上救生艇漂移速度在东西方向和南北方向的分量；V_{cx}、V_{cy} 分别为海表流速在东西方向和南北方向的分量；V_{wx}、V_{wy} 分别为风速在东西方向和南北方向的分量。

代入基于海上遇险目标漂移动力学模型的漂移轨迹预测模型后，可得海上救生艇漂移轨迹预测模型为

$$\begin{cases} s_x(t) = s_x(t_0) + \int_{t_0}^{t} \left(0.9584 V_{cx}(s(t'),t') + 0.0416 V_{wx}(s(t'),t')\right) \mathrm{d}t' \\ s_y(t) = s_y(t_0) + \int_{t_0}^{t} \left(0.9503 V_{cy}(s(t'),t') + 0.0497 V_{wy}(s(t'),t')\right) \mathrm{d}t' \end{cases} \quad (3\text{-}89)$$

式中，s_x、s_y 分别为海上救生艇漂移位移在东西方向和南北方向的分量。

由参数率定结果可知，海上救生艇的基于 AP98 模型的漂移轨迹预测模型为

$$\begin{aligned} s(t) &= s(t_0) + \int_{t_0}^{t} V(s(t'),t') \mathrm{d}t' \\ &= s(t_0) + \int_{t_0}^{t} \left(V_c(s(t'),t') + L(s(t'),t')\right) \mathrm{d}t' \end{aligned} \quad (3\text{-}90)$$

其中

$$\begin{cases} L_d = 3.14\% W_{10\mathrm{mwind}} + 7.11/100 \\ L_{c+} = -0.99\% W_{10\mathrm{mwind}} + 11.22/100 \\ L_{c-} = 0.34\% W_{10\mathrm{mwind}} - 8.11/100 \end{cases} \quad (3\text{-}91)$$

采用上述两个海上救生艇漂移轨迹预测模型分别对两个独立样本的漂移轨迹试验进行模拟预测，分别如图 3-70 和图 3-71 所示。从两图中可以看出，针对第

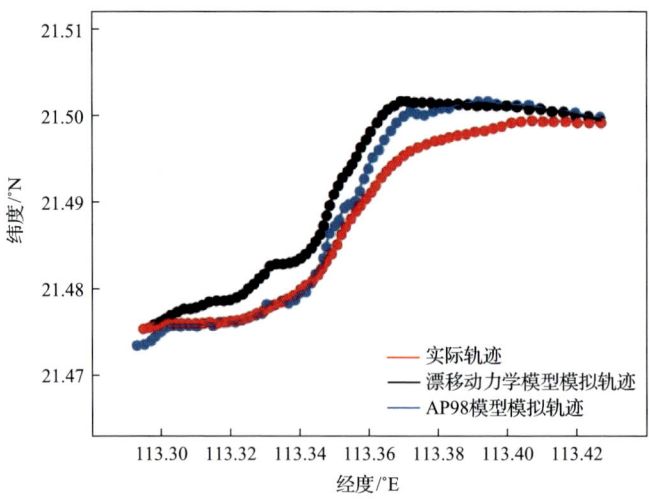

图 3-70　海上救生艇海上试验数据中一个样本(Case1)的漂移轨迹、基于海上救生艇漂移动力学模型的漂移轨迹模拟预测结果和基于海上救生艇漂移 AP98 模型的漂移轨迹预测结果

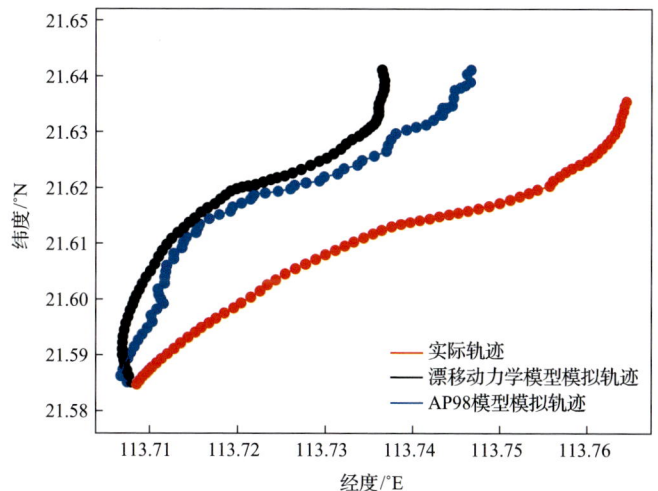

图 3-71　海上救生艇海上试验数据中一个样本(Case2)的漂移轨迹、基于海上救生艇漂移动力学模型的漂移轨迹模拟预测结果和基于海上救生艇漂移 AP98 模型的漂移轨迹预测结果

一个样本的漂移轨迹(图 3-70)，基于海上救生艇漂移 AP98 模型的轨迹预测结果与实测漂移轨迹吻合较好，明显优于基于海上救生艇漂移动力学模型的轨迹预测结果；而针对第二个样本的漂移轨迹观测数据(图 3-71)，同样，基于海上救生艇漂移 AP98 模型的轨迹预测结果与实测漂移轨迹吻合较好，明显优于基于海上救生艇漂移动力学模型的轨迹预测结果。

2. 海上救生艇搜救范围计算模型和结果

按照 3.3.4 节中第一部分所述海上遇险目标搜救范围计算模型，暂不考虑海洋环境、气象数据误差扰动及落水时间和地点不确定性的影响，重点考虑漂移系数不确定性对粒子的集合轨迹和搜救范围的影响。

在海上救生艇漂移动力学模型中对东西(X)方向和南北(Y)方向上的拟合结果分别进行扰动，如下：

$$\begin{cases} V_x = 0.9584 V_{cx} + 0.0416 V_{wx} + \mathrm{RMSE}_x \times \mathrm{norm}_x \\ V_y = 0.9503 V_{cy} + 0.0497 V_{wy} + \mathrm{RMSE}_y \times \mathrm{norm}_y \end{cases} \quad (3\text{-}92)$$

式中，RMSE_x 和 RMSE_y 分别为东西(X)方向和南北(Y)方向的拟合标准误差；norm_x 和 norm_y 分别为针对东西(X)方向和南北(Y)方向的符合正态分布 $N(0,1)$ 的随机数。取 1000 个粒子，进行 1000 次随机扰动模拟。

在海上救生艇漂移 AP98 模型中对顺风向和侧风向的拟合结果分别进行扰动，如下：

$$\begin{cases} L_d = 3.14\%W_{10\text{mwind}} + 7.11/100 + S_d \times \text{norm}_d \\ L_{c+} = -0.99\%W_{10\text{mwind}} + 11.22/100 + S_{c+} \times \text{norm}_{c+} \\ L_{c-} = 0.34\%W_{10\text{mwind}} - 8.11/100 + S_{c-} \times \text{norm}_{c-} \end{cases} \quad (3\text{-}93)$$

式中，S_d、S_{c+} 和 S_{c-} 分别为 DWL、+CWL、−CWL 方向的拟合标准误差；norm_d、norm_{c+} 和 norm_{c-} 分别为针对 DWL、+CWL、−CWL 方向的符合正态分布 $N(0,1)$ 的随机数。实际计算时，侧风向风致漂移选择+CWL 还是−CWL 其实是随机的，本节风致漂移右偏概率（POPC）和转向频率由海上救生艇漂移实际观测数据得到：POPC 为 47.5%，转向频率为 6%。取 1000 个粒子，其中 475 个粒子受到风致漂移右偏的影响，剩余 525 个粒子受到风致漂移左偏的影响，而在每个粒子模拟过程中，均有 6%的概率发生风压翻转，共进行 1000 次随机扰动模拟。

采用上述两个集合轨迹和搜救范围计算模型对两个独立样本的漂移轨迹和范围进行了模拟预测，如图 3-72 和图 3-73 所示，模拟粒子的平均位置分布与真实轨迹的每小时距离偏差如表 3-28 所示。可以看出，由于风致漂移在侧风向的左右偏离，基于海上救生艇漂移 AP98 模型的漂移轨迹集合预测结果更加分散，而对应的搜救范围面积更大，在两个样本中均覆盖了真实轨迹；而基于海上救生艇漂移动力学模型的漂移轨迹集合预测结果相对更加集中。整体来说，AP98 模型预测的平均位置与真实轨迹的偏差更小，均不超过 2km。

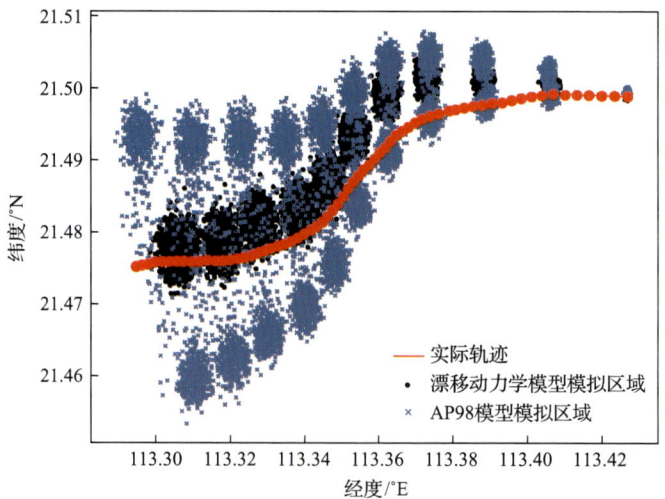

图 3-72　海上救生艇海上试验数据中一个样本（Case1）的漂移轨迹、基于海上救生艇漂移动力学模型的漂移轨迹集合预测结果及搜救范围、基于海上救生艇漂移 AP98 模型的漂移轨迹集合预测结果及搜救范围

第3章　海上遇险目标漂移规律及快速预报　　　　143

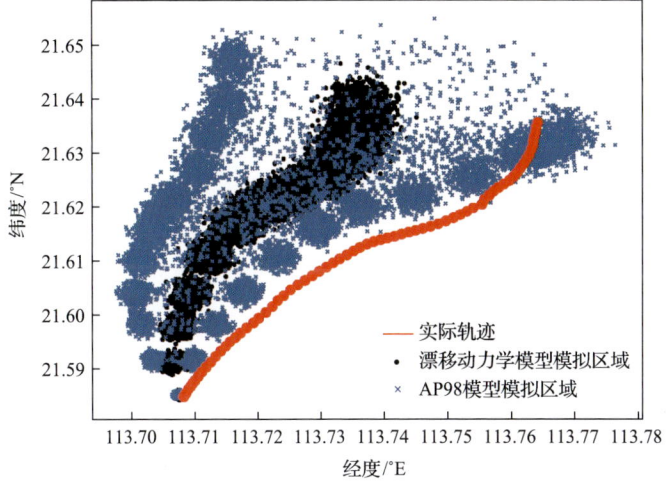

图 3-73　海上救生艇海上试验数据中一个样本(Case2)的漂移轨迹、基于海上救生艇漂移动力学模型的漂移轨迹集合预测结果及搜救范围、基于海上救生艇漂移 AP98 模型的漂移轨迹集合预测结果及搜救范围

表 3-28　海上救生艇搜救范围计算结果中平均位置与真实轨迹每小时的距离偏差

(单位：km)

样本	模型	1h	2h	3h	4h	5h	6h	7h	8h	9h	10h	11h	12h
Case1	AP98	0.07	0.23	0.42	0.47	0.33	0.21	0.10	0.06	0.04	0.15	0.25	0.07
	动力学	0.04	0.18	0.42	0.63	0.67	0.58	0.46	0.42	0.44	0.33	0.31	0.04
Case2	AP98	0.05	0.42	0.76	1.10	1.27	1.45	1.52	1.66	1.98	1.94	1.93	1.74
	动力学	0.07	0.49	0.88	1.23	1.57	1.86	2.11	2.28	2.44	2.54	2.78	2.87

3.6.8　远海渔船

1. 远海渔船漂移轨迹预测模型和结果

由参数率定结果可知，远海渔船的漂移动力学模型为

$$\begin{cases} V_x = 0.9547 V_{cx} + 0.0453 V_{wx} \\ V_y = 0.9842 V_{cy} + 0.0158 V_{wy} \end{cases} \quad (3\text{-}94)$$

式中，V_x、V_y 分别为远海渔船漂移速度在东西方向和南北方向的分量；V_{cx}、V_{cy} 分别为海表流速在东西方向和南北方向的分量；V_{wx}、V_{wy} 分别为风速在东西方向和南北方向的分量。

代入基于海上遇险目标漂移动力学模型的漂移轨迹预测模型后，可得远海渔

船漂移轨迹预测模型为

$$\begin{cases} s_x(t) = s_x(t_0) + \int_{t_0}^{t} \left(0.9547 V_{cx}(s(t'),t') + 0.0453 V_{wx}(s(t'),t')\right) dt' \\ s_y(t) = s_y(t_0) + \int_{t_0}^{t} \left(0.9842 V_{cy}(s(t'),t') + 0.0158 V_{wy}(s(t'),t')\right) dt' \end{cases} \quad (3\text{-}95)$$

式中，s_x、s_y 分别为远海渔船漂移位移在东西方向和南北方向的分量。

由参数率定结果可知，远海渔船的基于 AP98 模型的漂移轨迹预测模型为

$$\begin{aligned} s(t) &= s(t_0) + \int_{t_0}^{t} V(s(t'),t') dt' \\ &= s(t_0) + \int_{t_0}^{t} \left(V_c(s(t'),t') + L(s(t'),t')\right) dt' \end{aligned} \quad (3\text{-}96)$$

其中

$$\begin{cases} L_d = 3.57\% W_{10\text{mwind}} + 2.02/100 \\ L_{c+} = 4.92\% W_{10\text{mwind}} - 18.05/100 \\ L_{c-} = -0.19\% W_{10\text{mwind}} - 4.14/100 \end{cases} \quad (3\text{-}97)$$

采用上述两个远海渔船漂移轨迹预测模型分别对两个独立样本的漂移轨迹试验进行模拟预测，分别如图 3-74 和图 3-75 所示。从两图中可以看出，针对第一

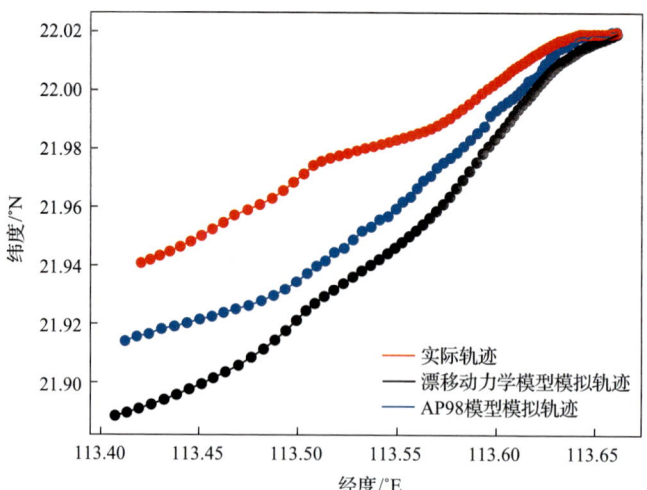

图 3-74 远海渔船海上试验数据中一个样本（Case1）的漂移轨迹、基于远海渔船漂移动力学模型的漂移轨迹模拟预测结果和基于远海渔船漂移 AP98 模型的漂移轨迹预测结果

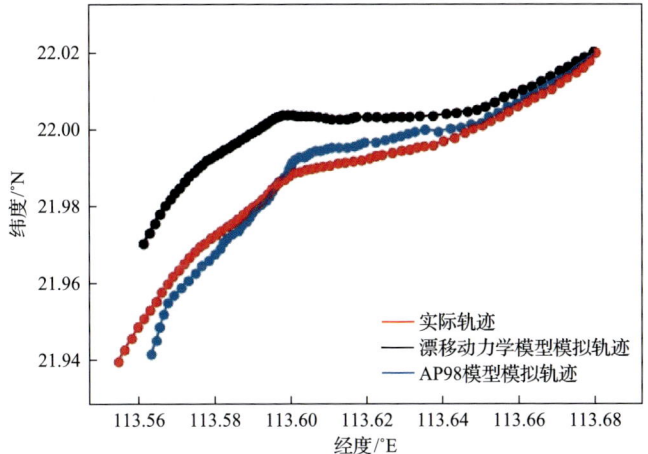

图 3-75 远海渔船海上试验数据中一个样本(Case2)的漂移轨迹、基于远海渔船漂移动力学模型的漂移轨迹模拟预测结果和基于远海渔船漂移 AP98 模型的漂移轨迹预测结果

个样本的漂移轨迹(图 3-74),基于远海渔船漂移 AP98 模型的轨迹预测结果与实测漂移轨迹吻合较好,明显优于基于远海渔船漂移动力学模型的轨迹预测结果;而针对第二个样本的漂移轨迹观测数据(图 3-75),同样基于远海渔船漂移 AP98 模型的轨迹预测结果与实测漂移轨迹吻合较好,明显优于基于远海渔船漂移动力学模型的轨迹预测结果。

2. 远海渔船搜救范围计算模型和结果

按照 3.3.4 节中第一部分所述海上遇险目标搜救范围计算模型,暂不考虑海洋环境、气象数据误差扰动及落水时间和地点不确定性的影响,重点考虑漂移系数不确定性对粒子集合轨迹和搜救范围的影响。

在远海渔船漂移动力学模型中对东西(X)方向和南北(Y)方向的拟合结果分别进行扰动,如下:

$$\begin{cases} V_x = 0.9547 V_{cx} + 0.0453 V_{wx} + \mathrm{RMSE}_x \times \mathrm{norm}_x \\ V_y = 0.9842 V_{cy} + 0.0158 V_{wy} + \mathrm{RMSE}_y \times \mathrm{norm}_y \end{cases} \quad (3\text{-}98)$$

式中,RMSE_x 和 RMSE_y 分别为东西(X)方向和南北(Y)方向的拟合标准误差;norm_x 和 norm_y 分别为针对东西(X)方向和南北(Y)方向的符合正态分布 $N(0,1)$ 的随机数。取 1000 个粒子,进行 1000 次随机扰动模拟。

在远海渔船漂移 AP98 模型中对顺风向和侧风向的拟合结果分别进行扰动,如下:

$$\begin{cases} L_\text{d} = 3.57\% W_\text{10mwind} + 2.02/100 + S_\text{d} \times \text{norm}_\text{d} \\ L_\text{c+} = 4.92\% W_\text{10mwind} - 18.05/100 + S_\text{c+} \times \text{norm}_\text{c+} \\ L_\text{c-} = -0.19\% W_\text{10mwind} - 4.14/100 + S_\text{c-} \times \text{norm}_\text{c-} \end{cases} \quad (3\text{-}99)$$

式中，S_d、$S_\text{c+}$和$S_\text{c-}$分别为DWL、+CWL、–CWL方向的拟合标准误差；norm_d、$\text{norm}_\text{c+}$和$\text{norm}_\text{c-}$分别为针对DWL、+CWL、–CWL方向的符合正态分布$N(0,1)$的随机数。实际计算时，侧风向风致漂移选择+CWL还是–CWL其实是随机的，本节风致漂移右偏概率(POPC)和转向频率由远海渔船漂移实际观测数据得到：POPC为65.6%，转向频率为6%。取1000个粒子，其中656个粒子受到风致漂移右偏的影响，剩余344个粒子受到风致漂移左偏的影响，而在每个粒子模拟过程中，均有6%的概率发生风压翻转，共进行1000次随机扰动模拟。

采用上述两个集合轨迹和搜救范围计算模型对两个独立样本的漂移轨迹和范围进行了模拟预测，如图3-76和图3-77所示，模拟粒子的平均位置分布与真实轨迹的每小时距离偏差如表3-29所示。可以看出，由于风致漂移在侧风向的左右偏离，基于远海渔船漂移AP98模型的漂移轨迹集合预测结果更加分散，而对应的搜救范围面积更大，在两个样本中均覆盖了真实轨迹；而基于远海渔船漂移动力学模型的漂移轨迹集合预测结果相对更加集中，但整体的平均位置与真实轨迹的偏差更大。

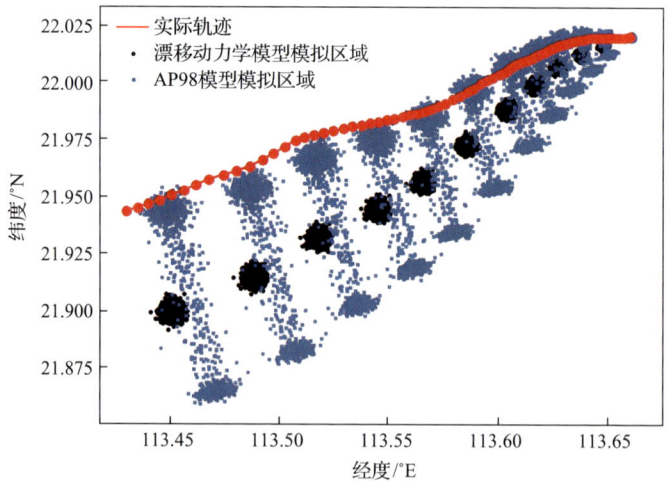

图3-76 远海渔船海上试验数据中一个样本(Case1)的漂移轨迹、基于远海渔船漂移动力学模型的漂移轨迹集合预测结果及搜救范围、基于远海渔船漂移AP98模型的漂移轨迹集合预测结果及搜救范围

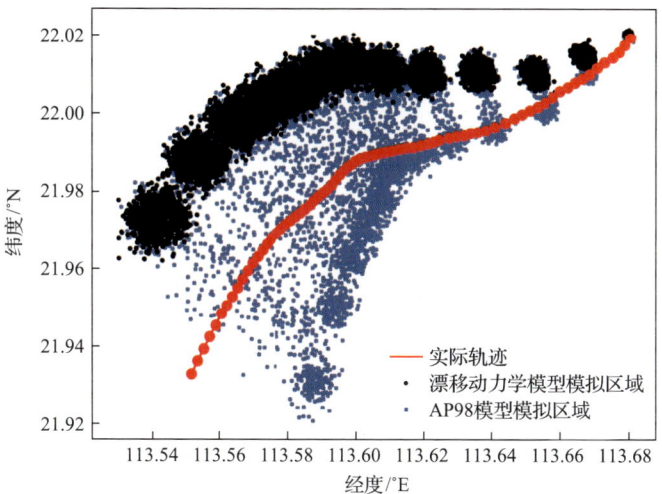

图 3-77 远海渔船海上试验数据中一个样本(Case2)的漂移轨迹、基于远海渔船漂移动力学模型的漂移轨迹集合预测结果及搜救范围、基于远海渔船漂移 AP98 模型的漂移轨迹集合预测结果及搜救范围

表 3-29 远海渔船搜救范围计算结果中平均位置与真实轨迹每小时的距离偏差

(单位：km)

样本	模型	1h	2h	3h	4h	5h	6h	7h	8h	9h	10h	11h	12h
Case1	AP98	0.22	0.44	0.70	0.97	1.27	1.59	2.01	2.57	3.35	4.12	4.82	4.82
	动力学	0.23	0.42	0.75	1.03	1.44	1.98	2.77	3.53	4.32	5.23	6.05	6.21
Case2	AP98	0.33	0.51	0.65	1.03	1.00	0.96	0.94	0.97	1.09	1.22	1.36	1.55
	动力学	0.33	0.50	0.65	1.14	1.33	1.48	1.63	1.80	2.12	2.35	2.61	2.99

第 4 章　海上遇险目标定位技术

船舶遇险时所处情况复杂，为了抓住报警与救助的黄金时机，遇险船舶需要自动判别遇险情况，并及时发送报警信息；对于落水人员，准确的位置信息和生命状况，将会显著提升救助的成功率。因此，需要研制具备快速判别船舶状态并通过多种数据链路发送报警信息的船载设备和具备生命体征判别功能的个人报警设备。由于此类设备工作环境极其恶劣，对可用性和可靠性的要求极高，因此需要在设备的结构、供电、天线等方面进行设计优化；同时为了便于携带和日常保养，需要在保证设备正常功效的情况下，高度集成化，从而可以兼顾能源与功效。

本章介绍具备落水人员生命体征判别功能的个人北斗/AIS 无线电示位标，其可以实现落水人员生命体征判别，实时上报落水人员位置和状态，从而为搜救策略的制定提供决策支持。同时，介绍具备自动释放功能的船载北斗无线电示位标，其可以实现船舶状态自动判别，在船舶发生倾覆或者大尺度横倾、纵倾等多种情况下，能够自动启动并发送报警信号。

4.1　落水人员无线电示位标研发

4.1.1　关键技术研究

1. 生命体征判别技术原理

落水人员生命体征判别装置的研制依赖于一种基于用户运动行为的检测算法，在落水人员随身携带示位标的情况下，该算法可以根据示位标中的三轴加速度传感器数据判断用户的行为状态。通过内置的三轴加速度传感器收集落水人员在水中的运动数据，对运动数据进行一系列时域和频域特征值处理，利用主成分分析方法找到最重要的特征值，依据这些特征值提出一个匹配识别模型，利用该模型根据实时数据推断用户当前的行为状态。

在数据处理过程中，首先对数据进行特征量抽取，不考虑示位标方向因素，求出水平和垂直方向上由运动行为所产生的加速度。经过傅里叶变换，将处理领域由加速度拓展到频率范围，获取频率信息。再进行主成分分析，获得对结果贡献最大的几个特征属性，最后利用这些特征点和数据训练一个识别模型。

在此基础上对数据分类与判别,找到合适的阈值对不同的特征状态进行判别,并形成一种判别模型来高速处理这些数据,实现对落水人员生命体征的判别。在获取到落水人员生命体征的基础上,示位标及时上报状态信息,海上搜救指挥中心根据落水人员生命体征制定动态的搜救策略,从而提升人命救助成功率。

落水人员生命体征判别技术主要研发工作包括:采集落水人员运动行为数据、处理加工数据、提取能量和频率特征数据、建立识别模型、开展主成分分析、选择判别阈值和形成判别结论等内容,研发流程如图 4-1 所示。

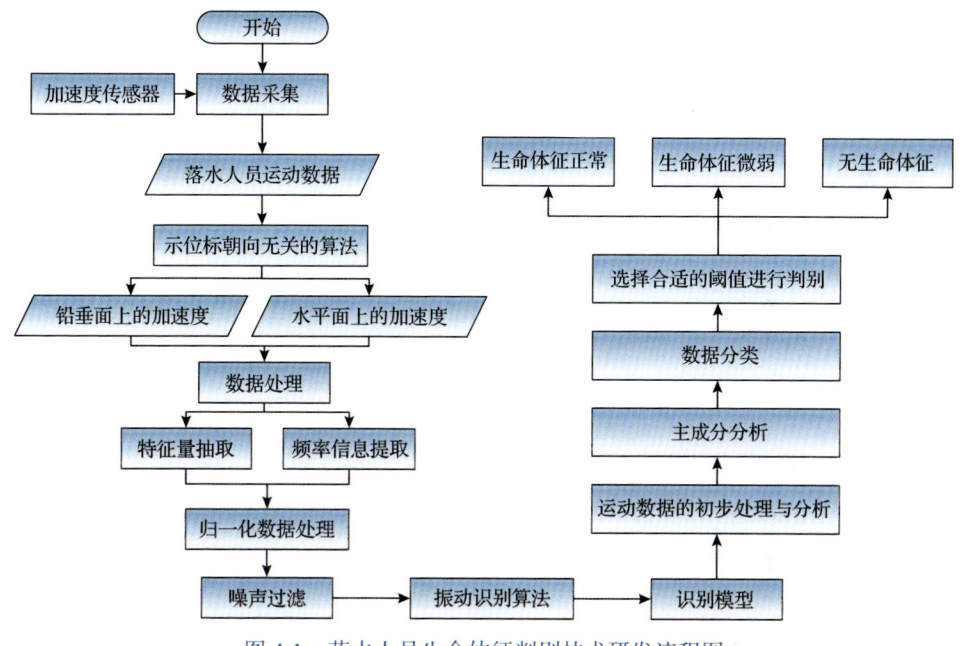

图 4-1　落水人员生命体征判别技术研发流程图

2. 原理试验

1) 示位标佩戴位置

落水人员在水中要注意保持体温,最好的姿势是 HELP 姿势,即双脚并拢屈到胸前,两肘紧贴身旁,交叉放在救生衣上,保持头部露出水面,如图 4-2 所示。

在使用救生圈时,头和手顺势钻入圈内,将救生圈夹在两腋下面,保持头部高于水面,身体浮于水中,等待救助,如图 4-3 所示。

现代救生浮具分为整体式救生衣、浮体位于救生衣背部、浮体位于脖子和救生衣兼具坐垫功能,如图 4-4 所示。

落水人员无线电示位标在信息发送过程中,示位标需要露出水面才能稳定地发送信号,综合人员落水后易于生还的姿势、浮具的穿戴方式,结合示位标定位

图 4-2　落水人员穿救生衣在水中姿势示意

图 4-3　落水人员用救生圈在水中姿势示意

图 4-4　救生衣

和发射报警信息的技术要求，结合佩戴于人体胸前位置的救生浮具应用，将示位标固定于浮具外表面，如图 4-5 所示。

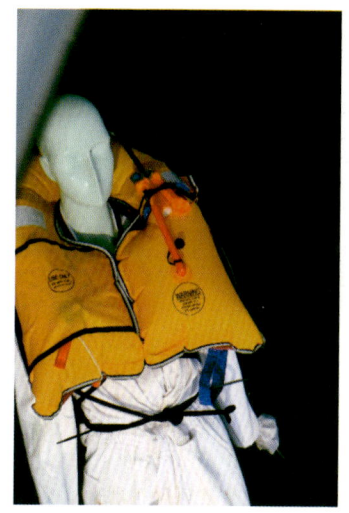

图 4-5 佩戴于胸前位置的救生浮具

2）试验数据采集

加速度的特征受到落水人员自主动作幅度大小、海水流速和海浪等因素的综合影响，在前期试验中，分别对假人和活人进行数据采集。另外，对人体自主动作幅度感知信号还与佩戴的位置有关，因此还对佩戴在手臂和胸前两种方案进行数据采集。以人员生死、佩戴位置、自主动作、背景海浪等条件，设计了 9 种数据采集场景，如下所示：

（1）平静水面下的假人数据（胸前和肩膀）；
（2）平静水面下的活人模仿死人保持静止数据（胸前和肩膀）；
（3）平静水面下的活人游泳数据（胸前和肩膀）；
（4）平静水面下的活人固定摆臂数据（胸前和肩膀）；
（5）有浪情况下的假人数据（胸前和肩膀）；
（6）有浪情况下的活人模仿死人保持静止数据（胸前和肩膀）；
（7）有浪情况下的活人游泳数据（胸前和肩膀）；
（8）有浪情况下的活人固定摆臂数据（胸前和肩膀）；
（9）海浪数据。

人体生命体征的判别数据采集场景如图 4-6 所示。

3）数据处理

（1）数据预处理。

对数据进行预处理的过程如下：

①数据读取。在离线阶段以>200Hz 频率采集 ±8g 范围内的三轴加速度信息、陀螺仪的角速度信息、时间戳信息，通过时间戳信息对数据进行索引。

图 4-6　人体生命体征的判别数据采集场景图

②数据清洗。对采集的信息通过 Kalman 滤波和协同滤波进行滤噪和填充空白处理。

③数据能量化。将加速度数据转换为能量数据，转换公式如下：

$$\text{频谱能量} = \text{sqrt}(a_x^2 + a_y^2 + a_z^2) \tag{4-1}$$

其中，a_x 为 x 方向加速度；a_y 为 y 方向加速度；a_z 为 z 方向加速度。

假人加速度平方和能量数据如图 4-7 所示，真人静止加速度平方和能量数据如图 4-8 所示。

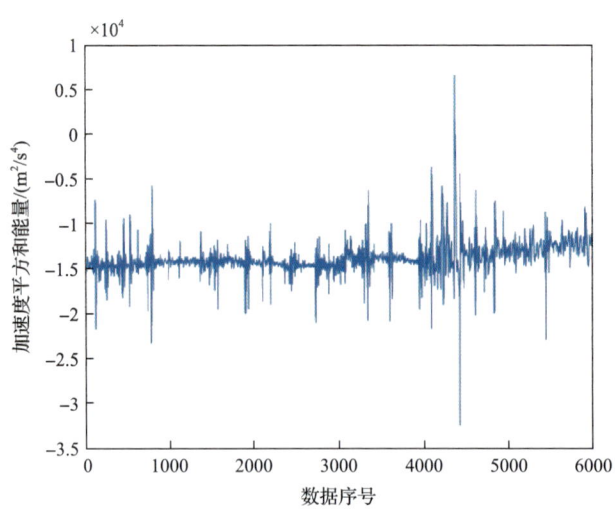

图 4-7　假人加速度平方和能量数据

(2) 特征提取。

从时域和频域两种方式进行特征提取，两种方式分别从加速度随时间变化的大小特征和周期特征来进行考虑，特征提取过程如下：

①试验选择能够统计出数据特征的数据滑窗；

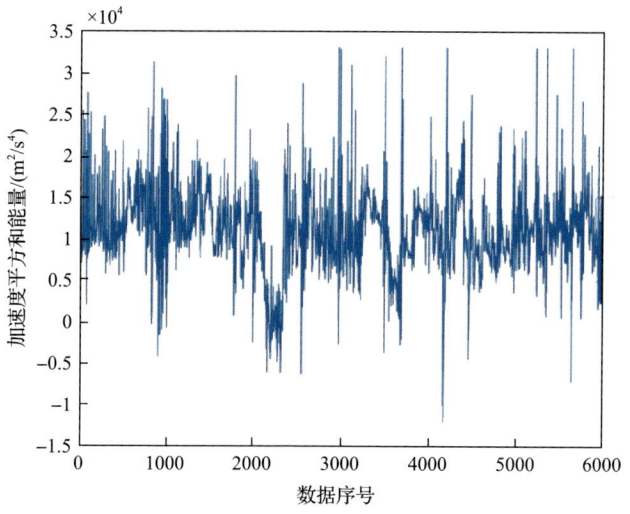

图 4-8　真人静止加速度平方和能量数据

②对样本数据滑窗内的数据,以均值、方差计算得到该滑窗下的时域、频域特征。

假人数据的频谱能量特征如图 4-9 所示,真人静止时的频谱能量特征如图 4-10 所示。

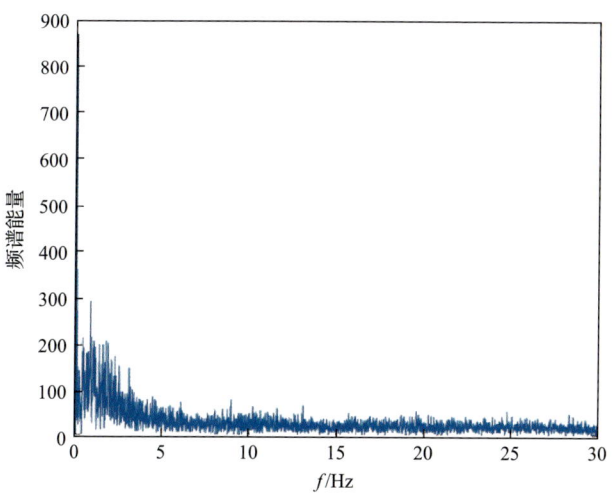

图 4-9　假人频谱能量图

(3)分类器模型训练。

选择样本数据中的部分数据进行模型训练。

判别方法:采用有监督学习的模型分类,结合隐马尔可夫状态转移的贝叶斯推理方法。其中有监督学习采用综合支持向量机和随机森林的多混合分类器线性

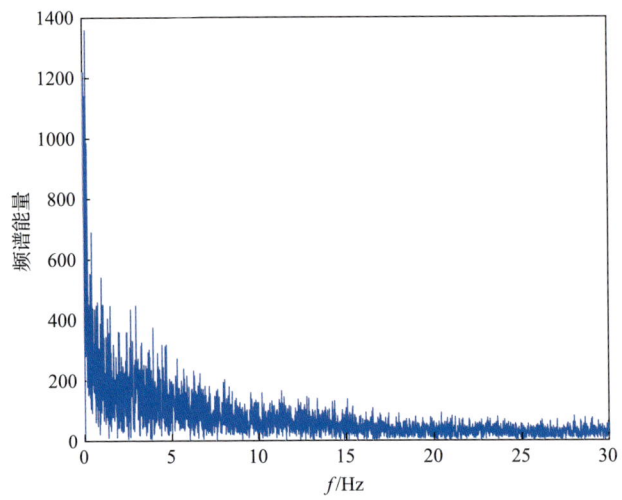

图 4-10 真人静止频谱能量图

组合的多核学习方法，通过离线训练过程，训练多核分类器中的基础分类器，以及多核分类器的线性组合系数。

①隐马尔可夫模型(hidden Markov model，HMM)训练：基于离线数据集，将正常生命体征的人的活动状态划分为离散状态，基于状态之间的相互转移过程，训练状态转移概率模型。

②多核学习(multiple kernel learning，MKL)模型的训练：基于离线训练数据集，对多核学习的不同特征的基础分类核函数进行训练，然后通过线性组合方法，将这些基础分类函数进行组合，通过数据集对组合的权系数进行训练，合成增强的多核分类器。

HMM 与 MKL 模型的结合：基于 HMM 训练的多个状态之间转移的马尔可夫模型，在线阶段 MKL 分类器判断目标处于状态 s 的似然度，然后基于贝叶斯估计，根据 HMM 所训练的转移概率，预测在 $t+1$ 时刻目标所处状态的可能性，并基于 $t+1$ 时刻的分类结果进行状态更新。

(4) 分类器模型验证。

选择样本数据中剩余部分数据进行模型验证，将剩余特征提取的数据输入训练模型，输出判断结果，与实际结果进行比较。

落水人员生命体征判别基本原理如图 4-11 所示。

3. 试验测试

研究人员在青岛海域开展了海上实际试验测试。试验时，在假人(代表失去生命体征的人)上安装示位标，活人(代表具有生命体征的人)佩戴示位标，使假人和活人同时进入水中，由示位标中的传感器进行数据采集和生命体征判断。在试验

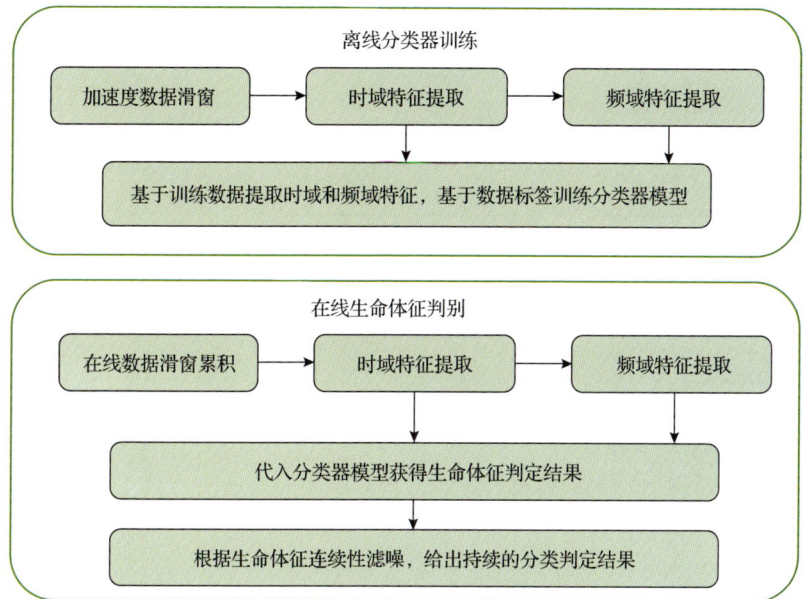

图 4-11 落水人员生命体征判别原理图

中发现当活人游泳时,生命体征传感器可以非常准确地区分活人还是假人。

同时也开展了人员静止漂浮试验,要求佩戴浮具和示位标的活人尽可能在水中保持静止,以检验示位标传感器在活人保持静止时能否对生命体征进行判别。假人与活人静止的数据特征差异性最小,若能识别出假人与活人静止,则必能识别出假人与活人自主运动的情况。通过试验,可以发现在水中的活人尽可能采用静止姿势时,示位标也可以较好地区别真人和假人。

对采集的相关数据进行分析,将数据按照长度为 800 的滑窗进行划分,划分后假人与真人静止的加速度数据如图 4-12 和图 4-13 所示。

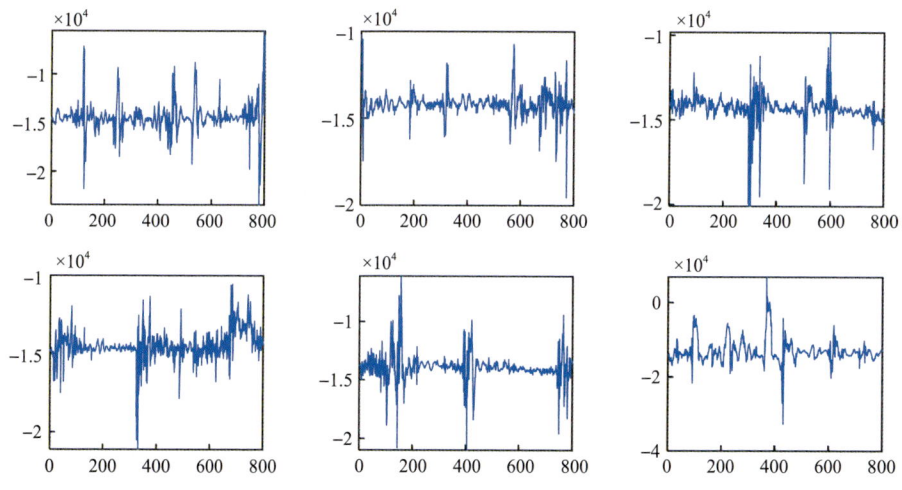

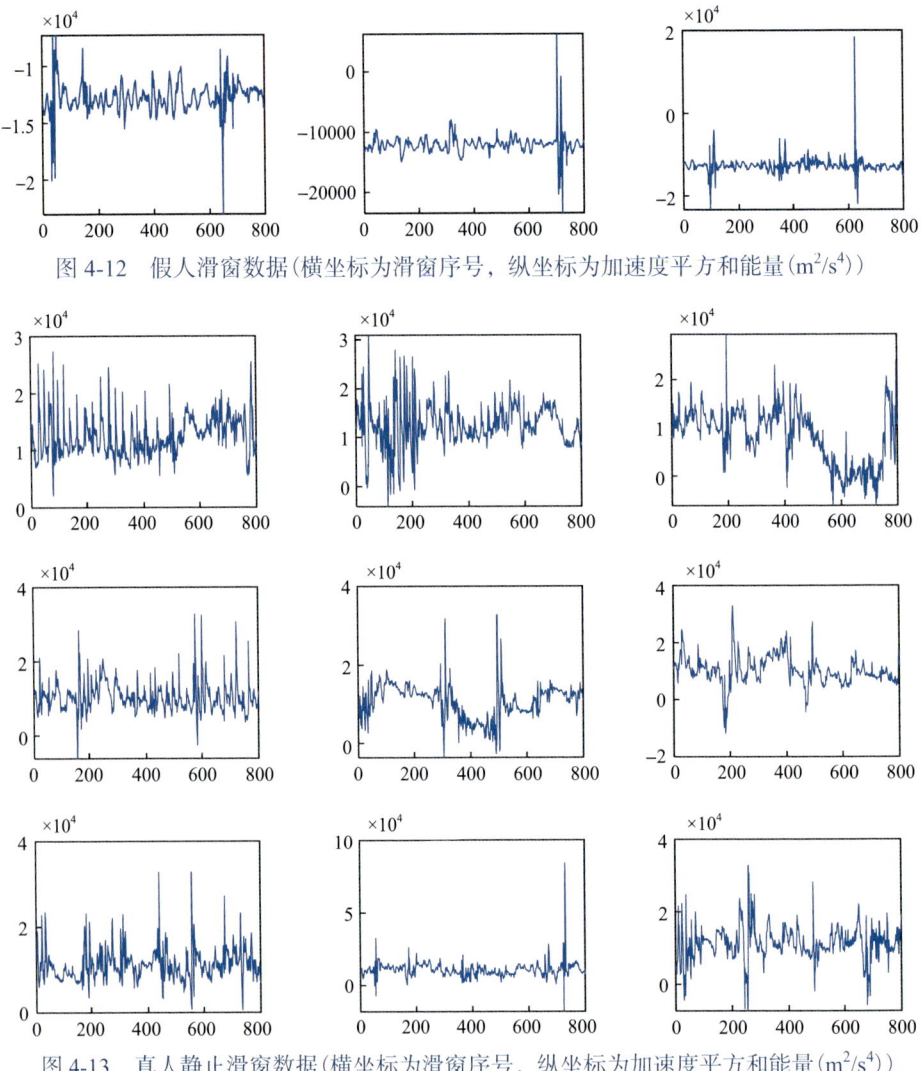

图 4-12 假人滑窗数据(横坐标为滑窗序号,纵坐标为加速度平方和能量(m^2/s^4))

图 4-13 真人静止滑窗数据(横坐标为滑窗序号,纵坐标为加速度平方和能量(m^2/s^4))

由滑窗的数据特征可见,在滑窗时间内,假人的传感器数据与真人的静止数据在数据特征上可以观察到差别。对上述滑窗数据,分别采用时域能量和频域能量作为关键特征,设计分类器。图 4-14 显示了真人数据与假人数据的能量谱数据对比,可以看到两者之间有较明显的能量差别。

基于能量谱特征,设计了一个线性二分类器,对不同滑窗之内的数据进行分类,结果如图 4-15 所示。

上述结果中,图 4-15(a)是假人的判定结果,仅在第 24、25 个滑窗中,被判定为真人,图 4-15(b)为真人的判定结果,仅在第 4 个滑窗中被判定为假人。由上

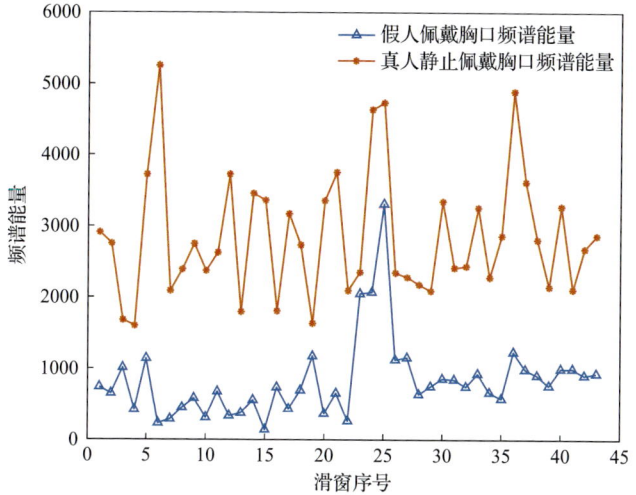

图 4-14　真人、假人胸口佩戴示位标时能量谱对比
（将训练数据划分为 45 个滑窗，显示了各个滑窗的能量谱）

述结果可以看到，两种数据之间有比较好分辨的时域和频域特征，所以通过线性分类器，对绝大多数滑窗中的数据，能给出正确的判定结果。

在此基础上，使用生命体征的连续性特征对上述判定结果进行后处理（即一种简化的 HMM 状态转移模型），对于同一个对象，以 90%的概率由 t 时刻状态转化为 $t+1$ 时刻的相同状态。经过生命体征连续性后处理，上述判定结果处理后的结果如图 4-16 所示。

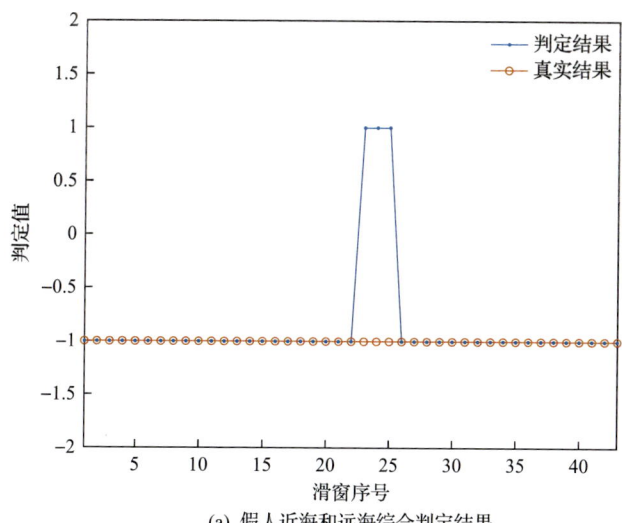

(a) 假人近海和远海综合判定结果

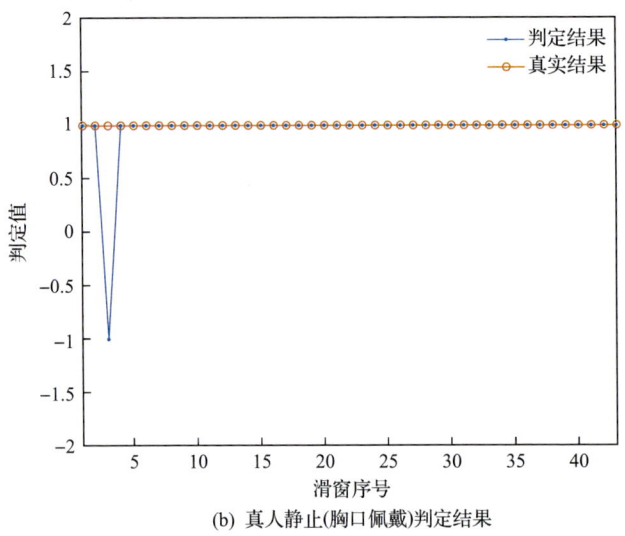

(b) 真人静止(胸口佩戴)判定结果

图 4-15　未进行连续性滤噪之前的判定结果

由图 4-16 可以看到，原来判定出错的几个滑窗结果也都变为正确。这说明，基于加速度传感器的时域和频域特征，以及现有数据集，可以设计轻量级的分类模型，进行生命体征的判别。

4. 算法设计

落水人员生命体征判别的主要目标是基于传感器连续采集的人员运动加速度信息判别落水人员的生命体征，算法软件方面主要包括：离线模型训练和在线生命体征判别两个内容，整体框架如图 4-17 所示。

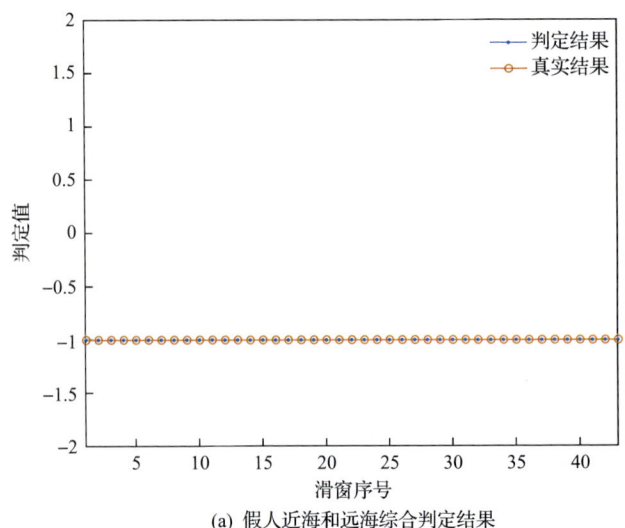

(a) 假人近海和远海综合判定结果

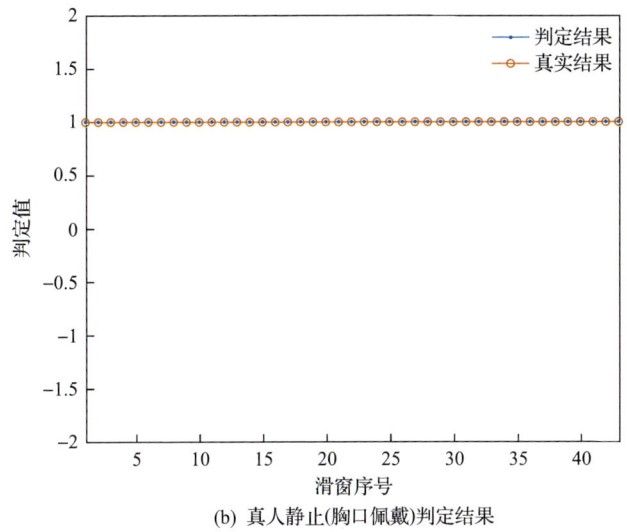

(b) 真人静止(胸口佩戴)判定结果

图 4-16　根据生命体征连续性滤噪后的判定结果

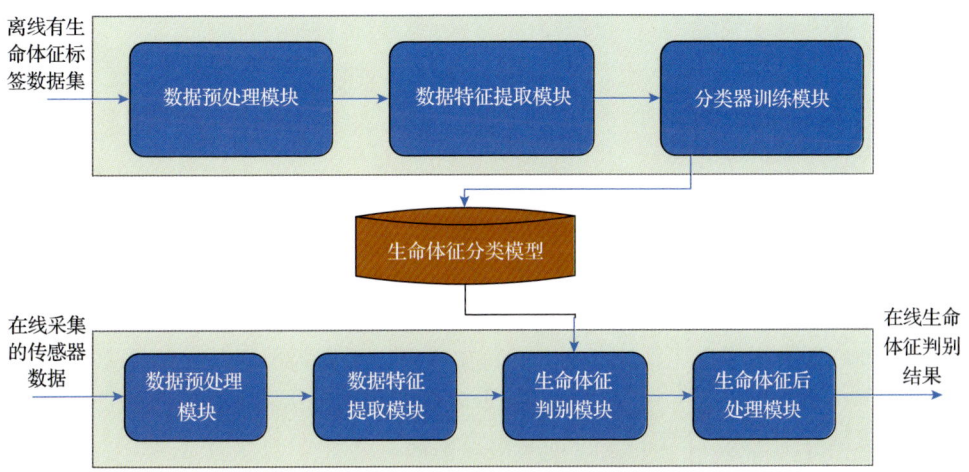

图 4-17　生命体征判别软件整体框架

1) 离线模型训练软件

离线模型训练软件的主要功能是训练生命体征判别的分类器。软件的输入是有生命体征标签的训练数据集，输出为训练好的生命体征分类器。软件的主要模块包括以下几个部分：

(1) 数据预处理模块，对输入数据进行预处理，将输入数据划分成滑动窗口，对滑动窗口数据进行平滑滤波。

(2) 数据特征提取模块，对滑窗内平滑滤波之后的数据，提取时域、频域的多维特征。

(3) 分类器训练模块，基于滑窗数据中所提取的多源特征，以及所对应的生命体征标签，训练分类器模型。

2) 在线生命体征判别软件

在线生命体征判别软件的主要功能是在离线训练的生命体征判别的软件基础之上，在线采集传感器数据，应用判别模型进行判定，并对判定结果进行平滑处理。在线生命体征判别软件的主要功能包括：

(1) 数据预处理，即对传感器实时采集的数据进行预处理，将采集的数据按照时间累积，划分入滑动窗口，对滑动窗口数据进行平滑滤噪。

(2) 数据特征提取，即对滑窗内平滑滤波之后的数据，提取时域、频域的多维特征。

(3) 生命体征判别，即基于在线采集的传感器的滑窗数据中所提取的多源特征，应用离线训练的分类器模型，判断落水人员的生命体征。

(4) 生命体征后处理，即生命体征判别模块连续地输出各个滑窗数据的判定结果，由于判定是有噪声的，某些滑窗偶尔会判定出错，所以需对判定结果进行平滑处理，提升判定精度。

5. 算法实现

1) 离线模型训练软件

(1) 数据预处理模块。

通过试验从传感器获取真人和假人两种状态的数据，从多次试验中发现，每种状态需要 20000 条左右的数据得到的阈值效果最好。因此，分别对两种状态的 20000 条数据计算其能量数据。

每 400 条数据设定为滑窗的单位，每次计算以滑窗为单位。以 10 条数据为一个步长，一个步长是下一个窗口与上一个窗口之间的距离。每种状态的 20000 条数据可以划分为 1961 个窗口。下面对滑窗举例。

现有 20000 条数据：

第 1 个窗口的数据为 0～399(0 为数组下标)；

第 2 个窗口的数据为 10～409；

第 3 个窗口的数据为 20～419；

……

第 1961 窗口的数据为 19600～19999。

(2) 数据特征提取模块。

用于进行判断的数据是能量数据，因此所需要的数据为加速度数据。因此，特征包含加速度中三个方向的加速度分量。具体的操作为：将原始数据存入二维数组 data[][]，二维数组中的 data[][3]、data[][4] 和 data[][5] 存储三个方向的加速度，作为线性二分类模型的特征。将从传感器获取的加速度数据转换为能量数据，对每个窗口的能量数据求平均值。

(3) 分类器训练模块。

试验发现，在两种状态的散点图之间存在明显的界限，找到这一界限的上限和下限，对上限和下限确定的区间的数据进行循环。将每次循环到的数据确定为阈值。例如，高于这一阈值的状态设定为真人，低于这一阈值的状态设定为假人。对两种状态共 40000 条数据进行判定，得到判定的状态值，与真实的状态值进行对比，得到该阈值判定的精准度。阈值区间中判定精准度最高的阈值为最终确定的阈值。

2) 在线生命体征判别软件

(1) 数据预处理模块。

通过传感器的数据来判别一个人是真人还是假人的状态，需要连续不断地进行判断。因为在实际情况中，传感器是连续不断工作的。落水人员可能由活着的状态因为长时间得不到援助而转换为死亡的状态。从试验中发现，每次以 10000 条数据为判断的基本单位得出的结果比较准确。

在连续判断时，每次从传感器获取 10000 条数据，下一次获取的数据与上一次的数据没有交集。对这 10000 条数据进行滑窗的划分，可划分为 961 个滑窗。计算出 961 个滑窗的能量数据的平均值。

(2) 数据特征提取模块。

在线生命体征判别时所用的特征与离线训练时所用的特征相同，都是将加速度三个方向的分量作为特征。因此，特征提取的方式同离线训练时的特征提取方式一致，都是将原始数据存入二维数组 data[ ][ ]，二维数组中的 data[ ][3]、data[ ][4]、data[ ][5]存储三个方向的加速度，作为模型的特征。

(3) 生命体征判别模块。

在离线训练时得到了判定精准度最高的能量阈值。在对生命体征进行判别时，需要用到的数据是每个滑窗的能量值。在数据预处理阶段已说明 10000 条数据可划分为 961 个滑窗。对于每个滑窗，根据能量数据平均值大于或小于阈值将其判定为不同的状态，例如，高于这一阈值的状态设定为真人，低于这一阈值的状态设定为假人，从而得到 961 条状态值(两种类型)，具体流程如图 4-18 所示。

(4) 生命体征后处理模块。

在这 961 条状态中，部分滑窗的状态由于噪声的存在可能存在判别失误的情况。因此，采用多数投票法来决定这 961 条状态的最终值。具体为在这 961 条状态中占更多比例的状态为 10000 条数据的状态(真人还是假人)。

连续判断时，每次获取连续且不同的 10000 条数据，用同样的判定方式来确定这 10000 条数据所对应的状态，如图 4-19 所示。

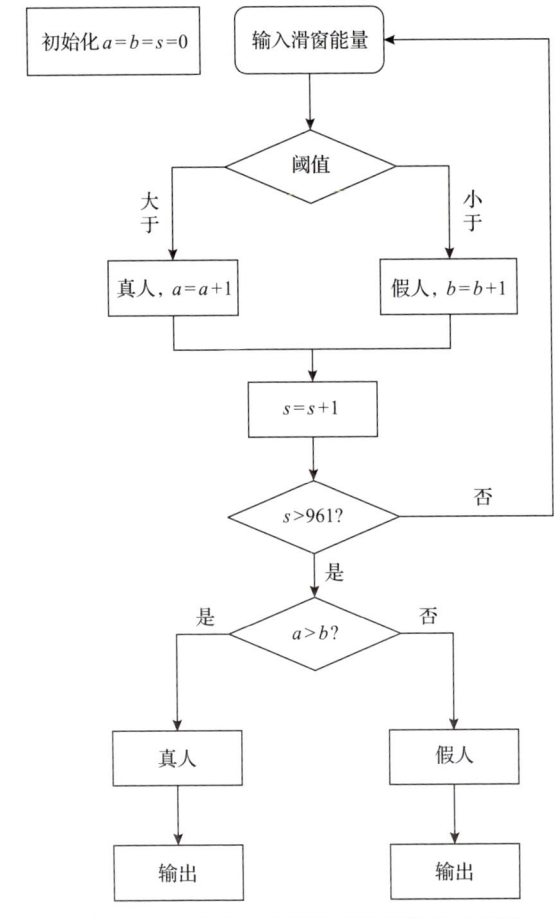

图 4-18　生命体征判别及后处理模块流程图

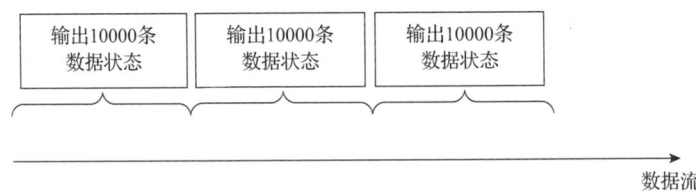

图 4-19　连续状态输出示意图

4.1.2　落水人员示位标研发

1. 研发思路

北斗/AIS 落水人员示位标是一种高效率、小型化和低成本的可发射北斗短报文/AIS消息的个人救生设备。该设备佩戴在救生衣上，通过判别落水人员的自主行为特征，自动判别落水人员是否存在生命迹象，并自动利用北斗/AIS信道发送遇险信息，及时上报状态信息。

示位标通过三轴加速度传感器和生命体征传感器，采集落水人员的加速度矢量、倾角数据，通过滤除落水人员在海中漂浮的规律性运动数据，判断落水人员的自主运动行为，从而判别落水人员的生命体征。并分别通过北斗卫星无线电测定服务(radio determination satellite service，RDSS)短报文通信和AIS链路实时上报人员位置和状态。

北斗落水人员示位标内部由启动装置、定位装置、授时和同步模块、控制器、无线发射装置以及电源供电模块等组成。北斗落水无线电示位标支持落水自动开机工作，兼容手动开关，操作便捷。一旦示位标落水，设备触水1min，IO(input/output)触发启动示位标各个模块，开始采集三轴加速度传感器和生命体征传感器信息，通过微控制单元(microcontroller unit，MCU)内置判断模型判断人员生命体征，同时连续向中心发送人员生命体征及位置信息。

AIS落水人员无线电示位标，是采用国际通用的AIS协议，同样通过三轴加速度传感器和生命体征传感器，判别落水人员生命体征。当判别落水人员具有生命体征后，设备自动启动报警装置，同时也可由落水人员启动报警，在AIS信道上发送遇险人员的位置和报警信号，该信号可被附近安装有AIS接收机的搜救飞机或船舶，以及AIS岸台基站接收，实现自动报警功能。

示位标工作执行流程如图4-20所示。

2. 示位标总体设计

1) 设计原则

(1) 标准化：尽可能选择典型电路，为硬件系统的标准化、模块化打下良好的基础。CPU(中央处理器，central processing unit)的选择满足应用要求即可，所选CPU芯片应具有成熟的开发系统和稳定的货源，丰富的应用软件支持，便于产业化应用。

(2) 可扩展性：示位标系统的扩展与外围设备的配置水平应满足应用功能需要，并留有适当的余地以便二次开发。

(3) 合理性：软硬件一体化设计，软件尽可能多地实现功能，以简化硬件结构，降低成本，提高灵活性及适应性，整个系统相关器件要尽可能做到性能匹配和速度匹配。

(4) 可靠性：示位标充分考虑抗干扰性，保证可靠运行，芯片、元器件、线路板、电源等设计和制造要考虑抗损性能。

(5) 实用性：示位标操作简便、灵活，便于管理和维护。

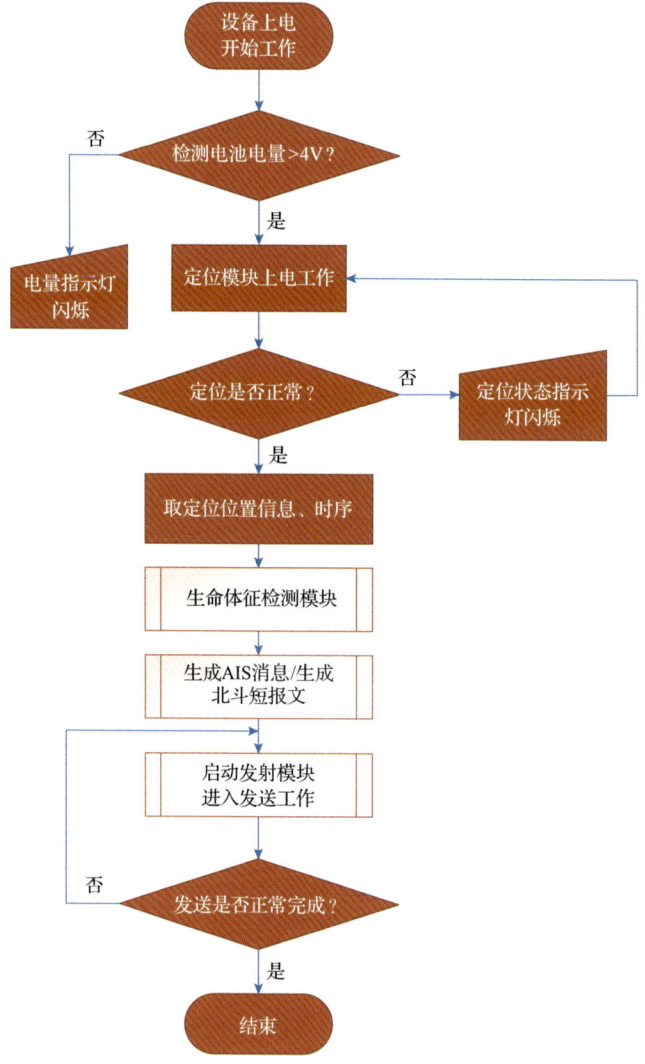

图 4-20　示位标工作流程图

(6) 可维护性：示位标可以人工维护，可以更换电池等。

2) 系统组成

落水人员无线电示位标主要由主控板和电池设备两大部分组成，如图 4-21 所示。其中北斗落水人员无线电示位标主控板由 MCU、北斗 RDSS 模块、定位模块、传感器模块、生命体征检测模块组成；AIS 落水人员无线电示位标由开关组、MCU、状态指示器、定位模块、传感器模块、生命体征检测模块、AIS 发射模块、天线组成。

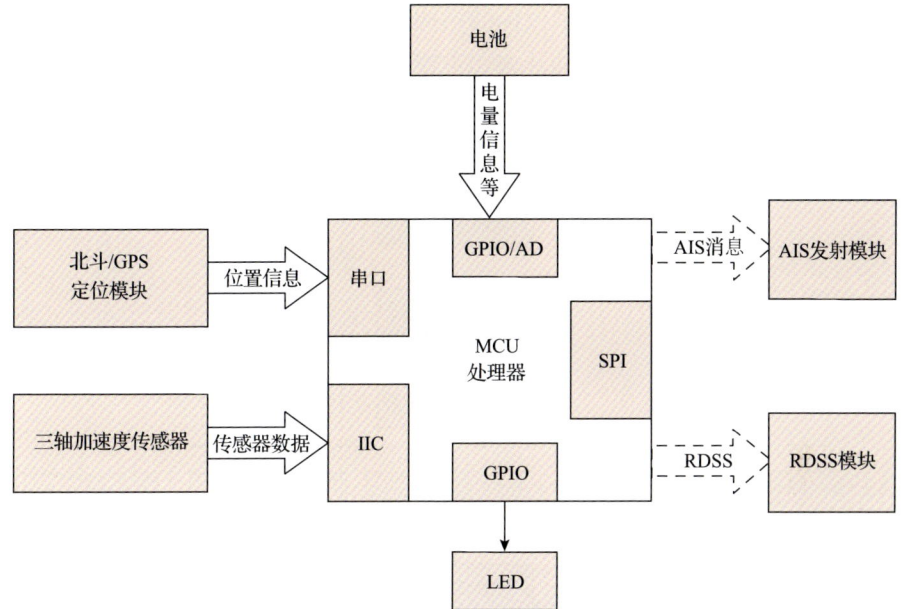

图 4-21 落水人员示位标系统组成

SPI 代表串行外设接口；IIC 代表集成电路间通信；GPIO 代表通用输入输出；AD 代表模数转换器；
LED 代表发光二极管

3）总体性能

(1) 关于北斗落水人员无线电示位标的总体性能要求：

①支持北斗/GPS 双模定位；

②采用北斗短报文通信；

③工作时间 ≥ 96h；

④漏报率 ≤ 5%；

⑤能判别落水人员生命体征。

(2) 任务书中关于 AIS 落水人员无线电示位标的总体性能要求：

①支持北斗/GPS 双模定位；

②采用 AIS 通信；

③工作时间 ≥ 96h；

④漏报率 ≤ 5%；

⑤能判别落水人员生命体征。

3. 结构设计

落水人员无线电示位标的物理结构设计是从选定一块合适的主板开始，然后从总体上对示位标的外形进行设计，通过结构建模之后，逐步开展结构细化工作，先从整体布局入手，做好整个示位标的结构规划，再遵循从上到下，从顶到底的原则，完成整个产品电池、启动开关、主控制器、发射模块、天线等单元设计，需要尽量合理布局，使示位标尽量小型化和模块化，既利于人员携带，又利于日常保养和检查，包括快速更换电池。具体结构设计流程如图 4-22 所示。

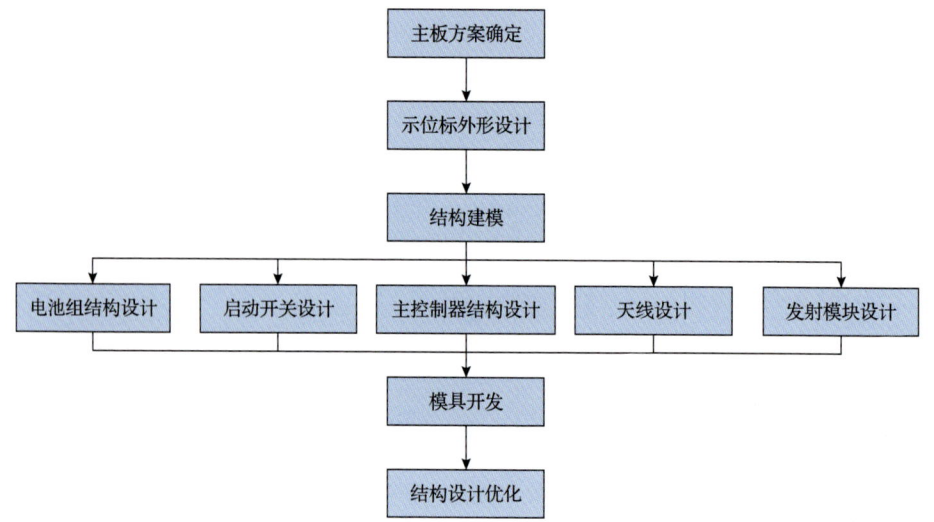

图 4-22 落水人员示位标结构设计流程图

示位标防水等级为 IP67，满足设备长时间漂浮于海上而不进水。

各部分结构设计思路如下：

(1) 外观造型设计。

示位标外观主体颜色采用橙色或黄色等醒目颜色，设备外壳标识具有唯一编号，此编号与设备报警时发射的编号一致。设备轻便、小巧，便于携带和安置，不会显著增加佩戴者负重。

(2) 产品内部结构设计。

电路板上有 AIS 发射电路/北斗 RDSS 模块、北斗/GPS 定位模块、加速度传感器和 MCU。电路板设计为长度和电池相近的长条状，内部电路板和电池并行排列减小内部空间占用，最小化设备整体尺寸。板载 LED 指示灯，用来指示系统工作状态和夜晚近距离位置指示。天线、加速度传感器和生命体征传感器置于顶部，天线尽可能朝向天空。

(3) 产品外部结构设计。

AIS 落水人员无线电示位标外部结构主要由保险盖、上壳和主体外壳构成。其中天线与上壳顶部相连接。设备整体大小由天线长度、电池直径和电路板宽度决定。设备天线和电路板平行叠放，与电池并行排列。不使用时天线叠放收纳，示位标启动后天线弹起，增强信号发送效果，具体结构设计如图 4-23 所示。

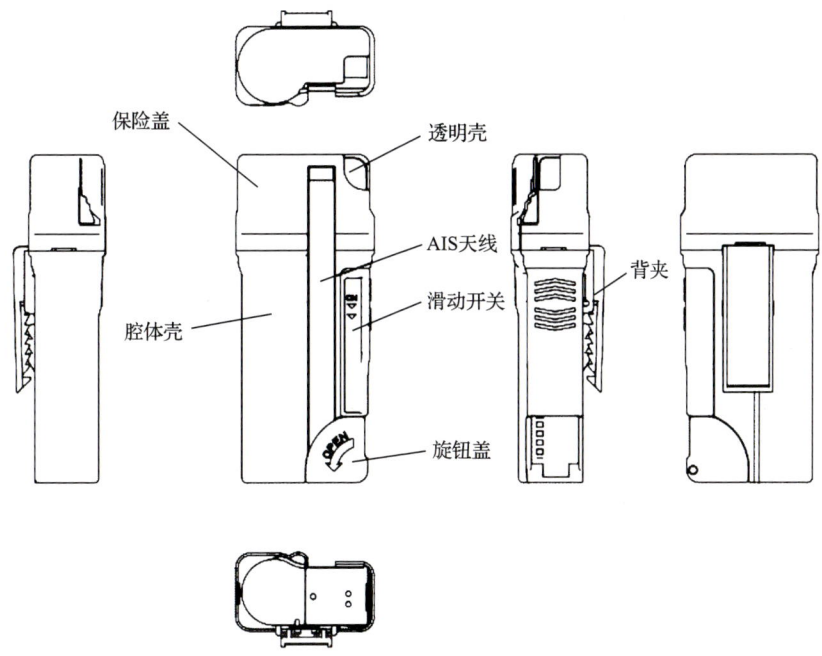

图 4-23　AIS 落水人员示位标外部结构设计

示位标侧面采用两排倒扣夹子设计，保证设备能够稳固地夹在救生衣等物品上。旋钮盖是滑动开关的一个保险，当旋钮盖关闭时，滑动开关无法向下滑动，系统不能工作。在旋钮盖下设置有遇水开关，正常接触到海水后，示位标会自动启动。

北斗落水人员无线电示位标不存在通信天线外置情况，外部结构相对简单，主要外部结构组成包括按键、主体外壳、透明窗口、充电接口，如图 4-24 所示。

图 4-24　北斗落水人员示位标外部结构设计

(4) 遇水自动启动设计。

通过海水导电机制,一旦触水达到门限时间,示位标自动启动 SOS 报警,示位标支持手工按键报警。

4. 硬件设计

1) 北斗落水人员无线电示位标硬件设计

本技术方案采用模块化设计,选择成熟元器件,利用北斗、三轴加速度传感器数据采集,实现落水人员的生命体征检测和数据回传,其硬件组成如图 4-25 所示。

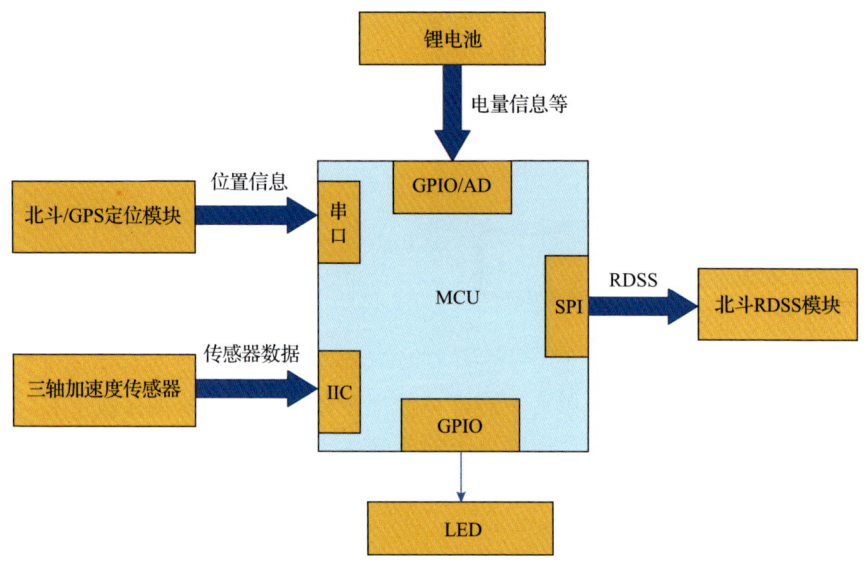

图 4-25 北斗落水人员无线电示位标硬件总体框图

主控芯片采用 EFM32 系列的 EFM32GG940F1024,是一款基于强大的 ARM® Cortex®-M3 内核,主频高达 48MHz 的高性能 32 位 CPU,具有丰富的外部接口。

本设计中 EFM32GG940F1024 采用 QFN64 封装,CPU 资源如表 4-1 所示。

表 4-1 主控芯片 CPU 资源

名称	CPU 资源	配置	连接设备	型号
EFM32GG940F1024	IIC0	IIC0	加速度传感器	LSM6DS3
	USART2	UART	北斗/GPS	ATGM336H-5N
	UART1	UART	北斗/GPS	ATGM336H-5N
	USART1	UART	北斗 1	FHM2630
	BOOTUART	UART	调试串口	

2) AIS 落水人员无线电示位标硬件设计

AIS 落水人员无线电示位标硬件系统主要由单片机、电源、三轴加速度传感器、北斗/GPS 定位模块、AIS 射频模块和部分数字逻辑开关电路构成，系统总体构架如图 4-26 所示。

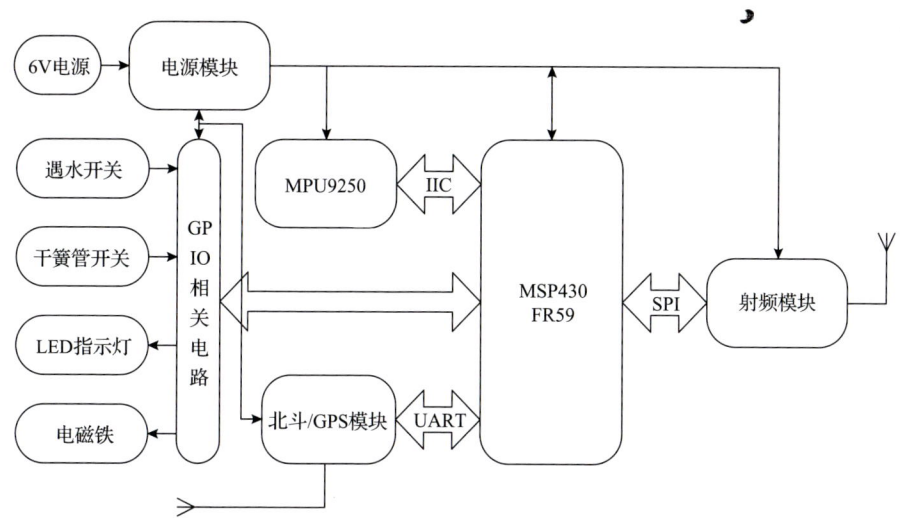

图 4-26　AIS 落水人员无线电示位标总体架构

主控芯片选用超低功耗单片机 MSP430FR59 系列，通过 SPI、IIC、通用异步收发器(universal asynchronous receiver/transmitter, UART)和 GPIO 连接外部设备。嵌入式微控制器采用 16MHz 时钟频率的 16 位精简指令集计算机架构。加速度/陀螺仪传感器选用 9 轴姿态传感芯片 MPU9250，其中包含三轴加速度传感器、三轴角速度传感器以及三轴磁力计。通过角速度获取芯片转动速度，加速度信息获取芯片运动的距离、速度情况，而磁力计可以知道芯片的运动方向。另外，MPU9250 芯片内置数字运动处理器(digital motion processor, DMP)姿态融合器，获取三维角度航向角、翻滚角、俯仰角。AIS 射频部分选用的是射频模块和射频功放电路的组合。其中射频模块产生基本的射频信号，通过射频功放芯片进行功率放大输出，射频天线为定制柔性印刷电路(flexible printed circuit, FPC)天线。开关部分包括落水开关和非接触式磁力开关。

5. 软件系统研发

1) 需求概述

落水人员无线电示位标通过三轴加速度传感器，实现落水人员生命体征的判断。利用北斗 RDSS 短报文或者 AIS 通信实时上报人员位置、人员生命体征判别结果，从而提高海上救援的响应速度和搜救效率，为搜救策略的制定提供决策支持。落水人员无线电示位标支持落水自动开机工作，兼容手动开关，操作便捷。一旦示位标落水，设备触水 1min，GPIO 触发启动示位标各个模块，开始采集传感器信息，通过 MCU 内置判断模型判断人员生命体征，同时连续向救援中心发送人员生命体征及位置信息。出于低功耗的考虑，平时示位标不使用时，长期处于休眠状态；在示位标运行过程中，间断进入休眠状态以节省功耗。

2）软件方案

软件采用了硬件驱动层、硬件抽象层和应用层三层结构。硬件驱动层包括 GPIO 驱动程序、ADC 驱动程序、射频模块驱动程序、UART 驱动程序和主芯片驱动程序。硬件抽象层具有 LED 控制逻辑，开关控制逻辑，电量测量、射频发送和控制逻辑，定位信息解算、加速度计数据解析及转换功能。应用层包括电源管理和指示灯管理，消息生成、发送控制和生命体征分析功能。软件系统架构框图如图 4-27 所示。

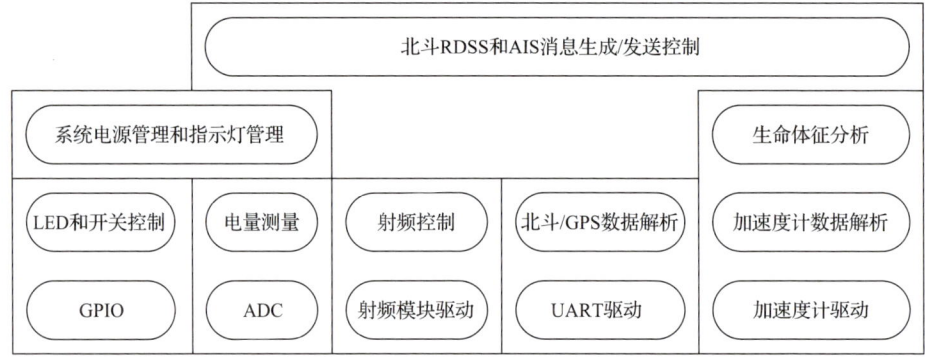

图 4-27　软件系统架构框图

（1）硬件驱动层。

GPIO 驱动程序为接口函数，ADC 驱动程序完成 ADC 的初始化、ADC 数据读取函数和 ADC 开始采集函数的实现，UART 驱动程序实现串口中断、接收不定长度数据以及串口收发队列实现。射频模块由单片机硬件 SPI 驱动，保证在高效、高速率的前提下，降低 CPU 的使用率，从而降低整机功耗。加速度计由 MSP430FR59 软件 IIC 驱动，软件 IIC 由 GPIO 模拟 IIC 总线时序实现，相较硬件 IIC 来比容错率高，实现方便，但是会占用一定的 CPU 时间。

（2）硬件抽象层。

LED 控制逻辑采用非阻塞式设计，实现电量指示、SOS 信号发送、GPS 定位信号指示功能。电量通过计算非射频发射时的电源电压粗略估计，实现电量检测的功能。开关设计为非阻塞式周期检测开关状态，实现遇水自启、测试模式和关机功能。

射频发射驱动程序由底层配置软件生成，上层应用通过直接调用发送函数，即可实现数据的发送。通过中断这种方式，来释放射频发射时所消耗的时间，从而降低 CPU 使用率。

北斗/GPS 数据在中断中进行接收，并实时进行数据鉴别，将所需要的定位信息数据单独保存，主函数中执行到数据解析函数时，会将保存下来的数据转换成 AIS 消息所使用的标准格式，对系统本地时间进行时间校正。

在每次单片机唤醒后，会读取一次加速度计原始数据，并对加速度计数据进行零漂处理和尺度变换。而后获得物体所受加速度的模，再将加速度的模保存到数组中供高级算法调用。

(3) 应用层。

系统进入正常工作状态的 1s 内，如果检测到进入测试模式的动作，就会驱动 LED 指示灯显示电量，并且射频会发射测试信息。若没有进入测试模式的动作，则系统会工作在正常模式。正常模式 LED 指示灯逻辑程序，通过接收来自 GPS 的定位信息，判断系统是否定位，若系统定位成功，则指示灯会进行 2s/次闪烁；若未定位成功，则闪烁方式为三短、三长、三短的 SOS 信号灯。

示位标采用不工作即休眠的原则，元器件在未工作时，通过单片机控制其电源关断。单片机进入休眠模式，每隔 26.67ms 唤醒一次，检查系统工作状态，并且唤醒相应的元器件。

AIS 消息控制逻辑通过事先设定好的 SI、NI、NSS 等参数，计算 AIS 发送时隙，当到达 AIS 消息所需要发送的时隙时，通过获取位置信息、时间信息和生命体征信息，生成要发送功能的 AIS 消息，并将消息传递给射频模块进行消息发送。

3) 数据结构

数据结构如表 4-2 所示。

表 4-2 数据结构

组控制字段	指令类别	二级指令	纬度	经度	经纬度是否有效	时间	速度	方向	安装方向
0X00 (1B)	0XAB	0XAC	24bit	25bit	1bit	30bit	10bit	9bit	3bit
陀螺仪 roll	陀螺仪 pitch	陀螺仪 yaw	人体感应模块开关	固定凑齐整字节	X	Y	Z	前面字节校验和(1B)	
9bit	9bit	9bit	1bit	0B000000	2B	2B	2B	前面字节校验和(1B)	

注：人体感应模块开关：1 表示开，0 表示关。

6. 电源系统研发

1) 研发思路

个人无线电示位标体积小、重量轻，设备体积的大小限制了电池体积的大小，电池体积限制了电池容量的大小，容量大小则限制了示位标工作时间。为了最大限度地提升落水人员被营救的概率，需要最大限度地提升示位标的工作时间，同时也需要最大限度地传递有效信息至搜救人员处，开展供电和节能设计。研究比选能量密度高、自放电少的电池组成供电模块，尽量采用低功耗器件及效率更高的电源管理模式。

示位标电源系统研发流程如图 4-28 所示。

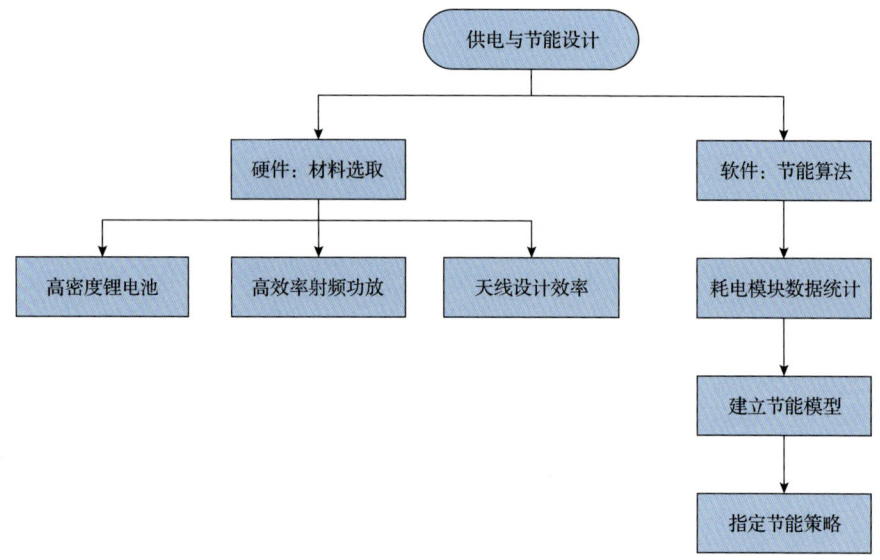

图 4-28　示位标电源系统研发流程图

2) 北斗落水人员无线电示位标电源设计

北斗落水人员无线电示位标为了满足个人手持和救生衣佩戴方便，需要体积小、重量轻，且在启动后需要连续发射个人位置和报警信息，并保持持续工作。

设备采用电池供电，支持手动报警和落水触发报警两种模式，在未触发报警，设备处于休眠状态，启动报警并通过加速度传感器判断生命体征后，启动北斗/GPS 定位模块和 RDSS 模块，按照 5min 上报 1 次位置信息的频率上报。MCU 根据外部报警触发，分别控制 RDSS、区域导航卫星系统(regional navigation satellite system, RNSS)、三轴加速度传感器工作，达到节能控制。

根据 MCU 及外围电源电路、RNSS、RDSS 特性，针对示位标启动后持续工作 96h 需要的能耗进行计算。

RNSS 定位模块定位一次需要的时间为 10s；定位完成后，模块电源关闭，等待下一次启动；RDSS 每发送一次，待机 3s，发射 220ms。启动发送完成后，模块电源关闭，等待下一次启动；MCU 持续工作不休眠，工作 96h，保持对三轴加速度传感器的数据采集、分析。示位标功耗预估为3328mA·h，具体如表4-3所示。

表4-3 北斗落水人员无线电示位标 96h 耗电量

项目	待机电流/mA	工作电压/V	工作时间/h	功耗/(mA·h)
RDSS 5W（待机）	140	3.3	0.64	89.6
RDSS 5W（发送）	3000	5	0.07	320
北斗/GPS	40	3.3	0.96	38.4
MCU 及外围电路	30	3.3	96	2880
电量消耗	—	—	—	3328

本次设计采用一次性电池（锂亚电池 ER18505M），电池单节容量为3500mA·h，为了提供足够的电池电量，计划采用4节电池，2串2并的模式，保证足够的电量。

3）AIS 落水人员无线电示位标电源设计

AIS 落水人员无线电示位标采用锂电池供电模式，电量低于10%时，有电量低告警，支持充电，RDSS 发射时瞬间达 15W 功率。

电源设计原理如图4-29所示。

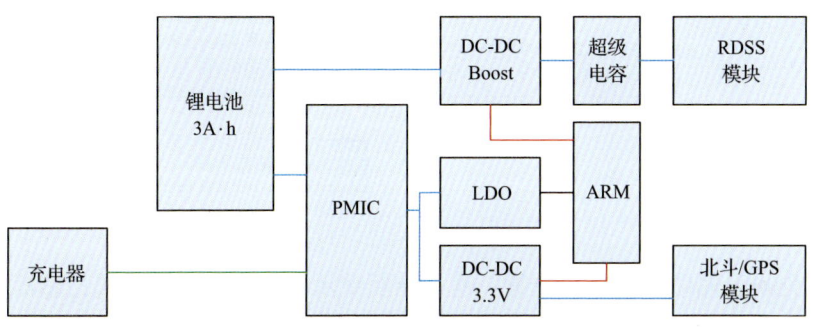

图 4-29 电源设计原理图

DC-DC 指直流转直流（direct current to direct current）；PMIC 指电源管理集成电路（power management integrated circuit）；LDO 指低压差线性稳压器（low dropout linear regulator）；ARM 指高级精简指令集机器（advanced RISC machine）

4.2 北斗船载无线电示位标研发

4.2.1 船舶姿态采集与判别关键技术研究

1. 研发思路

通过传感器感知船舶平台的倾斜程度，获取船舶纵、横倾姿态角参数，针对数据研究算法对船舶姿态进行特征提取，根据提取特征对船舶姿态实现自动判别。

遇险船舶姿态采集与判别装置原理如图 4-30 所示。

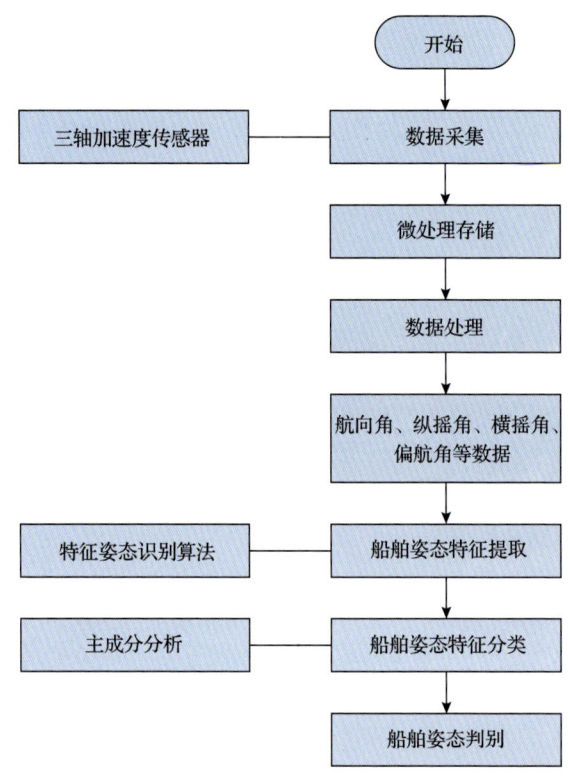

图 4-30　遇险船舶姿态采集与判别装置原理图

首先研发船舶姿态采集装置，通过在船载示位标内置三轴加速传感器采集船舶运动数据，实现对船舶运动姿态的准确采集，在 X、Y、Z 三个轴向上以极高的灵敏度读取低重力水平的坠落、倾斜、移动、放置、振动和摇摆。对数据进行初步处理，得到需要的数据并存储。

得到初步处理数据后，对数据进行特征提取。由于提取的特征是对数据较为笼统的定性分析，不能直接用于实际运动的判别和分类。因此，再利用主成分分析对提取的特征的贡献率进行分析，获得对结果贡献最大的几个主要特征属性，然后利用这些特征点和数据训练一个识别模型。

最后对数据进行分类与判别，针对识别的主要特征，找到不同状态对应的阈值，对不同的状态进行判别，并考虑判别模型、算法的速度与准确性。在获取到船舶运动数据的基础上，及时上报状态信息。海上搜救力量根据船舶状态制定动态的搜救策略，从而提高船舶救助成功率。

2. 船舶姿态采集与判别装置组成

船舶姿态采集与判别装置组成框架如图 4-31 所示，系统框架如图 4-32 所示。

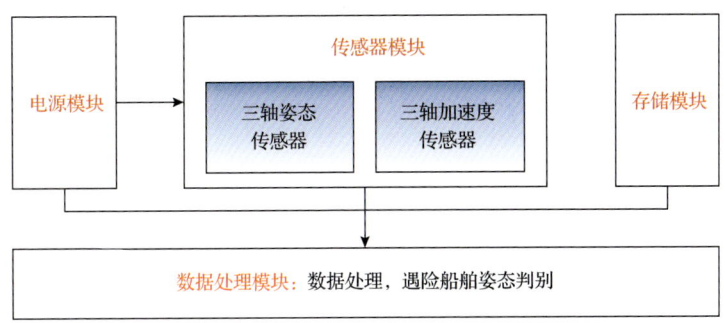

图 4-31　船舶姿态采集与判别装置组成框图

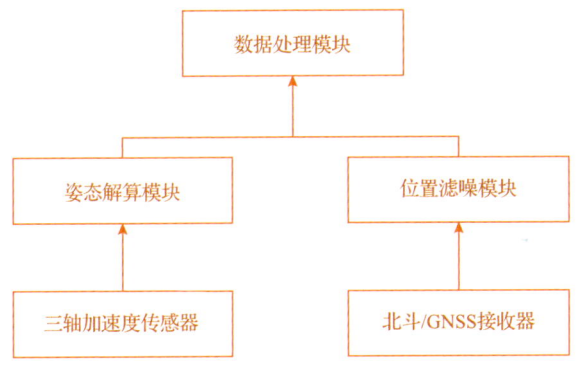

图 4-32　船舶姿态采集与判别装置系统框架

1）数据处理模块

数据处理模块接收传感器采集的数据，识别船舶的位置和姿态，进行险情分析，并将分析结果返回给示位标主体。

船舶姿态数据格式说明如表 4-4 所示。

表 4-4　船舶姿态数据格式

类型	说明
Longitude	所在位置的经度，设东经为正，西经为负
Latitude	所在位置的纬度，设北纬为正，南纬为负
Pitch	俯仰角，即绕 X 轴旋转的角度（取正东方向）
Roll	翻转角，即绕 Y 轴旋转的角度（取正北方向）
Yaw	偏航角，即绕 Z 轴旋转的角度（取垂直水平面向上方向）
Velocity	速度，此处为速度的标量，方向在偏航角中给出

2) 姿态解算模块

获取三轴加速度传感器数据，进行第一层数据滤噪处理，并解算船舶姿态。

3) 位置滤噪模块

北斗/GPS 给出的坐标信息会有 1~10m 级别的误差，当所需刷新率高时，每两次数据获取之间的相对误差则有可能对船舶的姿态估计产生错误的影响，因此对原始的北斗/GPS 数据进行一次滤噪。

4) 三轴加速度传感器

三轴加速度传感器可以获取船舶的加速度，用来求解船舶姿态。

数据格式说明：

Acc(x, y, z)：加速度，分别测量到 X、Y、Z 三个方向的加速度。

5) 北斗/GNSS 接收器

接收 GNSS 传来的信息，并上传到位置滤噪模块。

3. 数据处理和解算

1) 原始数据滤噪算法

传感器得到的原始数据存在一定的误差，需要通过取平均或指数平滑的方法对测量结果进行平滑处理，滤除部分随机噪声。

滤噪前后输出结果如图 4-33 所示。

同时传感器的原始输出由于硬件原因可能存在零偏值，需要先测量出零偏值，然后将输出校正为原始输出加上 bias 值，例如：

$$a_x^{校正} = a_x^{原始} + a_x^{bias} \tag{4-2}$$

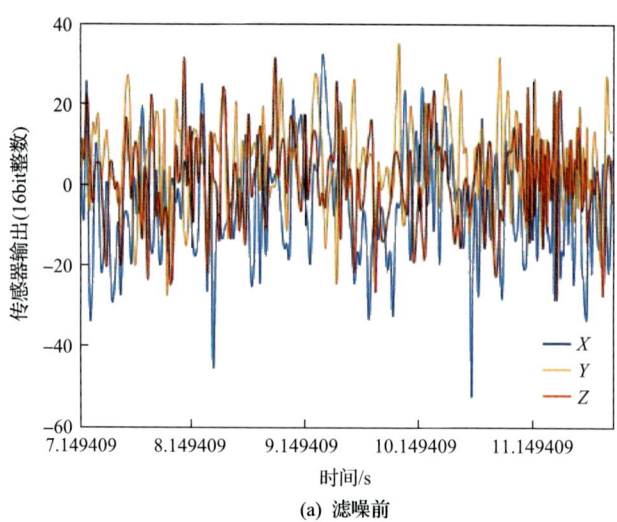

(a) 滤噪前

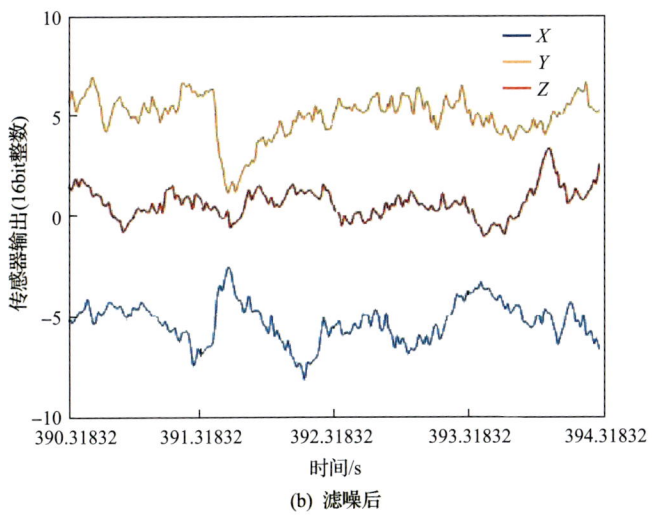

(b) 滤噪后

图 4-33　原始数据滤除噪声前后

2) 姿态解算算法

用陀螺仪输出的角速度结合时间进行积分可以得到姿态，来自陀螺仪积分的姿态受到随机误差等影响会存在累积误差。若从一个准确的初始姿态开始积分，则可以认为在短时间内陀螺仪的积分结果是正确的，而长时间积分后陀螺仪的结果需要校正以消除零偏。

(1) 低速运动或静止：用加速度计和罗盘可以直接解算出姿态。在没有外界加速度（$a=g$）的情况下，可以得到较准确的姿态值。

(2) 剧烈的运动：加速度计测量到的是重力加速度与运动加速度的和，解算出的姿态不准确，在之前姿态的基础上加以陀螺仪的积分，获取实时的姿态。

算法主要思想是低动态时信任加速度计和罗盘的输出姿态，用以校正陀螺仪误差；从低动态进入高动态时，陀螺仪的积分从一个准确的姿态出发进行积分，认为此后在高动态下陀螺仪的积分结果都是可信的。

4.2.2　船载示位标研发

1. 总体设计

1) 设计原则

(1) 标准化：在硬件电路设计中，尽可能选择典型电路，为硬件系统的标准化、模块化打下良好的基础。

(2) 可扩展性：系统的扩展与外围设备的配置水平应满足应用功能需要，并留有适当的余地以便二次开发。

(3) 软硬一体化考虑：硬件结构应结合应用软件方案一并考虑，软件能实现的功能尽可能由软件实现，以简化硬件结构、降低成本、提高灵活性及适应性，但须注意由软件实现的硬件功能，其响应时间要比直接用硬件实现长，且占用 CPU 时间，所以应根据系统实际要求划分软、硬件功能的比例。

(4) 匹配性：整个系统相关器件要尽可能做到性能匹配、速度匹配。

2) 系统需求

北斗船载无线电示位标总体性能要求如下：

(1) 支持北斗/GPS 双模定位，同时支持北斗短报文通信和 AIS 通信；

(2) 支持航空器搜寻的 121.5MHz 引导报文；

(3) 工作时间 ≥ 96h；

(4) 漏报率 ≤ 5%；

(5) 4m 水深时自动释放和浮离。

对应的设备配置要求如表 4-5 所示。

表 4-5 设备配置要求

序号	总体性能要求	设备配置
1	支持北斗/GPS 双模定位，同时支持北斗短报文通信和 AIS 通信	北斗/GPS 双模定位模块 北斗 RDSS 模块 AIS 发射模块 天线模块
2	支持航空器搜寻的 121.5MHz 引导报文	121.5MHz 发射模块
3	工作时间 ≥ 96h	电源设计，需要工作时间需求
4	漏报率 ≤ 5%	可靠性设计、天线设计
5	4m 水深时自动释放和浮离	静水压力释放器、三轴加速度传感器

北斗船载无线电示位标研制需要针对海上应用环境，开展结构设计、硬件设计、软件设计、电源设计、接口设计、环境适应性设计、可靠性设计、电磁兼容性设计、可测试性与可维护性设计。

3) 系统组成

北斗船载无线电示位标总体结构包括三大部分：主控板、静水压力释放装置、安装结构杆，系统组成如图 4-34 所示。

主控板由 MCU、北斗 RDSS 模块、北斗/GPS 双模接收机、三轴加速度传感器模块、AIS 发射模块、121.5MHz 发射模块、电池/电源管理及存储管理单元等部分组成。

主控 MCU 是北斗船载示位标的核心计算部件，接收各个模块信息，控制位置、报警、通信信息发送；示位标启动后，MCU 存储器中的船只识别和注册信息

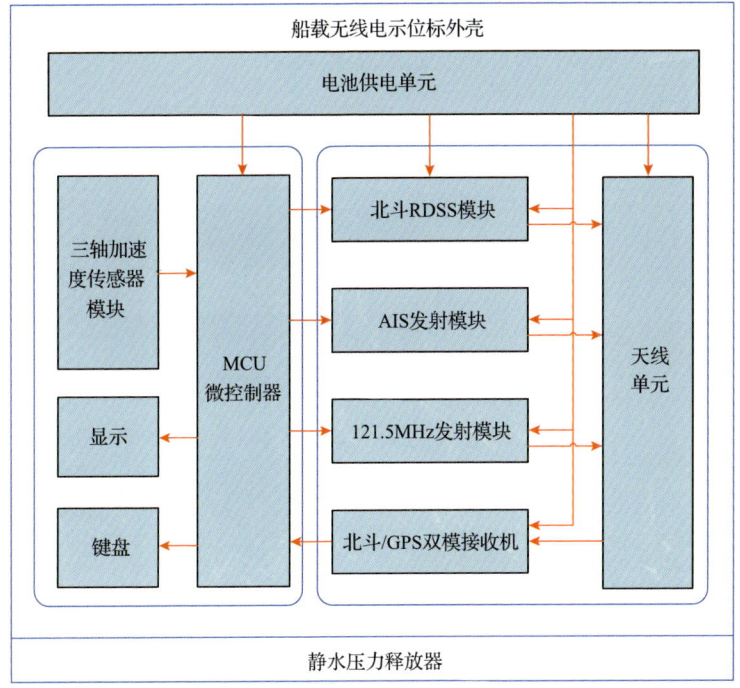

图 4-34　船载北斗/AIS 无线电示位标系统组成

与北斗/GPS 模块的定位信息结合，利用 AIS、北斗 RDSS 和 121.5MHz 的通信信道发射出去，以供周边船舶、北斗卫星和搜救飞机接收。

电池选用大容量一次性电池，电源管理除了上述各个模块的供电，还负责外接传感器的电源管理。

2．结构设计

1）结构功能

北斗船载无线电示位标结构设计中综合考虑以下因素：

(1) 示位标为自动浮离式，在水上遇到的极端情况下能正常工作；

(2) 示位标与外部设备连接可靠稳定，安装支架易于固定；

(3) 示位标主体在静水下直立浮起，且在水中所有情况下均具有正稳性和足够的浮力；

(4) 示位标需要保证能从 20m 高处落入水中而不受损坏。

2）硬件总体框图

北斗船载无线电示位标在硬件设计上主要由主芯片、北斗 RDSS 模块、北斗/GPS 双模定位模块、三轴加速度传感器模块、AIS 发射模块、121.5MHz 发射模块、电池/电源管理及存储管理单元等部分组成。其工作流程如图4-35所示，硬件总体框架如图4-36所示，硬件展示如图4-37所示。

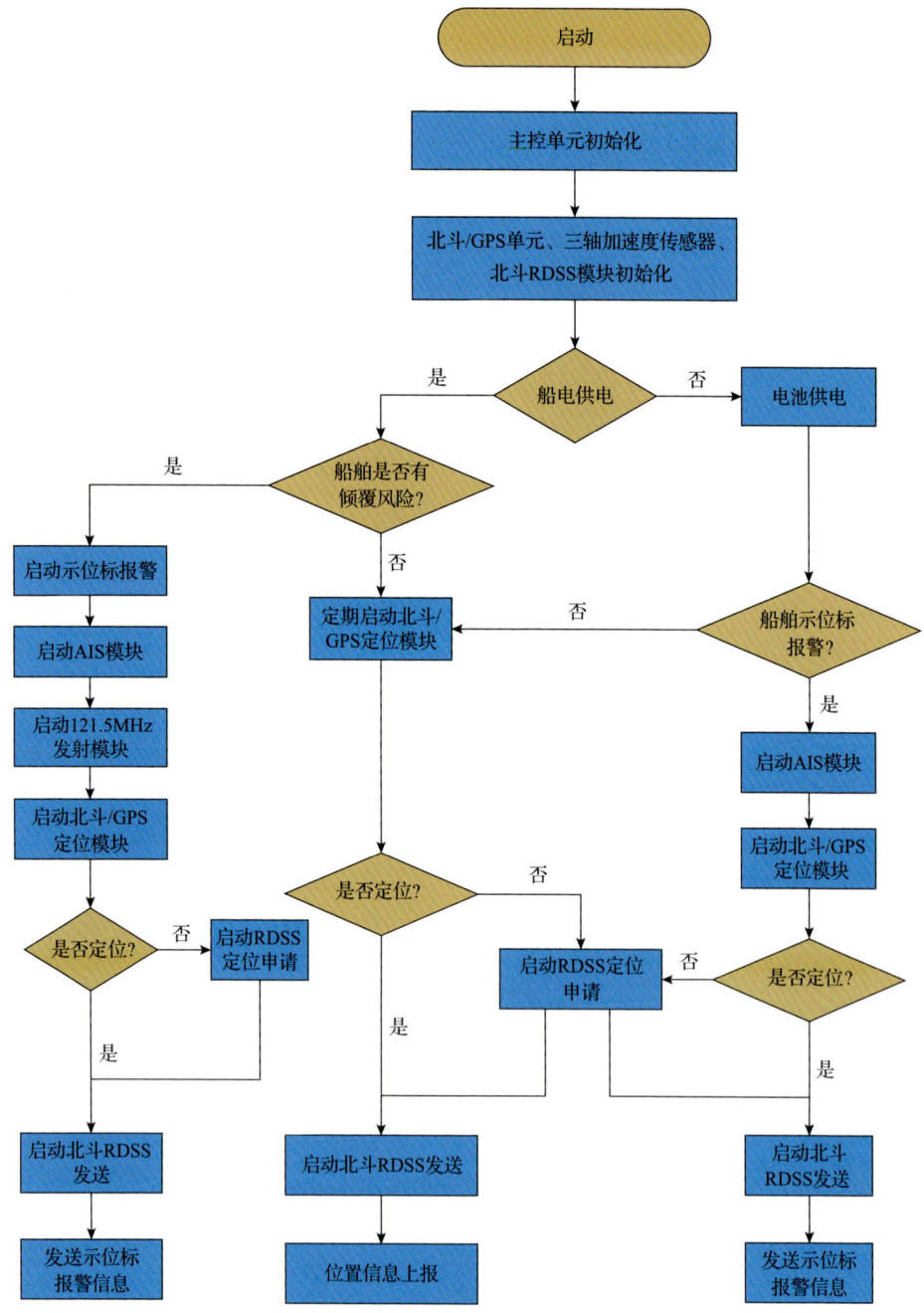

图4-35 北斗船载无线电示位标工作流程图

第 4 章 海上遇险目标定位技术

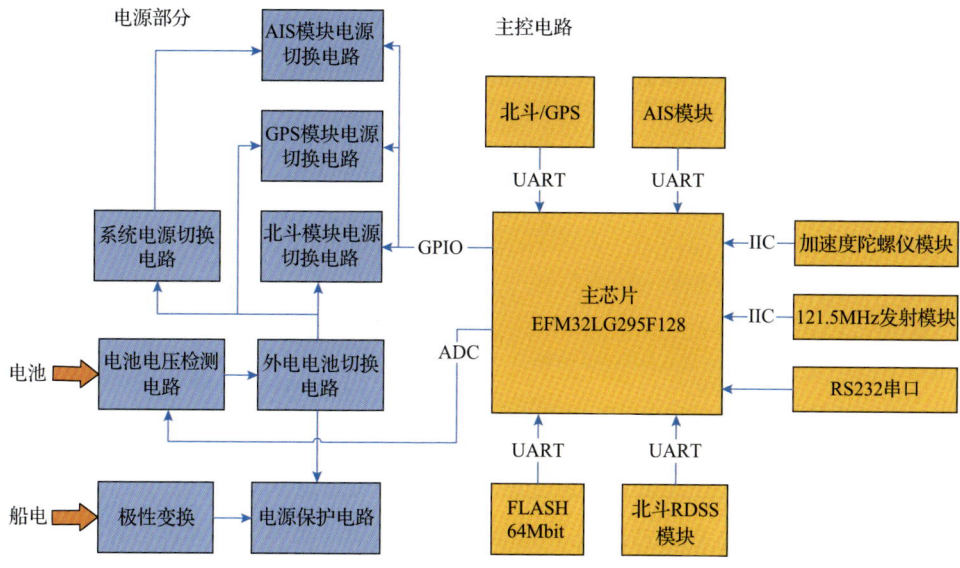

图 4-36 北斗船载无线电示位标硬件总体框图

图 4-37 北斗船载无线电示位标硬件实物图

在接口设计方面,本示位标对外提供电池接口、船电接口、AIS 接口、121.5MHz 接口、RDSS 天线接口、北斗/GPS 天线接口、GPRS（通用分组无线业务）通信天线接口、RS232 通信端口等。

主控芯片采用 EFM32LG295F128,采用低能耗技术、短的节能模式唤醒时间以及各种外围设备,是电池驱动应用以及高性能和低功耗系统的理想选择。本设计中 EFM32LG295F128 采用 BGA120 封装。

CPU 资源使用如表 4-6 所示。

表 4-6 主控芯片 CPU 资源

名称	CPU 资源	配置	连接设备	型号
EFM32LG295F128	IIC0	IIC0	加速度传感器	LSM6DS3
	USART2	SPI	FLASH	MX25L6406E
	UART1	UART	北斗/GPS 定位	ATGM336H-5N
	USART1	UART	北斗 RDSS	FHM2630
	LEU1	UART	船台终端	—
	LEU0	UART	AIS 模块	AIS 模块
	BOOTUART	UART	调试串口	—
	UART0	UART	GPRS	SIM800C
	PF11	OUT	121.5MHz 模块	121.5MHz 模块

北斗 RDSS 模块采用 FHM2630 模块，集成 RDSS 收发射频芯片、基带芯片、功率放大器(power amplifier，PA)电路及低噪声放大器(low noise amplifier，LNA)电路，可通过外接用户识别模块(subscriber identity module，SIM)卡及无源天线实现"北斗一号"的短报文通信和定位功能。

定位模块采用 ATGM336H-5N，高性能北斗/GNSS 全星座定位导航模块，支持多种卫星导航系统，包括中国的 BDS、美国的 GPS、俄罗斯的全球导航卫星系统(global navigation satellite system，GLONASS)、欧盟的伽利略卫星导航系统(Galileo satellite navigation system，GALILEO)、日本的准天顶卫星系统(quasi-zenith satellite system，QZSS)以及卫星增强系统(WAAS(美国广域增强系统)、EGNOS(欧洲地球静止导航重叠服务)、GAGAN(印度广域增强系统)、MSAS(日本多星增强系统))。

加速度计和 3D 陀螺仪采用 LSM6DS3，采用 1.25mA(高达 1.6kHz 输出数据速率(output data ratel，ODR))高性能模式运行。

AIS 模块设备参数如表 4-7 所示。

表 4-7 AIS 模块设备参数表

参数名称	参数
标准	IEC 61097-14, 60945, 61108 part1, ITU-R M.1371
防水深度	10m
操作温度	−10～55℃
储存温度	−30～70℃
信号频率	161.975MHz 和 162.025MHz

续表

参数名称	参数
功率	≥1W
AIS 消息格式	Message 1 (UID, GPS 定位, SOG, COG, UTC) Message 14 (MOB ACTIVE 或 MOB TEST)
首次发送时间	15s 以内
信号覆盖范围	4n mile 通常，AIS 接收天线高于海平面 5m 以上
GPS 类型	50 通道，陶瓷天线
GPS 定位更新	每分钟

3）结构方案

合理设计功能模块和重量，确保船载无线电示位标能在静水中直立浮起，由释放杆和示位标组成，各主要组成部分包括：

(1) 天线，用于发射信号，垂直向上布置。

(2) 弹出装置，水下 4m 处释放器释放时，弹出装置将示位标弹出。

(3) 海水开关，两个外露金属触点形成海水开关，自动启动示位标发射。

(4) 静水压力释放器，平时用来锁住外箱的上下盖。当示位标下沉到水下 4m 时，释放器的杆子自动脱开。随后外箱上盖打开，示位标被弹出，并浮出水面。也可以手动拔出插销后取出示位标。此时可以人工启动示位标。

(5) 防激活磁铁开关，无论示位标是否在水里，弹出装置上的磁铁开关可以避免放在上面的示位标误启动。

(6) 电池组，负责整个船载示位标的供电。

(7) 壳体设计，承受示位标竖直（正立或倒立）或水平姿态入水可能引起的最大冲击载荷，对相应薄弱结构做加强设计。

(8) 底部设置配重，起到"不倒翁"作用，减少翻滚，保持良好的通信状态。

(9) 设备设计防水等级为 IP67，满足设备长时间漂浮在海水中不进水。

(10) 设备选用白色，表面具有一定面积的逆向反光材料。

(11) 示位标设计质量为 3kg 左右。

船载无线电示位标结构及外观如图 4-38 所示。

3. 硬件设计

1）供电模块

设备供电分为两种设计模式，一种采用电池供电方式，另一种采用船电工作方式。由于遇险报警设备需要具有高可靠性，在本设计方案中，北斗船载无线电示位标引入了船电、电池供电混合工作模式。

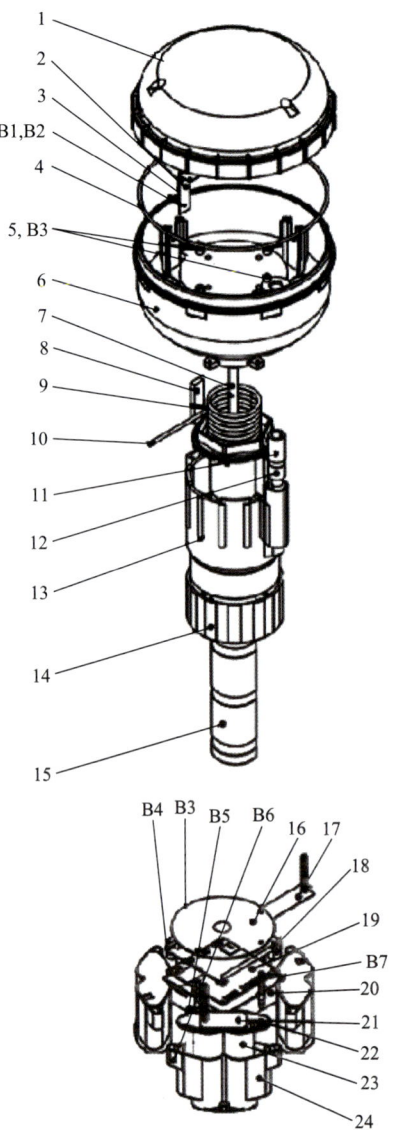

序号	物料号	物料名称
1	20090001	上盖
2	20110001	铝片
3	20110002	干簧管
4	20110003	密封圈
5	20110009	触点
6	20090002	下盖
7	20110004	静水压力释放器
8	20110005	磁铁
9	20110006	不锈钢弹簧
10	20110007	不锈钢销钉
11	20110008	线箍
12	20100001	35cm连接线
13	20090003	释放桶
14	20090004	连接螺母
15	20090005	支杆
16	10000001	三合一天线
17	10020002	AIS板,162MHz
18	10020001	主板
19	20090006	屏蔽盒盖
20	20090007	屏蔽盒体
21	10020003	无线板,121.5MHz
22	20090008	电池盖
23	20100001	电池
24	20090009	电池仓
序号	标准	名称
B1	GB/T 6170.1—2016	M3螺母
B2	GB/T 9074.8—1988	组合螺丝M3×10
B3	GB/T 823—2016	十字盘头自攻螺丝M3×6
B4	GB/T 845—2017	十字盘头自攻螺钉PA2.0×8
B5	GB/T 845—2017	十字盘头自攻螺钉PA3.5×9
B6	GB/T 845—2017	十字盘头自攻螺钉ST3.0×10
B7	GB 900—1988	六角铜螺柱M3×30

图 4-38 船载无线电示位标结构及外观图

(1)船电模式。

示位标在船电下工作,姿态判别装置保持工作状态,并且一旦发现船舶有倾覆风险,直接通过北斗短报文发送预警信息,设备不弹出。

(2)电池模式。

一旦设备没有船电支持,设备相关传感器采用主电池供电模式,姿态判别装置保持工作状态,一旦发现船舶有倾覆风险,直接通过北斗短报文发送预警信息,设备不弹出。

设备落水释放后,示位标通过触水电极启动,按照协议标准进行示位报警,直到设备脱离水面后转为正常电池模式。

2)静水压力释放器

(1)静水压力释放器工作原理。

静水压力释放器的内部机械结构主要由膜片、弹簧、刀片三部分组成,如图4-39所示。当水进入腔室后在水压力的作用下,膜片发生变形,从而顶起上方弹簧松开压紧,释放刀片从而切断绳子。

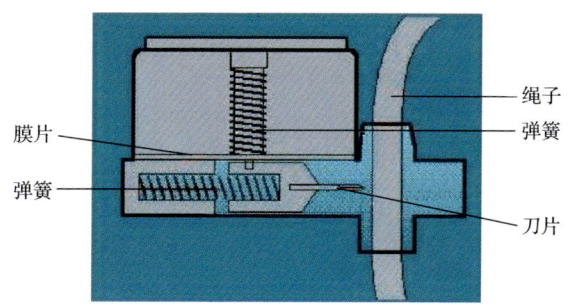

图4-39 静水压力释放器内部机械结构图

①船舶下沉到水下1.5～4m时,其内置弹簧在水压作用下将塑料杆脱开。
②弹出装置随后将示位标弹出。
③当示位标弹离后,海水开关遇水自动导通。
④示位标浮出水面后开始发射遇险信号。

(2)示位标释放。

本示位标根据静水压力释放器原理,采用如图4-40所示的结构设计。

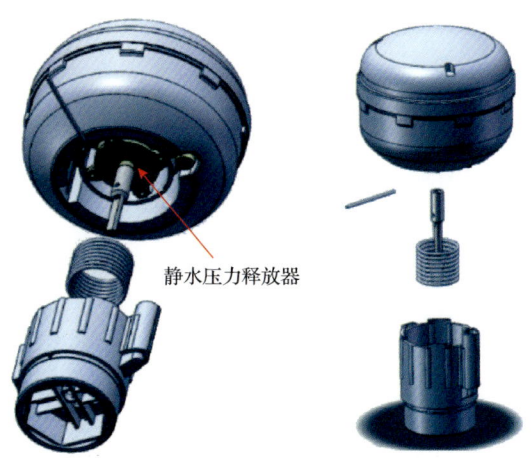

图4-40 示位标结构示意图

当船舶遇险沉没时,在 1.5~4m 水深范围内使示位标与船舶自动分离,达到释放的目的。

4. 软件系统研发

1)设计方案

北斗船载无线电示位标软件采用模块化设计方法,分为多个模块,主要完成系统初始化、自检处理、功率检测、短报文通信、定位、报警、船舶姿态判别、位置回报、参数读取、参数修改和恢复出厂设置功能。从软件功能模块的角度划分,软件由以下几个功能模块组成:

(1)初始化模块;

(2)自检模块;

(3)RS232 通信模块;

(4)定位数据处理模块;

(5)短报文通信模块;

(6)GPRS 通信模块;

(7)参数管理模块;

(8)主函数模块。

在正常工作方式下,需完成系统初始化、自检处理、功率检测、短报文通信、定位、报警、位置回报、参数读取、参数修改和恢复出厂设置功能。

2)软件数据文件

发送数据要求如表 4-8 所示。

表 4-8 发送数据要求

序号	名称	类型	操作	定义	说明
1	参数信息	8 字节	终端软件输出	每个字节为一个 RS232 字节	数据包帧头:$CSXX,为终端软件对外输出参数数据
2	GPS 卫星视图	8 字节	终端软件输出	每个字节为一个 RS232 字节	数据包帧头:$GPST,为终端软件对外输出 GPS 卫星视图数据
3	北斗卫星视图	8 字节	终端软件输出	每个字节为一个 RS232 字节	数据包帧头:$BDST,为终端软件对外输出北斗卫星视图数据
4	定位结果	8 字节	终端软件输出	每个字节为一个 RS232 字节	数据包帧头:$GPSX,为终端软件对外输出定位结果数据

接收数据要求如表 4-9 所示。

表 4-9 接收数据要求

序号	名称	类型	操作	定义	说明
1	参数读取	8 字节	终端软件输入	每个字节为一个 RS232 字节	数据包帧头：$CSDQ，为读取终端软件参数数据
2	参数设置	8 字节	终端软件输入	每个字节为一个 RS232 字节	数据包帧头：$CSSZ，为设置终端软件参数数据
3	恢复出厂设置	8 字节	终端软件输入	每个字节为一个 RS232 字节	数据包帧头：$RSSZ，为恢复终端软件出厂设置
4	读取卫星视图	8 字节	终端软件输入	每个字节为一个 RS232 字节	数据包帧头：$GPSV，为读取终端软件卫星视图数据
5	读取定位结果	8 字节	终端软件输入	每个字节为一个 RS232 字节	数据包帧头：$GPSP，为读取终端软件定位结果数据

5. 电源系统研发

1）研发思路

采用船电及一次性电池供电模式。智能电源管理实时判断供电模式，在船电状态下，三轴加速度传感器处于工作状态，用于判断船舶姿态，如果出现船舶倾覆风险，将发送预警信息；同时北斗船载示位标保持连续工作。船电断开后，设备自动切换到电池工作模式，实现定期数据上报或落水报警，上报频度最高可达每 10min 上报一次位置信息；三轴加速度传感器持续处于工作状态，当出现倾覆风险时，发送预警信息。

2）示位标能耗分析

在电池供电模式下，由 MCU 控制 RNSS、RDSS、AIS、三轴加速度传感器模块的工作状态，通过低功耗设计，实现示位标定期数据上报或落水报警。RNSS 定位模块定位一次需要的时间为 10s，RDSS 每发送一次，待机 2s，发射 220ms；AIS 只有在报警状态下才消耗电源。

当示位标弹出浮于水面后，自动进入内置电池供电，报警装置启动，并按照北斗示位标规范发送报警信息，持续工作时间大于 96h。

示位报警上报数据采用前 1h 每 65s 上报一次报警信息，1h 后每 10min 上报一次报警信息，在 96h 内电力消耗计算如表 4-10 所示。

表 4-10 北斗船载无线电示位标 96h 耗电量

项目	工作电流/mA	工作电压/V	工作时间/h	功耗/(mA·h)
RDSS 5W 待机	140	3.3	96	13440
RDSS 5W 工作	3000	5	0.038	114
北斗/GPS	22	3.3	96	2112

续表

项目	工作电流/mA	工作电压/V	工作时间/h	功耗/(mA·h)
MCU 及外围电路待机	0.1	3.3	96	9.6
MCU 及外围电路工作	10	3.3	3.5	35
AIS 工作	3.2	12	96	307.2
电量消耗	—	—	—	16017.8

96h 的功耗需要的电量为 16A·h。

3) 电池设计

示位标一次性电池采用锂亚电池 ER34615 及超级电容 SPC1550，其中锂亚电池容量为 19A·h。共采用 19A·h 的 8 组电池，总容量为 152A·h，考虑到电池放电效率，电池可放电电量为 17.1A·h 每节，总容量为 136.8A·h，保证了示位标大于 96h 发送报警信息。

4) 供电管理

船载示位标供电管理控制流程如图 4-41 所示。

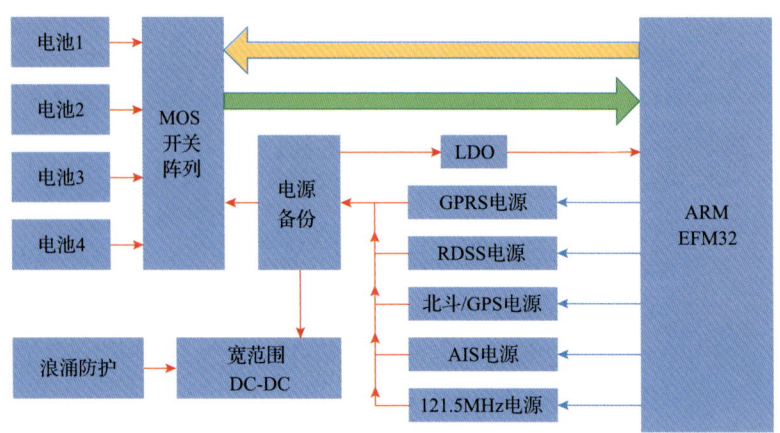

图 4-41　船载示位标供电管理控制流程

船电经过浪涌防护电路，将脉冲电压大于 70V 的浪涌滤除在电源通道之外，防止损坏内部电源；示位标内电池采用 4 组（每组 2 节）备份，ARM 根据每个电池的电量大小，依次将 4 组电池切换进主供电回路。当有船电时，电源备份电路优先选择经过直流-直流（DC-DC）降压后的船电提供给示位标使用；当无船电时，ARM 处理器根据模数转换器（analog-to-digital converter，ADC）检测到的 4 组电池电量，选择相应的一组电池给系统供电。各功能模块的电源均受 ARM 处理器控制，在示位标不同工作模式下，彻底关掉不需要工作的设备模块。

第 5 章　　海上遇险目标搜寻技术

目前我国搜救体系主要是依赖有人直升机、救助船舶和搜救卫星，无人机作为一种新技术新装备，相对救助船舶来说具有飞得高、看得远、搜寻范围广的优势，相对有人机和搜救卫星，具有机动灵活、现场直播实时性强、使用成本低、危险性小等比较优势，同时结合无线电示位标的定位和辅助搜寻功能，构建基于无人机的立体化海上搜寻救助体系，旨在实现无人机与现有装备的有效配合，形成一个有机整体，充分发挥无人机功能，提高现有设备的综合使用效能。

本章介绍北斗船载和落水人员无线电示位标无缝匹配星基遇险搜救工作模式。无线电示位标的信息可以通过北斗短报文通信服务传送至海上救援协调中心（Rescue Coordination Center，RCC），或者通过甚高频链路传送给 AIS 基站和安装有 AIS 终端的过往船舶。北斗船载和落水人员无线电示位标在无缝匹配星基网络遇险搜救工作模式的基础上，通过配合无人机搜寻，进一步提升快速搜救和远程搜救的效率。

5.1　基于无线电示位标与无人直升机的海上救助搜寻模式

5.1.1　基于岸基无人机的海上搜寻救助体系框架

船载无线电示位标或落水人员无线电示位标触发求助报警信号的海域可能是近海，也可能是远海。若为近海，则在有人机和岸基无人机的飞行范围内，一般将采用岸基无人机作为搜寻先锋，第一时间开展搜寻任务；若为远海，则救助目标位置超出了有人机和岸基无人机的飞行范围，一般以距离救助目标最近的救助船舶和该船舶配置的船载无人机为主要救助资源，并且以该船载无人机作为搜寻先锋，实施搜寻救助任务。

因此，根据上述目标要求，基于岸基无人机构建系统总体框架如图 5-1 所示。

基于岸基无人直升机的立体搜寻救助体系是以中国海上搜救中心为总中心，省级海上搜救机构为分中心，有人救助直升机、救助船舶和无人救助直升机相互配合的海、陆、空三位一体的立体搜寻救助系统，全系统核心组成主要分为三个部分：前端采集系统即加装摄像/红外光电吊舱的无人直升机、示位标、有人直升机、岸边基站，中间通信中转系统即地面移动控制与信息处理分中心（地面测控站),后端为综合指挥调度系统即中国海上搜救中心和省级海上搜救机构。该体系的作用原理如图 5-2 所示。

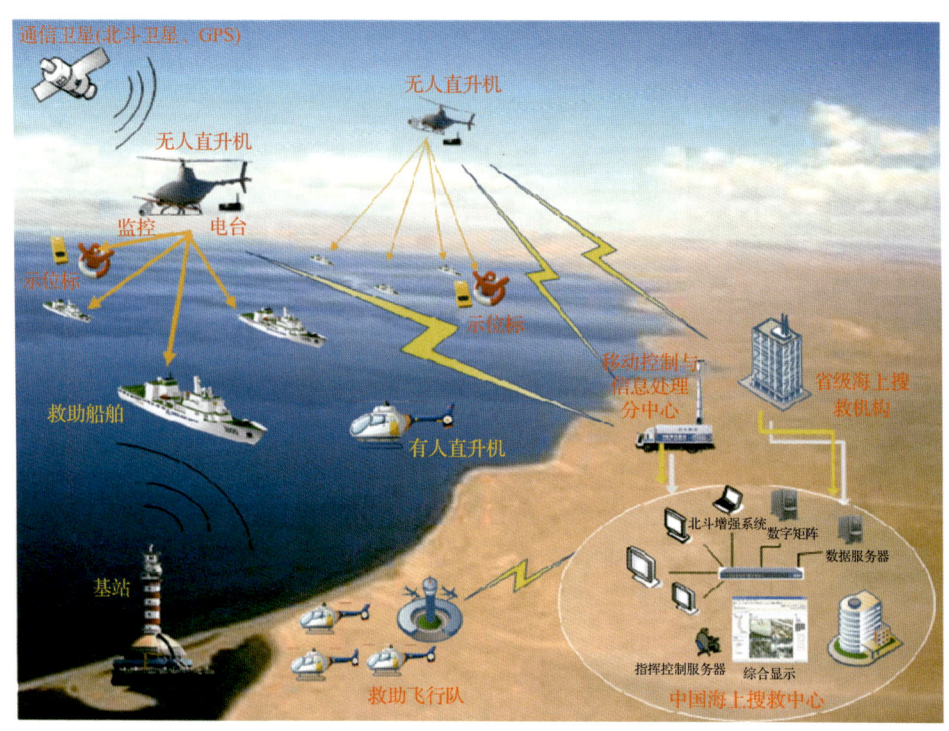

图 5-1　基于岸基无人直升机的立体搜寻救助体系框架

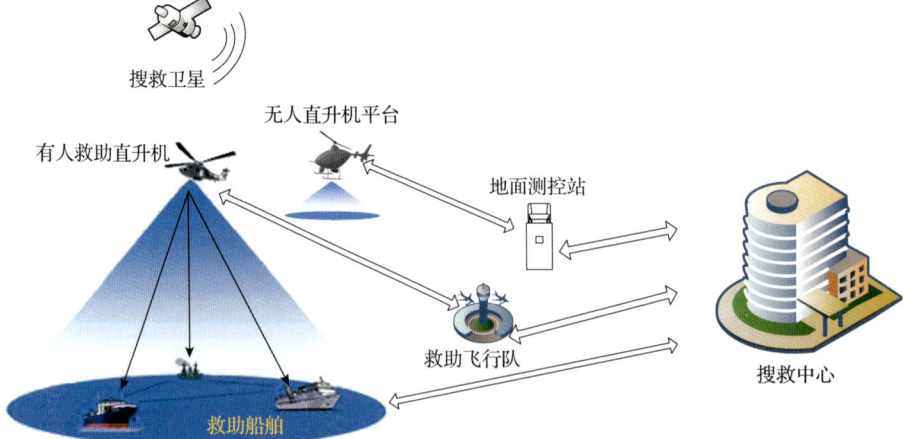

图 5-2　立体搜寻救助体系作用原理图

整个框架体系中各搜救设备的主要作用分析如下:

(1) 示位标(包括船载示位标和落水人员示位标)：①触发器功能。无线电示位标是一种主动式求救报警手段，一旦发生失事情况，第一时间主动发出求救报警信号，触发救助启动程序。②定位机功能。无线电示位标向搜救中心发出失事目标的位置坐标，作为搜寻初始目标位。③落水人员无线电示位标除了上述功能外还有辅助功能，即落水人员无线电示位标可在96h内连续发出位置信息，用于修正搜寻救助设备特别是无人机的航行路线，直至发现失事目标——落水人员。

(2) 无人直升机：主要作为搜寻先锋，当各级搜救中心接到无线电示位标求救信号后，首先安排无人直升机执行搜救任务，充分发挥无人直升机机动灵活和风险小的优势，第一时间开展搜寻任务，发现目标后，实时传回现场落水人员或失事船舶(包含示位标)画面和位置信息。

(3) 有人直升机：现有主要的搜救空中力量，收到搜救中心的任务指令后，飞至目标位置实施救助。

(4) 救助船舶：现有最核心的水面搜救装备，可以更大范围更高难度地执行搜救任务。

(5) 岸边基站：主要接收示位标信息，传输到搜救中心。

(6) 地面测控站：主要功能为负责无人机的飞行控制、接收无人机传回的现场信息并传输给搜救中心。

(7) 综合指挥调度系统：作为搜救大脑，负责搜救任务的指挥决策。

总体而言，当各级搜救中心接到无线电示位标求救信号后，首先安排无人直升机执行搜救任务，充分发挥无人直升机机动灵活和风险小的优势，第一时间开展搜寻任务，发现目标后，实时传回现场落水人员或失事船舶(包含示位标)画面和位置信息，搜救中心根据现场画面决策调度，调度安排有人直升机或搜救船舶到该海域执行搜救任务。

岸基无人机海上搜救模式流程如下：

(1) 无人直升机系统根据任务命令，将地面测控站和无人直升机展开，进行起飞、巡航、降落路线的选择与规划，地面测控站负责设计飞行航路节点和飞行高度剖面，设计任务执行过程中各种工作模式和程序。

无人直升机按照规划路线飞往任务执行区，并在任务区上空执行规划的任务。当搜寻目标是落水人员时，无人机在飞行过程中，将会根据落水人员示位标发出的实时位置信息，在线规划飞行航线，直至飞抵目标搜寻区域。机载摄像/红外光电吊舱系统进行目标监视和拍摄，并将目标图像通过无线数据传输链路发送给地面测控站，地面测控站同时将目标信息转发给各级搜救中心，或者直接通过无线数据传输链路发给附近的救助船艇和救助飞行队。

(2) 搜救中心接收到目标位置信息或态势后，指挥调度有人救助直升机或附近的救助船艇迅速到达该区域进行救助，使有人直升机和救助船艇的出动具有极大的针对性、目的性。

(3)处于待命中的有人救助直升机和救助船艇也可以根据无人直升机传送的信息，提前进行应急准备，等待搜救指挥中心进一步的指示，提高应急响应速度。

(4)无人直升机执行完任务，按照任务规划航线返航，在起飞地点降落。

5.1.2 基于船载无人机的海上搜寻救助体系框架

船载无线电示位标或落水人员无线电示位标触发求助报警信号的海域为远海时，救助目标位置超出了有人机和岸基无人机的飞行范围，一般以距离救助目标最近的救助船舶和该船舶配置的船载无人机为主要救助资源，并且以该船载无人机作为搜寻先锋，实施搜寻救助任务。该种情况下，基于船载无人机的海上搜寻救助体系，将是以救助母船为搜救指挥中心或分中心，船载无人机获取的现场视频信息将实时传输到救助母船上，母船可通过卫星网络将信息传输到中国海上搜救中心和省级搜救机构，进行救助决策，指挥救助行动。基于船载无人直升机的立体搜寻救助体系框架如图 5-3 所示。

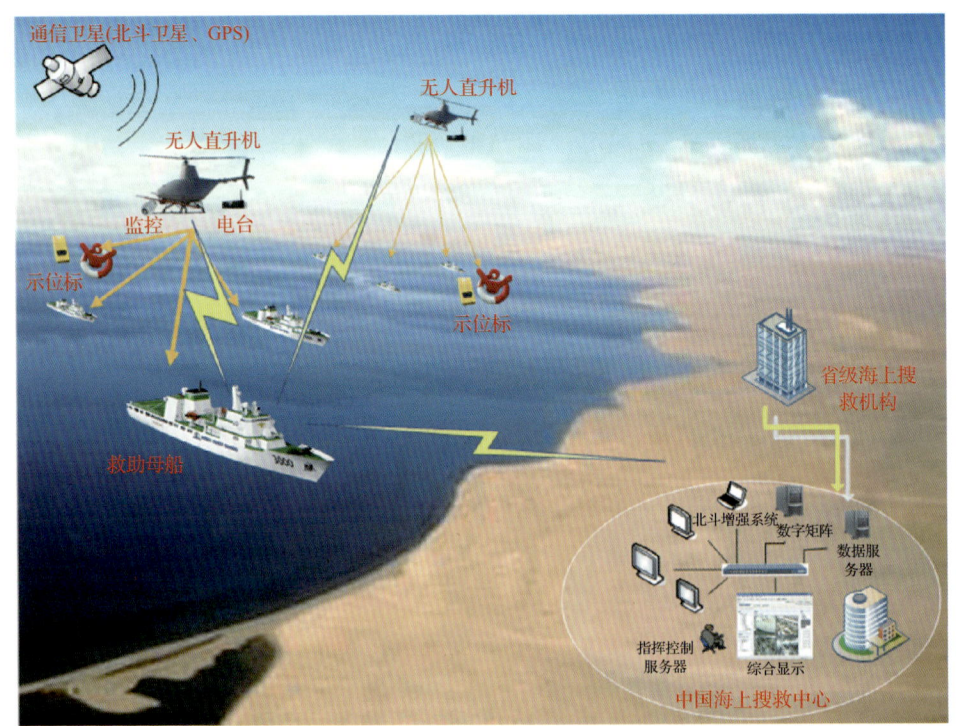

图 5-3　基于船载无人直升机的立体搜寻救助体系框架

基于船载无人直升机的立体搜寻救助体系是以中国海上搜救中心为总中心，省级海上搜救机构为分中心，救助母船为子中心，救助船舶和无人救助直升机相互配合的海、陆、空三位一体的立体搜寻救助系统，全系统核心组成主要分为三个部分：前端采集系统即加装摄像/红外光电吊舱的无人直升机、示位标，中间通信中转系统即救助母船和卫星系统，后端为综合指挥调度系统即中国海上搜救中心、省级海上搜救机构和救助母船。船载无人机的搜寻救助方式与岸基无人机的搜寻应用方式基本相同，这里不再赘述。

5.2 无人直升机搜寻关键技术研究

5.2.1 无人机搜寻路径研究

海上搜寻与救助是在无法获知搜寻与救助目标准确位置的情况下展开的搜寻救助行动，首先必须确定搜索区，对指定或预定水域进行空中搜索。目前确定搜索区的方法主要有圆形搜索和扇形搜索两种方式，具体介绍如下。

1. 圆形搜索

在搜索目标运动要素（方位、运动方向、速度等）难以判断的情况下，采用圆形搜索区，无人直升机以搭载的舰船或以救助报警信号（如落水人员示位标、失事船舶示位标）所发出的可以接收到的位置坐标为中心，以一定半径进行圆周飞行。

2. 扇形搜索

当搜索目标运动方向确定在某一范围时，搜索区缩小，为一个近似扇形的区域。

在确定了搜索区之后，在搜索区内划定无人机搜寻任务区，之后无人直升机将对任务区进行搜索，针对任务区搜索目前主要采用的搜寻方法有方形搜索、梳形搜索和平行航线搜索三种，具体介绍如下：

(1) 方形搜索。直飞指定点，力求在飞过指定点附近上空发现目标并立即进行查明，从而迅速完成搜索任务，一旦未发现目标即以方形航线展开搜索，直至搜索到目标，如图 5-4 所示。

(2) 梳形搜索。梳形搜索方法一般是在搜寻与救助任务紧急并且配备的无人直升机数量充足时采用，如图 5-5 所示。

(3) 平行航线搜索。无人直升机配备较少、搜寻时限相对宽裕时采用平行航线搜索方法，如图 5-6 所示。

当无人直升机在任务区发现目标后，使用光电吊舱等任务设备对其进行拍照摄影，并将目标位置、图像等数据传输到地面测控站。

无人直升机执行任务的典型飞行剖面为：接受任务，装订航迹，从陆上或舰艇

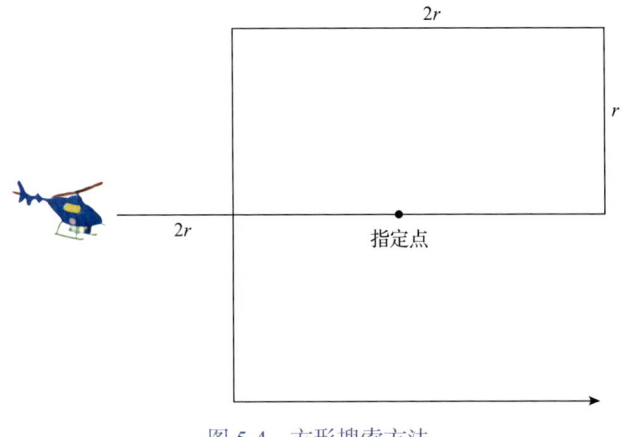

图 5-4 方形搜索方法

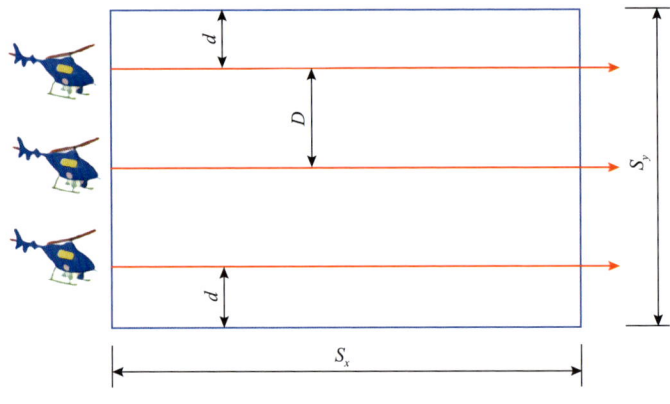

图 5-5 梳形搜索方法

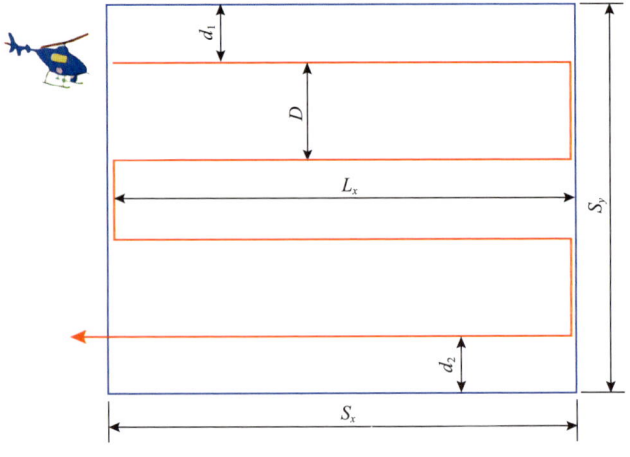

图 5-6 平行航线搜索方法

起飞，斜爬升至预定飞行高度，出航前往任务水域(距离起飞点 100km，这与测控控制距离有关)，到达后下滑至任务水域上空一定高度，悬停、盘旋，执行任务操作；完成任务后爬升至预定高度，返航、下滑，进行陆上降落或着舰，如图5-7所示。

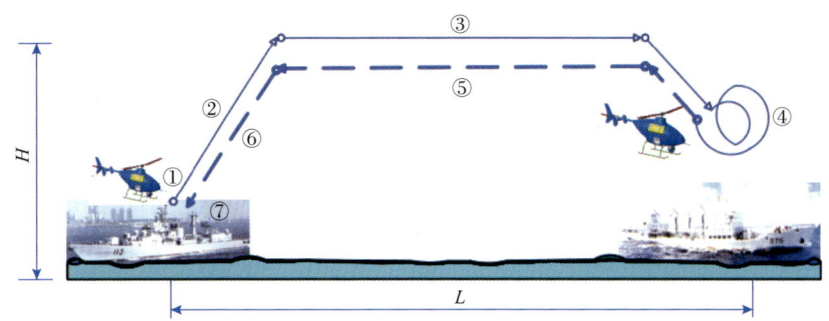

图 5-7　典型飞行剖面图

①表示起飞，②表示爬升，③表示出航，④表示执行任务，⑤表示返航，⑥表示下滑，⑦表示降落或者着舰

5.2.2　落水人员图像识别技术

海上遇险目标图像识别技术，主要包括示位标发现和跟踪技术、可见光和红外视频图像中异常温度点报警及锁定算法、图像叠加降噪处理算法。图像识别技术总体目标是从无人直升机搜寻飞行采集的视频中识别落水人员，并进行报警提示，具体功能如下。

考虑在五种场景中实现两类功能，异物检测准确率 ≥ 85%，以及人、树木等的置信度判断，具体五种场景如下：

(1)风平浪静落水人员身穿救生衣；
(2)风平浪静落水人员未穿救生衣；
(3)大风大浪落水人员身穿救生衣；
(4)大风大浪落水人员未穿救生衣；
(5)大风大浪落水人员趴在木板上。

注：救生衣中配置落水人员示位标。

图像识别技术的实现方法为：通过方向梯度直方图(histogram of oriented gradient，HOG)特征和高光谱遥感影像(hyperspectral imagery，HSI)特征提取，使用 K-means 算法进行二分类，识别水和非水部分。再通过 YOLO(you only look once)网络对目标进行检测，算法深度学习过程中，模型参数动态调整和优化，最终清晰准确地识别落水人员并锁定落水人员位置。

1. HOG 特征提取技术研究

HOG 特征是一种在计算机视觉和图像处理中用来进行物体检测的特征描述。

HOG 特征通过计算和统计图像局部区域的方向梯度直方图来构成特征。

为了减少光照因素的影响，首先需要将整个图像进行正则化。试验证明，对每个颜色通过进行平方根 Gamma 压缩（即 Gamma 参数为 0.5）时有较高的性能提升。

Gamma 正则公式如下：

$$H(x,y) = H(x,y)^{\text{Gamma}} \tag{5-1}$$

式中，$H(x,y)$ 为像素点 (x,y) 的像素值。

计算图像横坐标和纵坐标方向的梯度，并据此确定每个像素位置的梯度方向。不同的梯度计算方法对检测器性能有很大影响，在对图像进行高斯平滑后，测试了不同的梯度计算方法，包括一维模板 [−1, 1]、[−1, 0, 1]、[1, −8, 0, 8, −1] 等，最终选择使用 [−1, 0, 1] 计算水平方向梯度，用其转置计算垂直方向梯度。

因此，图像中像素点 (x,y) 的梯度为

$$G_x(x,y) = H(x+1,y) - H(x-1,y) \tag{5-2}$$

$$G_y(x,y) = H(x,y+1) - H(x,y-1) \tag{5-3}$$

式中，$G_x(x,y)$ 为像素点 (x,y) 的水平方向梯度；$G_y(x,y)$ 为像素点 (x,y) 的垂直方向梯度。

通过 $G_x(x,y)$ 和 $G_y(x,y)$ 计算该像素点的梯度大小和方向：

$$G(x,y) = \sqrt{G_x^2(x,y) + G_y^2(x,y)} \tag{5-4}$$

$$\theta(x,y) = \arctan\left(\frac{G_y(x,y)}{G_x(x,y)}\right) \tag{5-5}$$

式中，$G(x,y)$ 为梯度大小；$\theta(x,y)$ 为梯度方向。

统计局部图像梯度信息并进行量化，得到局部图像的特征描述向量，这样能够较好地保持对图像中人体对象的姿势和外观的鲁棒性。

局部图像的单位是单元，大小为 8×8。假设采用 9 个方向区间来统计一个单元中的梯度信息，即将 360°的梯度方向分成 9 个方向，如图 5-8 所示。

量化公式如下：

$$B(x,y) = \text{round}\left(\frac{p\theta(x,y)}{\pi}\right) \tag{5-6}$$

计算单元内每个像素的梯度，为某个基于方向的方向区间投票（vote），从而形成方向梯度直方图。单元可以是矩形或者环形（极坐标中的扇形）。直方图的方向区间在 0°～180°（无符号梯度）或者 0°～360°（有符号梯度）均分。为了减少混叠

现象，梯度投票在相邻方向区间的中心之间需要进行方向和位置上的双线性插值。投票的权重根据梯度幅值进行计算，可以取幅值本身、幅值的平方或者幅值的平方根。试验表明，使用梯度本身作为投票权重效果最好。以人头顶的 8×8 像素大小的单元为例，通过前两步的计算可以得到每个像素的梯度幅值和梯度方向，如图 5-9 所示。

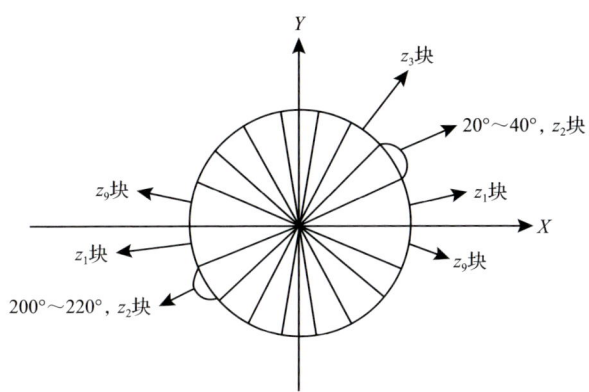

图 5-8　局部图像梯度信息分块

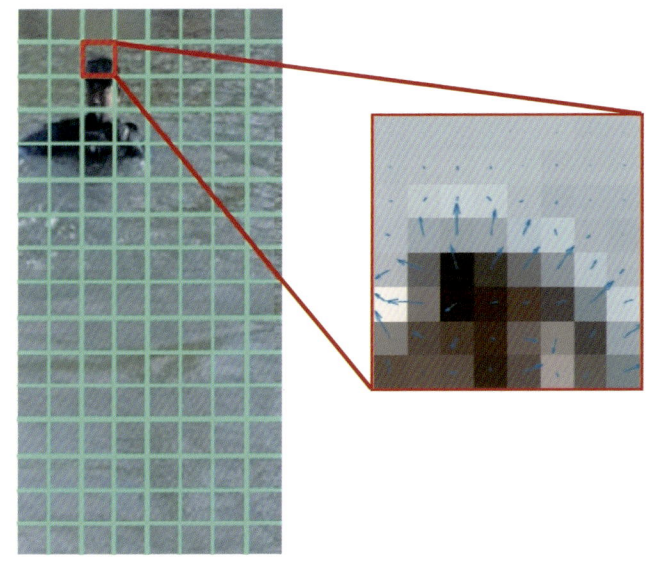

图 5-9　人头像素的梯度幅值和梯度方向示意图

接下来在 8×8 的单元中创建一个 9 方向区间的直方图（图 5-10）。在蓝色圈所在像素的梯度方向是 80°，幅值为 2，所以在方向区间为 80 的格子里面加 2。在红色圈所在像素的梯度方向为 10°，幅值为 4，但是方向区间中没有 10 这个值，只有 0 和 20，所以将 4 平均分配到方向区间为 0 和 20 的格子中。

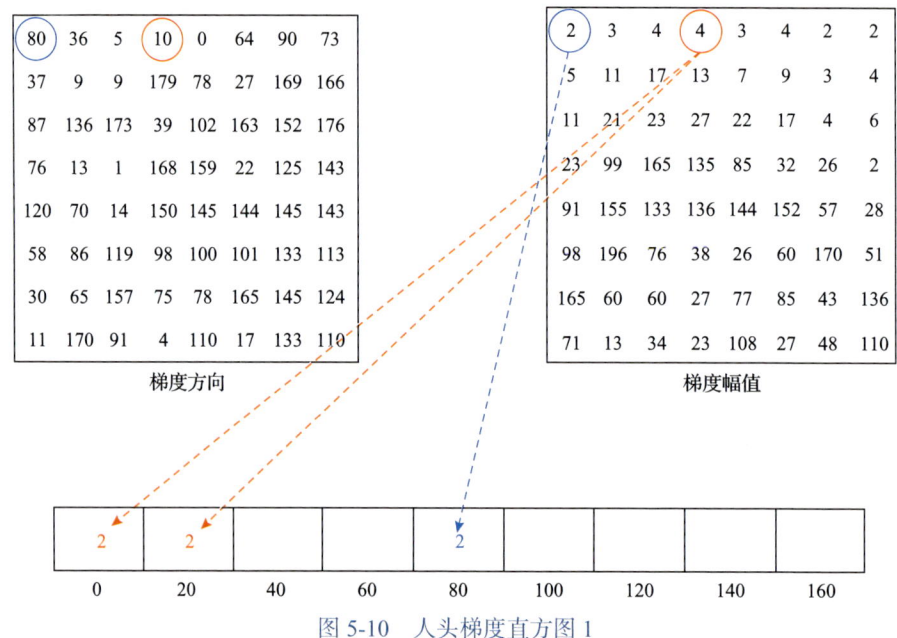

图 5-10　人头梯度直方图 1

还有一点需要注意的是，如果某个像素的方向超过了 160°，由于直方图是首尾相连的（即 180° 就是 0°），将像素值按比例（根据像素的角度距离边界远近）分配到 0°～160° 的格子中，如图 5-11 所示。

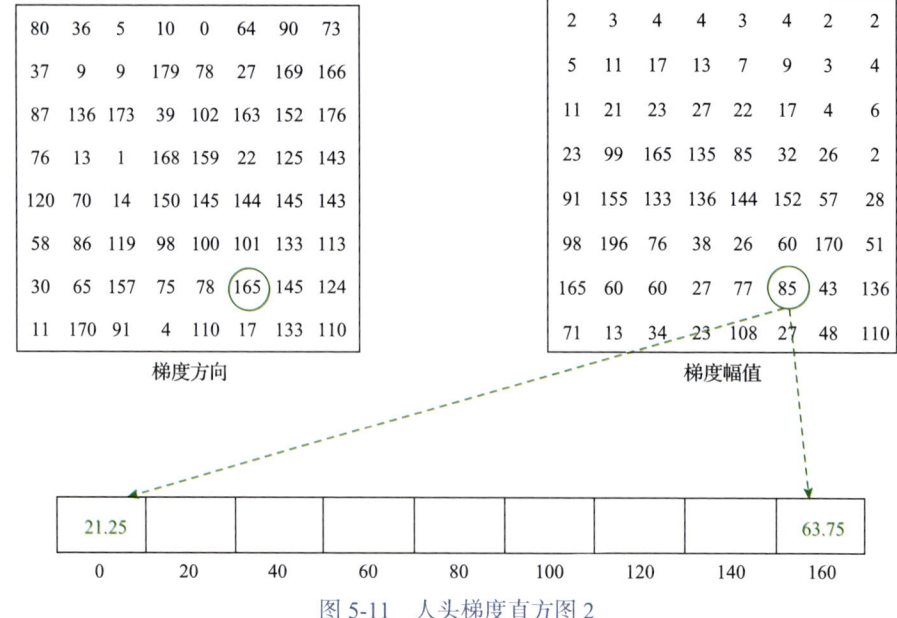

图 5-11　人头梯度直方图 2

通过对单元中所有像素点进行统计得到以下方向梯度直方图(图 5-12)。

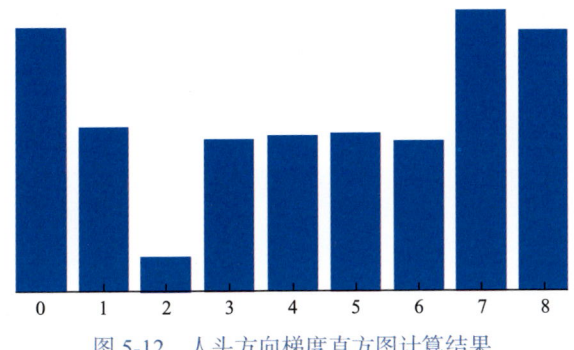

图 5-12　人头方向梯度直方图计算结果

由于局部光照的变化，以及前景背景对比度的变化，梯度强度的变化范围非常大。例如，如果图像值全部减小了 50%，那么梯度值也会减小 50%，但是为使图像值不影响梯度值，需要对梯度做局部对比度归一化。

取其中一个 RGB 颜色向量为[128, 64, 32]，它的长度为 146.64。接着让颜色向量同时除以长度(即归一化)得到标准化向量[0.87, 0.43, 0.22]。如果此时将颜色向量值变为原来的 2 倍即 2×[128, 64, 32]=[256, 128, 64]，按同样的方法计算标准化向量得到的依旧是[0.87, 0.43, 0.22]。因此，归一化能够使得梯度幅值不受图像像素值变化的影响。

2. HSI 特征提取技术研究

HSI 是指一个数字图像的模型，它反映了人的视觉系统感知彩色的方式。HSI 颜色空间算法使用 H、I、S 三个分量来分别描述图像的颜色。通过 HSI 空间变换，将彩色图像从 RGB 颜色空间转换到 HSI 空间，通过人眼对外界事物的视觉观察和判断，将 RGB 颜色空间算法分解成色调、亮度和饱和度三部分。其中，色调是用 H 表示的描述纯色的属性；亮度是用 I 表示的人的主观描述，它表示人眼对图像在光作用下的感知程度；饱和度是用 S 表示的用于度量纯色被白光稀释的程度。在 HSI 空间算法中，I 分量与图像的本身的彩色信息无关，人类对颜色的感知密切相关的是 H 分量和 S 分量，这两个分量使得 HSI 算法能够更好地检测颜色特征。单纯的图像进行水和非水的区分很难区分出来，可以先把图像的色调、饱和度、亮度进行调整，更好地区分开水和非水区域，具体示例如图 5-13 和图 5-14 所示。

面对复杂的环境因素，在大风大浪的情况下，单纯地降低饱和度和亮度，不能有效区分出水和非水区域，波纹在降低亮度时，会变成干扰项。那么就要结合 YOLO 网络检测、K-means 算法，进行更深一步的识别。

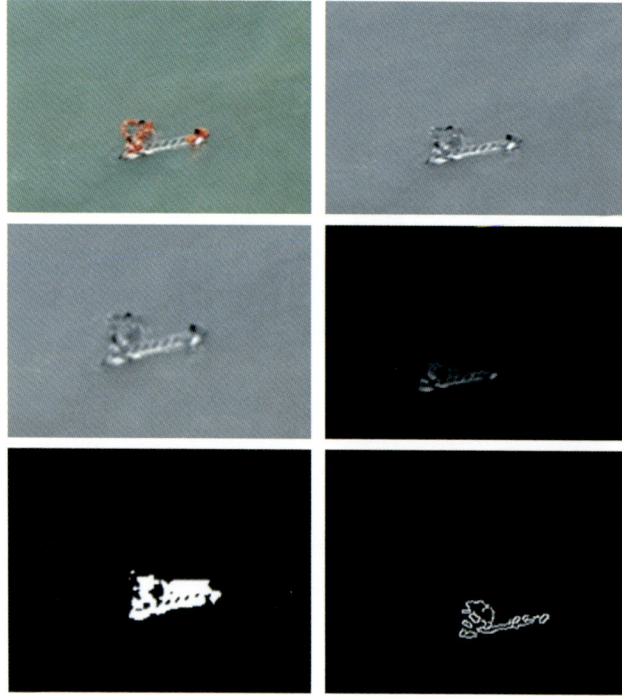

图 5-13 HIS 特征提取示例 1

图 5-14 HIS 特征提取示例 2

3. K-means 算法优化研究

K-means 算法简要说明如下：选取 K 个点作为初始聚集的簇心；分别计算每个样本点到 K 个簇核心的距离(这里的距离一般取欧氏距离或余弦距离)，找到离该点最近的簇核心，将它归属到对应的簇；多个点都归属到簇之后，M 个点就分为了 K 个簇。之后重新计算每个簇的重心(平均距离中心)，将其定为新的簇核心；反复迭代，直到达到某个终止条件，具体如图 5-15 所示。

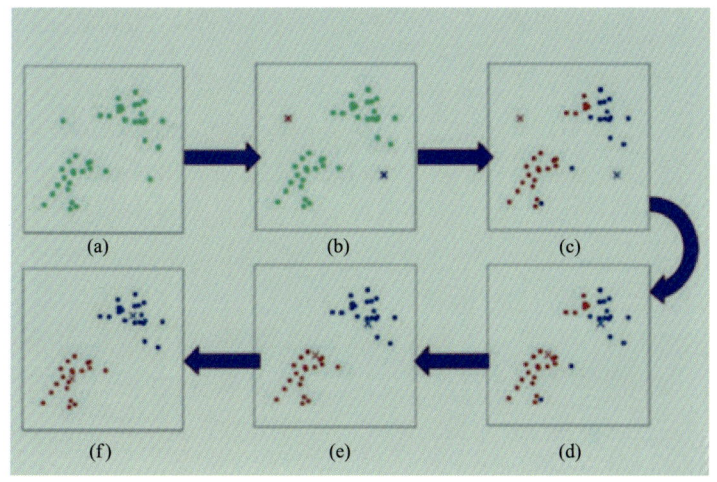

图 5-15　K-means 算法计算过程

欧氏距离(又称 2-norm 距离)：在欧几里得空间中，点 $x = (x_1, x_2, \cdots, x_n)$ 和 $y = (y_1, y_2, \cdots, y_n)$ 之间的欧氏距离为

$$d(x,y) = \sqrt{(x_1 - y_1)^2 + (x_2 - y_2)^2 + \cdots + (x_n - y_n)^2} = \sqrt{\sum_{i=1}^{n}(x_i - y_i)^2} \quad (5-7)$$

在欧几里得度量下，两点之间线段最短。

余弦距离(又称余弦相似性)：两个向量间的余弦值可以通过使用欧几里得点积公式求出：

$$a \cdot b = \|a\|\|b\|\cos\theta \quad (5-8)$$

所以有

$$\cos\theta = \frac{a \cdot b}{\|a\|\|b\|} \quad (5-9)$$

也就是说,给定两个属性向量 A 和 B,其余弦距离(也可以理解为两向量夹角的余弦)由点积和向量长度给出,如下所示:

$$\cos\theta = \frac{A \cdot B}{\|A\|\|B\|} = \frac{\sum_{i=1}^{n} A_i B_i}{\sqrt{\sum_{i=1}^{n} A_i^2} \sqrt{\sum_{i=1}^{n} B_i^2}} \tag{5-10}$$

这里的 A_i 和 B_i 分别代表向量 A 和 B 的各分量。

4. YOLO 网络检测目标研究

YOLO 是一个可以一次性预测多个边界框位置和类别的卷积神经网络,能够实现端到端的目标检测和识别,其最大的优势就是速度快。YOLO 是一种单阶段算法,其主要思想是直接对输入图像进行回归。YOLO 算法不需要首先确定候选框。在 YOLO 的发展历程中,YOLO 已从 YOLO v1 发展到最新的 YOLO v12。

搭建 YOLO 网络进行目标检测对非水区域人与非人进行部分识别,得到检测目标为人的概率。YOLO 将输入图像划分为 $S\times S$ 个网格,如果一个物体的中心落在某网格内,则相应网格负责检测该物体。在训练和测试时,每个网络预测 B 个边界框,每个边界框对应 5 个预测参数:边界框的中心点坐标 (x,y)、宽高 (w,h) 和置信度评分(confidence)。

5. 模型动态调整和优化策略

深度学习的优化算法,就是梯度下降,每次参数更新有两种方式:

第一种,遍历全部数据集并计算一次损失函数,然后计算函数对各个参数的梯度,同时更新梯度,这种方法每更新一次参数都要将数据集中的所有样本遍历一遍,计算开销大,计算速度慢,不支持在线学习,称为批梯度下降。

第二种,每遍历一个数据就计算一次损失函数,并且求梯度更新参数的方法称为随机梯度下降(stochastic gradient descent)。该方法速度比较快,但是收敛性能不太好,因为使用单个梯度来更新权重。这种基于单梯度的更新策略无法表征全局的真实梯度,往往得到的是精度并不高的局部最优解,导致模型一直不收敛,而是在最小值附近波动。两次参数的更新也有可能相互抵消,造成目标函数振荡比较剧烈。

为了克服两种方法的缺点,在程序中采用的是一种折中手段——小批梯度下降,这种方法把数据分为若干个批,按批来更新参数,这样一个批中的一组数据共同决定了本次梯度的方向,下降起来就不容易跑偏,减少了随机性。另外,因为批的样本数与整个数据集相比小了很多,计算量有所减少。

根据相关理论，批大小的值（batch size）越大，模型准确度越高，但是图片矩阵很大，受硬件内存、图形处理器的限制，批大小的值也不能无限大，一般设定在64～128。

在学习和优化过程中需要不断调整训练轮数，随着训练轮数增加，最终是会达到一个拟合状态。拟合状态决定了整体目标识别的准确度。

实际研究测试过程中，数据集有 60000 张不同环境场景的图片作为训练数据，10000 张图片作为测试数据。假设现在选择批大小=100 对模型进行训练，迭代30000 次，具体过程如下：

每个训练轮次要训练的图片数量为 60000（训练集上的所有图片）。

训练集具有的批个数为 60000/100=600。

每个训练轮次需要完成的批个数为 600。

每个训练轮次具有的迭代次数为 600（完成一个批训练，相当于参数迭代一次）。

每个训练轮次中发生模型权重更新的次数为 600。

训练 10 个轮次后，模型权重更新的次数为 600×10=6000。

不同轮次的训练，其实用的是同一个训练集的数据。第 1 个训练轮次和第 10 个训练轮次虽然用的都是训练集的 60000 张图片，但是对模型的权重更新值却是完全不同的。因为不同训练轮次的模型处于代价函数空间上的不同位置，模型的训练轮次越靠后，越接近谷底，其代价越小。

总共完成 30000 次迭代，相当于完成了 30000/600=50 个训练轮次。

通过 HOG 特征和 HSI 特征提取，使用 *K*-means 算法进行二分类，识别水和非水部分，再通过 YOLO 网络对目标进行检测，并且不断对模型参数进行优化调整。利用上述组合算法对一批特定环境数据进行了处理，增强和识别效果显著。

第6章　海上搜救适航条件评估技术

在大风浪条件下进行海上搜救是一项难度大、技术要求高、带有一定风险的工作，复杂多变的气象海洋环境对海上救助平台(救助船舶和救援飞机)航行及救助构成较大威胁。根据《统一提单的若干法律规定的国际公约》和《中华人民共和国海商法》中船舶适航条件，以及《适航理念与原则》中航空器适航性的定义可知，船舶和飞机的适航条件不仅包含自身设计、结构、性能和状态等方面良好，还应能够抵御预期的运行环境合理预见到的风险。因此，研究气象海洋环境因素对救助船舶和救援飞机航行及救助的影响具有十分重要的意义。本书中的"适航条件评估研究"特指"在假定救助船舶和救援飞机自身设计、结构、性能和状态等方面良好的前提下，综合考虑气象海洋环境风险因素对救助船舶和救援飞机航行安全及救助实施过程的影响，开展救助船舶和救援飞机航行及救助的气象海洋环境综合风险等级定量预警技术的研究"。

本书综合考虑救助船舶的抗风浪能力和船舶载态、影响救援飞机低空飞行的垂向风切和强对流等不同灾害性天气等，研发各类型救助船舶和救援飞机的适航条件评估模型。针对搜救平台作业对海洋气象环境因素的具体需求，研发适航条件定量分级预警机制，实现适航条件定量分级预警。依托评估模型实现救助平台适航条件"一键"快速预报，提高搜救效率，降低搜救风险，有助于海上救助指挥从经验指挥向定量化的科学决策转变。

6.1　救助船舶适航条件快速评估技术

选取交通运输部南海救助局(以下简称"南海救助局")四种具有代表性的船舶类型，借鉴风险分析理论和技术中的最低合理可行性(as low as reasonably practicable，ALARP)原则，合理科学地制定各类救助船舶航行及救助环境的风险等级(评判集)。运用模糊综合评定数学模型理论，建立救助船舶航行及救助等级与评价指标体系(影响因子)之间的模糊关系，即得到不同救援方案设定下，面临不同等级海气环境状况时，出现不同风险等级的概率，研发代表性救助船舶航行风险等级及救助环境风险等级定量评估模型，生成救助船舶航行及救助环境综合风险等级的预报产品，技术路线如图6-1所示。

第 6 章 海上搜救适航条件评估技术

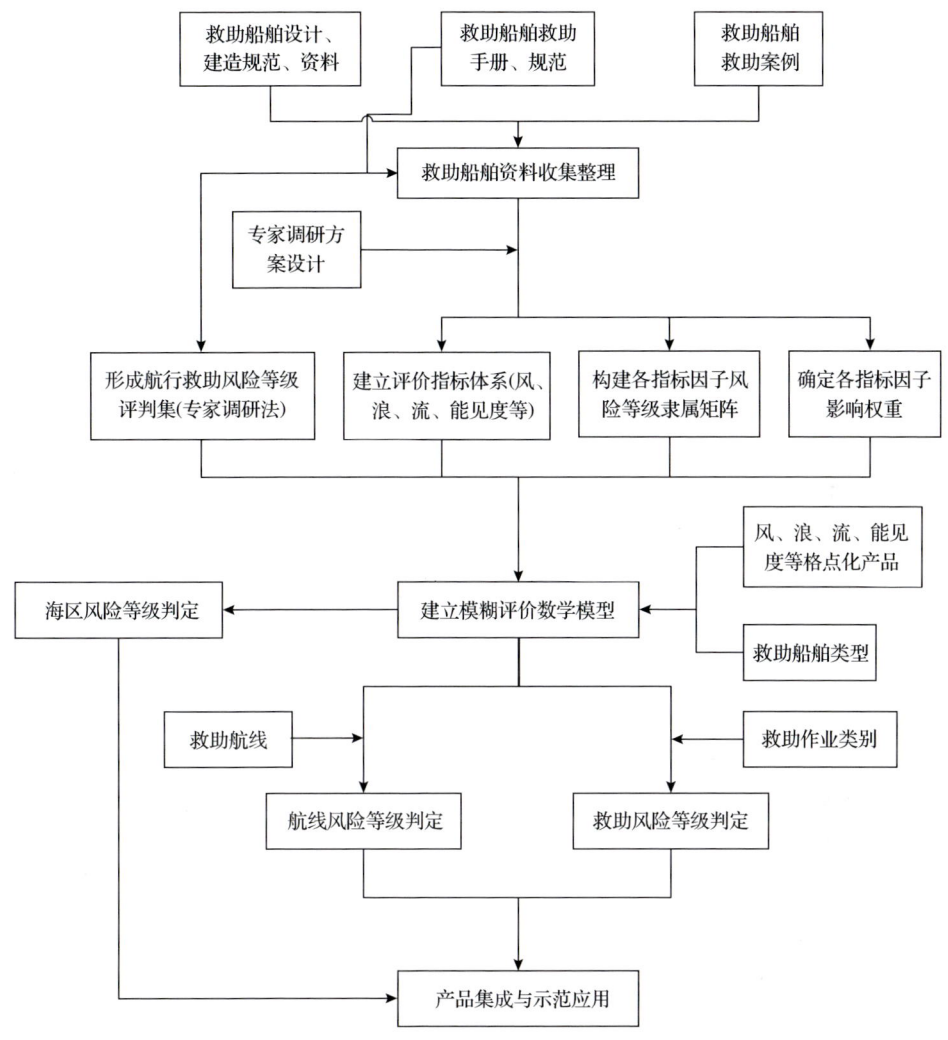

图 6-1 救助船舶适航条件快速评估技术路线图

6.1.1 代表船型确定

南海救助局船舶类型多样，拥有各类救助船舶 35 艘，其中 14000kW 救助拖轮 1 艘，12000kW 救助拖轮 1 艘，9000kW 救助拖轮 7 艘，6000kW 救助拖轮 1 艘，双体穿浪快速救助船 4 艘，其他船艇 21 艘，分别部署在珠江口、琼州海峡、西沙等重点海域的动态待命点值守。南海救助局的船舶类型体现了大、中、小相结合，快、慢相结合的特点，具有全天候与机动灵活相结合的全方位救助能力。

一般地，船舶的主机功率越大，抗风浪能力越强，主机功率越小，抗风浪能力越弱；船舶吨位、主机功率越大，航速越慢，吨位、主机功率越小，航速越快。

南海救助局的大功率救助船舶抗风浪等级较高，能够在大风浪条件下进行海上遇险救助；近海救助船舶功率较小，抗风浪等级较低，但航速快且吃水较浅，能够对近岸水深较浅的海上遇险事故进行快速救助。因此，本章以船舶主机功率和航速为标准，选取具有代表性的四类救助船舶开展救助船舶航行及救助环境风险等级评估工作，四类救助船舶类型如图 6-2 所示。

(a) "南海救102" 船

(b) "南海救118" 船

(c) "南海救201" 船

(d) "南海救301" 船

图 6-2　四类救助船舶

类型一：12000kW 全天候海洋救助船（编号 10 系列船），主机功率为 12000kW、最大航速约为 20n mile/h，可无限航区航行，配备有最先进的救助设备，代表船舶为"南海救 102"船。

类型二：9000kW 全天候海洋救助船（编号 11 系列船），主机功率为 9000kW、最大航速约为 20n mile/h，可无限航区航行，救助设备配备齐全，为不限航区救助主力船型，代表船舶为"南海救 118"船。

类型三：近海双体穿浪快速船（编号 20 系列船），主机功率约为 5000kW、最大航速为 30n mile/h，近海航区航行，代表船舶为"南海救 201"船。

类型四：沿海高速救助船（编号 30 系列船），主机功率为 1176kW、最大航速为 35n mile/h，沿海航区航行，代表船舶为"南海救 301"船。

6.1.2　模糊综合评价法

在现实生活中，人们常常需要对某一事物或现象进行总体评价，而作为被评价对象的事物或现象又往往是一个由相互关联相互制约的众多因素组成的复杂系统，因此评价过程中必须综合考虑各个因素的影响以提高评价结果的科学性和准确性。这种对多因素复杂系统进行的总体评价称为多变量综合评价。模糊综合评价法就是用模糊数学对受多种因素制约的事物或对象做出一个总体的评价，适合解决一些难以用精确数据量化的模糊的非确定性问题。模糊综合评价利用隶属度函数对模糊因素进行量化，通过建立模糊关系来构造模糊变换，进而对模糊事物或现象实施总体评价。模糊综合评价的步骤如下。

1. 建立评价因素集

若有 n 个因素（指标）影响被评价的事物，而且这 n 个因素对被评价事物的综合评价起着很重要的作用，则称这 n 个因素为因素集，记为 $U=\{u_1,u_2,\cdots,u_n\}$。

2. 确定评价集

评价集，即等级论域，是人们对被评价事物的各因素做出综合评价的结果，用集合 $V=\{v_1,v_2,\cdots,v_m\}$ 来表示。

3. 建立因素权重集

根据实际被评价的事物，可以采用从主观上或经过统计研究的方法对每个因素赋予不同的权重值 $W=\{W_1,W_2,\cdots,W_n\}$，用来反映被评价事物每个评价因素的相对重要程度。

4. 进行单因素模糊评价并形成模糊关系矩阵 R

首先通过对单一因素进行评价，得出评价对象对评级集 V 中各个元素的隶属程度 r_{ij}（r_{ij} 的含义为：对于评价因素 u_i 给出评价结果为 v_j 的人数占总评价人数的比例，即评价因素 u_i 具有评语为 v_j 的程度），然后由 r_{ij} 构成单一因素评价集，即 $r_i=[r_{i1},r_{i2},\cdots,r_{im}]$。最后对各个因素评价集进行组合，可得到模糊关系矩阵 R：

$$R=\begin{bmatrix} r_{11} & r_{12} & \cdots & r_{1m} \\ r_{21} & r_{22} & \cdots & r_{2m} \\ \vdots & \vdots & & \vdots \\ r_{n1} & r_{n2} & \cdots & r_{nm} \end{bmatrix} \tag{6-1}$$

5. 进行综合评价

R 可以诱导出一个从 U 到 V 的模糊变换，即综合考虑 n 个因素后得到的综合评价结果是 V 上的一个模糊集合，公式表达为

$$A = W \circ R = [W_1 \quad W_2 \quad \cdots \quad W_n] \circ \begin{bmatrix} r_{11} & r_{12} & \cdots & r_{1m} \\ r_{21} & r_{22} & \cdots & r_{2m} \\ \vdots & \vdots & & \vdots \\ r_{n1} & r_{n2} & \cdots & r_{nm} \end{bmatrix} = (a_1, a_2, \cdots, a_m) \quad (6\text{-}2)$$

式中，被评价因素从整体上来看对 v_j 等级模糊子集的隶属度用 $a_j (j=1, 2, \cdots, m)$ 来表示，它是通过 W 与 R 的第 j 列进行运算来确定的。

式(6-2)构成了模糊综合评价的数学模型，模糊关系 R 可看成一个模糊变换器，如图 6-3 所示。

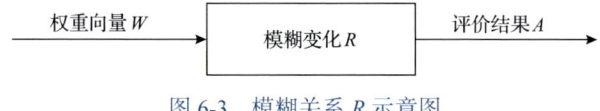

图 6-3 模糊关系 R 示意图

若输入一个权重 $W = \{W_1, W_2, \cdots, W_n\}$，则输出一个评价结果 A。
模糊综合评价中模糊合成运算采取的算法如下：

$$A = (a_1, a_2, \cdots, a_m), \quad a_j = \sum_{i=1}^{n}(W_i \cdot r_{ij}), \quad j = 1, 2, \cdots, m \quad (6\text{-}3)$$

这种算法采用数乘后再求和的形式(即普通矩阵乘法)，没有丢失任何因素，均衡兼顾了所有的因素，所以此模型适用于所有因素起作用的综合评价。本书采用此算法对救助船舶在特定海区航行的风险等级进行评价。

6.1.3 航行救助风险等级划分

风险分析理论和技术中的最低合理可行原则是当前国外风险可接受水平普遍采用的风险评判原则，该原则将风险分为不可容忍的风险、可接受的风险(ALARP区)、可忽略的风险三个区域。依据不同风险严重程度确定不同风险区域，基于不同区域可能出现的风险提出针对的处理措施。

借鉴 ALARP 原则，根据救助船舶的特征属性，通过前期与南海救助局有关技术人员的交流，结合参考航行安全的相关标准，各类型救助船舶航行或救助条件风险等级分为四级，即 $V = \{v_1, v_2, v_3, v_4\} = \{$高风险，较高风险，较低风险，低风险$\}$。同时定义操船环境风险度"7"表示风险度最高，"5"表示风险度较高，"3"表示风险度较低，"1"表示风险度最低，1、3、5、7 实际表示的是模糊数，目的是对评价结果进行量化处理。

同时，为了能够实时直观地反映风险情况，建立完整的航行和救助环境安全评价指标体系，量化航行和救助环境风险评价结果，提出了风险指数的概念，并将风险评价值以指数的形式显示出来,为船舶驾驶人员提供实时直观的评价结果。各风险等级的含义如表 6-1 所示。

表 6-1　救助船舶航行(或救助)风险等级划分

风险等级	风险指数	说明
高风险	>6	通航水域航行(或救助)风险等级极高,航行环境非常恶劣,在此状态下航行(或进行救助)船舶安全存在严重威胁
较高风险	4~6	通航水域航行(或救助)风险等级较高,航行环境较差,船舶可根据自身情况决定是否在此条件下航行(或进行救助),但应尽可能避免较长时间在此状态下航行(或开展救助)
较低风险	2~4	通航水域航行(或救助)风险等级较低,船舶可在此状态下航行(或开展救助),但应注意在必要时严格遵守航行的有关规定
低风险	<2	通航水域航行(或救助)风险等级低,船舶航行(或进行救助)较为安全

6.1.4　影响因子评价指标体系

根据相关调研资料及专家调研结果,确定影响船舶航行及救助安全的因子,并确定某一影响因子条件下不同类型救助船舶的适航等级标准。

1. 主要气象海洋环境因素的影响

影响海上船舶航行及救助安全的因素有很多,水文气象因素是影响船舶航行及救助安全的主要环境因素。对船舶航行及救助影响较大的因素主要有风、波浪、能见度和海流。

1) 风的影响

船舶受风影响主要表现在:船速发生变化,船体向下风产生漂移,同时船艏将向上风或下风偏转。有时受风影响时,会出现舵力转船力矩不足以抵御风动压力偏转力矩而导致操舵无法控制的局面。此外,风动压力形成横倾力矩使船体发生横倾。

2) 波浪的影响

船舶在波浪中的摇荡运动通常可分解为六个自由度的运动,与船舶安全操纵密切相关且运动显著的是横摇、纵摇、垂荡和艏摇。横摇影响船舶的稳定性,有可能引起货物移位,导致大角度横倾以致船舶倾覆。纵摇会导致降速,还会引起船艏上浪而使甲板货、设备损坏,同时纵摇使船艇特别是船前部受到波浪冲击,导致船体受损。此外,纵摇引起螺旋桨空转,给主机、船艇造成损伤。垂荡往往与纵摇同时发生,造成船舶失速,主机功率得不到充分利用,如垂荡和纵摇相位相差不大,则会引起船舶激烈的拍底、上浪及螺旋桨空转。艏摇对船舶在风浪中的保向性有重大影响，尤其在斜顺浪航行时，艏摇明显，危险时会导致船体打横。

3) 能见度的影响

能见度不良是指由于雾、霾、下雪、暴风雨、沙暴或其他原因而使能见度受限的情况。能见度不良对救助船舶航行及救助的影响主要体现在能见距离降低，船舶容易发生碰撞、搁浅、触礁和触损等交通事故。

4) 海流的影响

海流对救助船舶的船速、冲程、舵力和舵效、旋回均有较大的影响，海流产生的流压还对船舶漂移具有一定的影响。

2. 评估体系指标因子选取及标准划分

1) 海区航行风险评估体系指标因子

本书选取风力、浪高、能见度、流速四个因素构成评价救助船舶海区航行气象海洋环境风险评估体系指标因子。这里，风力用瞬时风速的蒲氏风级表示，浪高是指有效波高，流速主要是指表层流速。由于船舶在航行和救助条件下对海洋气象环境的承受能力是不同的，根据船舶竣工验收资料及部分搜救案例，给出不同船舶类型的风浪条件阈值(表 6-2)，综合《海上救助实用指导手册》附录的风力、波浪和能见度等级表，船舶设计参数，以及现场调研专家的反馈意见，对选取的四个指标因子按照危险程度进行分级，记为 $U = \{u_1, u_2, u_3, u_4\}$。

表 6-2 救助船舶航行救助风浪条件阈值

设备名称	航行条件	救助条件	代表船编号
12000kW 全天候海洋救助船	在 12 级风、9 级海况(有效波高<14m)下可以跨海区安全巡航	在 7 级风、5 级海况下，本船吊机吊篮或救生攀爬网救人；在 6 级风、4 级海况下，能安全释放救助艇救人，或以 6~8 节速度拖带 10 万 t 以下的遇险船舶	"南海救 102" 船
9000kW 全天候海洋救助船	能在 9 级海况(14m 浪高、12 级风力)条件下出动；抗风能力能满足 12 级风及相应的海况	能够在 9 级风力、6 级海况(有效波高<6m)条件下实施救助；在 6 级风、一般海况下，可迅速良好地完成救助作业；在超过 7 级风、高海况下，救助作业困难	"南海救 118" 船
近海双体穿浪快速救助船	抗风能力 10 级，在蒲氏风力 9 级、海况 6 级(有效波高<6m)的条件下可安全航行	在蒲氏风力 8 级、海况 5 级(有效波高<4m)的条件下，可实施海上人命救生作业	"南海救 201" 船
沿海高速救助艇	抗风等级 7 级，5~6 级海况下安全航行	4 级海况(有效波高<2.5m)下救助作业	"南海救 301" 船

2) 航线航行风险评估体系指标因子

根据特定航线，在风、波浪、能见度、海流的基础上，考虑风舷角、流舷角等因子，构成评价救助船舶航线航行风险评估体系指标因子。前四个指标因子与海区航行的指标因子划分标准一致，并对后两个指标因子按照危害程度进行划分，各指标因子记为 $U = \{u_1, u_2, u_3, u_4, u_5, u_6\}$。

其中，风舷角分为 45°～135°、30°～45°或 135°～150°、20°～30°或 150°～160°、10°～20°或 160°～170°、0°～10°或 170°～180°。流舷角分为 45°～135°、30°～45°或 135°～150°、20°～30°或 150°～160°、10°～20°或 160°～170°、0°～10°或 170°～180°。

3) 救助安全风险评估体系指标因子

船舶到达救助海域后，根据不同救助作业功能(如人员落水救助、拖曳救助和对外消防灭火)及不同类型船舶的救助能力，对风、波浪、能见度、海流四个指标因子重新进行划分。

6.1.5 各指标因子影响权重

层次分析法(analytic hierarchy process，AHP)是由美国 Satty 在 20 世纪 70 年代提出的一种多准则决策方法，适用于依赖定性判断但难以直接定量的决策场合。AHP 是一种定性与定量相结合的方法，能把人的思维过程数量化、层次化，用标度客观量化人的主观判断，将人的定性判断转为数字化的定量依据。该方法在深入分析决策问题的本质和关系之后，构建层次结构模型，将复杂的决策问题分解成各个层次，然后逐次两两比较各个因素间的相对重要性，导出判断矩阵，通过计算判断矩阵的最大特征值和对应的特征向量，计算出某一层对上一层某个元素的相对重要性权值，再利用上一层次元素的权值加权综合，算出层次总排序权值，进而算出最低层次相对最高层次的相对重要性权值，计算步骤如下。

1. 构造判断矩阵

通过两两比较每一层次中各因素的相对重要性，建立判断矩阵：

$$C = \begin{bmatrix} C_{11} & C_{12} & \cdots & C_{1n} \\ C_{21} & C_{22} & \cdots & C_{2n} \\ \vdots & \vdots & & \vdots \\ C_{n1} & C_{n2} & \cdots & C_{nn} \end{bmatrix} \quad (6\text{-}4)$$

判断矩阵具有 $C_{ij}>0$、$C_{ij}=1/C_{ji}(i \neq j)$、$C_{ii}=1$ 的性质。矩阵中的元素 $C_{ij}(i, j=1, 2, \cdots, n)$ 表示对于决策目标，C_i 与 C_j 的相对重要性。C_{ij} 的值采用 1～9 标度方法(表 6-3)。

表 6-3 判断矩阵的判断原则

标度	含义
1	表示两个因素相比，具有同等重要性
3	表示两个因素相比，前者比后者稍重要
5	表示两个因素相比，前者比后者明显重要
7	表示两个因素相比，前者比后者强烈重要
9	表示两个因素相比，前者比后者极端重要
2、4、6、8	表示上述相邻判断的中间值
倒数	若 C_i 与 C_j 的重要性之比为 C_{ij}，那么 C_j 与 C_i 的重要性之比为 $C_{ji}=1/C_{ij}$

2. 计算权重

对于判断矩阵 C，计算满足 $CW=\lambda_{\max}W$ 的特征值与特征向量，其中 $\lambda_{\max}$ 为 C 的最大特征值，W 为对应于 $\lambda_{\max}$ 的归一化特征向量，W 的分量 W_i 为同一层次因素对上一层次因素中某个因素相对重要性的排序权值，这一过程称为层次单排序，其具体计算步骤如下。

(1) 计算判断矩阵每一行的乘积 M_i：

$$M_i = \prod_{j=1}^{n} C_{ij}, \quad i=1,2,\cdots,n \tag{6-5}$$

(2) 计算 M_i 的 n 次方根 $\overline{W_i}$：

$$\overline{W_i} = \sqrt[n]{M_i} \tag{6-6}$$

(3) 将向量 $\overline{W} = \left[\overline{W}_1, \overline{W}_2, \cdots, \overline{W}_n\right]^{\mathrm{T}}$ 归一化得到 W_i：

$$W_i = \frac{\overline{W_i}}{\sum_{j=1}^{n}\overline{W_j}} \tag{6-7}$$

$W=[W_1,W_2,\cdots,W_n]$ 即所求的特征向量，即各影响因素的相对权重，满足 $\sum_{i=1}^{n}W_i=1$ 且 $W_i \geqslant 0$。

(4) 计算最大特征值：

$$\lambda_{\max} = \sum_{i=1}^{n}\frac{(CW)_i}{nW_i} \tag{6-8}$$

3. 一致性检验

由于客观事物的复杂性，人们的认识往往带有主观性和片面性，为了确定上述步骤得到的特征向量是否科学合理，还必须对判断矩阵进行一致性检验。

"一致性"概念包含两种直观含义，第一种含义是：若干因素之间的两两重要性排序要有传递性。例如，对于任意三个因素 A_i、A_j、A_k，若 $A_i>A_j$，$A_j>A_k$，则有 $A_i>A_k$，这样的偏好关系才有一致性。这个意义上的一致性为弱一致性。第二种含义是：若干因素之间两两的重要性排序值要符合乘法数量关系。例如，如果人们对事物的偏好标度值具有一致性，那么对于任意的 x、y、z，如果 x 相对于 y 的偏好标度值等于 2，y 相对于 z 的偏好标度值等于 3，那么 x 相对于 z 的偏好标度值应该等于 6。这个意义上的一致性统称为强一致性。

显然，层次分析法中的一致性采用了强一致性假设，这就要求判断矩阵需要满足各因素相对重要性的两两标度值之间数量上的一致性关系。

然而，由于人们判断能力的局限性，由专家填写判断矩阵一般不具有完全的一致性，而是与一致矩阵有一定程度的偏离，从而导致该判断矩阵的主特征向量也与一致矩阵存在偏离，因此需要对矩阵的一致性进行检验。采用一致性指标 CI：

$$CI = \frac{\lambda_{max}}{n-1} \quad (6\text{-}9)$$

当判断矩阵具有完全一致性时，$\lambda_{max} = n$，CI=0。CI 越接近零，则判断矩阵越接近完全一致性，CI 越大，不一致性越强。为了检验判断矩阵是否具有满意的一致性，需要将 CI 与平均随机一致性指标 RI 进行比较。对于 1～9 阶矩阵，RI 分别如表 6-4 所示。

表 6-4　1～9 阶矩阵的平均随机一致性指标

阶数	1	2	3	4	5	6	7	8	9
RI	0.00	0.00	0.58	0.90	1.12	1.24	1.32	1.41	1.45

对于 1、2 阶判断矩阵，RI 只是形式上的，1、2 阶判断矩阵总是完全一致的；当阶数大于 2 时，判断矩阵的一致性指标 CI 与同阶平均随机一致性指标 RI 之比称为判断矩阵的随机一致性比率，记为 CR，当 CR=CI/RI<0.10 时，判断矩阵具有满意的一致性，否则就需要对判断矩阵进行调整，直到具有满意的一致性。

本书进行了两轮问卷调查，调查对象为救助船舶上航海经验丰富的船长及大副、二副、三副等，共回收 90 份调查问卷，其中有效问卷 78 份，其中 12000kW

全天候海洋救助船 8 份，9000kW 全天候海洋救助船 26 份，近海双体穿浪快速船 32 份，沿海高速救助船 12 份。通过专家打分法对评价指标进行两两比较获得统计数据，并计算所有同种类型船舶调查问卷的几何平均值，形成了判断矩阵。根据层次分析法原理计算各指标因子的权重，同时完成一致性检验，一致性检验指标 CR=CI/RI。

本书通过调查问卷统计计算的结果显示：总体来说，船舶航行时，浪的因素最重要，风的影响比浪小，或两者相当，能见度的重要性次之，流的影响最小；人员落水救助时，风和浪的重要性相当，能见度次之，但也比较重要，流的重要性较低；拖带救助中，浪的重要性最大，风次之，能见度和流的重要性最小；消防灭火救助时，风的重要性最大，且权重值都超过 0.4，浪的重要性次之，能见度和流的重要性较小。

6.1.6 综合评价

1. 构造评价指标因子的隶属度矩阵

通过查阅不同类型救助船舶的设计资料、以往救助案例日志等，初步划定不同等级海洋气象环境条件对四种救助船舶在不同情形下船舶操作困难度的影响，向南海救助局的若干从事船舶操作的专家和人员征求意见和讨论，根据调研结果对环境条件分级阈值进行修改，制作不同类型船舶的风险等级隶属度矩阵，并设计调查问卷，采用专家经验评定法，获取不同类型救助船舶在不同气象海洋环境下航行或救助时出现不同等级危险的概率，将回收的有效问卷按照救助船舶类型进行算术平均得到风、波浪、海流等评价指标因子的隶属度矩阵。

其后，对于特定情形下的某一类型船舶，可根据风、波浪、能见度、海流的大小，得到对应于这一环境条件的不同风险级别的模糊关系矩阵，即

$$R = (r_{ij})_{m \times 4} = \begin{bmatrix} v_1 & v_2 & v_3 & v_4 \\ r_{11} & r_{12} & r_{13} & r_{14} \\ r_{21} & r_{22} & r_{23} & r_{24} \\ \vdots & \vdots & \vdots & \vdots \\ r_{m1} & r_{m2} & r_{m3} & r_{m4} \end{bmatrix} \begin{matrix} u_1 \\ u_2 \\ \vdots \\ u_m \end{matrix} \tag{6-10}$$

对于特定航线航行，$m=6$；对于海区航行和救助，$m=4$。r_{ij} 表示因素 u_i 对评价等级 v_j 的隶属度，满足归一性和非负性：$\sum_{j=1}^{n} r_{ij} = 1$，且 $r_{ij} \geqslant 0$。

根据两次调研结果，获得不同类型船舶在不同情形下的隶属度矩阵。

2. 计算综合评价向量

根据确定的权重和模糊关系矩阵，利用前面介绍的模糊评价算法就可以对某一类型船舶航行或救助的风险性进行评价，得到综合评价向量 A：

$$A = W \circ R = (a_1, a_2, a_3, a_4) \tag{6-11}$$

式中，"∘"表示模糊合成运算。

3. 确定风险级别

根据综合评价向量，就可以确定船舶航行或救助的风险级别。风险级别的评定在以下两种方法中选择其一。

(1) 最大值法：即取评价向量中的最大值所对应的风险等级为救助船舶的适航风险级别。该方法适用于综合评价向量中某一等级风险出现概率显著占优的情景，以综合评价向量中最大值较第二大值大于等于 1.6 倍为显著占优判定标准。

(2) 加权指数法：以评价向量中各等级风险出现的概率为权重，通过加权法计算船舶航行或救助的风险指数，按风险指数的大小确定风险级别。该方法适用于无某一等级风险出现概率显著占优的情景，以综合评价向量中最大值较第二大值小于 1.6 倍为判定标准。风险指数计算公式如下：

$$B = A \circ V^{\mathrm{T}} \tag{6-12}$$

式中，B 为风险指数；A 为综合评价向量；V 为风险评价集，$V=\{v_1, v_2, v_3, v_4\}=\{7, 5, 3, 1\}=\{高风险，较高风险，较低风险，低风险\}$。

根据计算得到的风险指数，按照表 6-1 确定救助船舶航行或救助的风险等级。

6.1.7 救助船舶航行和救助气象海洋环境风险等级定量评估模型

发生遇险事故后，救助船舶的海上救援包括三个过程，即船舶从值守点或其他地点到遇险地点的航行过程、遇险地点的搜寻和救助过程，以及从遇险地点回到值守点或到其他地点的航行过程。依照救援的流程，救助船舶航行和救助气象海洋环境风险等级定量评估模型包括三个子过程：

(1) 救助船舶海区航行气象海洋环境风险评估模型(以下简称海区航行风险评估模型)。

(2) 救助船舶特定航线航行气象海洋环境风险评估模型(以下简称航线航行风险评估模型)。

(3) 救助船舶救助气象海洋环境风险评估模型(以下简称救助风险评估模型)。

其中海区航行风险评估模型用于在船舶出发前，便于对整个海区的航行风险有一个大概的了解；航线航行风险评估模型用于计算救助船舶在特定航线上航行时，不同时间、航线不同位置处的航行风险，以便于调整航线或开航时间，避免高风险情形；救助风险评估模型用于计算救助船舶在实行不同类型的搜寻救助过程时的风险。

模型计算之前，首先要提供模型需要的各种数据信息，数据库列表主要包括：

(1) 根据专家经验评定获得各种船舶类型对应的不同风险评估指标因子的隶属度矩阵。

(2) 根据专家调研获得的、并经一致性检验的三种风险分级预警产品的各评估指标因子的影响权重。

(3) 航行救助风险等级评价集。

(4) 环境场数据，包括风、波浪、能见度、海流等数据。

(5) 航线航行风险评估模型需要航线和航行速度。

(6) 救助风险评估模型需要提供救助类型。

救助船舶航行及救助气象海洋风险等级评估模型的范围为 $99°E \sim 135°E$，$0°N \sim 28.26°N$，网格分辨率为 $1/12°$，网格格点数量为 443×340。模型每天更新 1 次，起报时间为 20 时，预报时长为 78h。模型的基础数据为根据海图获取的平均水深数据及岸线，模型需要输入的数据包括业务化的风、能见度、波浪和流场等气象海洋环境数据。

下面以南海预报中心业务化预报系统输出的环境场数据为依据，评估不同船舶在航行或救助情形下的风险等级。

1. 海区航行风险评估模型

此模型中，各船舶类型分别对应不同的指标因子权重、各指标因子的风险等级划分阈值及风险等级隶属度矩阵已嵌入模型代码内，无须输入，因此模型只需输入船舶类型、模型运算时间及环境场数据文件。

首先读入逐时的业务化环境场数据，将其分别插值到模型网格格点上，并根据各船舶的风险等级隶属度矩阵，得到网格格点处的模糊关系矩阵 R，进而将模糊关系矩阵 R 和指标权重向量进行模糊变换，并归一化后得到隶属于不同风险等级的综合评价向量，然后根据前面综合评价向量最大值法或加权指数法得到逐时的风险等级，最终得到某一船舶类型海区航行的逐时风险等级预警产品。

在相同的环境场条件下，某些海域 12000kW 海洋救助船的风险等级要高于 9000kW 海洋救助船。在调研过程中得知，由于 12000kW 海洋救助船舶还搭载深海探测设备，出于对设备的保护，大风浪下参与救助的案例较少，专家对其抵抗恶劣海况能力的心理预期也较低。

2. 航线航行风险评估模型

与海区航行风险分级模型相同，各船舶类型分别对应不同的指标因子权重、各指标因子的风险等级划分阈值及风险等级隶属度矩阵已嵌入航线航行风险分级模型代码内，模型只需输入船舶类型、航线数据及环境场数据文件。航线数据包含船舶到达航线不同位置的时间、经纬度及实时航向。

首先读入逐时的业务化环境场数据，然后进行空间和时间上的插值，分别计算船舶不同时刻在航线不同位置的环境场数据，并计算该位置的风弦角和流弦角。根据各船舶的风险等级隶属度矩阵，得到该位置的模糊关系矩阵 R，进而将模糊关系矩阵 R 和指标权重向量进行模糊变换，并归一化后得到隶属于不同风险等级的隶属度，然后采用加权求和方法对评价结果进行量化，得到该位置实时的风险指数。通过不同风险等级定义的风险指数或根据最大隶属度原则确定风险等级，最终得到某一船舶类型航线航行的逐点风险等级预警产品。

3. 救助风险评估模型

救助风险评级模型中，模型的输入数据包括船舶类型、救助地点、救助类型、救助开始和结束时间以及环境场数据。模型通过读取业务化的逐时环境场数据（风、波浪、能见度、海流），并将其分别插值到救助位置，根据不同救助作业功能（如人命救生、拖曳救助和对外消防灭火）及不同类型船舶类型，确定各船舶类型从事不同救助作业的风险等级隶属度矩阵，得到网格格点处的模糊关系矩阵 R，进而将模糊关系矩阵 R 和指标权重向量进行模糊变换，并归一化后得到不同时刻的风险指数。通过不同风险等级定义的风险指数或根据最大隶属度原则确定风险等级，最终得到某一船舶类型从事不同救助作业时不同时刻的风险等级预警产品，产品样式与海区航行风险等级类似。

1) 预报误差对风险等级评估的影响分析

由于模型输入的海洋气象环境数据是来自业务化预报系统的输出结果，而预报是存在一定误差的，以海区航行风险评估模型为例，在其他海洋气象环境场数据不变的前提下，假定其中某一因素存在 20%的预报误差，开展某一海洋气象环境预报因素对模型结果影响的敏感性试验，考察预报因素存在误差时对风险等级评估结果的影响。

测试结果显示，救助船舶风险等级对气象和海洋环境预报误差的敏感程度不同因素之间存在一定的差异。如权重系数较大的风和浪，20%预报误差能较为明显地影响救助船舶海区航行的风险等级；权重系数相对较小的能见度和流速，20%预报误差对救助船舶风险等级的影响很小。对于不同的船型，预报误差对气象海洋环境综合风险等级的影响程度也不一样，对 12000kW 海洋救助船和 9000kW 海洋救助船影响较小，对沿海高速救助船影响最明显。但总体来看，无论是哪种环境因素存在 20%的预报误差，对任意一种类型船舶的航行风险等级的影响程度不会超过一个等级，不会出现风险等级跳级的现象。

2) 救助船舶航行和救助气象海洋环境风险等级定量评估模型的验证

从南海救助局提供的往年救助案例中，根据其提供的当时海洋、气象条件，对救助风险评估模型进行检验。通过对比"TOMINI MELODY"轮在防城港海域遇险事件救助案例日志中的救助人员在当时海况下的主观感受，判断是否与计算的风险等级相符。

在以往的救助案例中，对船舶位置、气象海洋环境、船舶操纵情况的记录较为简略，主要体现在并不是每到一个地点都会记录当前位置的环境现状，有时候记录环境状况时又未记录当前位置，船舶赶往遇险点时并未说明具体的航行路线，且大部分救助案例中并未对当前的船舶操作困难度有明确的记录。因此，在做检验时，只能从救助案例中选取有明确位置(如遇险点)、有详细的环境条件记录的数据；航行航线假定为值守点和遇险点之间距离较短、较为通畅的航线。此外，救助案例中，对气象海洋环境的记录有时只有风和波浪的描述，此情况下能见度和海流的数据采用南海预报中心业务化数值模拟结果。综上所述，救助案例中许多条件不明确(航行路线、时间、搜寻范围、环境条件等)，因此这里的检验也只能是一个粗略、定性的检验。

3) 事件基本情况

2016 年 12 月 9 日 6 时，空载散货船"TOMINI MELODY"轮在广西防城港外水域航行途中可调螺距螺旋桨系统突发故障，失去动力，请求拖救到珠江口桂山。在收到船东委托后，南海救助局调遣海口待命的 9000kW 专业救助船"南海救 118"船前往拖救。

4) 模型类型及模型输入参数的确定

模型类型：在拖曳过程中采用拖曳救助风险评估模型。

船舶："南海救 118"船(9000kW 全天候海洋救助船)。

时间：2016 年 12 月 11 日 19 时至 14 日 11 时 30 分。

地点：广西防城港外锚地(约 21°23′N、108°23′E)。

海洋气象条件：现场通报东北风 4~5 级，浪高 1m 左右。

根据预报系统，显示流速为 0.2m/s，能见度 30km。

5) 模型计算参数的确定

权重为

$$W=(0.269，0.303，0.229，0.199)$$

第6章 海上搜救适航条件评估技术

模糊关系矩阵 R 如表6-5所示。

表6-5 模糊关系矩阵

项目	高风险	较高风险	较低风险	低风险
风	0.114	0.257	0.5	0.129
波浪	0.057	0.164	0.472	0.307
能见度	0.021	0.079	0.264	0.636
海流	0.064	0.221	0.465	0.25

6)模型计算

综合评价向量

$$A = W \circ R = (0.066, 0.181, 0.430, 0.323)$$

通过综合评价向量可以看出,最大值元素(0.430)并未超过第二大元素(0.323)的1.6倍,即评价结果中没有一个风险等级占主导优势,所以采用加权求和法计算风险指数:

$$B = A \circ V^T = (0.066, 0.181, 0.430, 0.323) \circ (7, 5, 3, 1)^T = 2.98 \quad (6\text{-}13)$$

7)模型结果

从上面的计算结果中可以看到,该事件的风险指数为2.98,对应于风险等级中的"较低风险"。

在救助日志中,并未出现关于拖曳救助过程中船舶操作困难的描述,即该救助过程处于正常情况下,与模型的计算结果"较低风险"相符。

6.1.8 模型集成与产品展现

航行和救助的气象海洋环境风险等级定量评估模型研发完成后,将救助平台属性数据及评估模型结果标准化处理,集成至第7章介绍的"海上搜救应急演练与决策指挥保障平台",通过该保障平台实现人机交互调用模型开展相关计算并进行产品展示,为海上搜救指挥决策提供参考。在接到海上救援报警后,救助值班员通过平台录入救助方式、航线,选择救助船舶(图6-4)等信息后,系统将在5s以内完成计算,供救援方案设计参考。

海区航行风险分级预警产品生成过程如下:①用户选择船型,设置计算起始时间;②系统调用海区航行风险评估模型计算风险等级;③计算完成后以填色图等样式显示风险等级的空间分布,支持在风险等级分布图中叠加对应时次的风场、海浪、能见度以及海流等;④支持以时间轴方式,浏览逐时风险等级的查询和展现;⑤支持定点逐时风险等级查询功能。

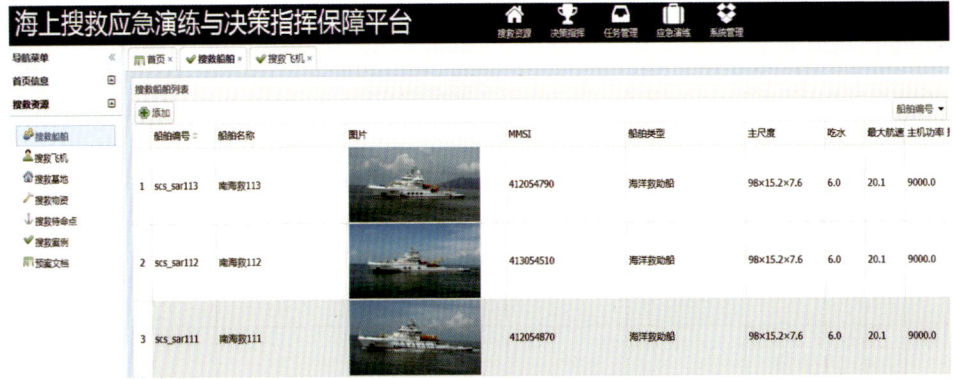

图 6-4　搜救船舶列表

航线航行风险分级预警产品生成过程如下：①用户界面绘制航线、选择船型、设定开航时间及航速；②根据用户绘制的航线以一定距离为间隔，计算到达各间隔点的时间；③平台调用航线航行风险评估模型，计算由开航地点至目的地整个航线上每个间隔点的风险等级；④航线航行风险等级展示，以图和表的形式显示，其中大面图中显示航线和各间隔点的船位及风险等级，表中显示不同时间的船位（经纬度）及风险等级，单击表中的圆点，可以在大面图中高亮显示对应时刻的圆点位置，以及对应点的风、波浪、海流、能见度等海洋环境因素；⑤支持航线最高风险等级查询显示，支持航线耗时计算。

救助风险分级预警产品生成过程如下：①用户在界面选择船型、时间、救助活动类型、救助范围；②平台调用救助风险评估模型计算救助范围内的逐时救助风险等级。

6.2　救援飞机适航条件评估技术

救援飞机以中小型飞机为主，其飞行和作业空域区间往往在 1000m 以下，属于大气边界层，即气象条件最复杂的空域，而且搜救作业活动通常在恶劣天气背景下进行，因此预测搜救作业期间的低空气象条件尤为重要。

对低空飞行影响较大的气象因子主要有风、风切变、能见度、云底高度、气温、相对湿度等，与之相关的灾害性天气包括强对流、季风、热带气旋、风切变和湍流、侧风、晴空湍流、低能见度天气、积冰等，这些不利情况有时单独出现，有些同时出现。华南地区和南海北部属于亚热带气候，低空较少出现低温、积冰等天气，该区域是热带气旋、强对流、雾等恶劣天气的多发区，因此低空气象条件重点着眼于此类天气背景下的技术研究。

本书针对两种救援飞机类型（表 6-6），考虑珠江三角洲及珠江口一带的实际气

第6章 海上搜救适航条件评估技术

象条件，根据该区域的立体观测网，重点选取风(风切变)、能见度为关键气象因素，辅以降水、雷暴、台风等天气，设计气象条件评估因子。

表6-6 研究对象的救援飞机类型

序号	设备名称	适航条件要求
1	S-76D、S-76D++直升机	飞行高度1500m以下，能见度大于3km，风7级以下
2	旋翼无人飞机	飞行高度1500m以下，最大抗风等级6~7级

利用历史资料、实况观测数据、数值天气预报模式产品，通过研发气象条件的算法进行预报。在此基础上，应用配料法或多元回归方法，研究设计综合反映气象条件，并能服务于不同机型的低空飞行指数(air flying index，AFI)，形成AFI计算方法。由此形成完整的救援飞机适航气象条件评估预报流程，保障搜救飞行的安全。

6.2.1 低空风场预报技术研究

1. 资料和方法

本部分内容所用资料有历史资料和预报资料，历史资料包括2013~2018年的历史探空资料，通过台风年鉴和广东省气象局的历史资料库搜集了影响登陆广东沿岸的台风共24个，通过广东省气象局历史资料库搜集了影响珠江三角洲及珠江口的强对流天气过程(雷暴大风、短时强降水等)共929天；预报资料主要是华南高分辨率区域中尺度数值模式GRAPES_GZ 3km的预报数据。

本节以珠江三角洲、珠江口外海面为目标研究区域，进行以下几项工作：

(1)分析低空风场的常年变化特征。利用历史观测资料，统计分析2013~2018年珠江三角洲尤其是珠江口地区的低空风场，以获得低空风场的变化特征。

(2)分析台风天气影响下的风场变化特征。利用历史观测资料、台风资料，以台风登陆时刻为中心，分别向登陆前、后各延展12h，将此定义为台风登陆期间，以获得探空数据，由此组成登陆期间的观测记录样本；对登陆影响的台风按登陆影响地段分类，分成粤东沿海、粤中沿海、粤西沿海三类，统计这三类台风影响期间目标区域的低空风场变化特征。

(3)分析强对流天气影响下的风场变化特征。利用历史观测资料、强对流天气过程，以对流单体经过及周边30km范围为分析区域，分析期间目标区域的低空风场变化特征。

2. 台风天气下的风场特征评估

海上搜救作业往往在恶劣天气下进行，其中台风是华南沿海引起灾害性天气一种非常重要的天气系统，夏秋季台风的活跃季节，所产生的风场变化特征有很大的不确定性。因此,有必要针对台风天气下的风场进行研究。利用历史观测资料和台风资料,对 2013~2018 年有台风影响登陆广东沿海的风场进行分析研究。

根据台风影响陆地和海面大风的规律,以台风登陆时刻为影响的中间点,将登陆前、后 12h 组成的 24h 定义为台风影响时段,从而划分成台风影响时段和无影响时段,通过对比分析台风影响时段、无影响时段的低空风场,可以得到以下结论。

图 6-5 和图 6-6 是 2013~2018 年香港、清远、阳江三地范围的低空、地面风

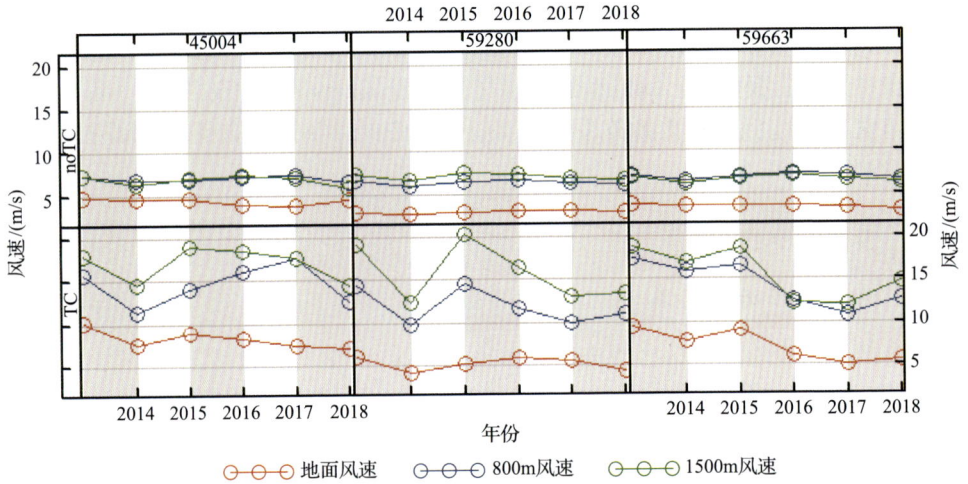

图 6-5 2013~2018 年香港(45004)、清远(59280)、阳江(59663)范围的低空和地面风速逐年变化(上半部 noTC:无台风影响;下半部 TC:有台风影响)

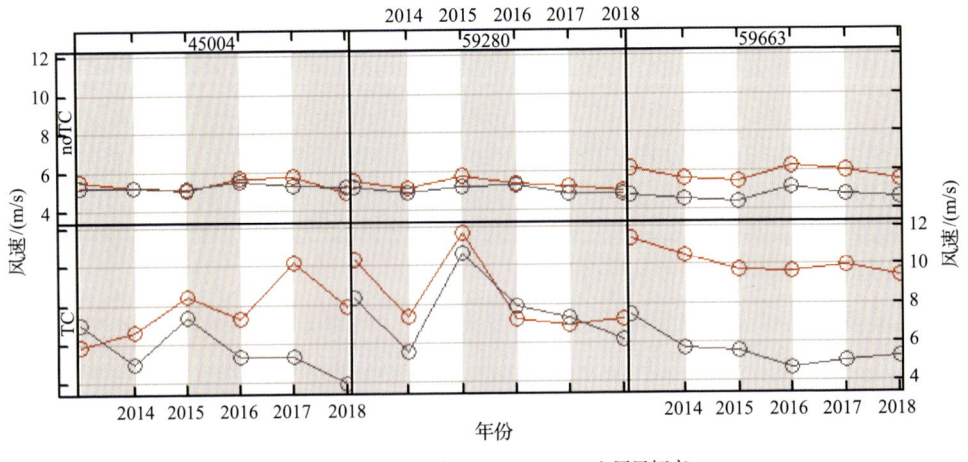

图 6-6 2013~2018 年香港(45004)、清远(59280)、阳江(59663)范围的低空风切变逐年变化(上半部 noTC:无台风影响;下半部 TC:有台风影响)

速和低空风切变(包括上、下层风切变)变化图。从图中可见,无台风影响时,风场没有明显的年际变化,地面风速≤5m/s,800m、1500m高度附近的风速都约为7m/s;有台风影响时,风场有明显的年际变化特征,这与当年的台风影响直接相关,各层风速较无台风影响时显著增加,800m和1500m的风速增大至10~20m/s,可以达到无台风时的2~3倍,地面风速也增加1倍至5~10m/s,说明台风造成的风速明显增大,且低空比地面的作用更显著。

对于风切变,无台风影响时,风切变也没有明显的年际变化,整体较平缓,上、下层风切变相近,都为4~6m/s,阳江范围略有差异;有台风影响时,风切变的年际变化特征显著,上、下层风切变比无台风影响时都有所增大,上层风切变增大至5~8m/s,下层风切变增至6~11m/s,说明下层风切变受台风影响增大更明显。反映了在夏秋季节,台风作用是导致上、下层风切变和低空风速变化差异的主要原因。

研究表明,台风的不同部位、象限及其强度对风场的影响存在差异。本节的目标研究区域主要位于珠江口外海域,因此将根据台风影响广东不同地段及其不同强度等级,对研究目标区域的风场变化特征进行分类。

1) 台风影响登陆不同地段

将 2013~2018 年影响登陆广东沿岸的 24 个台风分成粤东(115.1°E~117.6°E)、粤中(112.3°E~115.1°E)、粤西(109.5°E~112.3°E)三个地段,分别有5、6、13 个台风,共 162 次台风影响期间的样本数,显然这几年登陆影响粤西的台风最多、粤东最少。

图 6-7 是台风不同影响登陆地段香港、清远、阳江范围及无台风影响的下层风切变变化范围。从图中可见,清远和香港范围的下层风切变比较相似,台风登陆粤中时下层风切变的中位数最高,约为10m/s,整体分布特征呈现出登陆粤中≥粤西>粤东>无台风的关系,说明台风登陆粤中和粤西时,珠江口偏东附近区域的下层风切变大;而阳江范围有所不同,最大的下层风切变出现在登陆粤西的台风中,中位数约为10m/s,呈现出登陆粤西>粤中>无台风>粤东的关系,说明台风登

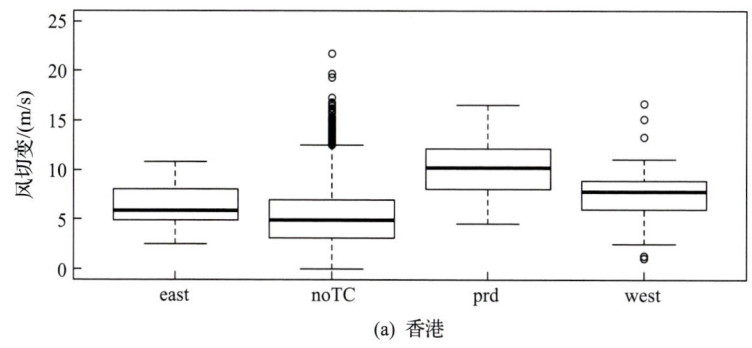

(a) 香港

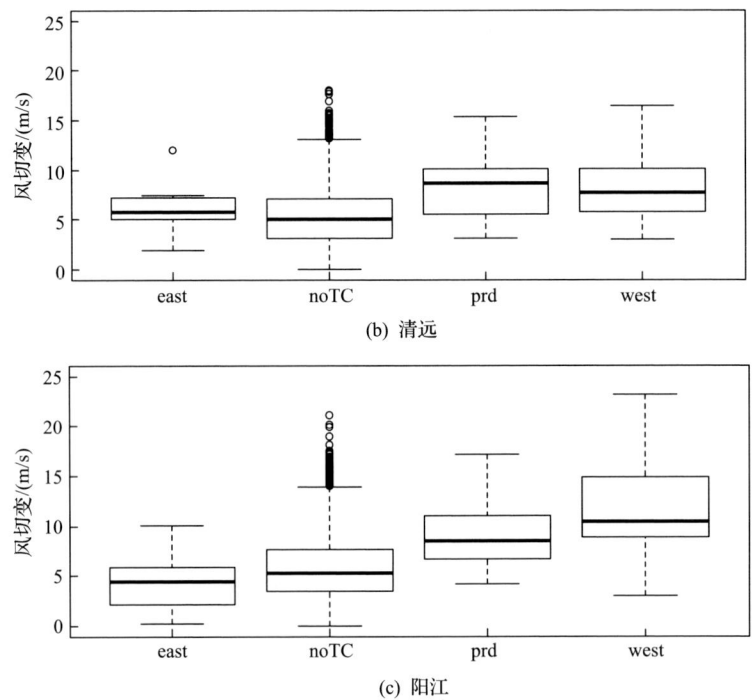

图 6-7 2013~2018 年台风不同影响登陆地段香港、清远、阳江范围的下层风切变
(east 指粤东,prd 指粤中,west 指粤西,noTC 指无台风,下同)

陆粤西和粤中时,珠江口偏西附近区域的下层风切变大。由此可知,对于珠江口附近区域,台风登陆粤中、粤西时,该区域处于台风正面袭击或台风右半圆的偏南风象限,容易导致风速和下层风切变的显著增大,而台风登陆粤东时,该区域处于台风左半圆的偏北风象限,相对应的风速和下层风切变较小。

图 6-8 是上层风切变的变化范围。从图中可以发现,总体而言,香港、清远范围的上层风切变有登陆粤东≥粤中≥粤西的关系,登陆粤东时风切变中位数约为 8m/s,登陆粤西时约为 5m/s,阳江范围的分布相对较平均,各登陆地段的风切变中位数均在 5m/s 附近,只是样本的离散度和极值有所不同。反映出上层风切变的分布特征与下层有较大差异,当珠江口附近的目标区域处于台风左半圆偏北风象限时,上层风切变较大,处于台风正面或右半圆偏南风象限时较小。

这主要是由于台风相当于正压结构,从大气低层到高层一般分为低层流入层、中层上升层、高层流出层,低层流入层和高层流出层的风场变化较大,中层上升层的水平风场较一致,以垂直运动为主,因此近地面风场受下垫面影响较大,低空下层风切变在台风右半圆的大风区往往较大,而上层风场更靠近大气中层,水平风场相当,受下垫面影响也小,在台风右半圆的大风区低空上层风切变较小,在台风左半圆的小风区较大。

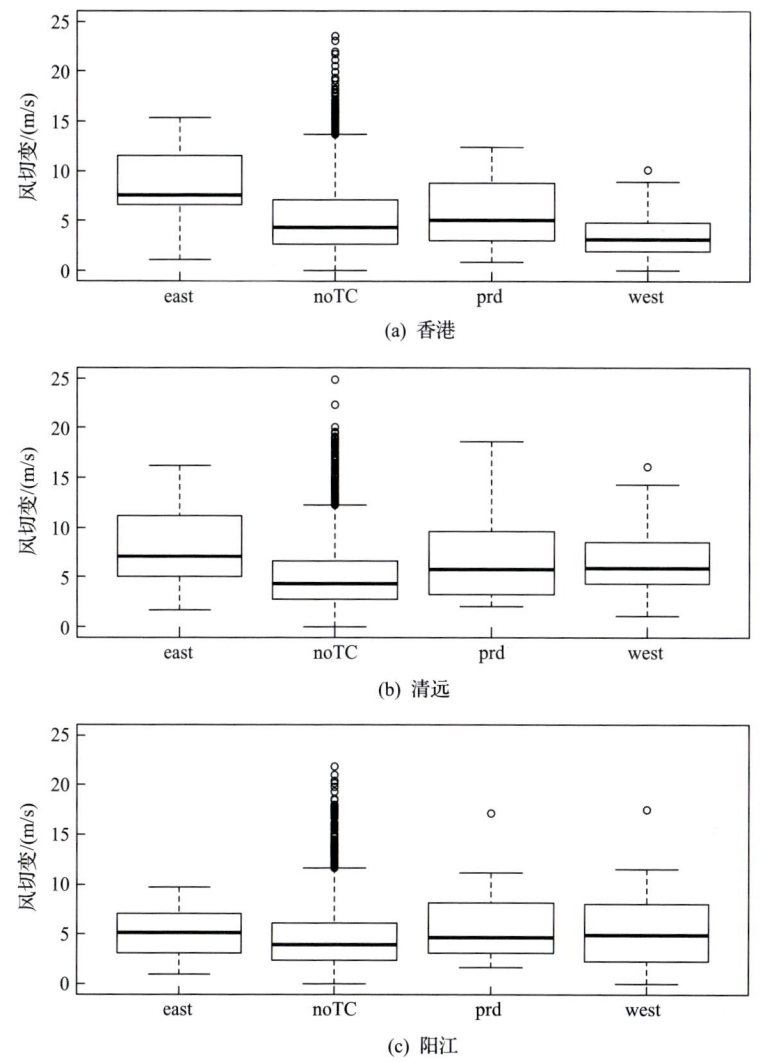

图 6-8 2013~2018 年台风不同影响登陆地段香港、清远、阳江范围的上层风切变

2) 台风不同强度等级

根据台风分级标准,将 24 个台风登陆时按强度分类,分成热带低压(TD)、热带风暴(TS)、强热带风暴(STS)、台风(TY)、强台风(STY)、超强台风(SuperTY)六个等级。

从六个台风等级及无台风影响香港、清远、阳江范围的下层风切变范围分析得到,高级别台风(TY 以上)呈现出随强度增强风切变增大的特征,而低级别的台风风切变较接近,甚至可能 TD 时风切变更大,如阳江范围。这与台风登陆地段不同有关,也可能受样本数的限制。与下层风切变相似,上层风切变随台风登陆强度有一定增大的特征，但不如下层风切变明显，例如，TY 级别风切变表现较大，另外无台风登陆时，风切变也有大于登陆时的情况，这与台风的结构和尺度有关，一般较弱的台风结构松散，尺度较小，此时上层风切变与无登陆时差别不大，甚至偏小。

由以上分析可知，在珠江口附近的目标研究区域，低空(上、下层)风切变的大小与登陆台风的强度有一定联系，下层更明显，只是受限于样本数和登陆地段的不同，这种特征未完全显现。

3)强对流天气下的风场特征评估

强对流天气一般指雷暴大风、短时强降水、冰雹、龙卷风等，每种天气都伴随着或强或弱的风场活动，因此这些天气对救援飞机的飞行和救援作业危害甚大，在华南和华南沿海地区，这些强对流天气有时是协同出现的，例如，雷暴大风可能和短时强降水共同发生，这更进一步造成天气的复杂性。

基于 2013～2018 年影响华南和华南沿海地区的强对流天气，以对流单体经过或影响观测站点为一次影响，利用雷达拼图、闪电定位和历史观测资料，通过人工判别和程序识别结合的方法，共统计到经过影响珠江三角洲和珠江口附近区域的有 1061 次强对流。对比分析有、无强对流影响时的风场变化特征。

图 6-9 是有无强对流影响时(以雷暴大风为主)香港、清远、阳江范围的上、下层风切变分布。从图中发现，无强对流影响时，各地上、下层风切变范围相当，中位数都在 5m/s 左右，有强对流影响的情况下，下层风切变明显增大，中位数增至 6～7m/s，且大于上层风切变，而上层风切变却小于等于 5m/s，比无强对流影响时小。这主要在于强对流天气发生时，近地面层的水平风变化大，伴随着下层(800～10m)风切变增大，此结果与强对流发生的必要条件相同，而上层水平风较接近，同时可能由于垂直运动逐渐明显，上层(1500～800m)风切变相对较小。

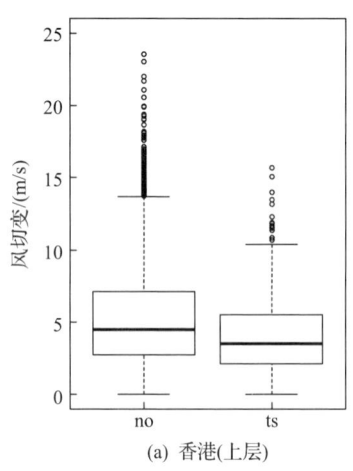

(a) 香港(上层)

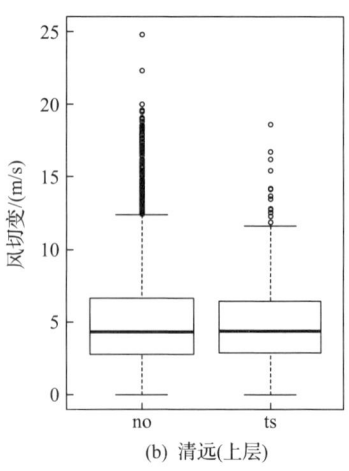

(b) 清远(上层)

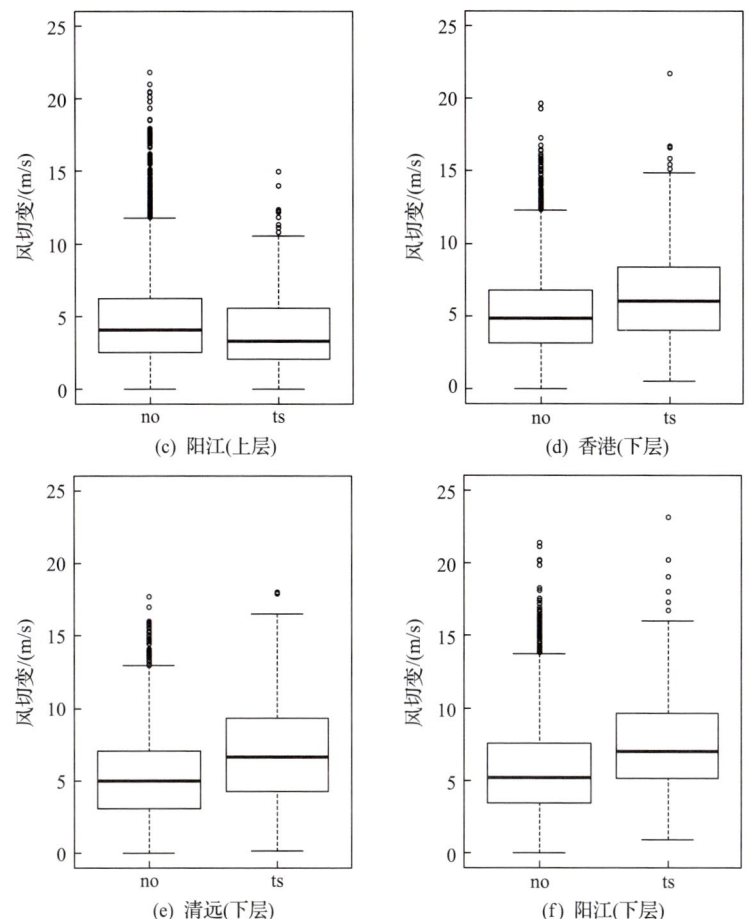

图 6-9 2013～2018 年有无强对流影响时香港、清远、阳江范围的上、下层风切变
（no 指无强对流，ts 指强对流影响）

4）影响因子提取和低空风场算法

在前文研究中，主要分析了台风天气、强对流天气背景下风速和风切变的变化特征，因此通过不同天气类型，利用回归分析方法来提取影响因子，并假设影响因子主要由风场函数构成，包括一次方 x、二次方 x^2、指数 e^x、对数 $\ln x$ 等，同时对各因子的权重系数进行信度检验。

如前所述，低空空域的下层、上层风切变和风速都不同，在台风天气背景下，以本节的搜救研究区域为中心，按照不同登陆影响区域、不同强度等级的台风进行分类，具体结果如下。

(1) 下层风切变：地面至 800m。

由表 6-7 可见，不同台风登陆影响区域，各函数的权重不同，而总体来看使风切变增大的权重，较易通过 95%的信度检验，反映了下层风切变较大的特征。

表 6-7　下层风切变在不同天气类型下影响因子函数的权重系数及其信度值

天气类型及影响区域	x	x^2	$\ln x$	e^x
台风登陆影响粤东沿海	−0.1453	0.026	0.636	-1.3×10^{-7}
信度值	0.094	0.037	0.082	0.026
台风登陆影响粤中沿海	−0.464	0.0132	3.385	-3.44×10^{-7}
信度值	0.05	0.063	0.021	0.47
台风登陆影响粤西沿海	−0.585	0.041	3.516	-1.8×10^{-7}
信度值	0.07	0.05	0.03	0.089
强对流天气	−0.135	0.0049	−0.367	3×10^{-6}
信度值	0.870	0.039	0.079	0.048

强对流天气系统的尺度小，对流单体影响范围有限，基本是单体经过及附近的区域风场会发生剧烈变化，因此提取影响因子时，只考虑强对流单体经过及系统周边 30km 范围的区域。从表 6-7 中发现，二次方的权重系数为正值，且通过了 95%信度检验，即风速增大对应着风切变也增大，表明风速大往往伴随着较强的近地面层风切变，这符合有关强对流天气发生发展的理论结果。

（2）上层风切变：800~1500m。

由表 6-8 可见，与下层风切变相同，指数函数的权重系数非常小，虽然台风影响中、西部区域时通过了 95%信度检验，但实际订正作用很小，而二次方函数和自然对数通过信度检验的次数不多，只有一次方函数在台风影响所有区域时都通过了信度检验，说明上层风切变有接近线性变化的趋势。

表 6-8　上层风切变在不同天气类型下影响因子函数的权重系数及其信度值

天气类型及影响区域	x	x^2	$\ln x$	e^x
台风登陆影响粤东沿海	0.748	−0.022	0.164	-5×10^{-8}
信度值	0.038	0.048	0.98	0.87
台风登陆影响粤中沿海	0.631	−0.0097	−0.459	-1.2×10^{-12}
信度值	0.045	0.79	0.85	0.008
台风登陆影响粤西沿海	2.453	−0.0879	−5.684	2×10^{-7}
信度值	0.027	0.08	0.022	0.01
强对流天气	−1.267	0.126	1.259	-1.657×10^{-7}
信度值	0.074	0.005	0.275	0.008

在强对流天气影响期间,二次方和指数函数的权重系数都通过了95%信度检验,同样反映了边界层内风切变在强对流天气时较大,与关于强对流天气的研究结果一致。

根据回归分析得到各影响因子的有效权重系数,可形成上、下层风切变的预报方程,其中 y 是风切变(单位是 m/s),x 是地面风速(单位是 m/s)。

(1) 下层风切变:地面至 800m。

台风登陆影响粤东沿海:

$$y = 4.462 + 0.026x^2 - 1.3 \times 10^{-7} e^x \tag{6-14}$$

台风登陆影响粤中沿海:

$$y = 6.089 - 0.464x + 3.385 \ln x \tag{6-15}$$

台风登陆影响粤西沿海:

$$y = 3.555 + 0.041x^2 + 3.516 \ln x \tag{6-16}$$

强对流天气影响时:

$$y = 6.639 + 0.0049x^2 + 3 \times 10^{-6} e^x \tag{6-17}$$

(2) 上层风切变:800~1500m。

台风登陆影响粤东沿海:

$$y = 4.462 + 0.748x - 0.022x^2 \tag{6-18}$$

台风登陆影响粤中沿海:

$$y = 2.788 + 0.631x - 1.2 \times 10^{-12} e^x \tag{6-19}$$

台风登陆影响粤西沿海:

$$y = 3.621 + 2.453x - 5.684 \ln x + 2 \times 10^{-7} e^x \tag{6-20}$$

强对流天气影响时:

$$y = 5.321 + 0.126x^2 - 1.657 \times 10^{-7} e^x \tag{6-21}$$

根据以上风切变的订正算法,针对台风和强对流天气可形成订正预报流程:基于华南中尺度高分辨率数值模式 GRAPES_GZ 3km,判断是否有台风登陆影响或强对流天气影响;若为强对流天气,则利用方程计算上、下层风切变;若为台风天气影响,则先判断台风影响登陆哪个区域,然后选择相应的方程计算;通过计算得到风切变，修正预报模式的高空风场，从而实现对风场的预报修正。

6.2.2 能见度预报技术研究

1. 资料和方法

救援飞机的低空飞行以目视飞行为主，因此无论是起降还是整个飞行作业过程，能见度都是关注的重点。能见度指视野距离，受到多种天气现象的影响，如冬春季的弱降水、雾等天气常导致能见度降低。

冬春季的弱降水、雾等天气，发生在稳定大气环流背景下，通常对气温、湿度、风速等气象条件有一定要求，进而引起能见度的下降。鉴于华南地区、南海北部的低能见度天气绝大多数出现在冬春季节，因此挑选了 2015~2019 年每年 12 月至次年 4 月的低能见度天气。

利用华南沿海、南海北部的自动站，分析低能见度天气时对应的气温、风速、温度露点差等因素特征，研究能见度值与各气象因素之间的关系，通过多源回归方法得到能见度的计算模型，以华南区域中尺度模式 GRAPES_GZ 3km 的因素为自变量代入模型，计算得到修正后的能见度值。

2. 低能见度的主要天气

影响能见度的主要天气包括雾、霾、降水等，在沿岸地区及海面，雾或雨雾混合(弱降水)的影响通常最明显。

冬春季在华南沿岸出现雾的频率很高，这一天气现象严重影响海陆空的交通运输和人们的日常生活。华南沿岸雾出现在每年的 11 月到次年 5 月，经历冬春和初夏，时间跨度大，每个时段引起雾的天气系统和特征都不一样，但仍有很多共性的地方。华南沿岸雾在 11 月到次年 5 月出现的频率一般符合正态分布，峰值在 3 月份。

多年统计研究表明，华南沿岸雾一般在气温 10~28℃(8:00 地面资料记录)出现，在此温度区间，雾出现的频率符合正态分布，19℃达到峰值。最常出现雾的温度范围是 16~23℃。温度低于 14℃的雾大多出现在华南东部，26~28℃的雾一般出现在西部。因此，温度是雾生成的必要条件之一。

引起华南沿岸雾还要求海平面是均压场或准均压场，风速小，大部分为静风或 4m/s 以下的风速；低层水汽较充沛、空气饱和程度高，850hPa 的温度露点差 $(T–T_d)$ 一般在 4℃之内；850~500hPa 的华南沿岸若是受副热带高压影响则风速不大，否则大多为较强的西南或西南西气流，且雾区常位于强风速轴的右侧或风速辐散区，处于层结稳定的天气系统中。

由此可知，华南沿岸雾的发生发展及消亡与一些特征天气系统和因素场紧密相关。

3. 低能见度天气下的气象因子评估

气象意义上的低能见度，是指可视距离小于 10km。将 2015 年 12 月至 2019 年 4 月的低能见度天气分成有雨和无雨两类，筛选出有、无雨时有效样本数分别为 45199 站次、99086 站次，并对低能见度分成 0～1km、1～3km、3～5km、5～10km 四个等级，对比分析温度、地面风速、温度露点差等气象因素的分布特征。

1) 无雨时

在华南地区及南海北部，无雨时的低能见度天气通常是雾天，少数时候是雾霾混合或纯粹的霾，其温度 T、地面 10m 风速 V、温度露点差 $T-T_d$ 与四级能见度的对应关系如图 6-10(a)～图 6-12(a) 所示。

四个等级的能见度之间，温度分布区差异不大，四个等级中大约 90% 样本的温度集中在 13～23℃，约 75% 样本的温度为 15～23℃，只有 10% 的样本分布在 0～13℃，其中能见度在 0～1km 时，温度更集中在 16～21℃。说明雾(霾)的发生，通常要求气温处于较温暖的合适范围，太冷或太热都不易出现低能见度的天气。华南沿岸地区 12 月至次年 4 月的月平均气温为 16～24℃，正好是低能见度天气出现的温度范围。

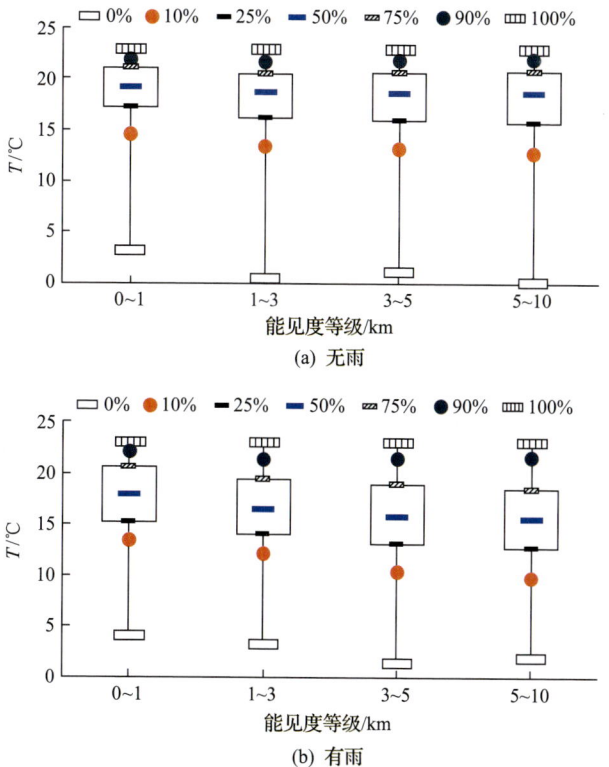

图 6-10　无雨和有雨时能见度与地面 2m 温度 T 的分布关系

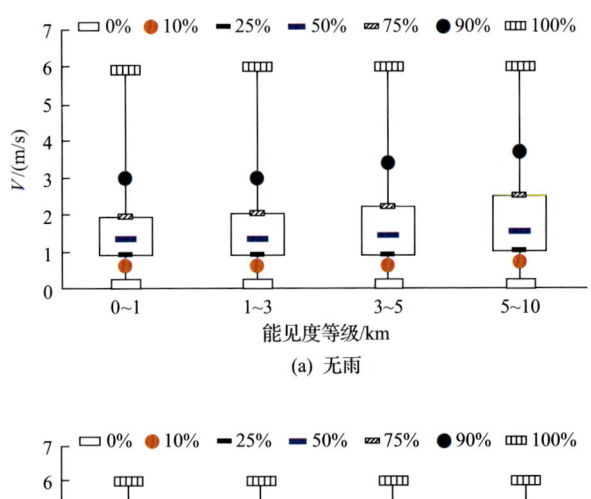

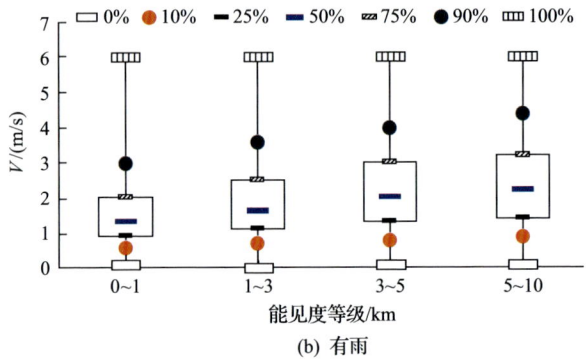

图 6-11　无雨和有雨时能见度与地面 10m 风速 V 的分布关系

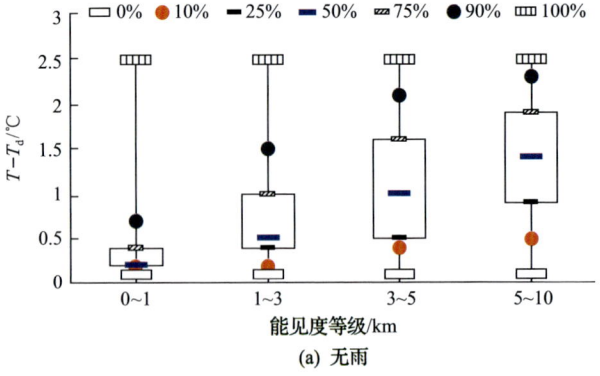

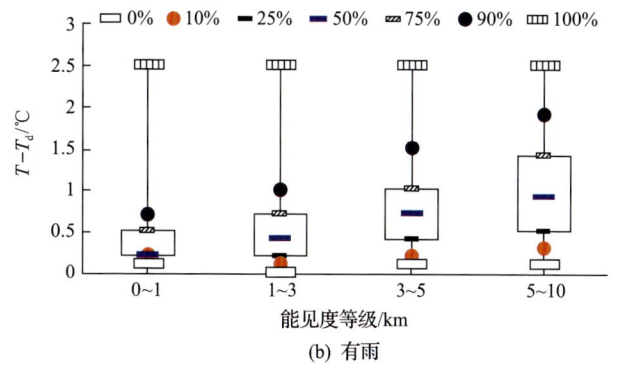

(b) 有雨

图 6-12　无雨和有雨时能见度与地面温度露点差 T–T_d 的关系

四个等级能见度对应的地面 10m 风速分布范围差异不大，在 0～1km、1～3km 两级能见度内，90%样本的地面风速小于 3m/s，75%样本的地面风速小于 2m/s；对于 3～5km、5～10km 的能见度，90%样本的地面风速小于 4m/s，75%样本小于 2.5m/s；所有样本风速均小于 6m/s。表明低能见度天气时，地面风速小，对应稳定的大气背景条件，地面风速越小，大气越稳定，近地面层的大气湍流运动越少，因此能见度越容易降低。

四个等级能见度对应的温度露点差都小于 2.5℃，但各级之间有明显差别。0～1km 的能见度，90%样本数的温度露点差小于 0.8℃，75%样本数小于 0.5℃；1～3km、3～5km、5～10km 的能见度，90%和 75%样本数的温度露点差范围都逐渐增大。说明无雨时，温度露点差越低，空气越接近饱和，如果风速也很小，近地面层湍流交换活动弱，则能见度会越低，因此温度露点差的大小，对能见度的高低有较好的指示意义。

2) 有雨时

在华南地区及南海北部，有雨时的低能见度天气通常是雨雾混合天气，既可能雾为主，也可能降水天气为主，此时温度 T、地面 10m 风速 V、温度露点差 T–T_d 与四级能见度的对应关系如图 6-12(b)～图 6-14(b)。

有雨时的温度分布范围与无雨时特征相似，为 0～23℃，四个等级能见度之间的温度分布差异同样较小，大量样本(约 90%)的温度集中在 10～23℃，约 75%样本的温度为 12～23℃，只有 10%的样本分布在 1～10℃，其中能见度在 0～1km 时，温度主要集中在 15～21℃的区间；与无雨时略有不同的是，有雨时温度低 1℃ 左右，而且随着能见度增加，温度有轻微下降的趋势。说明雨雾混合天气的出现，同样要求气温处于较合适的范围，当降雨量大时，会削弱雾的比重，其冲刷作用和降温效果相对明显，由此造成气温下降，能见度则可能升高。

各级能见度对应的地面风速存在差异，0～1km 能见度时约 90%样本的风速小于 3m/s，75%样本小于 2m/s；随着能见度增加，风速也缓慢增大。虽然地面风速总体仍较小，但相对无雨时略大，且风速随能见度等级变化的分布范围特征与无雨时也不尽相同，主要原因在于降雨时伴随一定的上升、下沉运动，地面风速随之增大，相比无雨时静稳的大气状态，此时风速增大产生了更多的近地面层湍流运动，从而使能见度有所升高，因此风速增大往往与能见度升高的现象相匹配。

各级能见度对应的温度露点差随能见度升高而增大，这与无雨时相同，0～1km 能见度时约 90%样本的温度露点差小于 0.7℃，75%样本小于 0.5℃，相比无雨时，1～3km、3～5km 和 5～10km 样本的温度露点差略小，90%样本都小于 2℃、75%样本小于 1.5℃。说明降雨或雨雾混合天气，空气比无雨时更容易饱和，空气饱和程度与能见度高低也有一定联系，而由于降雨时近地面层空气运动可能更活跃，因此一定程度上制约了能见度的降低。

4. 影响因子提取和能见度算法

根据低能见度天气成因研究和相关气象因素的分析评估，确定了温度 T、地面风速 V、温度露点差 $T-T_d$ 为主要影响气象因素。根据前面影响因素评估的分级标准，分别对无雨和有雨两种情形的因子进行回归分析，以提取各级影响因子，形成能见度的修正预报算法。

假设气象因素通过一次方、二次方、指数、对数等函数可构成能见度的影响因子，即温度的函数 T、T^2、e^T、$\ln T$，地面风速的函数 V、V^2、e^V、$\ln V$，温度露点差的函数 $T-T_d$、$(T-T_d)^2$、e^{T-T_d}、$\ln(T-T_d)$；利用回归分析计算各因子的权重系数，并进行信度检验。

根据回归分析得到各影响因子的有效系数，可形成有雨、无雨时各级能见度的预报方程，其中 y 是能见度(单位是 m/m)，其余各项为公式中描述的含义。

1) 无雨时

第 1 级：$T<23℃$，$V<6m/s$，$T-T_d$ 为 1.5～2℃。此时有

$$y = 6815.768 + 262.5165V - 32.48V^2 - 134.946\ln V - 138.127e^{T-T_d} \quad (6-22)$$

第 2 级：$T<23℃$，$V<6m/s$，$T-T_d$ 为 1～1.5℃。此时有

$$y = 4027.295 - 81.8941T + 2.0587T^2 \quad (6-23)$$

第 3 级：$T<23℃$，$V<6m/s$，$T-T_d$ 为 0.7～1℃。此时有

$$y = 1318.762 + 1132.843(T-T_d) + 1.442T^2 - 572.87(T-T_d)^2 \\ + 172.09e^{T-T_d} - 170.134\ln(T-T_d) \quad (6-24)$$

第 4 级：$T<23℃$，$V<6\text{m/s}$，$T\text{–}T_d$ 为 $0\sim0.7℃$。此时有

$$y = 1037.97(T - T_d) + 1.276 \times 10^{-8} e^T - 1063.814(T - T_d)^2 \\ + 407.651 e^{T-T_d} - 157.137\ln(T - T_d) \quad (6\text{-}25)$$

2) 有雨时

第 1 级：$T<23℃$，V 为 $3\sim6\text{m/s}$，$T\text{–}T_d$ 为 $1.5\sim2℃$。此时有

$$y = 4385.699 - 206.338T + 1487.429(T - T_d) + 1261.225\ln T \\ - 426.51\ln(T - T_d) \quad (6\text{-}26)$$

第 2 级：$T<23℃$，V 为 $2.5\sim3\text{m/s}$，$T\text{–}T_d$ 为 $1\sim1.5℃$。此时有

$$y = 3285.213 + 414.23(T - T_d) \quad (6\text{-}27)$$

第 3 级：$T<23℃$，V 为 $2\sim2.5\text{m/s}$，$T\text{–}T_d$ 为 $0.7\sim1℃$。此时有

$$y = 1549.856 - 202.5T + 41.1833V + 323.9697(T - T_d) + 4.078T^2 \\ + 866.226\ln T - 0.0525\ln(T - T_d) \quad (6\text{-}28)$$

第 4 级：$T<23℃$，V 为 $0\sim2\text{m/s}$，$T\text{–}T_d$ 为 $0\sim0.7℃$。此时有

$$y = 99.65V + 591.669(T - T_d) - 16.1V^2 - 358.885(T - T_d)^2 \quad (6\text{-}29)$$

利用上述方程，基于华南中尺度数值模式的气象因素预报，可计算能见度的格点场数据，构成能见度的修正算法。

6.2.3 区域中尺度数值模式系统偏差订正

本节主要利用华南高分辨率区域中尺度模式资料为基础数据进行计算预报，而数值模式的因素预报或多或少都有一些误差，因此在实际预报应用前，有必要对模式的主要因素预报进行检验评估。

在前文的分析中，低空飞行气象条件的相关影响因子，主要与风、温度有关，因此本节主要对模式的风场、温度进行检验评估。

1. 低空风场检验评估

利用南海沿岸 6 个探空站资料（分别为北海、海口、三亚、阳江、香港、汕头 6 个站点），对 GRAPES_GZ 3km 模式 2019 年在南海北部中低空风场的预报效果进行检验。其中，选取 6 个探空站 1000hPa（相当于 100m）、925hPa（相当于 800m）、

850hPa（相当于 1500m）三个层次的风场资料作为实况资料，考虑到探空资料的位置随高度而有所偏移，因此模式资料选取以各个站点为中心、30km 为边长的正方形区域内所有格点的平均值为对应站点的模式值，以此进行检验。误差、绝对误差、均方根误差分别如下。

误差：$e = F - O$，e 为误差、F 为预报值、O 为实况值。

绝对误差：$E = |F - O|$，E 为绝对误差。

均方根误差：$\mathrm{RMSE} = \sqrt{\dfrac{\sum\limits_{i=1}^{n}(F_i - O_i)^2}{n}}$，RMSE 为均方根误差，$i$ 为样本序号，n 为样本数。

2. 总体检验结果

GRAPES_GZ 3km 模式各个起报时次在 1000hPa、925hPa、850hPa 三个层次风场的平均绝对误差为 1~1.5m/s，均方根误差为 1.5~2m/s，各站之间除了北海和香港略大，其余各站预报误差相当；另外，对比各层风场，发现随着高度的增加，GRAPES_GZ 3km 模式风场预报的平均绝对误差和均方根误差也都有逐渐减小的趋势。

3. 分级检验结果

按照 GRAPES_GZ 3km 模式预报的风力等级分类，WG 代表风力等级，分成 4 类：WG<6 级、6 级≤WG<8 级、8 级≤WG<10 级、WG≥10 级。图 6-13 和图 6-14 是不同起报时次（世界时 00、12 时）依据模式预报 WG 分类的 1000~850hPa

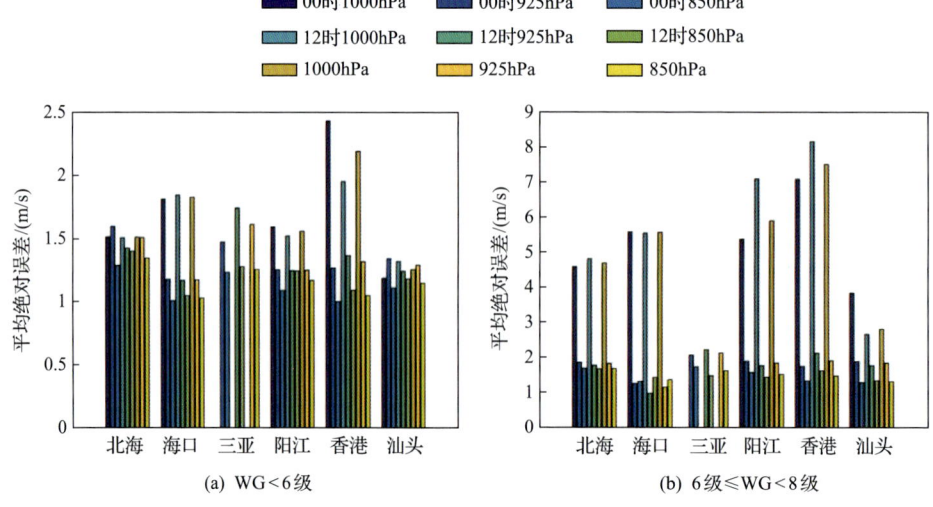

(a) WG<6 级　　　　　　　　(b) 6 级≤WG<8 级

第 6 章 海上搜救适航条件评估技术

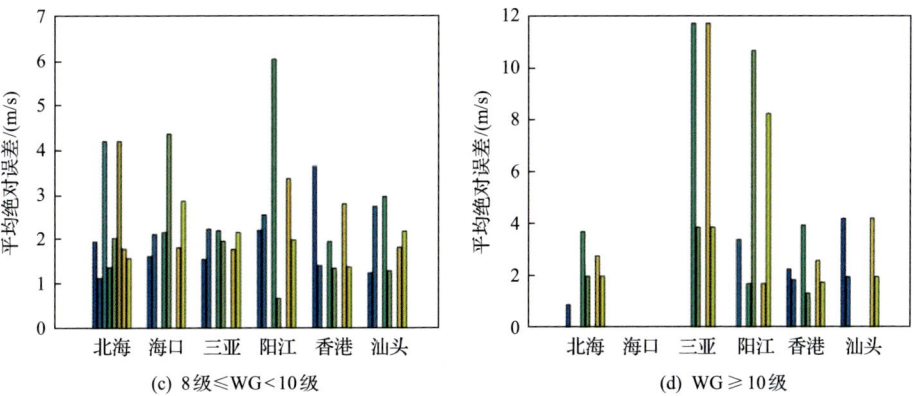

(c) 8级≤WG<10级   (d) WG≥10级

图 6-13　不同起报时次(世界时 00、12 时)依据模式风力等级(WG)划分的 1000～850hPa 风速平均绝对误差对比分析

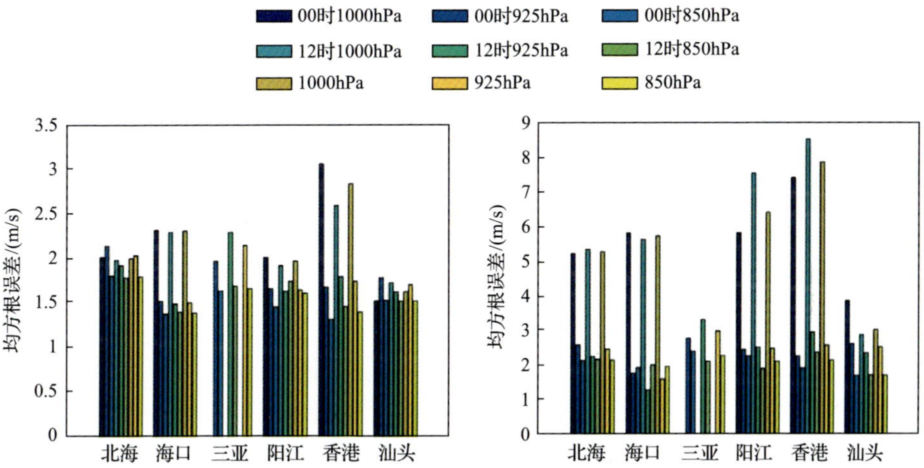

(a) WG<6级   (b) 6级≤WG<8级

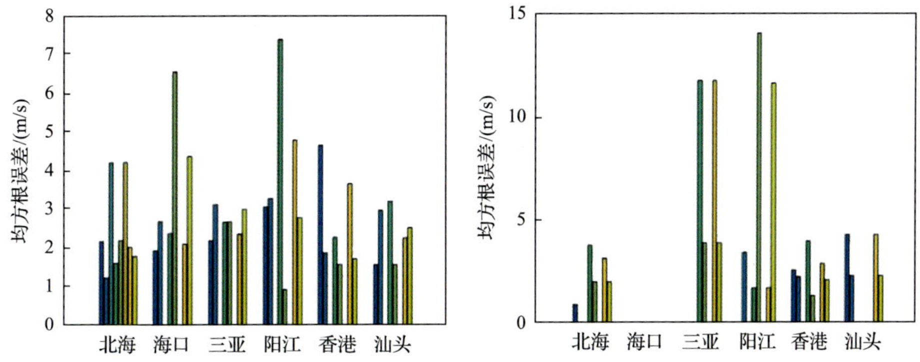

(c) 8级≤WG<10级   (d) WG≥10级

图 6-14　不同起报时次(世界时 00、12 时)依据模式风力等级(WG)划分的 1000～850hPa 风速均方根误差对比分析

风速平均绝对误差和均方根误差对比分析。从图中可知，当风速 WG<6 级时，GRAPES_GZ 3km 模式各起报时次在 1000hPa、925hPa、850hPa 三个层次的风场的平均绝对误差和均方根误差分别都较小，平均绝对误差为 1～1.5m/s、均方根误差为 1.3～2m/s；另外，随着高度的增加，GRAPES_GZ 3km 模式风场预报的平均绝对误差和均方根误差也都有逐渐减小的趋势，这和 GRAPES_GZ 3km 模式的总体检验结果类似。当 6 级≤WG<8 级时，GRAPES_GZ 3km 模式在近地面层(1000hPa)的风速预报效果不好，平均绝对误差超过 3m/s，在 925hPa、850hPa 两个层次的风速预报效果较好，平均绝对误差和均方根误差约为 2m/s，且随着高度的增加，GRAPES_GZ 3km 模式风场预报的平均绝对误差和均方根误差也都有逐渐减小的趋势。当风力预报大于 8 级(包括大于 10 级)时，GRAPES_GZ 3km 模式风场预报的误差有增大的趋势，这一方面有风速较大的原因，另一方面也和样本数量较少有关。

为了直观地分析 GRAPES_GZ 3km 模式风场预报的效果，这里引进一个偏大偏小量的概念，如果预报比实况大，就表示该风场预报样本偏大；反之，则表示该风场预报样本偏小。因此，可以得出所有 GRAPES_GZ 3km 模式风场预报样本内的一个偏大偏小量，由此可以探讨模式风场预报是以偏小为主，还是以偏大为主。对比不同起报时次(世界时 00、12 时)模式 1000～850hPa 风速预报偏大、偏小的样本数，GRAPES_GZ 3km 模式在近地面层(1000hPa)的风速预报以偏大为主，样本数远超偏小的样本数，在 925hPa、850hPa 两个层次的风速预报以偏小的样本数居多。

通过以上分析，GRAPES_GZ 3km 模式在近地面层风速预报误差较大，且有偏大趋势，随高度上升预报误差减小，略有偏小的趋势，而预报风力等级增大，预报误差也将增大。因此，在本书后续的风场修正预报中，应对模式风场先进行初步的订正。

1) 地面风场检验评估

利用华南沿海自动站、海岛站、石油平台站、浮标站等历史观测资料，对 GRAPES_GZ 3km 模式的地面 10m 风场进行检验评估。

从地面 10m 风速逐月预报误差分布的箱线图来看，预报总体偏大，偏大幅度的中位数约为 1m/s，逐月对比发现 3～5 月、11～12 月冬春季的误差离散度较大，夏秋季相对较小，表明冷空气活跃的季节地面风场预报偏大的现象较明显，夏秋季在台风天气不明显时，误差范围较小。

2) 温度检验评估

利用华南所有质量良好的自动站历史观测资料，对 GRAPES_GZ 3km 模式的地面 2m 温度进行检验评估。图 6-15 是最高气温 T_{max}、最低气温 T_{min} 逐月预报误差分布的箱线图。图中反映，模式对最高、最低气温预报误差的中位数基本介于

±1℃,从逐月变化看出,1~5月、11~12月冬春季的预报误差整体较大,离散度也明显,夏秋季温度误差小,离散度也小,说明模式对冬春季的气温预报能力较弱,夏秋季较强。

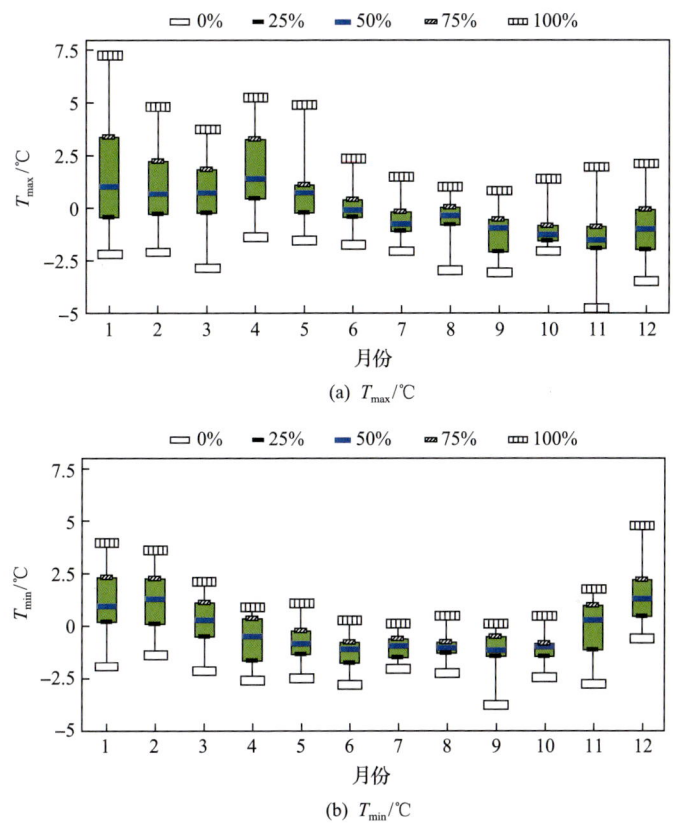

图 6-15 模式最高/最低气温 T_{max}/T_{min} 逐月预报误差箱线图

6.2.4 低空飞行指数

由以上研究结果可知,低空飞行适航条件主要受风(风切变)、能见度等气象环境影响。此外,根据救援飞行队介绍,飞机在起降、飞行阶段对气象条件有不同要求,起降阶段关注能见度、云底高度和风向,要求能见度、云底高度达到一定标准,风向需逆风,起降的气象条件与飞机类型无关;飞行巡航阶段,一般不考虑能见度和云底高度,主要关注风切变/风速、降水、对流、下击暴流等。

因此,利用风(风切变)、能见度等因子,辅以考虑降水、强对流等天气,定义一个低空飞行指数(AFI),以综合反映气象条件是否适合救援飞机的低空飞行和作业。将 AFI 范围设计成 0~100,对应各气象因子的指标值,共划分为四个级别,包括无影响、轻度影响、中度影响、严重影响。如表 6-9 所示,指数范围 0~

20 为无影响等级,航迹和空速稍变;20~40 为轻度影响等级,操纵困难度一般;40~60 为中度影响等级,操纵有较大困难;60~100 为严重影响等级,可能失控危害严重。通过计算 AFI 和等级,可对低空气象条件进行分级评估预报。

表 6-9　低空飞行指数 AFI 的分级及说明

等级	AFI 范围	说明
1	0~20	无影响
2	20~40	轻度影响,飞行难度一般
3	40~60	中度影响,飞行难度较大
4	60~100	严重影响,失控风险很高

另外,救援飞机的类型不同,飞行员或操控员所处环境不同,对恶劣气象条件的抗击能力也有差异,因此本研究中的 AFI 可根据飞机的性能设计进行分级,以更好地为低空飞行救援行动提供服务保障。

AFI 具体算法如下:

$$\text{AFI} = \max(A_j), \quad A_j = B_{ji}(I_i - I_{Lji}) + G_{Lji}, \quad B_{ji} = \frac{G_{Hji} - G_{Lji}}{I_{Hji} - I_{Lji}} \quad (6\text{-}30)$$

式中,I_i 为实际预报的气象因素值;i=1, 2, 3 表示参与计算的气象因子,即风速、风切变、能见度;j=1, 2, 3, 4 是表格中对应的四个等级,下标 H 和 L 是表中各等级对应的级别指数,即气象因素的最大值 I_H 和最小值 I_L;A 是某因素指数,B 是某等级的系数,G 是某等级数。

AFI 是综合反映低空气象条件的指数,鉴于对低空风切变进行了上、下层的划分,低空飞行指数也相应地分成上层 AFI 和下层 AFI。同时该指数可面向不同机型的属性,因此针对两类救援飞机(S-67D 救援直升机、旋翼无人机),设计了两种气象条件的分级指标,如表 6-10 所示,在实际应用中可根据需要输出。

表 6-10　两类飞机的 AFI 分级及含义

等级	说明	AFI 范围	能见度/m		风速/(m/s)		风切变/(m/s)	
			直升机	无人机	直升机	无人机	直升机	无人机
1	无影响	0~20	10000~5000	10000~7000	0~7	0~5.5	0~3	0~2
2	轻度影响,飞行难度一般	20~40	5000~3000	7000~4000	7~11	5.5~8	3~6	2~4
3	中度影响,飞行难度较大	40~60	3000~1000	4000~1000	11~17.1	8~11	6~9	4~6
4	严重影响,失控风险很高	60~100	1000~0	1000~0	17.1~24.4	11~17.1	9~15	6~12

注:能见度 ≥ 10000m,AFI 为 0;风速 ≥ 17.1m/s 或风切变 ≥ 12m/s,AFI 为 100。

第 7 章 海上搜救综合信息保障技术集成与应用示范

本章综合前述海洋环境数值预报技术、海上遇险目标漂移规律及快速预报技术、海上遇险目标定位技术、海上遇险目标搜寻技术和海上搜救适航条件评估技术，进行海上搜救综合信息保障技术集成，研制海上搜救应急演练与决策指挥保障平台，并开展应用示范，为恶劣海况下的搜救任务协同保障提供技术和信息支撑。

7.1 海上搜救应急演练与决策指挥保障平台

7.1.1 系统总体架构

1. 总体架构

海上搜救应急演练与决策指挥保障平台的总体架构如图 7-1 所示，具体包括以下部分：

基础环境层：包括基础通信网络、主机及存储器，以及必要的软件支撑环境，如操作系统、数据库管理系统、GIS 平台等。

数据资源层：即数据资源管理平台，它按照规范的程序和数据标准，对数据资源进行标准化处理、交换及管理。

支撑层：建立在数据资源层之上，对应用功能进行支撑的软件平台。

应用层：包括综合信息服务系统、搜救决策指挥系统、搜救安全保障系统、搜救应急演练系统。

展示层：通过网页展现业务数据及流程。

保障体系：包括安全保障体系、标准规范体系。安全保障体系采用相应技术、权限管理手段和管理体制等，充分保证系统信息等数据的安全。标准规范体系通过编制或遵循现有国家、地方、行业标准进行规范工程相关数据的设计、存储、交换，从而保证系统以后的扩展和升级。

2. 总体技术原则

系统采用平台化的设计及开发思路，基于组件架构，底层采用完全拥有自主

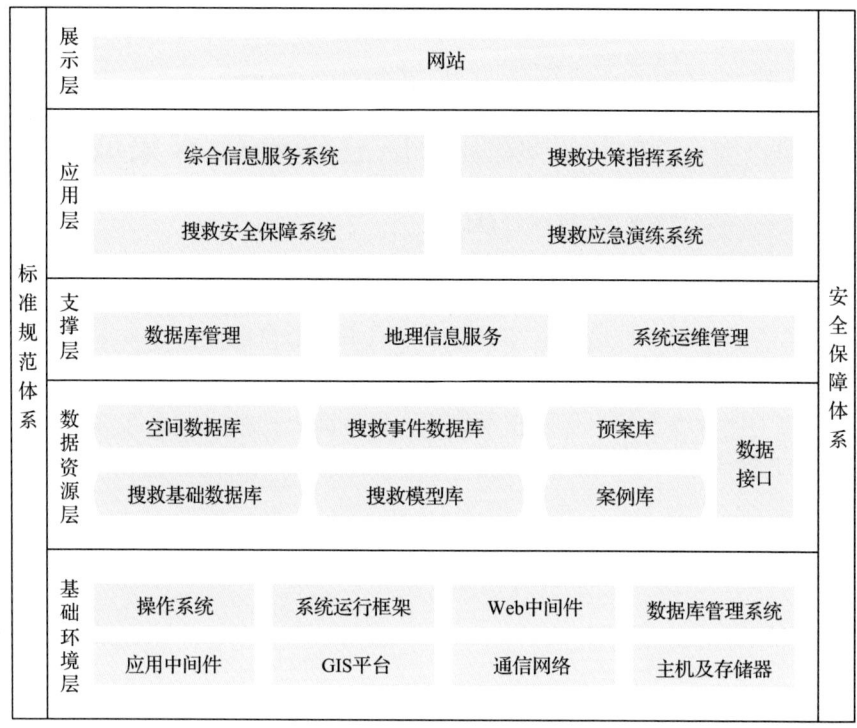

图 7-1　海上搜救应急演练与决策指挥保障平台总体架构

知识产权的平台产品支撑。提供系统标准接口，满足后期与其他系统的对接，实现共用、共享。

1) 易用性

系统易用性体现在满足业务需求的前提下，要尽量做到界面友好、操作方便、功能强大。在系统设计时，做到尽量在符合现有业务操作规范的情况下，采用最友好、最易用的界面来实现。例如，在功能间的跳转、功能中的操作、功能中各部分的布局等，均采用用户最容易理解与使用的方式来实现。

2) 安全可靠性

系统安全可靠性体现在系统运行稳定、不超时、不出错。这就要求服务器环境、网络环境、应用环境等方面都必须安全可靠稳定。系统设计需要充分考虑各种因素，并通过严格的软硬件维护机制保障系统稳定运行。例如，对系统运行中可能面对的各种场景，均有相应的处理机制，包括环境异常情况的处理。

3) 性能高效性

系统在多人共用的情况下，延时较小。在执行复杂统计、复杂计算时系统资源消耗低，速度较快。系统性能高效性通过提高系统运行的各个环节的效率来实现。例如，设计的界面避免过细粒度的大数据量展示、提高后端数据查询效率、提高前端展现的效率等。

4) 可扩展性

系统采用平台化的设计及开发思路，基于组件架构，底层采用完全拥有自主知识产权的平台产品支撑。提供符合行业相关标准的接口，满足后期与其他系统的对接，实现共用、共享。

5) 可移植性

由于硬件和软件的更新或变动，要求现有的系统还能很好地在新环境中运行，这就要求在设计中对系统的可移植性有充分的考虑，使系统移植的风险降到最低。在系统设计之初就考虑到移植性，硬件及软件架构的选型都遵循这个原则。系统对环境的依赖尽量使用接口来实现。

7.1.2 系统功能设计

1. 总体系统设计

基于 GIS 等技术，研发海上搜救应急演练与决策指挥保障平台，采用交互式、可视化、可扩展架构设计，实现搜救数据无缝融合与共享、搜救资源的统一调度与管理、决策支持功能的有效集成，重点为恶劣海况下的搜救方案确定、搜救过程监控、快速安全撤离提供技术保障，为搜救应急演练提供环境支撑。系统功能架构如图 7-2 所示，系统功能流程如图 7-3 所示。

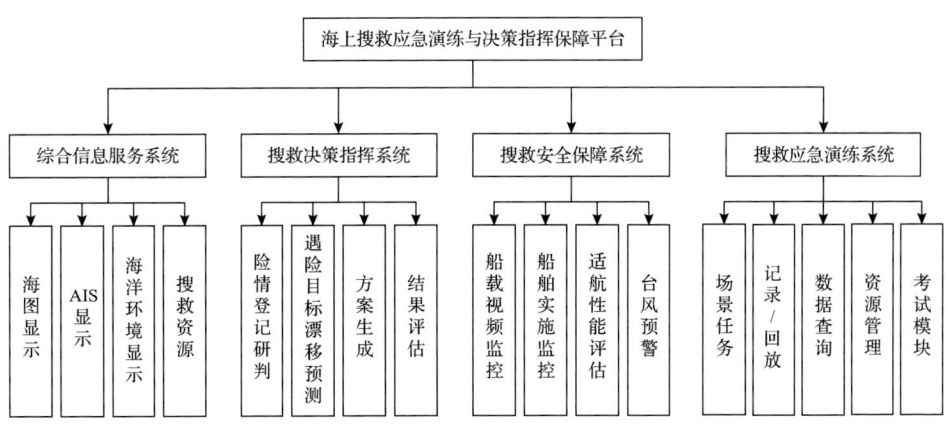

图 7-2 海上搜救应急演练与决策指挥保障平台系统功能架构

2. 综合信息服务系统

1) 功能设计

通过建立气象海况信息、救助船舶信息、救助预案数据、救助基地数据等搜救相关数据库，开发相关数据接口实时接入遇险目标信息、海洋气象预报数据、

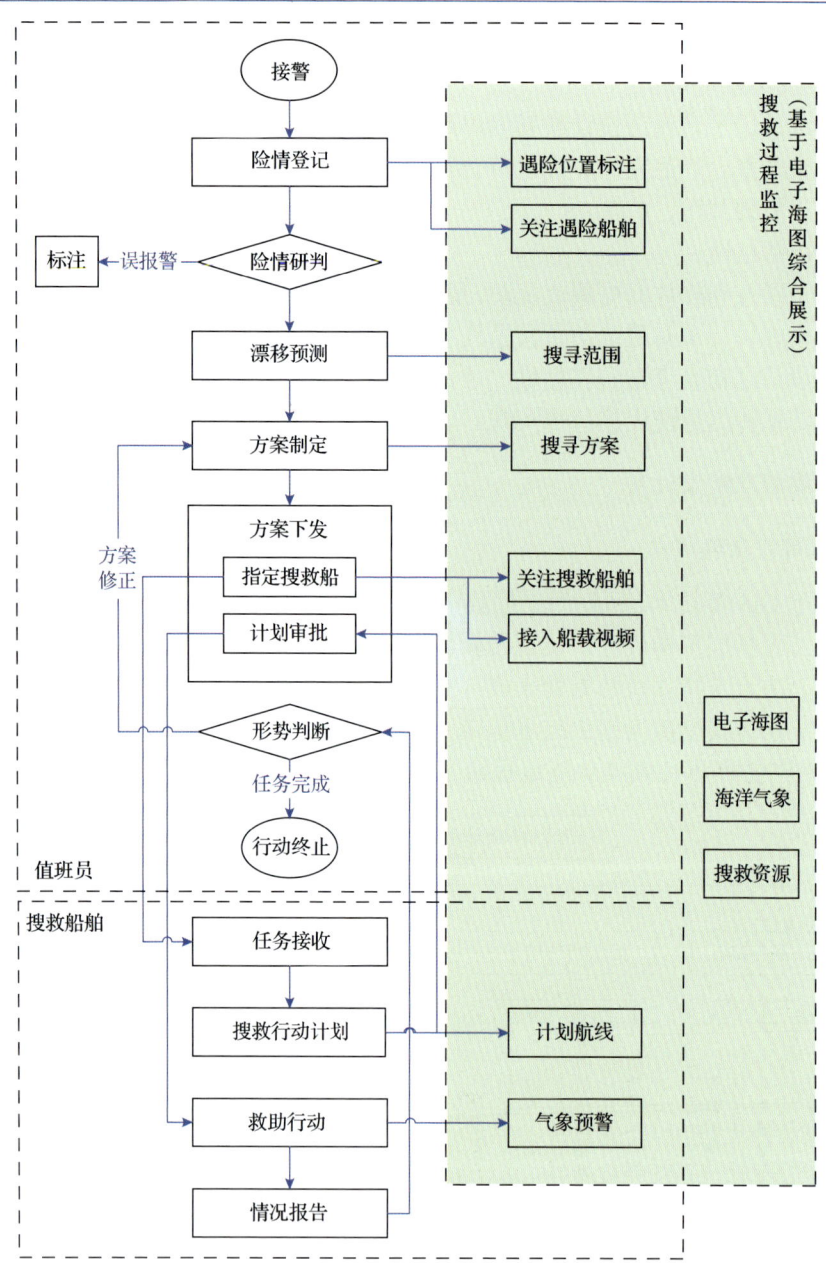

图 7-3　海上搜救应急演练与决策指挥保障平台系统功能流程图

搜救现场数据，在统一的 GIS 平台上形成数据联动，实现一体化的展示、查询和管理。从逻辑功能来分，主要有空间数据展示、海洋气象信息展示、船舶动态信息展示等，具体功能点列表如表 7-1 所示。

表 7-1 综合信息服务系统功能点列表

名称	功能点	功能简要说明
综合信息服务系统	空间数据	集成电子海图、中国地图为系统的应用提供基础数据支撑
	海洋气象信息	基于 GIS 的海洋气象预报信息展示，包括 10m 风、阵风、能见度、气温、雷暴、降水、相对湿度、云量、浪高、浪向、表面流；台风参数(路径、强度、风圈)、强对流天气预警(1h、3h 雷达定量降水估测和预测产品)等
	船舶动态信息	船舶 AIS 信息，提供船舶搜索、轨迹查询、关注船舶等功能
	搜救资源信息	救助基地分布位置及基本信息查看、救助船舶实时位置及基本信息查看、搜救飞机/船舶适航性能
	应急资源信息管理	提供救助基地、救助飞机、救助船舶录入/修改/查询/检索等功能
	应急知识信息管理	提供快速检索和准确定位所需预案及内容的功能，查询结果会显示所有符合查询条件的预案。提供案例录入、修改、查询、检索等功能，主要包括案例基本信息管理和案例扩展信息管理

2) 流程逻辑

海图显示流程逻辑如图 7-4 所示，AIS 显示流程逻辑如图 7-5 所示，海洋环境显示流程逻辑如图 7-6 所示，搜救资源流程逻辑如图 7-7 所示。

3. 搜救决策指挥系统

集成遇险目标漂移模型，快速确定搜索区域。集成恶劣海况下搜救规划模型，采用交互式、可视化、可调整搜救方案的系统设计，自动生成电子化搜救方案，并将搜救指令一键下达到搜救船舶。从业务流程上可分为险情研判、漂流预测、方案制定、方案下发、搜救计划执行。整合系统及功能需求如表 7-2 所示。

4. 搜救安全保障系统

在电子海图上显示遇险目标的历史轨迹、最后报告的位置和时刻等信息。

实时跟踪搜救船舶、参与救援的社会船舶、搜救无人船等救助力量的位置，并可获取航向、航速、航行状态以及最近报位时间等信息，及时掌握搜救力量状态。

接入搜救船船载视频，实时监控搜救作业。标绘已搜寻区域，掌握搜救行动进展，对搜救行动进行全程监控。

可能出现恶劣气象时，将恶劣气象类型、级别、可能的发生时间、持续时间、影响区域范围等进行发布，并提供恶劣气象预警。

搜救安全保障系统，从逻辑功能来分，有船载视频监控、船舶实时位置跟踪、船舶适航性能预警、台风预警。整合系统及功能需求如表 7-3 所示。

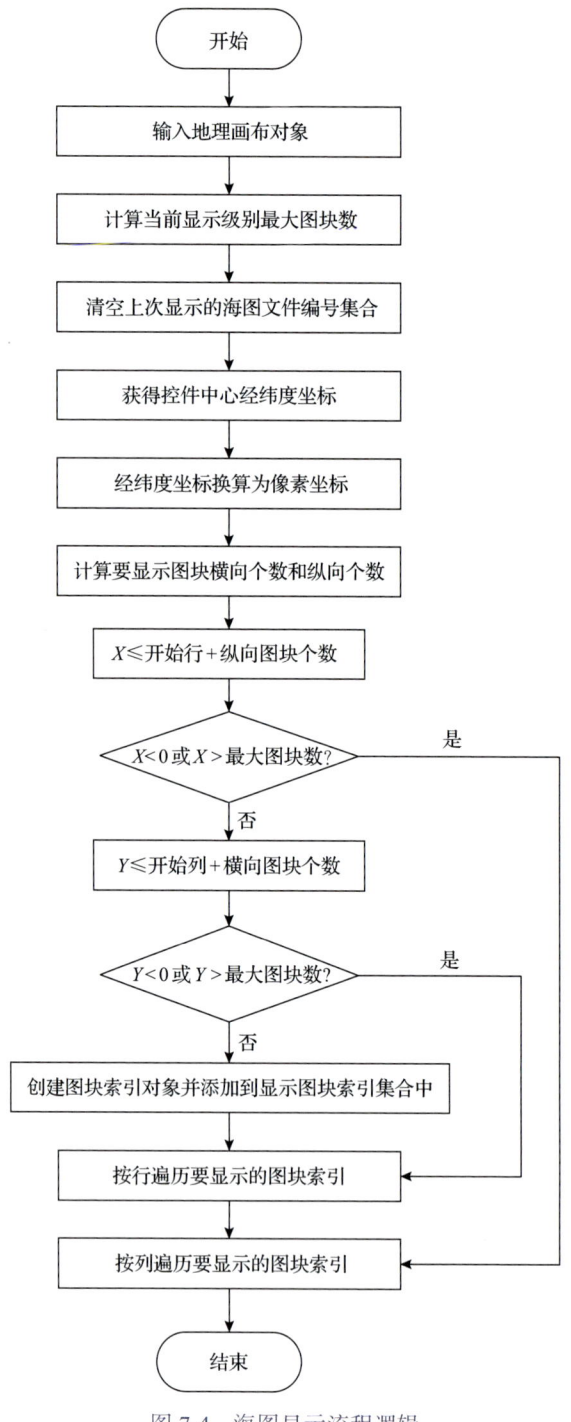

图 7-4 海图显示流程逻辑

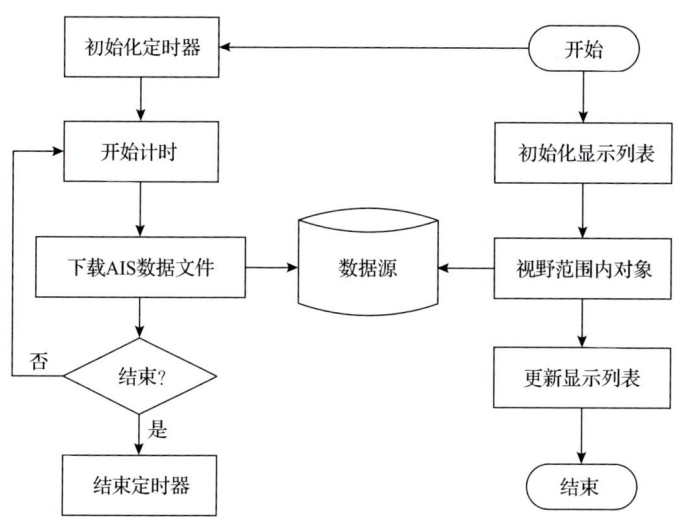

图 7-5 AIS 显示流程逻辑

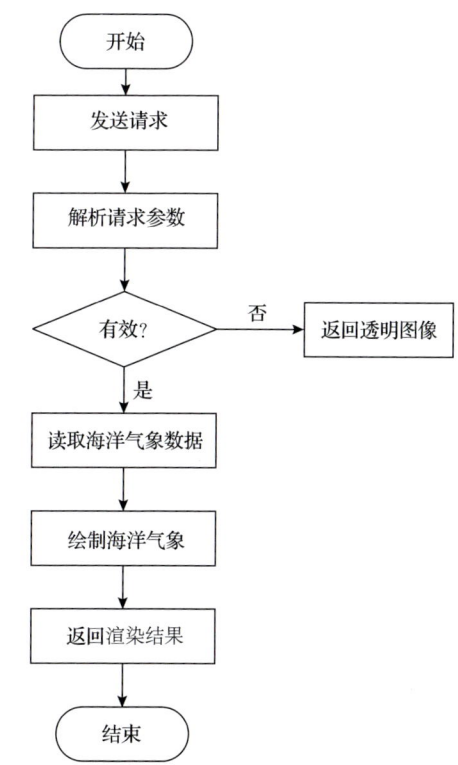

图 7-6 海洋环境显示流程逻辑

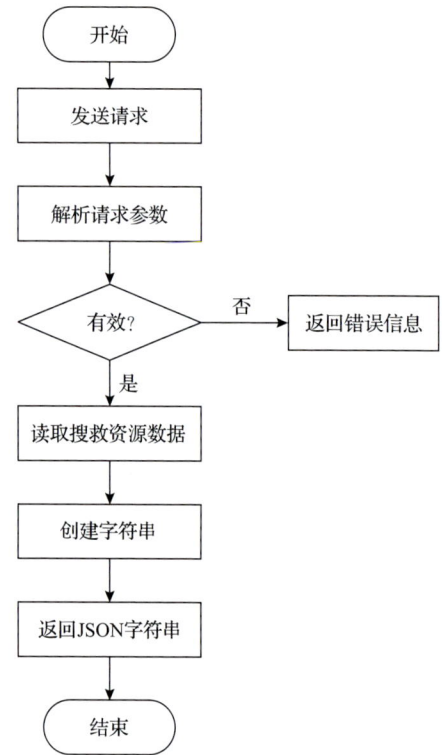

图 7-7 搜救资源流程逻辑

表 7-2 搜救决策指挥系统功能点列表

名称	功能点	功能简要说明
搜救决策指挥系统	险情研判	登记遇险基本情况，险情核实与等级判断
	漂流预测	计算遇险目标漂移路径，确定搜救范围，并在海图上展示
	方案制定	制定搜救方案
	方案下发	将计划发送给执行任务的基地/船舶
	搜救计划执行	接到任务的搜救船舶制定本船搜救路径，任务完成后制定撤离路径，在海图上展示

表 7-3 搜救安全保障系统功能点列表

名称	功能点	功能简要说明
搜救安全保障系统	船载视频监控	接入搜救船载视频
	船舶实时位置跟踪	关注参与搜救行动的船舶，跟踪船舶实时位置，在 GIS 平台上显示
	船舶适航性能预警	在搜救船舶、搜救飞机适航性能评估产品数据的基础上，结合船舶实时位置、船舶航行计划提醒航行风险
	台风预警	利用台风参数(路径、强度、风圈)，结合船舶实时位置、船舶航行计划提醒航行风险

5. 搜救应急演练系统

搜救应急演练系统在研发时，作为独立系统实施研究，也可作为独立系统运行，在集成后，作为平台的一个应用模块运行。

研究技术系统与综合平台技术衔接方案，重点分析演习演练系统平台的技术要素调用实现及接口模式，实现系统与搜救业务化平台的数据融合、技术衔接，开展业务化应用示范。

研发集成接警、预测、决策、指挥、保障撤离等海上搜救业务流程，涵盖搜救基础知识、基本业务能力与综合决策，适用搜救基层作业、现场组织与综合指挥决策人员的海上搜救应急模拟演练系统，为恶劣海况下搜救与撤离保障提供综合培训，为基础能力训练与综合演练提供应用平台。

搜救应急演练系统，从逻辑功能来分，有场景任务模块、记录/回放模块、数据查询模块、资源管理模块、考试模块等。整合系统及功能需求如表7-4所示。

表 7-4 搜救应急演练系统功能点列表

名称	功能点	功能简要说明
搜救应急演练系统	场景任务模块	通过建立不同的任务场景进行模拟演练
	记录/回放模块	对模拟演练过程进行记录并保存，用户下次可以重新加载，进行回放
	数据查询模块	国内法律、行政法规及有关规定，船舶救生、人员急救搜救流程知识，搜救经验知识
	资源管理模块	对搜救演练过程中使用的模板进行管理，可配置资源
	考试模块	新建搜救考核系统，提升相关人员的业务知识 新建模拟演练系统，了解海上搜救业务流程，提高相关业务人员实际应急处理能力

7.1.3 支撑系统设计

1. 系统技术架构

系统构建于 B/S（浏览器/服务器）三层应用体系结构之上，将复杂的业务逻辑、流程控制逻辑和数据存取逻辑通过在不同的技术层面上实现，表示层由 Web 页面组成，用以实现 Web 页面显示和调用，采用中间层方式访问业务逻辑和数据。为了便于维护、升级和实现分布式应用，在实现过程中将业务逻辑层和数据访问层分离开，Web 页面不直接调用数据访问层，而是通过业务逻辑层调用数据库，充分保证数据库系统的安全可靠访问。系统总体架构如图 7-8 所示。

2. 地理信息系统

应急平台综合应用系统在处理应急业务过程中需要使用一些辅助应急处置的工具，这些工具基于通用 GIS 平台开发，在综合应用系统中使用频度高，属各业

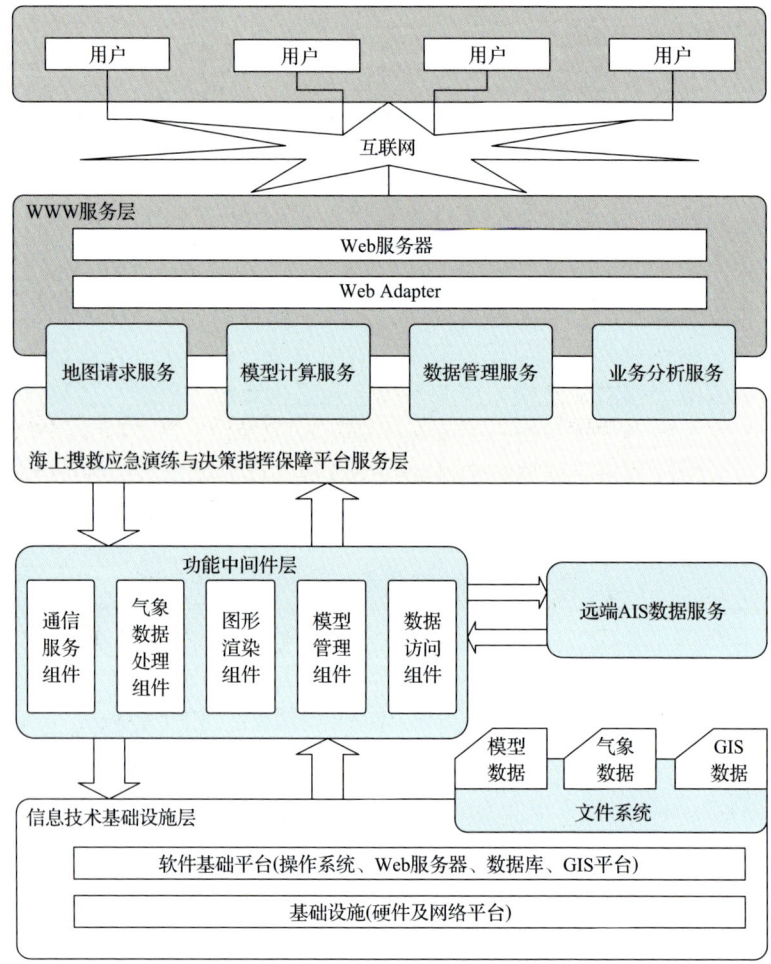

图 7-8　系统总体架构

务系统通用的工具。

综合应用系统各应急业务与空间地理信息紧密相关，各业务系统中需要的主要 GIS 功能如表 7-5 所示。

表 7-5　应急业务与 GIS 关系表

应急业务	业务需求	GIS 支撑
应急值守	事件定位、标注	图形查询、空间定位、按比例尺显示图层、地图标绘、专题图制作
预测预警	综合预测分析模型参数输入、综合预测分析、综合预测分析结果动态推演、综合预测分析结果可视化、预警范围确定	空间数据访问、空间数据可视化、缓冲区分析、区域统计、叠加分析、地形分析、网络分析、空间查询

续表

应急业务	业务需求	GIS 支撑
监测防控	目标维护、目标查询统计、风险分析	空间数据编辑、空间查询、叠加分析、空间关联分析、缓冲区分析
应急保障	资源维护、资源查询统计、资源配置	空间数据编辑、空间查询、路径分析、服务范围分析、资源分配、最小费用最大流计算
应急响应	周边环境分析、综合研判	GPS 定位、空间可视化、缓冲区分析、空间决策分析、空间查询、基于 GIS 的预测模型
指挥协调	处置跟踪	地图标绘、GPS 定位、专题图制作

应急管理业务工作涉及信息量很大，种类纷繁复杂，而且大多数是与地理空间位置相关的信息。在省政府应急平台综合应用系统中，需要大量用到二维空间可视化、空间查询、空间分析、专题图制作等地理信息基础服务。

1) GIS 建设原则

(1) 统一的空间数据管理机制。

作为应急联动各部门 GIS 应用系统的标准化的基础地理数据共享平台，统一的空间数据管理机制包括：

① 建立基础地理信息库，统一维护，这是建立地理信息平台的基础。

② 建立统一并强大的数据引擎，合理地组织空间数据的层次结构，为指挥中心提供空间地理信息数据支撑，为突发事件的信息管理与监控提供有效的数据服务和决策支持。

③ 为应急保障、智能辅助、应急预案管理等系统和模块提供分析工具，建立起一个空间数据的支撑环境。

(2) 分布式数据建设机制需求。

分布式数据建设机制需求包括：

① 对各部门的业务数据进行高效、可靠的管理和使用，保证数据及时更新，解决突发事件管理工作中的实际问题。

② 空间数据采集、处理与分布式多点编辑是在严格的权限控制下进行的。

③ 各部门只能修改本业务范围内的数据，对基础数据的更新只能局限于其所管辖区域。

(3) 强大的平台开放性需求。

能对 GIS 平台进行定制化的开发，使得 GIS 平台能够与其他应用系统的数据进行有针对性的输入与输出，为工作人员提供相应的数据以满足分析、辅助决策的需求，并且能够灵活定制各种输出结果，便于提供各种报告。

2) GIS 平台建设

海上搜救地理平台是以最基本的地理信息为管理对象，综合运用 GIS 技术、数据库技术、网络技术和专题应用模型，实现对基础地理信息的采集、录入、处理、存储、查询、分析、显示、输出、信息更新并提供与应急指挥相关的其他专题应用。

(1) 建立基础地理信息库。

基础地理信息数据的采集；地理信息的浏览、统计、编辑与表现；地图排版与打印输出；基础信息的专题分析。

(2) 建立应急事件的综合信息库。

空间数据管理，对各种应急事件的数据进行相应的分层，定义数据结构等；区分不同图层的应急资源数据管理；显示、查询基础电子地图；应急事件专题属性的统计分析；空间分析。

(3) 应急指挥的 GIS 数据管理分析。

为紧急突发事件的预案管理分析提供 GIS 相关数据；在发生突发事件时，利用此模块提供事件的各种相关 GIS 数据材料；与其他应用系统开放的数据接口；系统能够输入其他应用进行数据的输入与输出，如和综合应用系统的各个模块进行交互。

3) GIS 服务功能

海上搜救地理平台的 GIS 服务功能如下：

(1) 海图基本操作。

实现对地图进行基本的视图操作与管理，其中包括视图控制（如放大、缩小、漫游、全景图）、鸟瞰图控制（如漫游、隐藏）、图例控制、图层控制（如定制、选择控制）、地图量算（如配置量算参数、长度量算、周长量算、面积量算）等功能。

(2) 空间可视化。

空间可视化提供矢量数据、栅格数据、影像数据等各类空间数据的图形化显示，为数据提供一个综合的展现和分析操作平台。应急业务中涉及的绝大部分空间分析、查询分析等处理过程，都以空间可视化为背景展开业务分析，具体包括各类海洋气象预报信息、漂移预测与搜救范围信息、搜救单元行动路线等。

(3) 海图标注。

在应急业务处置的过程中，需要以基本数据为背景，将应急分析的操作过程、分析结果，特别是领导的决策意图以图形化符号的形式标绘在地图上，即通过地图标注，形成一种分析的态势。

(4) 资源分类。

实现各类应急资源在地图上分类查询展现功能，更加直观地反映资源状态。

(5) 专题图管理。

经过资源及空间查询、态势分析等过程处理的地图，需要经过进一步的整饰布局，形成规范的专题图图件，以电子图件或者纸质图件的形式输出，满足不同应急业务的需求。

3. 数据服务系统

1) 电子海图数据

传统的 GIS 方法是把标准 S57 电子海图格式转换为传统 GIS 图层，通过要素符号化进行呈现。主要存在的问题是出现图层过多运行缓慢、显示不符合标准等问题。本系统采用的解决方案是，采用海图处理工具进行渲染生成切片供客户端访问，大大提高了显示效率。

瓦片策略：Google 瓦片或 ARCGIS Server 切片格式。

切片等级<10，覆盖全球。

10<切片等级<16，覆盖中国南海。

2) 海洋环境数据

气象与海洋环境背景场是海上搜救漂移预测及决策支持系统应用的重要基础环境数据。只有获取准确的海洋、气象预报结果，才能准确预测遇险目标漂移轨迹以及安全高效地制定搜救作业平台的搜救模式和搜救方案，从而提高遇险目标成功获救的概率。

(1) 格式转换。

海洋气象预报信息包括 10m 风、阵风、能见度、气温、雷暴、降水、相对湿度、云量、浪高、浪向、表面流；台风参数 (路径、强度、风圈)、强对流天气预警 (1h、3h 雷达定量降水估测和预测产品) 等。以上产品格式多样、数据量大、结构复杂，不能直接用于搜救模型计算和发布，需要进行格式转换后用于搜救模型计算。

(2) 数据聚合。

海洋气象预报产品数据预报都是按照一定时间序列进行数值预报，预报结果是按照一定周期频率进行更新的。搜救轨迹模拟预测是一个连续的计算过程，要求输入的海洋环境产品数据也是连续的。通过数据聚合算法对预报产品数据按时间和空间进行聚合处理生成用于模型计算的海洋环境产品数据。

(3) 数据抽稀。

海洋环境产品数据的数值预报产品都是基于网格的，主要是三角网格和矩形网格。南海预报中心的覆盖南海范围网格达到上百万个，直接绘制，系统运行将是很缓慢的，需要对网格根据空间范围和重叠度进行数据抽稀，剔除非必要显示的数据，提高系统渲染效率。

(4) 数据管理。

对已经存在的海洋环境产品数据提供多种方式的查询功能，如按产品类型、时间段、空间上点选、矩形选、圈选、多边形选择等数据查询功能。

(5) 分类显示。

主要用于管理接入平台的各类海洋环境产品数据，实现对显示参数的设置、分类管理和可视化展示，便于用户直观获取和分析相关数据信息。

(6) 预报产品数据获取。

南海预报中心与广东省气象台发布的预报产品通过预报机构的发布系统，发布到终端用户的服务器上。以上文件必须按时间规则进行命名。文件名模板如"SCSYYYYMMDDHH.nc"、"GDYYYYMMDDHH.nc"等，文件按照产品类别和预报年份分不同的目录进行存储，避免一个文件夹下文件过多造成系统缓慢。

OceanMapX 组件负责对以上数据进行聚合、抽稀、格式转换及图形绘制，如图 7-9 所示。转换格式后的风场、流场数据供搜救模型进行模拟计算。

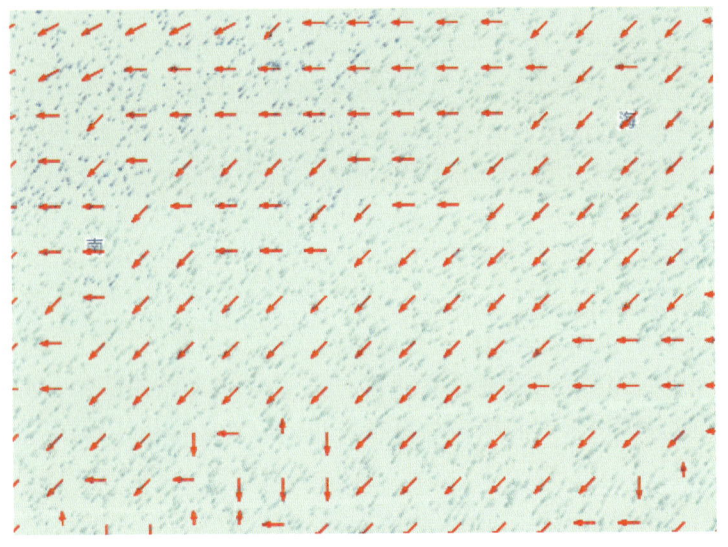

图 7-9　风场和流场数据

3) AIS 目标数据

方案 1：开发 AIS 服务组件部署在服务器上，负责定时从中心接口获取 AIS 数据，数据采用文本格式。服务组维护船舶列表，提供查询服务。AIS 服务组件定时生成数据压缩文件，供浏览器定时下载进行渲染；缺点是解析速度慢。

方案 2：开发 AIS 服务组件部署在服务器上，开通 UDP(用户数据报协议)端口，中心发送 AIS 原始报文到服务器上，AIS Parser 负责数据解析，定时生成供浏览器定时下载进行渲染；缺点是增大了开发复杂度。

动态数据字段说明如表 7-6 所示，静态数据字段说明如表 7-7 所示。

4) 船载视频接入

在保证数据链路畅通的情况下，在服务器上开发视频数据接收服务。服务端存储数据为 MP4 压缩文件。前端通过在浏览器中嵌入视频组件观看。

表 7-6 动态数据字段说明

编号	字段	数据类型	说明
1	船舶 MMSI	int	唯一标识符
2	转向率 ROT	int	转向率
3	AIS 类型	char	A 代表 A 类设备，B 代表 B 类设备
4	定位时间	int	UTC 秒数(1970.01.01 00:00:00 至今)
5	经度	int	以 1/10000′为单位的经度，181°=不可用
6	纬度	int	以 1/10000′为单位的纬度，91°=不可用
7	航向	int	以 1/10°为单位，3600=不可用
8	船艏向	int	以 (°)为单位(0~359)，511=不可用
9	航速	int	以 1/10°为单位，3600=不可用
10	航行状态 ID	int	0~15, 0=发动机使用中，1=锚泊，2=未操纵，3=有限适航性，4=受船舶吃水限制，5=系泊，6=搁浅，7=从事捕捞，8=航行中…
11	定位精度	int	1 = 高 (>10m)，0 = 低 (<10m)
12	接收时间	int	UTC 秒数(1970.01.01 00:00:00 至今)，岸基时等于定位时间
13	AIS 数据来源	int	—

表 7-7 静态数据字段说明

编号	字段	数据类型	说明
1	船舶 MMSI	int	唯一标识符
2	IMO 编号	int	—
3	船舶呼号	string	最长 7 字符
4	船名	string	最长 20 字符
5	AIS 船舶类型	int	0~99
6	船长	int	M
7	船宽	int	M
8	定位装置	int	0~15, 0 = 未规定，1 = GPS，2 = GLONASS，3 = GPS/GLONASS 组合，4 = Loran-C，5 = Chayka，6 = 综合导航系统，7 = 正在研究，8 = GALILEO，9~14 = 未使用，15 = 内部 GNSS
9	预计到达时间	string	估计到达时间：MM-DD HH:MM
10	吃水	int	单位为 0.1m
11	目的港	string	—
12	AIS 类型	char	A 代表 A 类设备，B 代表 B 类设备
13	国家	int	MMSI 前 3 位
14	接收时间	int	UTC 秒数(1970.01.01 00:00:00 至今)，岸基时等于定位时间

4. 数据库建设

1) 空间信息数据库

交通运输部南海救助局管辖区域海图数据。

2) 基础信息数据库

搜救资源信息：搜救船舶基本情况、搜救基地基本情况、救助飞机等搜救资源基础信息。

海洋气象信息：模式预报产品、海洋气象格点预报、预警产品信息。

3) 事件信息数据库

事件接报信息：遇险位置、遇险时间、遇险人数、遇险原因；遇险船舶信息、现场气象、救助需求等信息。

事件处置信息：搜救方案、处置过程等信息。

4) 模型库

存储相关专业模型，包括遇险目标漂移预测模型、搜救船舶/飞机适航性评估模型、搜救方案模型。模型库包括模型实体和模型目录、模型元数据及模型参数。模型实体必须按照统一的技术标准进行开发，可以独立运行或以 Web Service 接口封装，独立运行的模型应具有标准的输入输出数据格式定义。

5) 预案库

预案库主要是指《交通运输部南海救助局应对水上突发事件应急预案》，预案库采用知识库管理技术实现预案的数字化，能够实现共享。数字预案综合集成与预案有关的地理信息、应急相关信息、模拟预案模型、应急业务流程等。根据不同突发公共事件的特点和对应的文本预案，进行预案的结构化存储和管理，生成数字预案。

6) 案例库

案例库可以为突发事件的处理提供有效的参照，充分吸取历史事件的经验教训，达到规范处理流程、加快响应速度、提高处置效率的目标。主要来源是交通运输部南海救助局处置的典型案例。

5. 前端展示设计

Web 客户端展示主要分为两类：

（1）JavaScript、JavaScript+WebGL、HTML5。

（2）客户端插件 Flash、Silverlight、ActiveX。

第一类脚本语言运行速度要慢些。第二类在矢量图上绘制有优势，矢量图形处理功能完善。

HTML5 在矢量图上绘制有很大优势，但是 IE 浏览器版本必须在 10.0 以上。

有些特性并不支持。WebGL 本身也有很多限制。展示端开发初步方案采用 Flash+JavaScript。

6. 系统用户设计

1) 分级管理授权

分级管理将用户划分到不同的组织(或用户申请时选择其所属组织),在不同的组织中指定不同的管理人员,让其管理组下的所属人员,完成对用户的分级管理,同时也可以将某些栏目或频道的管理权限赋予组管理员,让组管理员对组中的成员授权,以达到用户分级授权的目的。

2) 面向终端对象的权限分配

用户角色实现分级的授权管理,从用户的角色和组织细分,可以对不同的用户,按照地区信息、部门信息、岗位信息或其他特征信息分别进行组织,对资源可以按照频道、栏目、子栏目、文档进行划分。

7.1.4 系统功能

1. 操作界面

打开浏览器,在网络地址栏输入海上搜救应急演练与决策指挥保障平台服务统一资源定位符(uniform resource locator, URL)(http://59.175.238.112:8090),按下回车键,访问登录主界面。输入正确的账号、密码以后单击"登录"按钮,成功登录后,进入系统主页面。

系统主页面一级菜单包含基础建设、搜救资源、决策指挥、任务管理、应急演练、系统管理六部分,如图 7-10 所示。

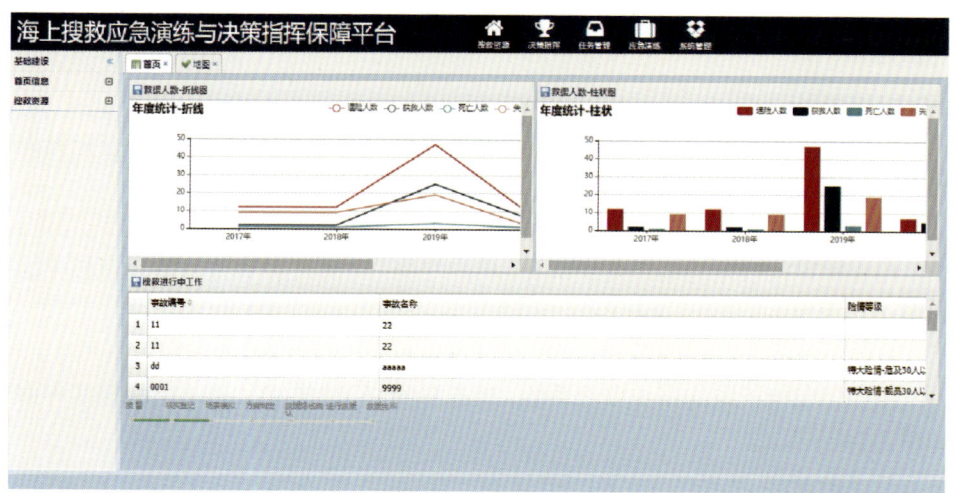

图 7-10 系统主页面

2. 搜救资源

搜救资源分为搜救船舶、搜救飞机、搜救基地、搜救物资、搜救待命点、搜救预案和搜救案例七部分信息维护，如图7-11所示。

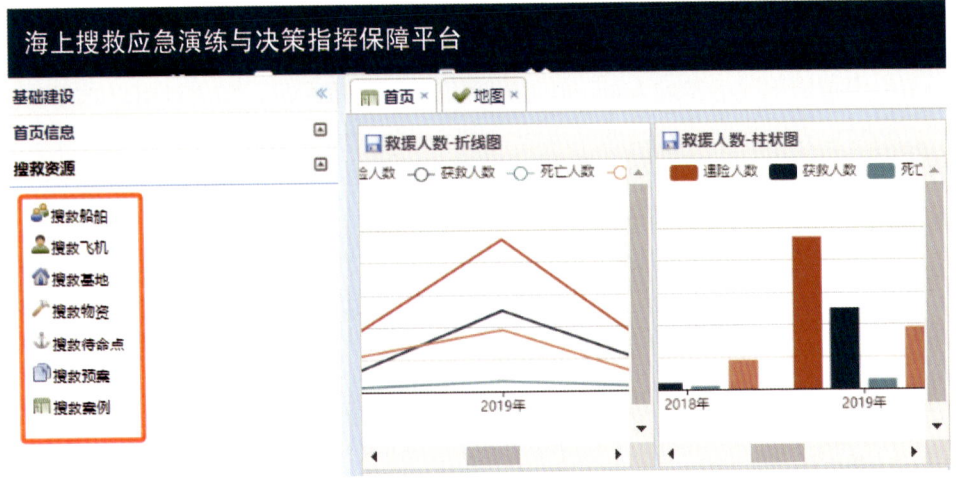

图7-11　搜救资源

3. 地理信息

地图模块，主要用于模拟预测救援方案执行等图形化操作。单击左侧工具栏地图链接即可进入。

4. 险情登记与核实

提供险情登记、险情审核、险情核实、成果登记功能，并将险情的详情信息进行记录入库。

1) 险情登记

用险情登记权限的用户登录系统，单击左侧"险情登记"，进入险情登记界面，如图7-12所示。

2) 险情审核

用险情审核权限的用户登录系统，单击左侧"险情核实"，进入险情审核界面，如图7-13所示。

3) 险情核实

用险情归档权限的用户登录系统，单击左侧"险情核实"，进入险情核实界面，如图7-14所示。

4) 成果登记

单击左侧救援成果中的"成果登记"，打开成果登记维护界面，如图7-15所示。

第 7 章　海上搜救综合信息保障技术集成与应用示范

图 7-12　险情登记

图 7-13　险情审核

图 7-14　险情核实

图 7-15　成果登记

5. 辅助决策

根据遇险登记，核实信息，进行模拟预测，制定救援方案。

1）模拟预测

单击决策指挥中的"搜救方案制定"，打开地图操作界面。单击右侧方案制定工具栏中的"漂移预测"，在地图上点击险情发生点弹出模拟参数对话框（图 7-16），填入相应的信息选择遇险物状态（图 7-17），单击操作栏中的"运行"即可进行后

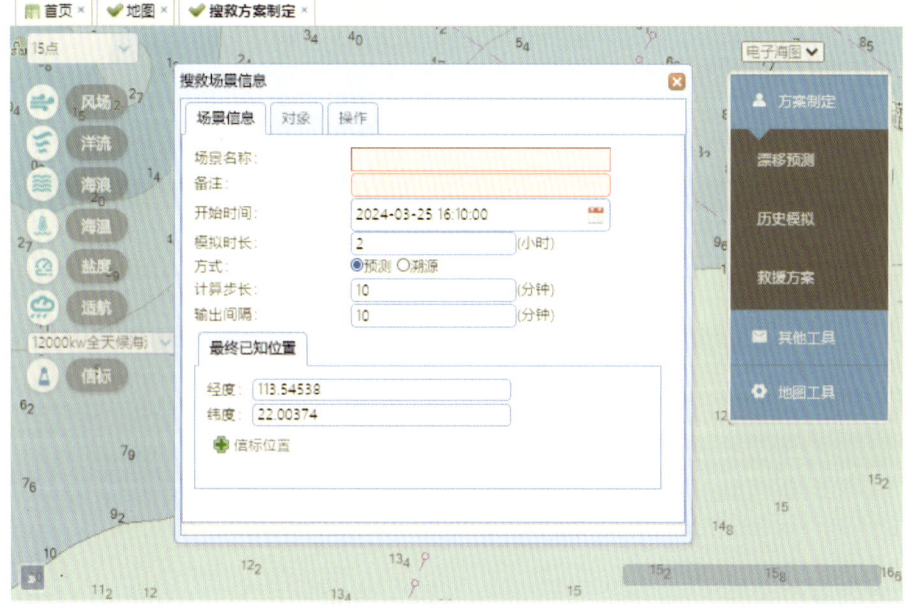

图 7-16　模拟参数输入框

台模拟(图 7-18)。模拟成功后显示模拟预测的轨迹,单击播放框中的"开始"可查看各时间点预测范围点(图 7-19)。

图 7-17　落水对象

图 7-18　运行模拟

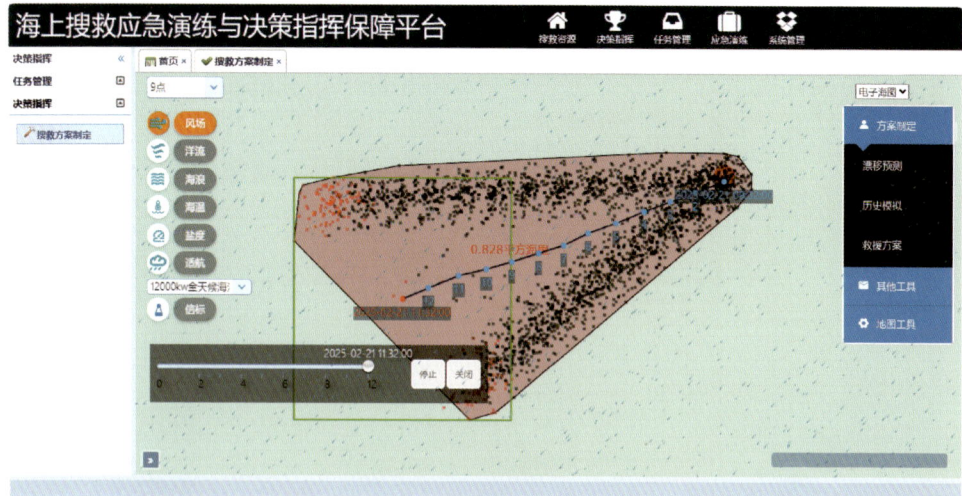

图 7-19 预测模拟展示

2) 救援方案

单击右侧方案制定工具栏中的"救援方案",弹出"搜救辅助决策"对话框,如图 7-20 所示。

图 7-20 搜救辅助决策

第一步:确定搜寻范围。选择时间段和勾选显示设置项,地图相应显示搜寻范围,如图 7-21 所示。

第 7 章 海上搜救综合信息保障技术集成与应用示范

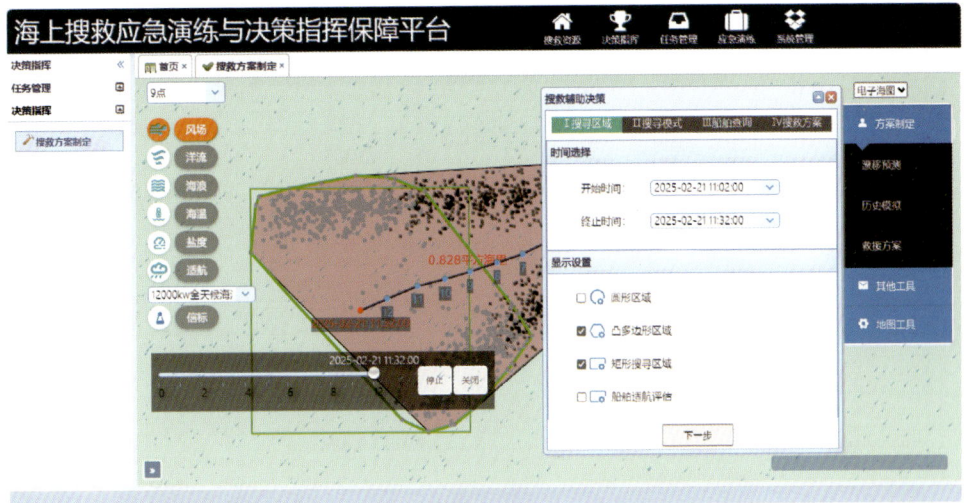

图 7-21 搜寻区域展示

第二步：选择搜寻模式。根据险情的各种情况选择搜寻模式，如图 7-22 所示。

图 7-22 选择搜寻模式

第三步：船舶查询。根据险情发生点查询当前附近船舶情况，选择救援船舶，如图 7-23 所示。

第四步：搜救方案。添加救援船舶，如图 7-24 所示。

图 7-23　船舶查询

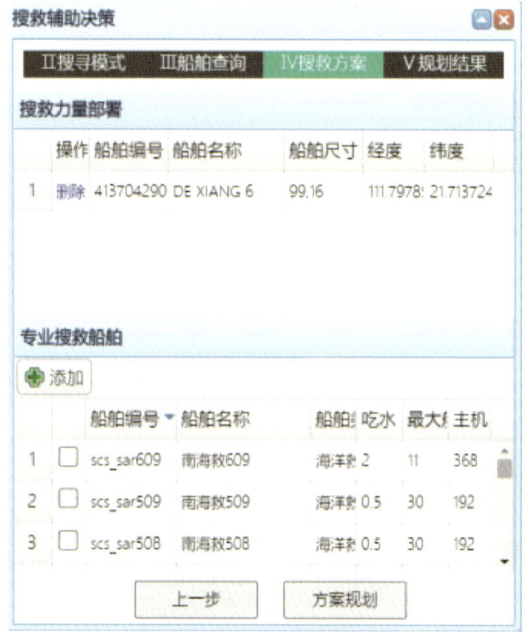

图 7-24　添加救援船舶

第五步：规划结果。单击第四步中的"方案规划"按钮进到第五步，图上将显示救援方案，窗口中显示救援方案信息，并可导出简报，如图 7-25 所示。

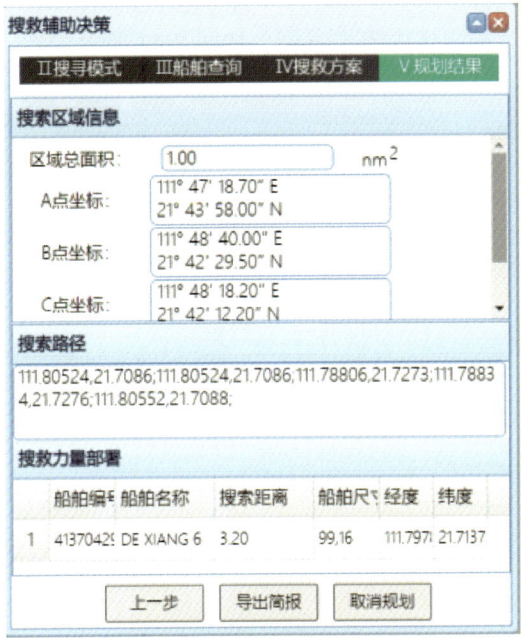

图 7-25　救援方案

6. 任务管理

任务管理的内容包括成果资料、模拟案例。

1) 成果资料

单击左侧救援成果中的"成果资料"，打开成果资料维护界面，如图 7-26 所示。

图 7-26　成果资料

2）模拟案例

单击左侧救援成果中的"模拟案例"，打开地图界面，单击右侧工具栏中的"历史模拟"按钮弹出本用户历史模拟案例，如图 7-27 所示。

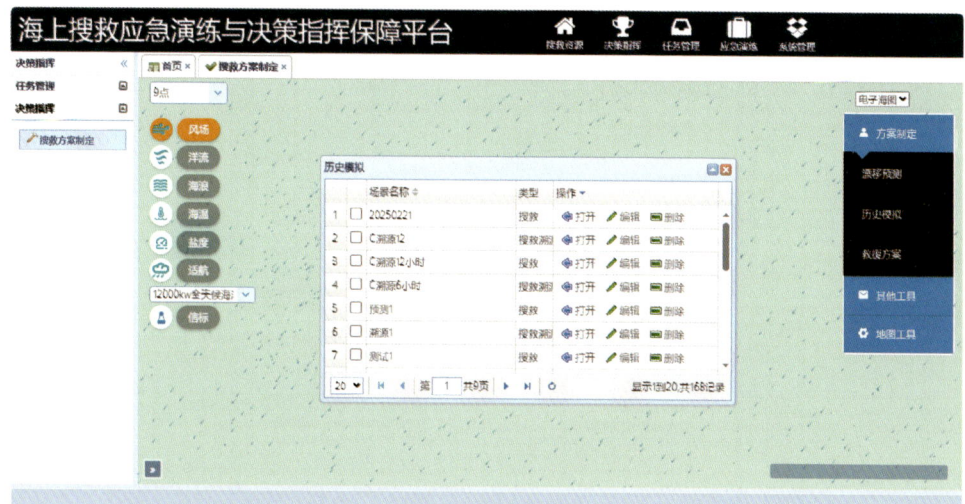

图 7-27　模拟案例

7. 应急演练

应急演练包括方案管理、在线考试、消息通知和演练展示。

1）方案管理

单击左侧模拟演练中的"方案管理"，打开演练方案管理维护界面，如图 7-28 所示。

图 7-28　方案管理

2) 在线考试

单击左侧模拟演练中的"在线考试",打开在线考试登录窗口,不同权限人员登录成功后进入相应界面,以系统管理员身份登录后,进入后台管理界面,如图 7-29 所示。

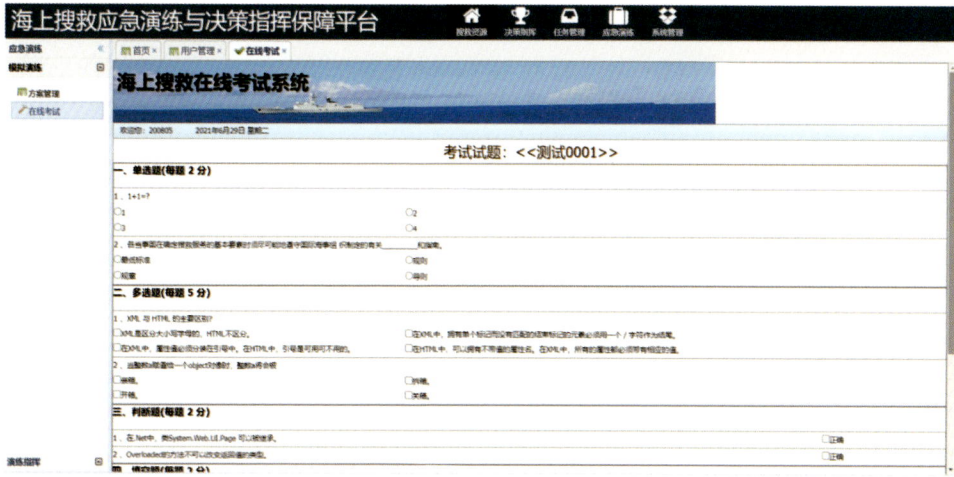

图 7-29　学员考试

3) 消息通知

单击左侧演练指挥中的"消息通知",打开消息通知管理维护界面,如图 7-30 所示。

图 7-30　消息通知

4）演练展示

单击地图右侧工具栏中的"模拟演练",打开模拟演练列表,如图 7-31 所示。

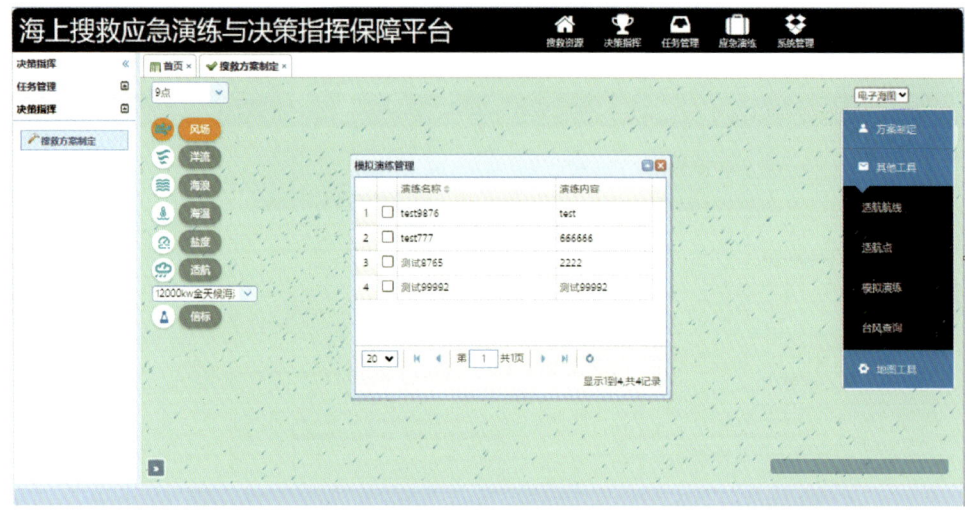

图 7-31　模拟演练列表

双击某项演练,弹出播放面板,单击"播放"按钮即可进行动画展示,如图 7-32 所示。

图 7-32　演练动画展示

8. 系统管理

单击左侧"用户管理",打开用户管理维护界面,如图 7-33 所示。

图 7-33　用户管理

7.2　平台应用示范

7.2.1　典型场景应用

针对海上搜救应急演练与决策指挥保障平台，开发人员在阳江海上救助站附近海域组织开展了海上试验与现场测试，阳江海上救助站工作人员、"南海救 204"船船员及相关工作人员参与了此次海上搜救典型场景应用示范。

此次应用示范中，"南海救 204"船作为搜救母船，搜救指挥控制中心设置在"南海救 204"船第三层甲板的操作室内，"南海救 302"船拖带无人艇回收坞，"南海救 504"高速救助艇作为应急保障船舶。将一个绑有自主研发的北斗落水人员无线电示位标和自主研发的 AIS 落水人员无线电示位标的假人从"南海救 204"船一层船甲板扔下水（图 7-34），模拟人员落水。随着"南海救 204"船不断开远，落水假人也逐渐漂远，模拟的海上人员落水后的海上搜救演练正式开始。

参照海上搜救应急演练与决策指挥保障平台上显示的示位标定位信息，利用安装于搜救母船上的综合搜寻定位系统模块开始目标识别与定位，利用无人机、海事雷达、红外光电、激光雷达等搜寻定位设备协作识别并定位海上落水假人。为进行下一步海上搜救，工作人员通过海上搜救应急演练与决策指挥保障平台依次查看风场、洋流场、浪场、温度场、盐度场、适航性（图 7-35）等海洋环境和海上搜救保障信息，确定了当前海域的气象海况情况和搜救船舶适航性适合开展海上营救。工作人员通过海上搜救应急演练与决策指挥保障平台实时查看了周围北斗落水人员无线电示位标和 AIS 落水人员无线电示位标情况（图 7-36），进一步确定了落水假人的位置；通过海上搜救应急演练与决策指挥保障平台自动获取北斗落水人员无线电示位标实时返回的落水假人位置，并以此为起点，预测了落水假人未来 2h 的漂移轨迹(图 7-37)及搜救范围(图 7-38)，进而利用海上搜救应急演练与决策指挥保障平台制定了搜救辅助决策方案(图 7-39)和搜救船舶搜索路径。

图 7-34　绑有北斗和 AIS 落水人员无线电示位标的假人

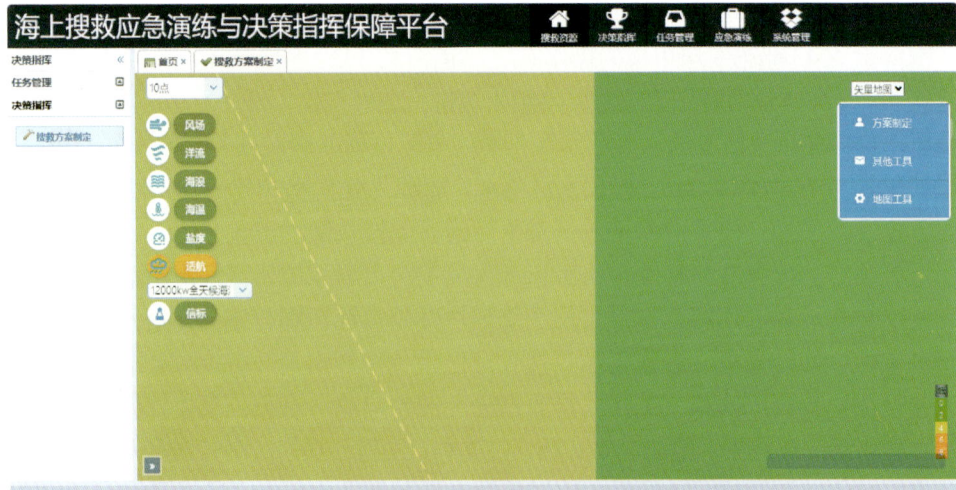

图 7-35　海上搜救应急演练与决策指挥保障平台展示适航性结果

第 7 章　海上搜救综合信息保障技术集成与应用示范

图 7-36　海上搜救应急演练与决策指挥保障平台展示北斗和 AIS 落水人员无线电示位标信息

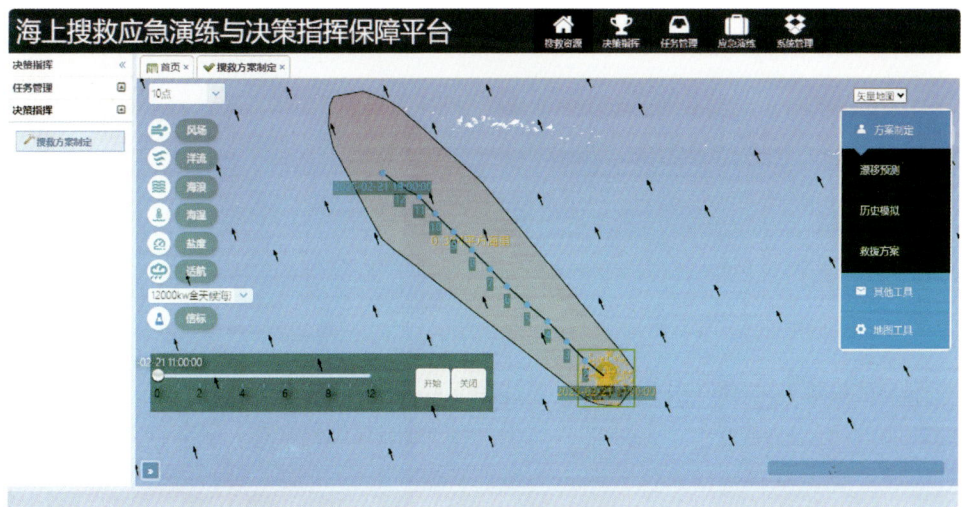

图 7-37　海上搜救应急演练与决策指挥保障平台落水假人漂移轨迹预测结果

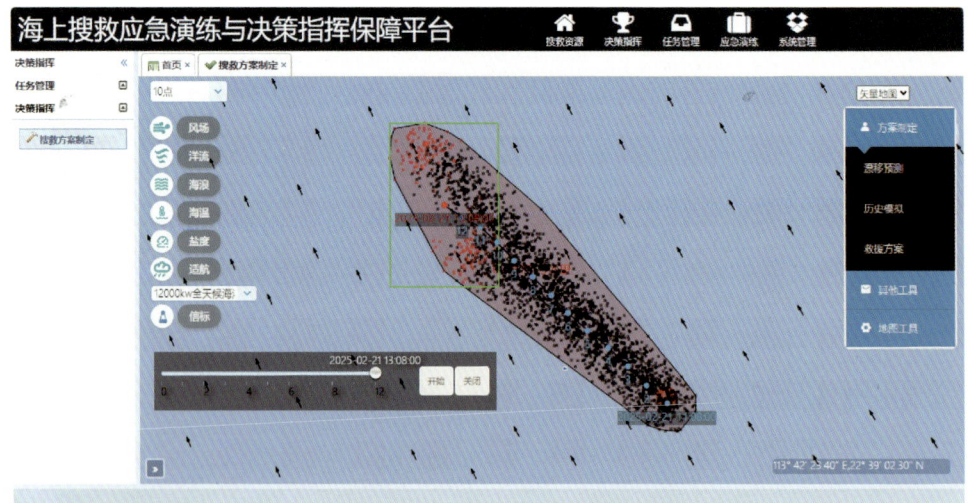

图 7-38　海上搜救应急演练与决策指挥保障平台落水假人搜救范围预测结果

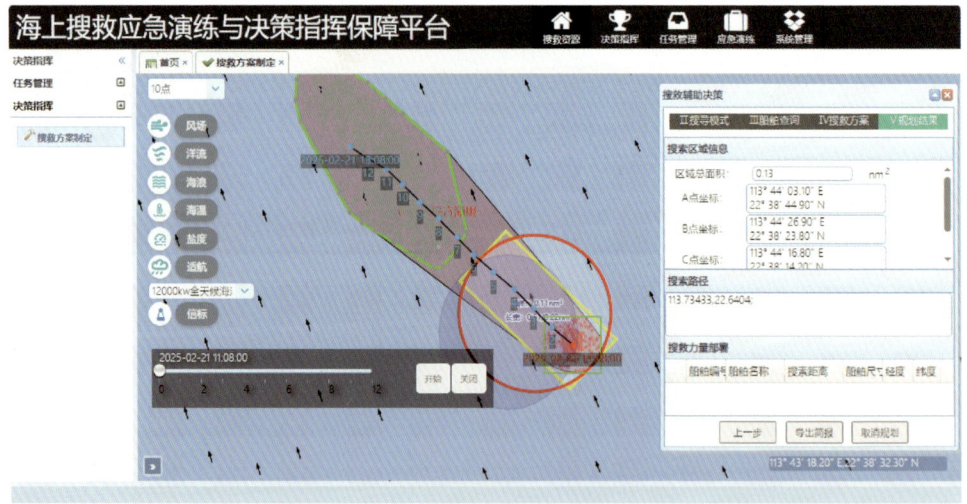

图 7-39　海上搜救应急演练与决策指挥保障平台给出的搜救方案

工作人员根据北斗和 AIS 落水人员无线电示位标返回的落水人员位置信息和海上搜救应急演练与决策指挥保障平台给出的搜索路径，指挥无人艇前往落水假人附近海域。无人艇到达落水假人附近海域后，其位置位于海上搜救应急演练与决策指挥保障平台所给出的漂移轨迹附近，且在搜救范围内。工作人员远程控制无人艇进行救生圈抛射（图 7-40），对落水假人进行营救。海上搜救应急演练与决策指挥保障平台及相关功能模块顺利完成此次海上搜救典型场景的应用示范。

图 7-40　无人艇远程抛射救生圈开展营救

7.2.2　应用案例

1. 2019 年 8 月 2 日珠海横琴岛外海遇险 11 人乘坐救生筏漂移事件

2019 年 8 月 2 日 21 时,南海预报中心接广东省搜救中心通报:8 月 2 日 18 时 50 分左右在珠海横琴岛外海有 11 人遇险并且乘坐救生筏漂移。南海预报中心按既定的值班安排,当天搜救值班员利用该平台开展救生筏漂移路径预报,并将预报单发送至广东省海上搜救中心。2019 年 8 月 3 日 3 时左右,收到广东省搜救中心通报:遇险 11 人在两处位置全部获救。

2. 2019 年 8 月 17 日两名渔民失联事件

2019 年 8 月 19 日 9 时 20 分,南海预报中心接海南省洋浦海上搜救中心通报:8 月 16 日 3 时两名渔民乘坐玻璃钢小船出海捕鱼时失联,最后联系时间为 8 月 17 日 13 时左右,南海预报中心按既定的值班安排,当天搜救值班员利用该平台开展渔船漂移路径预报(图 7-41),并及时向海南省洋浦海上搜救中心发送渔船的漂移路径预报单。后经南海救助局反馈,8 月 20 日 13 时左右发现其中男性渔民。

3. 2019 年 9 月 2 日海南三亚遇险皮划艇事件

2019 年 9 月 3 日 8 时,南海预报中心接海南省三亚海上搜救中心通报:9 月 2 日 19 时 37 分在海南省三亚海域有一艘皮划艇遇险。南海预报中心按既定的值班安排,当天搜救值班员利用该平台开展皮划艇漂移路径预报(图 7-42),并及时向海南省三亚海上搜救中心发送遇险皮划艇漂移路径预报单。后经海南省三亚海上搜救中心反馈，2019年9月3日9时16分，该遇险皮划艇及艇上所有人员获救。

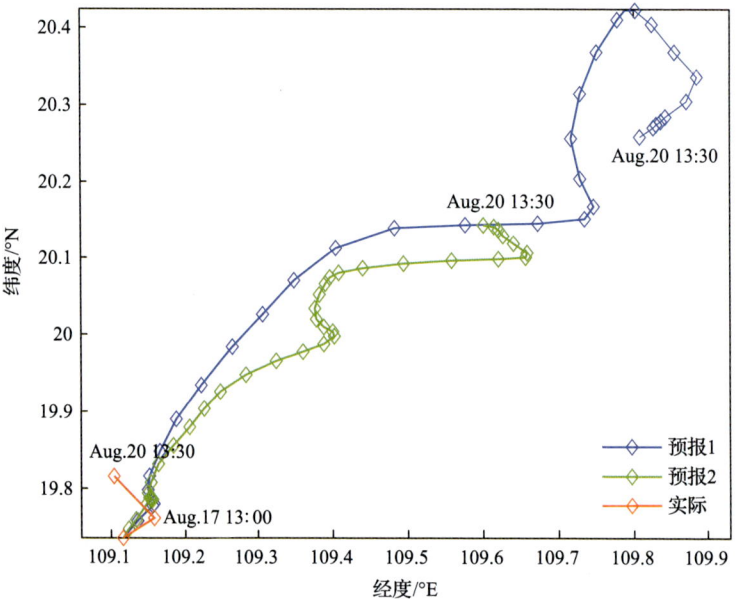

图 7-41　渔船及落水人员实际漂移轨迹，第一期、第二期预报漂移轨迹示意图

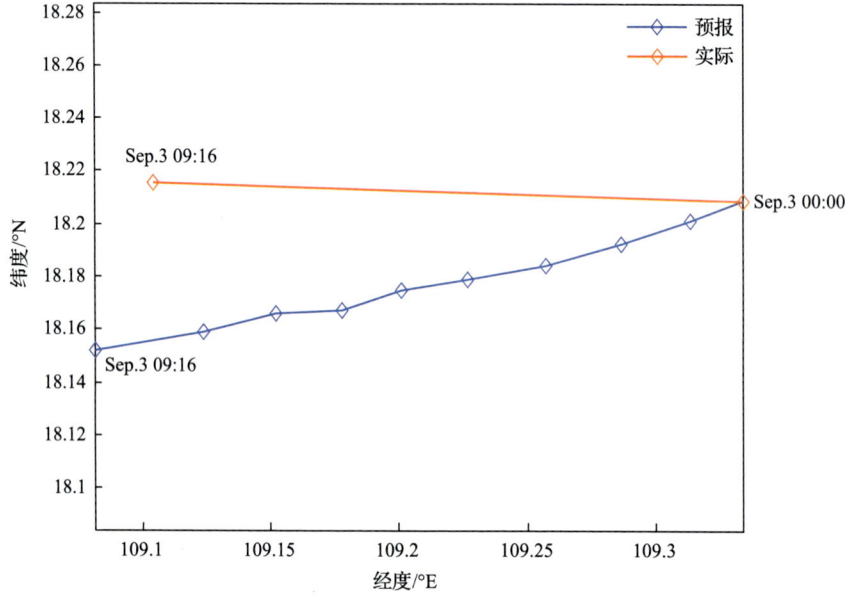

图 7-42　皮划艇实际漂移轨迹和预报漂移轨迹示意图

第 7 章　海上搜救综合信息保障技术集成与应用示范

4. 2020 年 3 月 14 日汕头外海海域船只沉没，落水人员漂移事件

2020 年 3 月 14 日 16 时 30 分，南海预报中心接广东省搜救中心通报：3 月 14 日 12 时左右在汕头外海海域有一艘船只沉没，船上 3 人失踪，落水时着救生衣。南海预报中心按既定的值班安排，当天搜救值班员利用该平台开展落水人员漂移路径预报（图 7-43），并及时向广东省搜救中心发送落水人员漂移路径预报单。2020 年 3 月 17 日电话回访广东省搜救中心：遇险人员在 3 月 15 日 11 时左右获救。

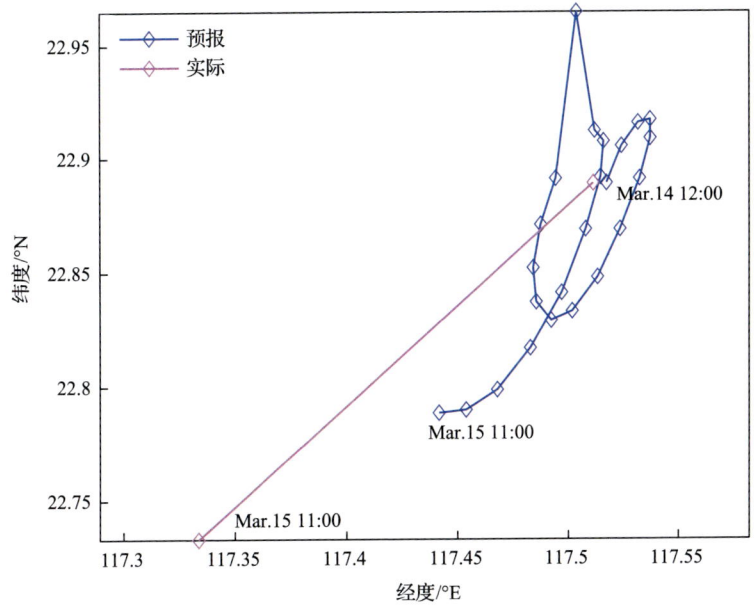

图 7-43　遇险人员实际漂移轨迹和预报漂移轨迹示意图

5. 2020 年 6 月 24 日 "琼儋渔" 31209 上船员落水事件

2020 年 6 月 24 日 16 时，南海预报中心接海南省海上搜救中心通报：6 月 24 日 3 时，5 名渔民乘坐 "琼儋渔" 31209 出海捕鱼时渔船在海上遇险失踪，是否着救生衣未知。最后联系时间为 6 月 24 日 3 时 30 分左右。南海预报中心按既定的值班安排，当天搜救值班员利用该平台开展渔船漂移路径预报，并及时向海南省海上搜救中心发送落水人员的漂移路径预报单。

6 月 25 日 13 时左右，南海预报中心按海南省海上搜救中心要求，做了第二次漂移路径预报（图 7-44），协助海上搜救力量调整方案，锁定搜救目标方位。当日 16 时 20 分接到消息，在南海预报中心预报的人员漂移路径上，2 名落水渔民成功获救。

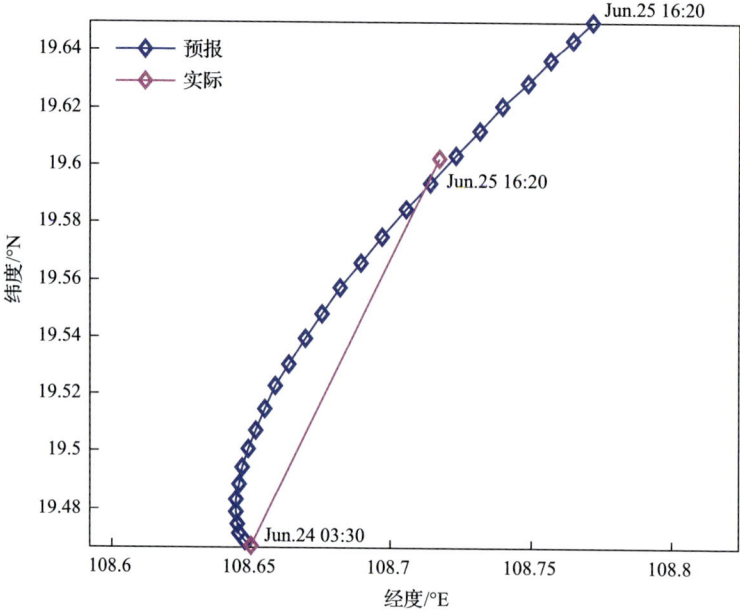

图 7-44 落水人员实际漂移轨迹和预报漂移轨迹示意图

参 考 文 献

陈寅杰, 石瑞. 2017. 我国渔船配备应急无线电示位标存在问题及建议[J]. 中国渔业质量与标准, 7(2): 50-55.

高佳, 牟林, 王国松, 等. 2016. 马航 MH370 残骸漂移轨迹分析和预测[J]. 科学通报, 61(21): 2409-2418.

高雅, 何泽骅. 2019. BDS 中轨卫星搜救系统返向链路技术与应用[J]. 全球定位系统, 44(6): 14-19.

国务院. 2005-5-2. 国务院关于同意建立国家海上搜救部际联席会议制度的批复[EB/OL]. http://www.gov.cn/gongbao/content/2005/content_64263.htm.

国务院. 2006-1-23. 国家海上搜救应急预案[EB/OL]. http://www.gov.cn/zhuanti/2006-01/23/content_2615966.htm.

黄娟, 徐江玲, 高松, 等. 2014. 基于海上试验对海上漂移物运移轨迹影响因素的分析[J]. 海洋预报, 31(4): 97-104.

旷芳芳, 靖春生, 张俊鹏. 2017. 基于观测和模型的风致漂移系数研究[J]. 应用海洋学学报, 36(1): 41-48.

雷志梅, 王延章, 裴江南, 等. 2014. 突发事件应急信息的多维度需求分析[J]. 情报科学, 32(12): 133-137.

李金铎, 龙绍桥, 郑锡建. 2011. 东海海域渔船无动力漂移试验研究[J]. 渔业现代化, 38(1): 60-63.

李云, 刘钦政, 王旭. 2011. 海上失事目标搜救应急预报系统[J]. 海洋预报, 28(5): 77-81.

刘同木, 张炜, 曹永港, 等. 2017. 基于受力分析的落水人员漂移轨迹预测研究[J]. 海洋预报, 34(1): 66-71.

马文耀, 毕修颖, 王宏波. 2009. VC#环境下开发海上搜寻与救助决策系统[J]. 计算机与数字工程, 37(1): 41-43.

孟素婧, 王辉, 卢伟, 等. 2018. 海上无动力船舶漂移轨迹模型及其在"桑吉"油轮漂移模拟中的应用[J]. 海洋与湖沼, 49(2): 242-250.

沙勇忠, 徐瑞霞. 2011. 基于 AT 的应急信息需求分析: 框架及实证研究[J]. 信息资源管理学报, (2): 32-48.

隋永举, 肖悦. 2020. 基于多种技术的海上应急电子示位标系统的研究[J]. 珠江水运, (24): 91-92.

肖方兵, 尹勇, 金一丞, 等. 2011. 基于随机粒子仿真的海上搜寻区域确定[J]. 中国航海, 34(3): 34-39.

徐强强, 肖文军, 管琴乐, 等. 2017. 一次基于实测资料的海上搜救漂浮物的风漂系数优化实验

[J]. 海洋预报, 34(2): 67-71.

张华龙, 吴乃庚, 唐思瑜, 等. 2017. 广东省 ECMWF 降水集合预报统计量的检验与分析[J]. 广东气象, 39(2): 1-6.

张娟, 杨阳, 周水华, 等. 2013. 莺歌海海域漂移物漂移特征分析[J]. 海洋预报, 30(3): 73-77.

张培军, 周水华, 梁昌霞. 2020. 基于卫星遥感海温数据的南海 SST 预报误差订正[J]. 热带海洋学报, 39(6): 57-65.

赵军鹏, 张培军, 周水华, 等. 2021. 气象海洋环境条件下救助船舶南海海上搜救风险评估[J]. 中国航海, 44(2): 120-125.

赵越让. 2013. 适航理念与原则[M]. 上海: 上海交通大学出版社.

钟铭. 2011. 国家海上搜救手册[M]. 大连: 大连海事大学出版社.

周水华, 洪晓, 江丽芳, 等. 2021. 一种普适性的加权热带气旋风场重构方法[J]. 海洋通报, 40(1): 19-26.

周水华, 杨阳, 冯伟忠. 2013. 广东海域模拟人和无动力渔船海上漂移试验研究[J]. 热带海洋学报, 32(1): 87-94.

周水华, 洪晓, 梁昌霞, 等. 2020. 基于人工神经网络的台风浪高快速计算方法[J]. 热带海洋学报, 39(4): 25-33.

朱肖, 牟林, 王道胜, 等. 2019. 海上搜救辅助决策技术研究进展[J]. 应用海洋学学报, 38(3): 440-449.

Allen A A. 2005. Leeway divergence[R]. Technical Report. CG-D-05-05. Groton: US Coast Guard Research and Development Center.

Allen A A, Plourde J V. 1999. Review of leeway: Field experiments and implementation[R]. Technical Report. CG-D-08-99. Groton: US Coast Guard Research and Development Center.

Allen A, Roth J, Maisondieu C, et al. 2010. Field determination of the leeway of drifting objects[R]. Technical Report 17/2010. Oslo: Norwegian Meteorological Institute.

Breivik O, Allen A A, 2008. An operational search and rescue model for the Norwegian Sea and the North Sea[J]. Journal of Marine Systems, 69(1-2): 99-113.

Breivik O, Allen A A, Maisondieu C, et al. 2011. Wind-induced drift of objects at sea: The leeway field method[J]. Applied Ocean Research, 33(2): 100-109.

Breivik O, Allen A A, Maisondieu C, et al. 2012. The leeway of shipping containers at different immersion levels[J]. Ocean Dynamics, 62(5): 741-752.

Brushett B A, Allen A A, Futch V C, et al. 2014. Determining the leeway drift characteristics of tropical Pacific Island craft[J]. Applied Ocean Research, 44: 92-101.

Brushett B A, Allen A A, King B A, et al. 2017. Application of leeway drift data to predict the drift of panga skiffs: Case study of maritime search and rescue in the tropical Pacific[J]. Applied Ocean Research, 67: 109-124.

Burciu Z. 2007. The disturbances of the life raft leeway induced by the fluctuations of wind direction in the life raft coordinate system[J]. Polish Maritime Research, S2: 60-63.

Burciu Z, Grabski F. 2011. The experimental and theoretical study of life raft safety under strong wind[J]. Reliability Engineering & System Safety, 96(11): 1456-1461.

Burciu Z, Abramowicz-Gerigk T, Jachowski J, et al. 2017. Experimental and numerical investigation of towing resistance of the innovative pneumatic life raft[J]. Polish Maritime Research, 24(2): 40-47.

Callies U. 2021. Sensitive dependence of trajectories on tracer seeding positions-coherent structures in German Bight backward drift simulations[J]. Ocean Science, 17(2): 527-541.

Chen C, Shiotani S, Sasa K J. 2015. Effect of ocean currents on ship navigation in the East China Sea[J]. Ocean Engineering, 104: 283-293.

Coppini G, Jansen E, Turrisi G, et al. 2016. A new search-and-rescue service in the Mediterranean Sea: A demonstration of the operational capability and an evaluation of its performance using real case scenarios[J]. Natural Hazards and Earth System Sciences, 16(12): 2713-2727.

Cucco A, Quattrocchi G, Satta A, et al. 2016. Predictability of wind-induced sea surface transport in coastal areas[J]. Journal of Geophysical Research: Oceans, 121(8): 5847-5871.

Daniel P, Marty F, Josse P, et al. 2003. Improvement of drift calculation in mothy operational oil spill prediction system[J]. International Oil Spill Conference Proceedings, (1): 1067-1072.

di Maio A, Martin M V, Sorgente R. 2016. Evaluation of the search and rescue LEEWAY model in the Tyrrhenian Sea: A new point of view[J]. Natural Hazards and Earth System Sciences, 16(8): 1979-1997.

Hasselmann S, Hasselmann K. 1985. Computations and parameterizations of the nonlinear energy transfer in a gravity-wave spectrum. Part 1: A new method for efficient computations of the exact nonlinear transfer integral[J]. Journal of Physical Oceanography, 15: 1369-1377.

Hasselmann S, Hasselmann K, Allender J H, et al. 1985. Computations and parameterizations of the nonlinear energy transfer in a gravity-wave spectrum. Part II: Parameterizations of the nonlinear energy transfer for application in wave models[J]. Journal of Physical Oceanography, 15(11): 1378-1391.

Hsu S A, Meindl E A, Gilhousen D B. 1994. Determining the power-law wind-profile exponent under near-neutral stability conditions at sea[J]. Journal of Applied Meteorology, 33(6): 757-765.

Huang G X, Law A W K, Huang Z H. 2011. Wave-induced drift of small floating objects in regular waves[J]. Ocean Engineering, 38(4): 712-718.

Kazimierska O. 2018. Simulation of life raft motions on irregular wave — An analysis of situations leading to raft capsizing[J]. Polish Maritime Research, 25(S1): 42-50.

Kratzke T M, Stone L D, Frost J R. 2010. Search and rescue optimal planning system[C]. The 13th

International Conference on Information Fusion, Edinburgh: 1-4.

Ličer M, Estival S, Reyes-Suarez C, et al. 2020. Lagrangian modelling of a person lost at sea during the Adriatic scirocco storm of 29 October 2018[J]. Natural Hazards and Earth System Sciences, 20(8): 2335-2349.

McPhaden M J, Hansen D V, Richardson P L. 1991. A comparison of ship drift, drifting buoy, and current meter mooring velocities in the Pacific South Equatorial Current[J]. Journal of Geophysical Research: Oceans, 96(C1): 775-781.

Ni Z, Qiu Z P, Su T C. 2010. On predicting boat drift for search and rescue[J]. Ocean Engineering, 37(13): 1169-1179.

Peacock T, Haller G. 2013. Lagrangian coherent structures: The hidden skeleton of fluid flows[J]. Physics Today, 66(2): 41-47.

Serra M, Sathe P, Rypina I, et al. 2020. Search and rescue at sea aided by hidden flow structures[J]. Nature Communications, 11: 2525.

Surasak T, Takahiro I, Cheng C H, et al. 2018. Histogram of oriented gradients for human detection in video[C]. International Conference on Business and Industrial Research Bangkok: 1-6.

Tolman H L. 1991. A third-generation model for wind waves on slowly varying, unsteady, and inhomogeneous depths and currents[J]. Journal of Physical Oceanography, 21(6): 782-797.

Tolman H L. 1995. On the selection of propagation schemes for a spectral wind wave model[R]. NWS/NCEP Office Note 411, 30.

Tolman H L. 2002. Distributed-memory concepts in the wave model WAVEWATCH III[J]. Parallel Computing, 28(1): 35-52.

Tolman H L, Chalikov D V. 1996. Source terms in a third-generation wind-wave model[J]. Journal of Physical Oceanography, 26: 2497-2518.

Tolman H L, Alves J H G M, Chao Y Y. 2005. Operational forecasting of wind-generated waves by hurricane Isabel at NCEP[J]. Weather and Forecasting, 20(4): 544-557.

Väli G, Zhurbas V, Lips U, et al. 2018. Clustering of floating particles due to submesoscale dynamics: A simulation study for the Gulf of Finland, Baltic Sea[J]. Fundamentalnayai Prikladnaya Gidrofizika, 11(2):21-35.

Yang G H, Feng W, Jin J T, et al. 2020. Face mask recognition system with YOLOv5 based on image recognition[C]. The 6th International Conference on Computer and Communications, Chengdu: 1-14.

Yulmetov R, Marchenko A, Loset S. 2016. Iceberg and sea ice drift tracking and analysis off north-east Greenland[J]. Ocean Engineering, 123: 223-237.

Zhang J F, Teixeira Â P, Guedes Soares C, et al. 2017. Probabilistic modelling of the drifting trajectory of an object under the effect of wind and current for maritime search and rescue[J].

Ocean Engineering, 129: 253-264.

Zhou Y, Daamen W, Vellinga T, et al. 2020. Impacts of wind and current on ship behavior in ports and waterways: A quantitative analysis based on AIS data[J]. Ocean Engineering, 213: 107774.

Zhu K, Mu L, Tu H W. 2019. Exploration of the wind-induced drift characteristics of typical Chinese offshore fishing vessels[J]. Applied Ocean Research, 92: 101916.